D1690076

John J. Murphy

Neue Intermarket-Analyse

▪▪▪Traders Journal▪▪▪

Das 14-tägige Magazin für den Trader

› **Hochwertig**
› **Aktuell**
› **Informativ**

Jetzt **KOSTENLOS** abonnieren unter:

www.traders-journal.de

Der FinanzBuch Verlag präsentiert zusammen mit dem TradersJournal die neue

Trading Seminar Reihe

Ständig neue Seminare zu allen Themen rund ums Trading, gehalten von den besten internationalen und nationale Experten und Profitradern, finden Sie unter:

www.finanzbuchverlag.de /seminare

Trading, Trading-Strategien, Candlesticks, Technische Analyse, Moneymanagement, Handelssysteme und Psychologie –

hier heißt es: Von den Besten lernen!

John J. Murphy

Neue Intermarket Analyse

Profitieren vom
Zusammenspiel
der globalen
Märkte

FinanzBuch Verlag

Bibliografische Information der Deutschen Bibliothek:
Die Deutsche Bibliothek verzeichnet diese Publikation in der
Deutschen Nationalbibliografie; detaillierte bibliografische Daten
sind im Internet über **http://dnb.ddb.de** abrufbar.

Die amerikanische Originalausgabe erschien 2004 unter dem Titel
„Intermarket Analysis".
Original edition Copyright © 2004 by John Wiley & Sons, Inc.
All rights reserved.

Übersetzung: Horst Fugger
Gesamtbearbeitung: Druckerei Joh. Walch, Augsburg
Umschlaggestaltung: Stephanie Villiger
Lektorat: Dr. Renate Oettinger
Druck: Druckerei Joh. Walch, Augsburg

1. Auflage 2005
© der deutschen Ausgabe: 2005 FinanzBuch Verlag GmbH
Frundsbergstraße 23
80634 München
Tel. 089 651285-0
Fax 089 652096
info@finanzbuchverlag.de

Alle Rechte vorbehalten, einschließlich derjenigen des auszugsweisen Abdrucks
sowie der photomechanischen und elektronischen Wiedergabe.
Dieses Buch will keine spezifischen Anlage-Empfehlungen geben und enthält lediglich
allgemeine Hinweise.
Autor, Herausgeber und die zitierten Quellen haften nicht für etwaige Verluste,
die aufgrund der Umsetzung ihrer Gedanken und Ideen entstehen.

Den Autor erreichen Sie unter:
murphy@finanzbuchverlag.de

ISBN 3-89879-083-5

www.finanzbuchverlag.de
Gerne übersenden wir Ihnen unser aktuelles Verlagsprogramm.

Für Anne,
eine große Poetin

und

für Tim,
einen großartigen Bruder

INHALT

Einführung in die Intermarket-Analyse	IX
1. Ein Rückblick auf die 80er-Jahre	1
2. 1990 und der erste Golf-Krieg	19
3. Die heimliche Baisse von 1994	39
4. Die Währungskrise in Asien 1997 und die Deflation	59
5. 1999: Intermarket-Trends führen zu einem Top am Aktienmarkt	75
6. Ein Rückblick auf die Prinzipien der Beziehungen zwischen einzelnen Märkten	93
7. Im Jahr 2000 platzt die Spekulationsblase an der Nasdaq	111
8. Die Intermarket-Situation im Frühjahr 2003	131
9. 2002: Der schwache Dollar lässt die Rohstoffpreise steigen	147
10. Die Umschichtung von Papierwerten zu harten Vermögensgegenständen	163
11. Futures-Märkte und Asset Allocation	177
12. Die Intermarket-Analyse und der Konjunkturzyklus	199
13. Der Einfluss des Konjunkturzyklus auf die Marktsektoren	221
14. Diversifikation mit Immobilien	241
15. Globales Denken	261
Anhang	275

EINFÜHRUNG

in die Intermarket-Analyse

1990 schrieb ich ein Buch mit dem Titel *Intermarket Technical Analysis: Trading Strategies for the Global Stock, Bond, Commodity and Currency Markets*. Ich wollte darin aufzeigen, wie eng die Finanzmärkte in den USA und weltweit miteinander verzahnt sind. Die Hauptthese des Buchs lautete: Technische Analysten müssen ihren Fokus verbreitern und diese *Intermarket*-Korrelationen beachten. Zum Beispiel wäre eine Analyse des Aktienmarkts einfach unvollständig, wenn man die aktuellen Trends an den Devisen-, Anleihen- und Warenterminmärkten nicht mit einbezieht. Ich behauptete in diesem Buch, Finanzmärkte könnten als Hauptindikatoren für andere Märkte und in manchen Fällen auch als bestätigende Indikatoren für Märkte dienen, mit denen sie in Verbindung stehen. Das stellte die Konzentration der Gemeinde der technischen Analysten auf *Einzelmärkte* in Frage, und daher fragten sich viele, ob diese neue Sichtweise auf dem Gebiet der technischen Analyse überhaupt eine Existenzberechtigung habe. Manche fragten auch, ob solche Intermarket-Relationen überhaupt existieren – und ob man sie in den Prognoseprozess mit einbeziehen kann. Die These, die Weltmärkte seien miteinander verbunden, wurde mit einiger Skepsis betrachtet. Seither hat sich die Situation stark verändert.

Die Intermarket-Analyse gilt heute als Zweig der technischen Analyse und wird immer populärer. Das *Journal of Technical Analysis* (Ausgabe vom Sommer/Herbst 2002) befragte die Mitglieder der Market Technicians Association nach der relativen Bedeutung verschiedener technischer Disziplinen für einen akademischen Kurs über technische Analyse. Von den 14 zur Wahl stehenden Disziplinen landete die Intermarket-Analyse dabei auf Rang fünf. Diese Herangehensweise hat in den vergangenen zehn Jahren also stark an Bedeutung gewonnen.

Die 80er Jahre

Das oben genannte Buch behandelte die Ereignisse der 80er-Jahre, beginnend mit dem Ende der Rohstoff-Blase am Anfang dieses Jahrzehnts. Damals endete die Hyperinflation der 70er-Jahre, als »harte« Vermögensgegenstände wie Rohstoffe immer teurer wurden und Papierwerte wie Anleihen und Aktien an Wert verloren. Der Rohstoffpreisanstieg endete 1980 und leitete einen disinflationären Trend ein, der zwei Jahrzehnte lang anhielt. Gleichzeitig kam es an den Aktien- und Anleihenmärkten zu einer bedeutenden Haussebewegung. Das wichtigste Börsenereignis der 80er-Jahre – der Aktiencrash von 1987 – lieferte ein Lehrbeispiel dafür, dass es Beziehungen zwischen den einzelnen Märkten gibt, und dass man diese Beziehungen beachten muss. Der Anstieg der Rohstoffpreise – und ein Kollaps am Rentenmarkt – in den ersten sechs Monaten 1987 war ein klares Warnsignal, dass es in der zweiten Jahreshälfte am Aktienmarkt nach unten gehen würde. Drei Jahre später, 1990, als das erwähnte Buch gerade gedruckt wurde, begann die Reaktion der Finanzmärkte auf die irakische Invasion in Kuwait im August dieses Jahres. Die Preise für Gold und Öl stiegen, während weltweit die Aktienkurse fielen. Interessanterweise studierten 13 Jahre später (Anfang 2003), als ein neuer Irak-Krieg bevorstand, die Marktbeobachter die Ereignisse von 1990/91 und forschten nach Parallelen. Geschichte wiederholt sich in gewisser Weise, auch was die Beziehungen zwischen einzelnen Kapitalmärkten betrifft.

1990: Die Japan-Blase platzt

Ein weiteres wichtiges Ereignis von Anfang 1990 wirkte sich noch ein Jahrzehnt später auf der ganzen Welt aus. Die Blase am japanischen Aktienmarkt platzte. Damit begann an diesem Markt (der die zweitgrößte Volkswirtschaft der Welt repräsentiert) eine Baisse, die 13 Jahre andauerte und zu einer *Deflation* führte, also zu einem Rückgang der Preise von Gütern und Dienstleistungen. Mehr als zehn Jahre später studierten westliche Zentralbanker das japanische Deflationsmodell, um Mittel und Wege zu finden, die wachsende Deflationsgefahr in den westlichen Volkswirtschaften zu bekämpfen. Einige Charts im vorliegenden Buch stützen die These, dass die Deflation in Japan viele Jahre später eine der Hauptursachen der *Entkoppelung* von Anleihen und Aktien in den USA war: Ab Anfang 2000 stiegen die Kurse der Anleihen, während die Aktienkurse fielen.

Der dritte Jahrestag des Börsenhöchststands von 2000

Der 10. März 2003 war der dritte Jahrestag des Höchststands an der Nasdaq und damit auch des Beginns der schlimmsten Baisse seit Jahrzehnten. Der 50-prozentige Indexrückgang des S&P 500 war der heftigste seit 1974. Der 78-prozentige Verlust an der Nasdaq war der schlimmste seit dem Börsencrash von 1929 bis 1932, mitten in der Weltwirtschaftskrise. Börsenhistoriker mussten bis zu diesen beiden Ereignissen zurückgehen, um Einsicht in das aktuelle Marktgeschehen zu gewinnen. Der Vergleich mit diesen beiden früheren Zeiträumen wurde dadurch erschwert, dass beide durch unterschiedliche wirtschaftliche Ereignisse ausgelöst worden waren. Die Aktienbaisse der 70er-Jahre stand in engem Zusammenhang mit dem Anstieg der Rohstoffpreise und steil ansteigenden Inflationsraten. Die Baisse der 30er-Jahre aber war mit einer Phase der wirtschaftlichen Deflation verbunden. Zwar sind beide Situationen schlecht für den Aktienmarkt, doch Deflation ist schwerer zu bekämpfen als Inflation.

Ab 1998 war das Wort *Deflation* zum ersten Mal seit den 30er-Jahren wieder zu hören. Ursache war die Währungskrise in Asien, die 1997 und 1998 die Welt in Atem hielt. Innerhalb von fünf Jahren hatte sich die Deflationsgefahr von Asien aus über die ganze Welt ausgebreitet und bedrohte nun auch die USA. Das erneute Auftauchen der Deflation hat die Intermarket-Relationen der vorangegangenen 40 Jahre stärker verändert als jeder andere Faktor. Diese Veränderungen haben mich dazu veranlasst, dieses Buch zu schreiben: Ich will aufzeigen, was gemäß dem älteren Intermarket-Modell funktioniert hat und, noch wichtiger, was sich verändert hat. Die Intermarket-Analyse basiert auf Beziehungen (oder Korrelationen) zwischen einzelnen Märkten. Es handelt sich aber nicht um ein statisches

Modell. Die Korrelationen zwischen einzelnen Finanzmärkten können sich im Lauf der Zeit ändern. Diese Veränderungen geschehen jedoch nicht zufällig; meist gibt es einen guten Grund dafür. Der Hauptgrund für die Veränderungen seit Ende der 90er-Jahre war die wachsende Deflationsgefahr.

Das Szenario der Deflation

Die 1999 erschienene überarbeitete Neuauflage meines Buchs *Technical Analysis of the Financial Markets* enthält ein Kapitel über Intermarket-Analyse. Darin stelle ich die historischen Zusammenhänge dar, die jahrzehntelang funktioniert haben. Ich habe diesem Buch auch ein neues Kapitel mit dem Titel »Das Szenario der Deflation« hinzugefügt. Es beschreibt den Zusammenbruch der asiatischen Devisen- und Aktienmärkte, der Mitte 1997 begann. Der heftige Einbruch wirkte sich besonders an den weltweiten Rohstoffmärkten aus, etwa bei Kupfer, Gold und Öl. Zum ersten Mal seit Generationen äußerten sich Analysten besorgt darüber, dass eine wohltuende Phase der *Disinflation* (sinkende Inflationsraten) in eine schädliche Phase der *Deflation* (tatsächlich sinkende Güterpreise) münden könnte. Die Reaktion der Märkte auf diese anfängliche Deflationsgefahr definierte das Intermarket-Modell für die folgenden fünf Jahre. Die Rohstoffpreise fielen, während die Anleihenkurse stiegen. Das war nichts Neues – fallende Rohstoffpreise führen in aller Regel zu steigenden Kursen an den Rentenmärkten. Seit 1998 wurden in der ganzen Welt Aktien verkauft, während Geld in US-Staatsanleihen floss, auf einer weltweiten Suche nach einem sicheren Hafen. Mit anderen Worten: Die Aktienkurse fielen, während die Anleihenkurse stiegen. Das war ungewöhnlich, und es repräsentierte die wichtigste Veränderung des Intermarket-Modells. Disinflation (die von 1981 bis 1997 dauerte) ist schlecht für Rohstoffe, aber gut für Aktien und Anleihen. Deflation (die 1998 begann) ist gut für Anleihen und schlecht für Rohstoffe – aber sie ist auch schlecht für Aktien. In einem deflationären Klima steigen die Kurse der Anleihen, während die Zinsen fallen. Die fallenden Zinsen nützen in diesem Umfeld den Aktienmärkten jedoch nichts. Das erklärt, warum ein Dutzend Leitzinssenkungen durch die Fed in den 18 Monaten nach dem Januar 2001 den Rückgang eines Aktienmarktes nicht aufhalten konnten, der schon Anfang 2000 seinen Höchststand erreicht hatte.

Das Intermarket-Modell von 1980 bis 1997

Dieses Buch beginnt mit einem kurzen Rückblick auf die 80er-Jahre und die bedeutenden Veränderungen der Relationen zwischen einzelnen Märkten, die letztlich zur größten Aktienhausse der Geschichte führten. Wir werden auch den Crash von 1987 untersuchen, und zwar wegen seiner Bedeutung für die Entwicklung der Intermarket-Theorie und seiner Rolle bei der Umsetzung dieser Theorie in die Praxis. Der Kursrückgang von 1990 hatte gerade erst begonnen, als ich die Arbeiten an meinem oben erwähnten Buch abschloss. Ich werde die Ereignisse dieses Jahres gründlich untersuchen, vor allem wegen ihrer Bedeutung für die weltweiten Ereignisse 13 Jahre später. Die traditionellen Intermarket-Beziehungen bewährten sich in der Rentenbaisse von 1994 sehr gut, und sie taten das noch bis 1998.

Dann kam 1998, und die Dinge änderten sich

Der Rest des Buchs handelt von den Ereignissen seit 1998. Dieses Jahr repräsentiert einen grundlegenden Wandel des Intermarket-Modells. Ich werde die Marktkräfte untersuchen, die im Frühjahr 2000 zum Platzen der Spekulationsblase an den Aktienmärkten führten – und zum anschließenden, drei Jahre dauernden Kursrückgang. Seit 1998 spielt die Deflation eine entscheidende Rolle. In den späten 90er-Jahren und in den drei ersten Jahren des neuen Jahrtausends wurden die Beziehungen zwischen den einzelnen Märkten sehr eng. Ein Hauptgrund dafür war, dass in der Spätphase der Spekulationsblase an der Nasdaq weltweit viel zu viel Geld in Technologie-Aktien floss. Ein weltweiter Kursrückgang nach dem Platzen der Blase war die Folge. Auch deflationäre Trends wirkten sich weltweit aus. Die Tatsache, dass ab dem Jahr 2000 buchstäblich alle Aktienmärkte der Welt kollabierten, stellte den Sinn einer *globalen Diversifizierung* in Frage (also einer Verteilung der Investments auf verschiedene Länder zum Zweck der Risikominderung). In weltweiten Baissephasen an den Aktienmärkten herrscht eine starke Korrelation zwischen den einzelnen Märkten. Das war beim Crash 1987 zu beobachten – und ebenso ab dem Jahr 2000. Es war auch ein deutlicher Beleg für die These, dass sich Finanztrends in der Regel weltweit auswirken. Das beinhaltet die Entwicklungen von Aktien, Zinsen, Währungen sowie von Inflations- und Deflationstrends.

Die Rolle des Öls

1999 setzten steigende Ölpreise eine Reihe von Ereignissen in Gang, die im Frühjahr 2000 zum Beginn einer Aktienbaisse und ein Jahr später, im Frühjahr 2001, zu einer Rezession führten. Steigende Ölpreise haben bei buchstäblich jeder Rezession in den USA während der vergangenen 40 Jahre eine wichtige Rolle gespielt. 1999 war keine Ausnahme. Der Ölpreisanstieg zwang die Fed zu einer Leitzinserhöhung, die das Ende der längsten wirtschaftlichen Wachstumsphase seit den 60er-Jahren einläutete. Diese Maßnahme der Fed führte 2000 zu einer inversen Zinsstrukturkurve – ein klassisches Warnsignal für eine schwache Verfassung der Aktienmärkte und eine bevorstehende Rezession. Alle diese Trends waren damals in Chartabbildungen deutlich erkennbar – eine Tatsache, die ich in diesem Buch belegen werde. Leider haben die Wirtschaftsexperten – zusammen mit den meisten Analysten an der Wall Street – diese klassischen Warnsignale entweder nicht gesehen oder sich dazu entschlossen, sie zu ignorieren.

Eine weitere wichtige Veränderung gegenüber meinem früher erschienenen Buch ist die wachsende Bedeutung der *Sektoren- oder Branchenrotation* für die Beziehungen zwischen den einzelnen Märkten. Verschiedene Sektoren der Aktienmärkte übernehmen in verschiedenen Phasen des Wirtschaftszyklus die Führungsrolle. 1999 waren die Öl-Aktien die stärkste Branche an der Börse. Das ist in der Regel ein schlechtes Zeichen für die Konjunktur und den Aktienmarkt. Wir werden zeigen, wie wertvoll solche Branchen-»Signale« in den entscheidenden Jahren 1999 und 2000 waren – und wie einige defensive Sektoren gerade dann neue Aufwärtstrends begannen, als an der Nasdaq ein neuer Höchststand erreicht war.

Die Auferstehung des Goldes

In den 20 Jahren von 1980 bis 2000 befand sich der Goldpreis in einem starken Abwärtstrend. Das lag an der disinflationären Tendenz dieser beiden Jahrzehnte und an der Tatsache, dass Gold während Haussephasen am Aktienmarkt generell meist schlecht abschneidet. Weil Gold hauptsächlich in Krisenzeiten gekauft wird, gibt es während einer Superhausse am Aktienmarkt kaum Bedarf dafür. Während des größten Teils dieses Zeitraums trug auch ein starker Dollar dazu bei, das Interesse an Goldinvestments gering zu halten. Das begann sich im Jahr 2000 allerdings zu ändern. In diesem Jahr der entscheidenden Trendwenden endete die 20-jährige Hausse am Aktienmarkt. Gleichzeitig endete auch die siebenjährige Hausse des US-Dollars. Diese beiden Faktoren sorgten am totgesagten Goldmarkt für einen Umschwung. In den folgenden drei Jahren waren Goldminen-Aktien der Börsensektor mit der besten Performance. Interessanterweise begann der Anstieg des Goldpreises im Jahr 2000 – exakt zu dem Zeitpunkt, als die Deflationsgefahr wieder stärker thematisiert wurde. Viele Investoren staunten darüber, dachten sie doch, Goldminen-Aktien dienten lediglich als Schutz vor Inflation. Die Geschichte zeigt aber, dass Gold-Aktien im deflationären Umfeld der 30er-Jahre sehr gut abgeschnitten haben. Die historische Rolle des Goldes liegt in der Wertsicherung während Phasen der wirtschaftlichen Umwälzung. Ein weiterer Grund für die Beliebtheit des Goldes in deflationären Zeiten ist der Versuch der Fed, die Wirtschaft zu *reflationieren*. Sie tut dies, indem sie den Dollar schwächt, um die Inflation ein wenig anzuheizen, was wiederum zu steigenden Goldpreisen führt. Die Fed ist in den 30er-Jahren so vorgegangen, und in den Jahren seit 2000 tut sie es ebenfalls, um die Deflationsgefahr zu bekämpfen. Diese Strategie hat in den 30er-Jahren funktioniert, und offenbar funktioniert sie auch 70 Jahre später wieder.

Asset Allocation und Wirtschaftsprognosen

Die Beziehungen zwischen einzelnen Märkten sind auf den Gebieten der Asset Allocation und der Wirtschaftsprognosen von großer Bedeutung. Man ist sich seit langem darüber einig, dass der Aktienmarkt ein wichtiger Konjunkturindikator ist. Die Indexhochs in den USA vom März 2000 liefern ein klassisches Beispiel dafür. Es dauerte danach noch zwölf Monate – bis März 2001 –, ehe die Wirtschaftsstatistiker offiziell erklärten, dass in den USA eine Rezession begonnen hatte. Die Börse hat einen sechsten Sinn dafür, in die Zukunft zu schauen und wirtschaftliche Trends schon sechs Monate im Voraus einzupreisen. Das gilt nicht nur für Aktien, sondern auch für den Dollar, für Anleihen und für die Rohstoffmärkte. Die Rohstoffpreise liefern frühe Warnsignale für deflationäre oder inflationäre Trends. Der Dollar tut dies auch. Die Kursentwicklung der Anleihen zeigt uns, ob die Zinsen steigen oder fallen – und das sagt uns viel über die Stärke oder die Schwäche der Wirtschaft. Und alle diese Trends beeinflussen folglich auch die Entwicklung der Wirtschaft und des Aktienmarkts.

Noch wichtiger: Die Untersuchung der Beziehungen zwischen den Märkten liefert wichtige Hinweise darauf, wo in der Welt der Finanzen die besten Gewinnchancen bestehen. Zum Beispiel machten deflationäre Tendenzen von 2000 bis 2002 Anleihen zu einem weit besseren Investment als Aktien. Gleichzeitig machte ein fallender Dollar Gold zu einer attraktiven Alternative zu Aktieninvestments. Wenn man diese Intermarket-Trends anhand von Charts genau verfolgt, steigen die Chancen erheblich, zur richtigen Zeit das richtige Investment zu tätigen – und falsche Investments zu meiden.

Ende 2002 deuteten langfristige Intermarket-Charts darauf hin, dass *harte Wertgegenstände* (wie Gold und andere Rohstoffe) zum ersten Mal seit 20 Jahren die Oberhand über *Papierwerte* (wie Anleihen und Aktien) gewinnen würden. Die Charts zeigten auch, dass der Immobiliensektor einer der wenigen Lichtblicke auf einem ansonsten enttäuschenden Aktienmarkt und in einem schwachen wirtschaftlichen Umfeld war. Die Charts demonstrierten, dass die Stärke der REITs und der Bautitel eng mit dem historischen Absinken der Zinsen auf das niedrigste Niveau seit 45 Jahren zusammenhing. Außerdem zeigten sie, dass im Jahr 2003 zum ersten Mal seit drei Jahren so etwas wie eine Rotation – heraus aus Anleihen, hinein in Aktien – begonnen hatte. Das war gut für den Aktienmarkt und die Wirtschaft, aber es deutete auch darauf hin, dass der Kursanstieg der Staatsanleihen kurz vor seinem Ende stand. Auch die Schwäche des Dollars und die gestiegenen Rohstoffpreise drohten, zu einer Erhöhung der langfristigen Zinsen beizutragen. Das würde der Immobilienbranche schaden, die zuvor von sinkenden Langfristzinsen profitiert hatte. Natürlich gibt es keine Garantie dafür, dass diese Trends von Dauer sein werden, doch sie zeigen, wie das Wissen um die Beziehungen zwischen den Märkten eine wichtige Rolle für Konjunkturanalysen und die Auswahl geeigneter Investments liefern kann.

Die Bedeutung von Charts

Vielleicht klingt das alles ein wenig zu sehr nach Wirtschaftstheorie. Zum Teil liegt dies daran, dass Intermarket-Analyse auf wirtschaftlichen Prinzipien basiert. Es handelt sich jedoch nicht um eine Theorie. Die Untersuchung der Beziehungen zwischen einzelnen

Märkten orientiert sich an der Börsenpraxis. Es gibt nichts Theoretisches an einem Gewinn- oder Verlustausweis. Wirtschaftswissenschaftler untersuchen Statistiken, um die Richtung der Wirtschaft und folglich auch der Finanzmärkte zu bestimmen. Charttechniker untersuchen die Märkte selbst. Das ist ein großer Unterschied. Während Wirtschaftsstatistiken in der Regel einen *Rückblick* bieten, blicken die Märkte *voraus*. Das ist etwa so, als würde man die Tauglichkeit eines vergangenheitsorientierten und eines prognostischen Indikators miteinander vergleichen. Wenn sie die freie Wahl hätten, würden sich die meisten Leute wohl für den prognostischen Indikator entscheiden. Das ist ein Kernthema der technischen Analyse. Eine ihrer Grundannahmen lautet, dass die Kursentwicklung jedes Markts (und jeder Aktie) auch ein prognostischer Indikator der jeweiligen Fundamentaldaten ist. So gesehen ist die Chartanalyse eine Kurzform der wirtschaftlichen und der fundamentalen Analyse. Das ist auch der Grund, warum Intermarket-Analysten Charts verwenden.

Ein weiterer Grund für den großen Vorteil der Chartisten bei der Intermarket-Analyse besteht darin, dass sie so viele verschiedene Märkte beobachten. Charts machen diese überwältigende Aufgabe wesentlich einfacher. Außerdem ist es nicht nötig, ein Experte für irgendeinen dieser Märkte zu sein. Man muss lediglich bestimmen, ob die Richtung des Charts nach oben oder nach unten weist. Die Intermarket-Analyse geht einen Schritt weiter und untersucht, ob zwei miteinander verbundene Märkte in gleiche oder in entgegengesetzte Richtungen tendieren. Es spielt dabei keine Rolle, ob man die Charts von Gold, Anleihenrenditen, Dollar, Dow Jones oder des japanischen Aktienmarkts heranzieht. Und man muss auch kein Chartexperte sein, um Intermarket-Untersuchungen vorzunehmen. Man muss nur feststellen können, ob ein Trend nach oben oder nach unten weist. Und man darf nicht voreingenommen sein.

KAPITEL 1

Ein Rückblick auf die 80er-Jahre

Um die dramatischen Veränderungen an den Finanzmärkten zu verstehen, die 1980 begonnen haben, muss man auch etwas über die 70er-Jahre wissen. In diesem Jahrzehnt gab es geradezu eine Explosion der Rohstoffpreise, die zu einer Inflationsspirale und zu steigenden Zinsen führte. Von 1971 bis 1980 stieg der Index des Commodity Research Bureau (CRB) – der ein Korb aus verschiedenen Rohstoffpreisen ist – um 250 Prozent. Im selben Zeitraum stiegen die Anleihenzinsen um 150 Prozent, und folglich sanken die Anleihenkurse. Abbildung 1.1 zeigt die starke Korrelation zwischen dem CRB-Index und der Rendite zehnjähriger US-Staatsanleihen zwischen 1973 und 1987. Die Langfristzinsen stiegen gemeinsam mit den Rohstoffpreisen während der von starker Inflation geprägten 70er-Jahre. Und beide fielen in den Zeiten der Disinflation nach 1980.

Die 70er-Jahre waren auch für Aktien kein gutes Jahrzehnt. Am Anfang und am Ende dieser Dekade stand der Dow Jones Industrial Average bei jeweils etwa 1000 Punkten. In der Mitte dieses Zeitraums der Stagnation hatte der Dow fast die Hälfte seines Werts verloren. Die 70er-Jahre waren das Jahrzehnt der harten, greifbaren Vermögenswerte; Papierwerte waren nicht gefragt. Am Ende des Jahrzehnts war der Goldpreis auf über 700 Dollar je Feinunze gestiegen. Die Dollar-Schwäche in diesem Zeitraum trug ebenfalls zu den starken Preisanstiegen bei Gold und anderen Rohstoffen bei – und auch die relative Schwäche an den Anleihen- und Aktienmärkten. 1980, als die Spekulationsblase an den Rohstoffmärkten platzte, begann sich das alles zu ändern. Abbildung 1.2 zeigt den Dow Jones, geteilt durch den Goldpreis. Das Absinken des Quotienten in den 70er-Jahren zeigt die überlegene Performance von Gold und anderen Rohstoffen in diesem

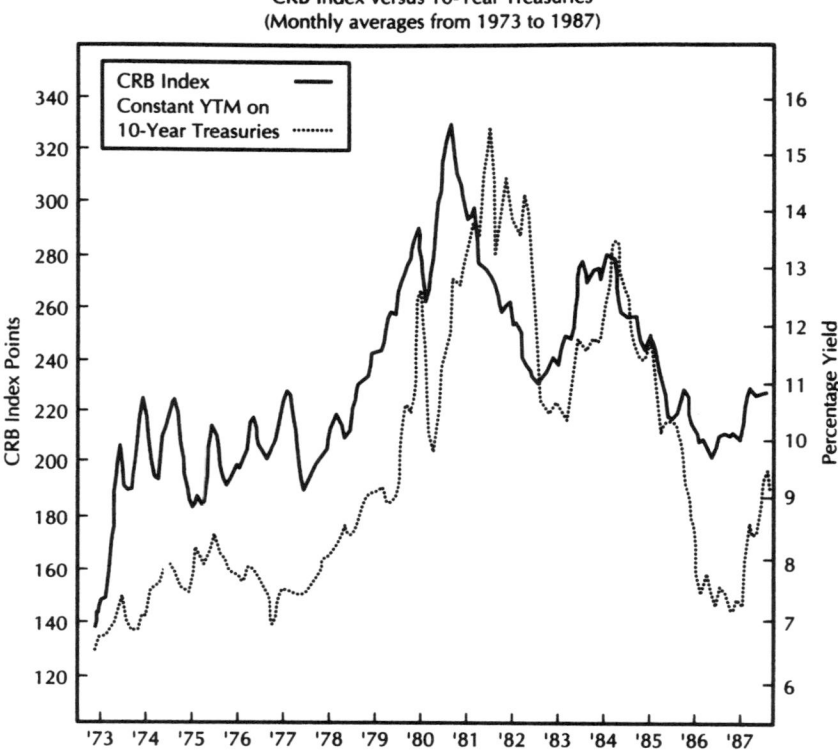

Abbildung 1.1: Eine Demonstration der positiven Korrelation zwischen dem CRB-Index und den Renditen zehnjähriger US-Staatsanleihen zwischen 1973 und 1987.

von hohen Inflationsraten geprägten Jahrzehnt. Der Quotient bildete 1980 einen Boden, nachdem der Goldpreis seinen Höchststand erreicht hatte. Die Bodenbildung des Dow erfolgte dann 1982.

1980: Die Rohstoffpreise erreichen ihren Höchststand

Ende 1980 platzte plötzlich die Spekulationsblase an den Rohstoffmärkten. Der CRB-Index hatte ein Rekordniveau von 330 Punkten erreicht – und nun begann ein 20 Jahre dauernder Abwärtstrend, in dem er die Hälfte seines Werts einbüßte. In diesen 20 Jahren fiel der Goldpreis von 700 auf 250 Dollar und verlor somit mehr als 60 Prozent. Erst nach dem Höchststand an den Aktienmärkten im Jahr 2000 gab es Anzeichen für ein Ende des 20-jährigen Winterschlafs des

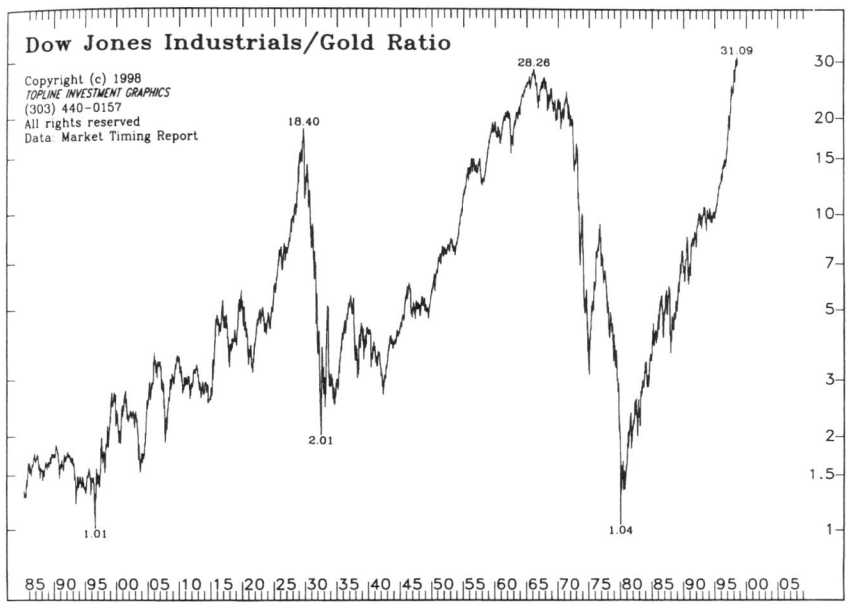

Abbildung 1.2: Dow Jones/Goldpreis. Das Absinken des Quotienten in den 70er-Jahren zeigt die überlegene Performance von Gold in diesem von hohen Inflationsraten geprägten Jahrzehnt.

Goldpreises. Der Höchststand der Rohstoffpreise in 1980 markierte das Ende der Inflationsspirale der 70er-Jahre und führte zu einer Ära der sinkenden Inflation (oder Disinflation), die bis zum Ende des 20. Jahrhunderts dauerte. Abbildung 1.3 zeigt den dramatischen Anstieg einiger Rohstoffindizes in den 70er-Jahren und den Höchststand von 1980. In den folgenden 20 Jahren sanken die Rohstoffpreise. Auch ein anderer Finanzmarkt vollzog 1980 eine bedeutende Wende, die viel mit dem Höchststand der Rohstoffpreise zu tun hatte: der US-Dollar.

1980: Der Dollar-Wechselkurs vollzieht eine Bodenbildung

1980 bildete der Dollar einen bedeutenden Boden und verdoppelte seinen Wert in den folgenden fünf Jahren. Eine der wichtigsten Intermarket-Relationen ist in diesem Zusammenhang die *inverse* Relation zwischen den Rohstoffpreisen und dem US-Dollar. Ein fallender Dollar nährt die Inflation, und das führt in der Regel zu steigenden Roh-

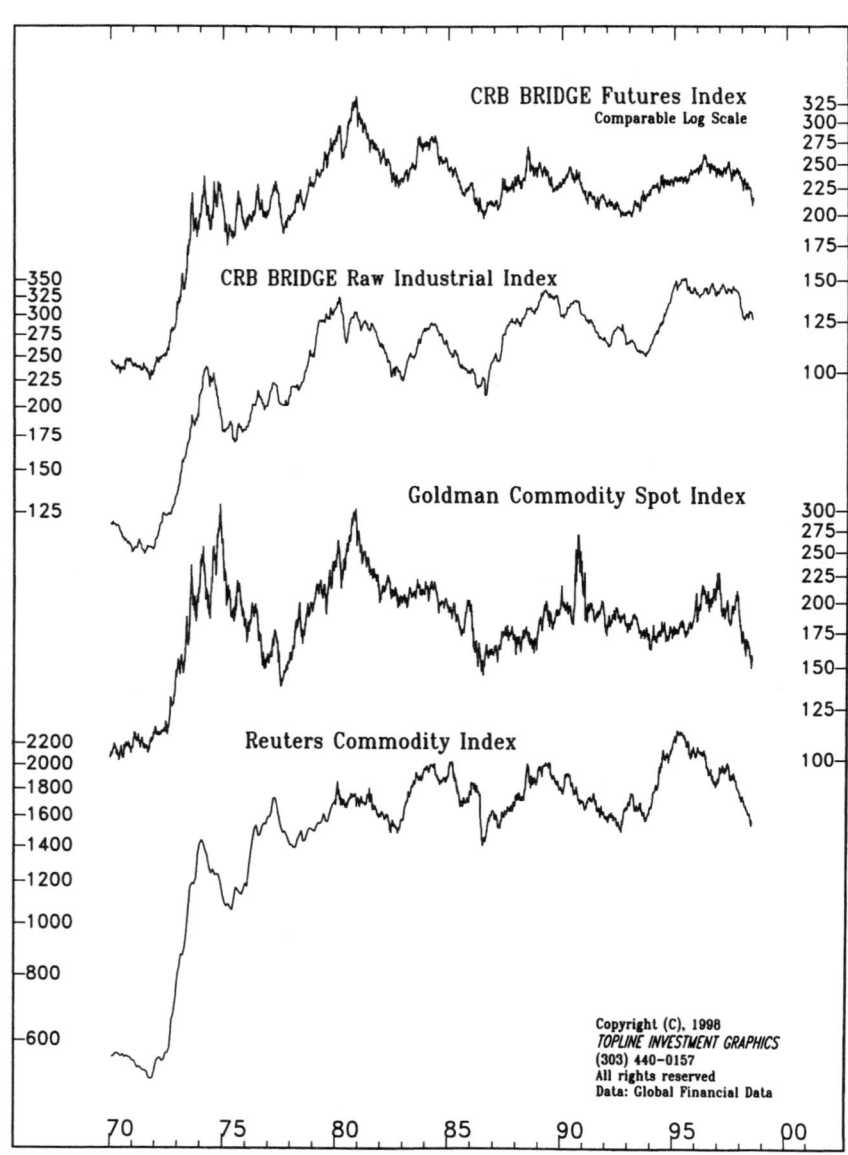

Abbildung 1.3: Einige Rohstoff-Indizes zeigen den starken Preisanstieg während der 70er-Jahre und den Höchststand im Jahr 1980.

stoffpreisen (vor allem beim Gold). Ein steigender Dollar hat die entgegengesetzte Wirkung; er wirkt sich negativ auf Rohstoffe und Gold aus. Daher war die signifikante Trendwende nach oben beim US-Dollar ein bedeutender Bestandteil des historischen Umschwungs von der Hyperinflation zur Disinflation, die die folgenden 20 Jahre kennzeichnete. (Ab 2002 trug ein deutlicher Dollar-Rückgang zu einem starken Preisanstieg bei Gold und anderen Rohstoffen bei.)

1981: Anleihen vollziehen eine Bodenbildung

Eine weitere bedeutende Intermarket-Relation betrifft den Zusammenhang zwischen den Anleihenkursen und den Rohstoffpreisen. Sie tendieren in entgegengesetzte Richtungen. Steigende Rohstoffpreise (wie in den 70er-Jahren) signalisieren wachsenden Inflationsdruck, was die Zinsen nach oben und die Kurse der Anleihen nach unten treibt. (Anleihenkurse und Anleihenrenditen entwickeln sich entgegengesetzt zueinander.) Die Rohstoffpreise ändern ihre Richtung oft schon vor den Anleihen, was sie zu wertvollen Indikatoren für die Prognose von wichtigen Trendwenden am Rentenmarkt macht. Anfang der 80er-Jahre stiegen die Anleihenkurse erst ein Jahr nach Beginn des Preisrückgangs an den Rohstoffmärkten.

In der zweiten Jahreshälfte 1981 erreichten die Anleihenrenditen mit 15 Prozent ihren Höchststand. Innerhalb von fünf Jahren fielen sie um die Hälfte (auf etwa sieben Prozent), was zu einem massiven Anstieg der Anleihenkurse führte. Die Situation hatte sich grundlegend geändert. Der Aktienmarkt, der ein Jahrzehnt lang unter steigenden Zinsen gelitten hatte, erhielt bald einen enormen Schub durch fallende Zinsen (und steigende Anleihenkurse).

1982: Bodenbildung am Aktienmarkt

Im Sommer 1982, knapp ein Jahr nach der Bodenbildung am Anleihenmarkt, begann die größte Aktienhausse der Geschichte – und dauerte fast 20 Jahre lang. Die Tatsache, dass Anleihen früher einen Boden gebildet hatten als Aktien, entspricht ebenfalls dem normalen Verlaufsmuster. Diese Abfolge war in der Börsengeschichte häufig, und daher gilt der Anleihenmarkt als prognostischer Indikator für den Aktienmarkt. Die Gesamtsituation an den Kapitalmärkten hatte sich am Beginn der 80er-Jahre komplett gedreht: Harte Vermögensgegenstände (wie Rohstoffe) sanken im Preis, während Papierwerte (Anleihen und Aktien) wieder gefragt waren.

Dieser Wendepunkt war eines der klarsten Beispiele dafür, wie sich die Beziehungen zwischen einzelnen Märkten auswirken. Beachten Sie, dass vier verschiedene Marktgruppen daran beteiligt waren: Währungen, Rohstoffe, Anleihen und Aktien. Alle vier spielten eine bedeutende Rolle, als die inflationsgeprägten 70er-Jahre endeten und mit den 80er-Jahren die Ära der Disinflation begann. Sehen wir uns die Grundregeln der üblichen Interaktion zwischen einzelnen Finanzmärkten noch einmal an, denn sie bilden die Basis der Intermarket-Analyse.

Wie die vier Marktgruppen miteinander korreliert sind

Die Intermarket-Analyse beinhaltet die gleichzeitige Analyse von vier Finanzmärkten: Währungen, Rohstoffe, Anleihen und Aktien. Die Interaktion der einzelnen Märkte verleiht ihnen ihren prognostischen Wert. Die Korrelationen sehen wie folgt aus:

- Der US-Dollar und die Rohstoffpreise tendieren in entgegengesetzte Richtungen.
- Ein fallender Dollar führt tendenziell zu steigenden, ein steigender Dollar zu sinkenden Rohstoffpreisen.
- Rohstoffpreise und Anleihenkurse tendieren in entgegengesetzte Richtungen.
- Daher entwickeln sich Rohstoffpreise und Zinsen parallel.
- Steigende Rohstoffpreise fallen mit steigenden Zinsen und fallenden Anleihenkursen zusammen.
- Sinkende Rohstoffpreise fallen mit sinkenden Zinsen und steigenden Anleihenkursen zusammen.
- Anleihen- und Aktienkurse entwickeln sich in der Regel parallel.
- Steigende Anleihenkurse sind meist gut für Aktien; sinkende Anleihenkurse sind schlecht.
- Daher sind sinkende Zinsen normalerweise gut für Aktien; steigende Zinsen sind schlecht.
- Trendwenden am Anleihenmarkt erfolgen in der Regel jedoch früher als solche am Aktienmarkt.

- Ein steigender Dollar ist in der Regel gut für amerikanische Aktien und Anleihen; ein fallender Dollar kann schlecht sein.
- Ein fallender Dollar ist schlecht für Anleihen und Aktien, wenn die Rohstoffpreise steigen.
- Während einer Deflation (die selten vorkommt) steigen die Anleihenkurse, während die Aktienkurse fallen.

Die obige Liste fasst die wichtigsten Intermarket-Relationen zwischen den vier Marktgruppen zusammen – zumindest, wie sie sich in einem normalen inflationären oder disinflationären Umfeld darstellen, das in der zweiten Hälfte des vergangenen Jahrhunderts vorherrschte. Besonders gut funktionierten diese Zusammenhänge in den 70er, 80er- und während des größten Teils der 90er-Jahre. (Die letzte Nennung in der Liste bezieht sich auf Deflation, die in der Nachkriegszeit nicht die Regel war. Ich werde in diesem Buch noch darlegen, wie der 1997 und 1998 begonnene Deflationsdruck die normalen Relationen zwischen Anleihen und Aktien verändert hat.) Mit einem gewissen Grundwissen über die Beziehungen zwischen den Einzelmärkten erkennt man leichter, wie genau sich die Märkte zu Beginn der 80er-Jahre an dieses Drehbuch gehalten haben. Ein steigender Dollar führte zu sinkenden Rohstoffpreisen, das führte zu steigenden Anleihenkursen, was wiederum zu steigenden Aktienkursen führte. Daran änderte sich bis 1987 kaum etwas.

Ein Rückblick auf den Aktiencrash von 1987

Der Aktiencrash in der zweiten Jahreshälfte 1987 lieferte ein noch dramatischeres Beispiel dafür, wie wichtig es ist, auf die Beziehungen zwischen den Märkten zu achten. Er ereignete sich rasch, und die Ergebnisse waren dramatisch und schmerzhaft. Wer die Ereignisse an anderen Märkten während der ersten Jahreshälfte ignoriert hatte, war blind für den Marktzusammenbruch in der zweiten Jahreshälfte. Folglich suchte man nach Sündenböcken wie *Programmhandel* und *trendfolgenden Futures-Strategien*, um eine Erklärung für das Blutbad zu finden. Diese beiden Faktoren haben zweifellos das Ausmaß des Kursrückgangs verstärkt, aber ausgelöst haben sie ihn nicht. Die wahre Erklärung für den Aktiencrash von 1987 ist viel einfacher, aber nur, wenn man die Dinge aus der Intermarket-Perspektive sieht. Der Crash begann schon im Frühjahr an den Anleihen- und Rohstoffmärkten.

Frühjahr 1987: Die Rohstoffpreise steigen, die Anleihenkurse fallen

In den ersten vier Jahren nach 1982 waren die beiden Hauptstützen der Aktienhausse die fallenden Rohstoffpreise (niedrige Inflation) und die steigenden Anleihenkurse (sinkende Zinsen). 1986 begannen diese Trends ins Stocken zu geraten: Die Rohstoffpreise fielen nicht mehr, die Anleihenkurse stiegen nicht mehr. Das Intermarket-Gesamtbild sah jedoch erst ab dem Frühjahr 1987 wirklich gefährlich aus. Im April dieses Jahres zog der CRB-Index der Rohstoffpreise stark an und verzeichnete einen »Ausbruch« auf das höchste Niveau seit einem Jahr. Gleichzeitig gingen die Anleihenkurse buchstäblich in den freien Fall über. (Steigende Rohstoffpreise führen in der Regel zu sinkenden Anleihenkursen.) Dieser Intermarket-Trendwechsel beseitigte zwei der wichtigsten Stützen der Aktienhausse und gab ein frühes Warnsignal, dass der Aktienmarkt auf schwachen Beinen stand. Abbildung 1.4 zeigt die inverse Relation zwischen den Anleihenkursen und den Rohstoffpreisen von 1985 bis 1987. Sie zeigt, wie der CRB-Index im Frühjahr 1987 über die *Nackenlinie* (die Verbindungslinie zwischen zwei früheren Hochs) steigt. Dadurch wurde ein auf steigende Preise hindeutender *Kopf-Schulter-Boden* abgeschlossen. Gleichzeitig sanken die Anleihenkurse unter die untere Trendlinie einer seit einem Jahr bestehenden Dreiecksformation – eine schlechte Kombination für Aktien, denn sie deutete darauf hin, dass steigende Inflationsraten die Zinsen nach oben treiben würden.

August 1987: Der Aktienmarkt erreicht sein Hoch

Der Anstieg am Aktienmarkt dauerte noch vier Monate. Erst im August 1987 wurde das Hoch erreicht. Die Tatsache, dass der Anleihenmarkt sein Hoch schon vier Monate früher erreicht hatte, ist ein weiterer Beleg dafür, dass Trendwenden bei Anleihen solchen bei Aktien vorausgehen. Daher gelten Anleihenmärkte als prognostische Indikatoren für die Aktienmärkte. Abbildung 1.5 zeigt die Divergenz zwischen den Anleihen- und den Aktienkursen vom Frühjahr bis zum August 1987. Die Anleihen erfüllten ihre Funktion als Aktienmarkt-Indikator. Bis Oktober stiegen die Anleihenrenditen auf über zehn Prozent. Dieser Zinsanstieg bis in den zweistelligen Bereich war wohl die wichtigste Ursache für den Aktiencrash im Oktober. Abbildung

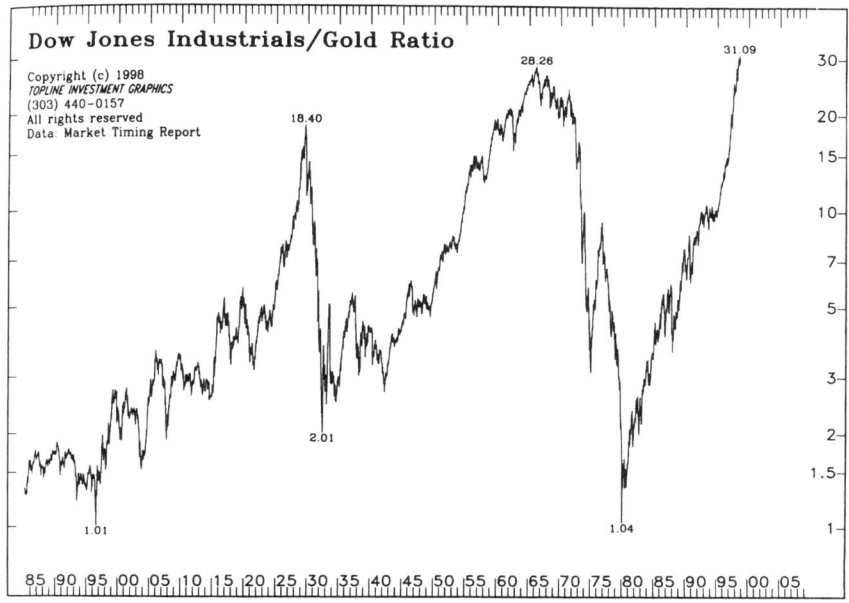

Abbildung 1.4: Der inverse Zusammenhang von Anleihenkursen und Rohstoffpreisen zwischen 1985 und 1987 ist gut zu erkennen. Der Kurseinbruch am Anleihenmarkt im Frühjahr 1987 erfolgte zeitgleich mit einem scharfen Preisanstieg bei den Rohstoffen.

1.6 zeigt, dass der Kurseinbruch kurz nach dem Renditeanstieg auf über zehn Prozent erfolgte. Außerdem spielte auch der US-Dollar eine Rolle.

Die Aktienkurse fallen – und der Dollar fällt ebenfalls

Nach einem Rückgang zu Beginn des Jahres erholte sich der Dollar vom Mai bis zum Sommer. Diese Erholung endete im August, als der Aktienmarkt sein Hoch erreichte. Dann fielen beide Märkte gemeinsam. Ein zweiter Erholungsversuch des Dollars im Oktober scheiterte ebenfalls, und der folgende Rückgang fiel fast exakt mit dem Aktiencrash zusammen. Abbildung 1.7 zeigt die enge Korrelation zwischen den Hochs beim Dollar und am Aktienmarkt im August und im Oktober 1987. Beachten Sie auch die Ereignisse im Herbst. Die Rohstoffpreise waren stark angestiegen und schürten neue Inflationsangst. Gleichzeitig stiegen die Zinsen bis in den zweistelligen Be-

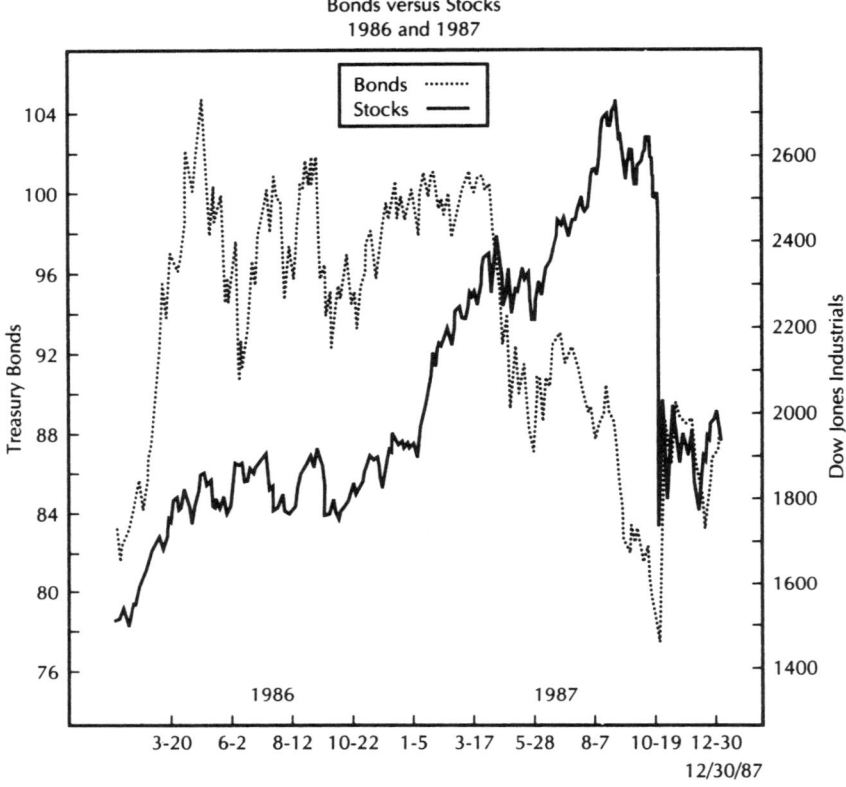

Abbildung 1.5: Anleihen im Vergleich zu Aktien in den Jahren 1986 und 1987. Der Einbruch am Anleihenmarkt ging dem Kurshoch am Aktienmarkt um vier Monate voraus.

reich. Der US-Dollar ging in den freien Fall über (und verstärkte die Inflationsangst dadurch noch). Ist es ein Wunder, dass es schließlich zu Problemen am Aktienmarkt kam? Wenn man sich all die negativen Einflüsse aus von mit dem Aktienmarkt verbundenen Märkten ansieht, ist es erstaunlich, dass er sich noch so lange recht gut halten konnte. Es gab Ende 1987 viele gute Gründe für einen Einbruch am Aktienmarkt. Die meisten dieser Gründe waren aus den Ereignissen an den anderen Märkten klar ersichtlich – zum Beispiel bei den Rohstoffen und den Anleihen –, aber nicht notwendigerweise am Aktienmarkt selbst. Die Ereignisse von 1987 sind ein Lehrbeispiel dafür, wie die Verbindungen zwischen den einzelnen Märkten funktionieren. Dieses traumatische Börsenjahr lieferte auch überzeugende Argu-

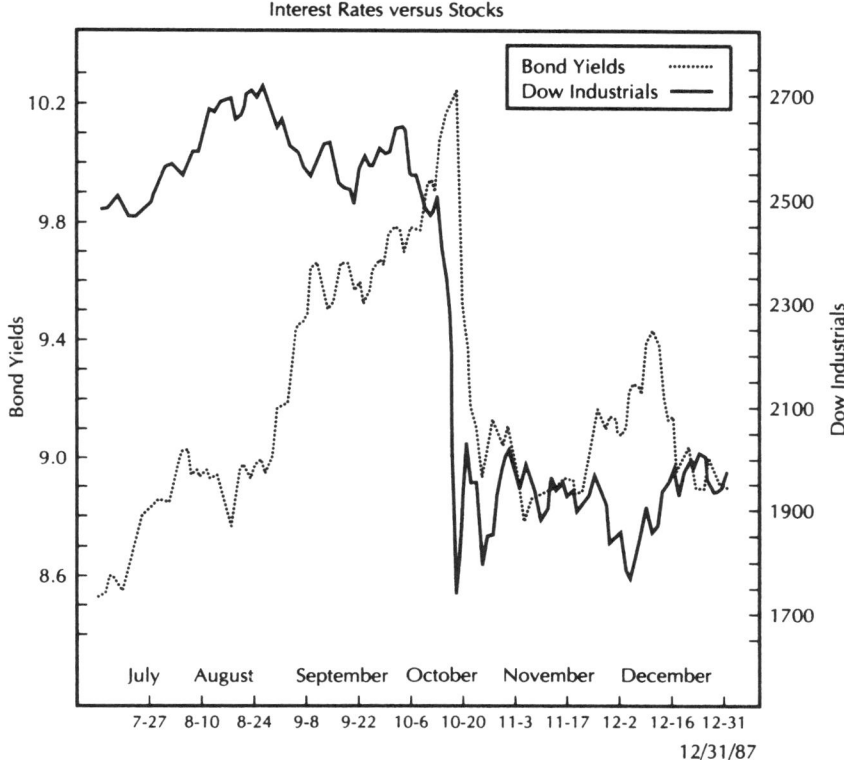

Abbildung 1.6: Der Anstieg der Anleihenrenditen im Sommer und im Herbst 1987 wirkte sich negativ auf den Aktienmarkt aus. Von Juli bis Oktober stiegen die Renditen amerikanischer Staatsanleihen von 8,50 auf über zehn Prozent. Dieser Renditeanstieg stand in Verbindung mit dem Zusammenbruch der Anleihenkurse und dem Anstieg der Rohstoffpreise.

mente dafür, dass die Teilnehmer am Aktienmarkt die drei anderen Finanzmärkte beobachten sollten.

Der Aktiencrash von 1987 wirkte sich weltweit aus

Eine weitere wichtige Lektion aus 1987 ist, dass der Crash global war – alle Aktienmärkte der Welt fielen gleichzeitig. Das ist aus zwei Gründen von Bedeutung. Erstens ist es ein dramatischer Beweis für die engen Verbindungen zwischen den internationalen Aktienmärkten. Zweitens zeigt es, dass diese Verbindungen in Zeiten heftiger Kurseinbrüche noch enger sind als sonst. In solchen Zeiten wird

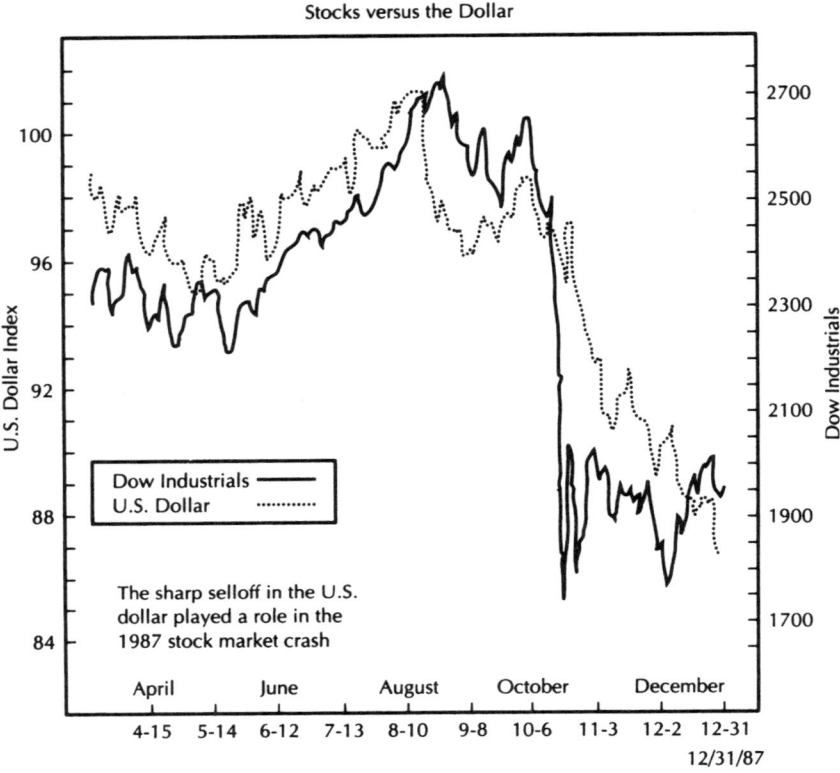

Abbildung 1.7: Auch der fallende US-Dollar belastete in der zweiten Jahreshälfte 1987 den Aktienmarkt. Die Zwillingshochs des Dollars im August und im Oktober fielen mit ähnlichen Hochs am Aktienmarkt zusammen. Auch der Einbruch im Oktober verlief auf beiden Märkten parallel.

internationale Diversifikation zu einem Mythos. (Das gleiche Phänomen einer weltweiten Baisse war ab Anfang 2000 zu beobachten.) Globale Verbindungen gibt es natürlich nicht nur an den Aktienmärkten. Ausländische Währungen sind mit dem US-Dollar verbunden. Auch inflationäre und deflationäre Tendenzen (die sich auf die Rohstoffpreise auswirken) sind global.

Aus der globalen Natur des Aktiencrashs von 1987 lässt sich noch eine weitere Lehre ziehen. Viele Marktbeobachter vertraten damals die engstirnige Ansicht, verschiedene Futures-Strategien, wie etwa der Programmhandel und Maßnahmen zur Portfolio-Absicherung, hätten die Verkaufspanik verursacht. Nach ihrer Meinung gab es keine wirtschaftliche oder technische Rechtfertigung für den Börsenkollaps. Die Tatsache, dass der Crash global und nicht auf die USA beschränkt war, spricht gegen diese Sichtweise – vor allem, weil es an den meisten ausländischen Aktienmärkten damals gar keinen Programmhandel gab.

Spätere Beispiele globaler Verbindungen

Während der Irak-Krisen 1990 und 2003 verlangsamten steigende Energiepreise das globale Wirtschaftswachstum und trugen zur Schwäche an allen bedeutenden Aktienmärkten bei. 1990 führte der Anstieg der Ölpreise auch zu einem weltweiten Zinsanstieg und zeigte wieder einmal den Gleichklang der internationalen Zinsentwicklung auf. Nach 1998 entstand ein enger Zusammenhang zwischen weltweit fallenden Zinsen – auch in den USA – und fallenden Aktienkursen in Japan, das sich fest im Griff der Deflation befand. Abbildung 1.8 zeigt, wie die Zinsen in den 70er-Jahren (Inflation) rund um den Globus stiegen und wie sie in den 80er- (Disinflation) und 90er-Jahren (Deflation) im Gleichschritt zurückgingen.

Der Einfluss des Dollars kann mit Verzögerung eintreten

Von den vier Finanzmärkten, die in die Intermarket-Analyse einfließen, ist der Dollar wohl am schwierigsten in einem konsistenten Intermarket-Modell unterzubringen. Das liegt teilweise an den langen Verzögerungen zwischen Trendwenden beim Dollar und an den anderen Märkten. Die Ereignisse vor 1987 liefern ein gutes Beispiel, warum das so ist. Nachdem der Dollar fünf Jahre lang gestiegen war, begann er 1985 zu fallen; hauptsächlich infolge des Plaza Accord, einer Vereinbarung zwischen fünf Nationen mit dem Ziel, den Dollar zu schwächen. Normalerweise hätte ein fallender Dollar den Rohstoffpreisen Auftrieb verleihen sollen. Aber dieser Auftrieb kam nicht – zumindest nicht gleich. Erst ein Jahr später – 1986 – zeichnete sich ein Ende des 1980 begonnenen Preisrückgangs bei den Rohstoffen ab, und die Anleihenkurse hörten auf zu steigen. Die wirklichen Probleme begannen erst mit dem scharfen Preisanstieg der Rohstoffe im Frühjahr 1987. Fast zwei Jahre hatte es gedauert, bis der fallende Dollar eine echte Rallye bei den Rohstoffen ausgelöst und damit Proble-

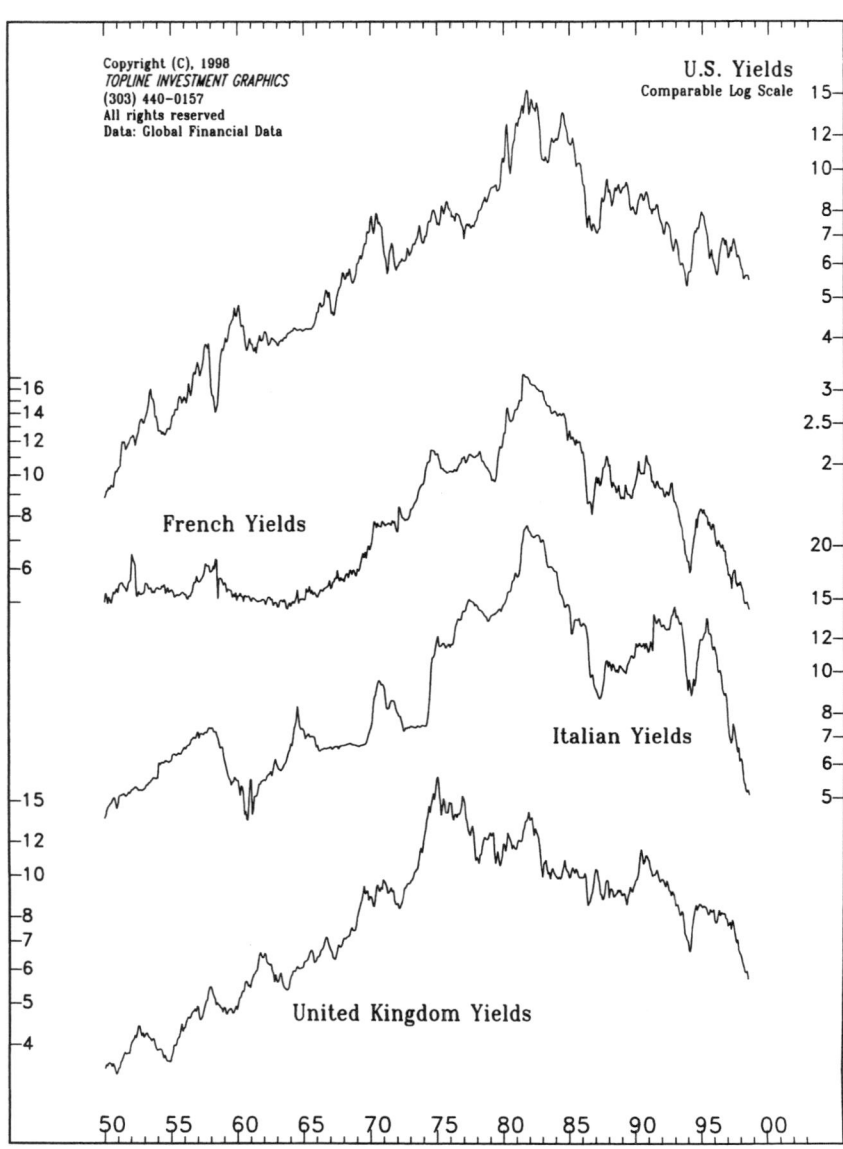

Abbildung 1.8: Weltweit stiegen die Anleihenrenditen in den 70er Jahren (Inflation) und sanken in den 80er- und 90er-Jahren (Disinflation). Die Renditen steigen und sinken in der Regel rund um den Globus im Gleichschritt.

me für Aktien und Anleihen verursacht hatte. Abbildung 1.9 zeigt die Zeitverzögerung zwischen den beiden Ereignissen (dem Dollar-Hoch von 1985 und dem Tief der Rohstoffpreise 1986) und dem Aufschwung, der im Frühjahr 1987 stattfand. Der fallende Dollar wirkte sich schließlich doch aus, aber es dauerte ein bis zwei Jahre.

Die Intermarket-Trends der 80er-Jahre zeigen auch, warum man die Auswirkungen der Dollar-Entwicklung auf Anleihen und Aktien durch die Rohstoffmärkte filtern muss. Ein fallender Dollar kann für Anleihen und Aktien von Nachteil sein, aber nur, wenn gleichzeitig die Rohstoffpreise steigen. Man könnte auch sagen, dass ein fallender Dollar kein ernstes Problem ist, solange er die Zinsen nicht nach oben

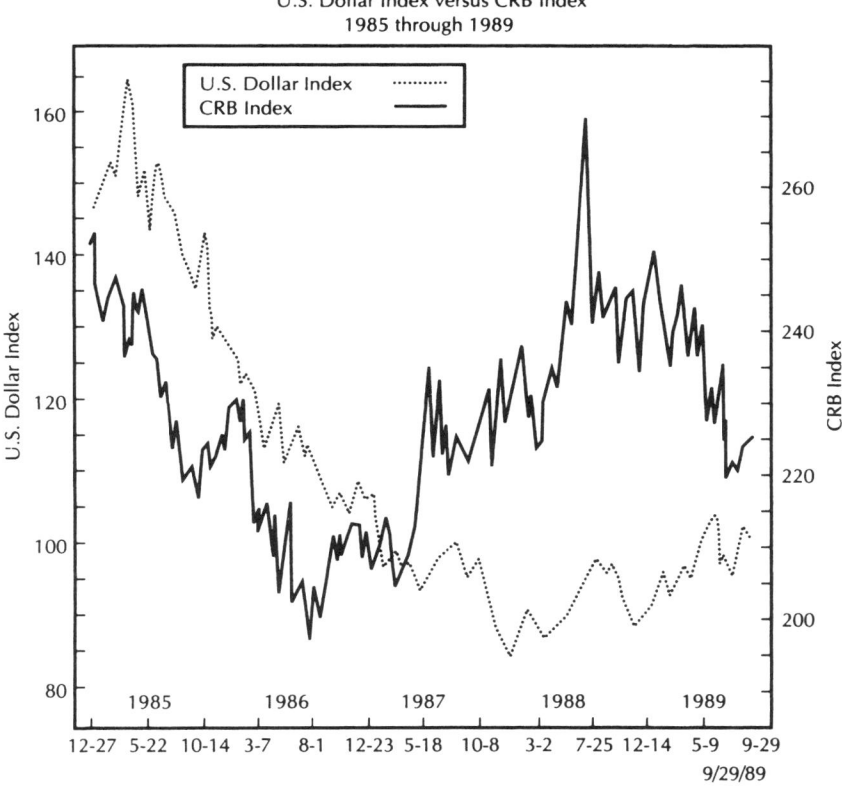

Abbildung 1.9: Der US-Dollar und der CRB-Index von 1985 bis zum vierten Quartal 1989. Ein fallender Dollar führte schließlich zu einem Anstieg des CRB-Index. Der Boden im CRB-Index (1986) trat ein Jahr nach dem Dollar-Hoch von 1985 auf.

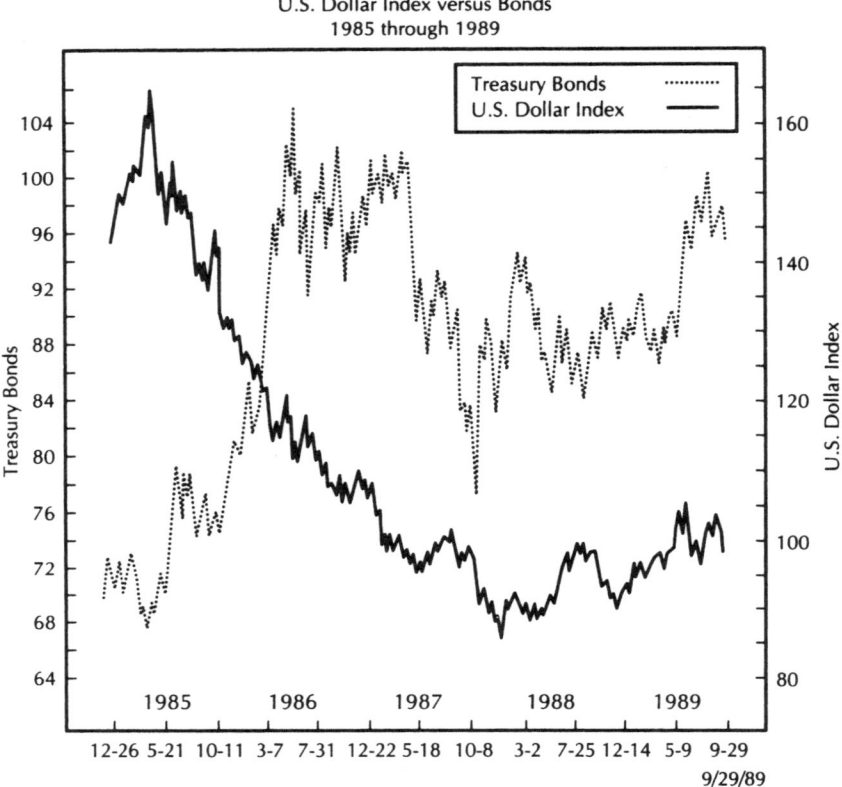

Abbildung 1.10: Der US-Dollar und die Renditen amerikanischer Staatsanleihen von 1985 bis 1989. Ein fallender Dollar wirkte sich am Ende negativ auf Anleihen aus. Doch 1985 und im größten Teil von 1986 waren die Anleihen stark, während der Dollar fiel.

treibt, was meist mit steigenden Rohstoffpreisen zusammenhängt. Ein fallender Dollar kann mit steigenden Anleihen- und Aktienkursen einhergehen – solange die Rohstoffpreise nicht steigen. Die 1985 begonnene Dollar-Schwäche hatte auf Anleihen und Aktien keinen großen Einfluss – bis im April 1987 die Rohstoffpreise (und die Anleihenrenditen) zu steigen begannen. Abbildung 1.10 zeigt die verzögerten Auswirkungen des fallenden Dollars auf die Zinsen. Der Dollar erreichte sein Hoch 1985. Die Anleihen erreichten ihres ein Jahr später, aber erst im Frühjahr 1987 begannen sie deutlich zu fallen. Ein fallender Dollar wurde für die Aktien erst dann zum Problem, als seine inflationären Auswirkungen die Anleihenkurse nach unten und die Anleihenrenditen nach oben trieben.

Manche haben behauptet, die allgemeine Dollar-Schwäche von 1985 bis 1995 habe sich nicht besonders negativ auf Anleihen und Aktien ausgewirkt. Dieses Argument lässt sich nicht ganz von der Hand weisen, denn in diesen zehn Jahren gab es am Aktien- und am Anleihenmarkt weiterhin starke Kursanstiege. Es trifft aber auch zu, dass die Dollar-Hochs von 1985 und 1989 den Baissephasen von 1987 und 1990 an beiden Märkten um zwei bzw. um ein Jahr vorangingen. Außerdem kam es in beiden Baissephasen als Folge der Dollar-Schwäche zu starken Anstiegen der Rohstoffpreise. Und zudem trifft es zu, dass der Baissetrend von 1994 bei Aktien und Anleihen wieder auf ein Hoch des Dollars und einen Aufschwung der Rohstoffpreise folgte.

Rund um das Jahr 1990

Im vierten Quartal 1987 stabilisierten sich die Anleihen- und die Aktienkurse und begannen eine zweijährige Aufwärtsbewegung, die von Anfang 1988 bis Ende 1989 dauerte. Das Gesamtbild an den Finanzmärkten war in diesen beiden Jahren deutlich freundlicher geworden: ein starker Dollar, schwache Rohstoffmärkte und steigende Anleihen- und Aktienkurse. Am Anfang des Jahres 1990 gab es jedoch eine Wende zum Schlechteren. Es begann mit einem Einbruch der Anleihenkurse, einem Ausverkauf des Dollars und einem scharfen Rohstoffpreisanstieg – allesamt schlechte Zeichen für den Aktienmarkt. Dann, Anfang August, kam die irakische Invasion in Kuwait. Der Ölpreis stieg auf 40 Dollar je Barrel. Die Folgen waren eine Aktienbaisse und eine Rezession. Die Intermarket-Relationen des Jahres 1990 enthalten einige wertvolle Lehren und sind für die weltpolitischen Ereignisse 13 Jahre später von Bedeutung. Daher widme ich diesem bedeutungsvollen Jahr ein eigenes Kapitel.

Kapitel 2

1990 und der erste Golf-Krieg

Im Herbst 1990 war mein erstes Buch über Intermarket-Analyse gerade im Druck. Der Anhang enthielt einige Charts der wichtigsten Intermarket-Relationen bis einschließlich zum dritten Quartal dieses Jahres. Es war schön zu sehen, wie genau sich die Märkte an das Intermarket-Drehbuch gehalten hatten – obwohl die Krise im Nahen Osten die internationalen Finanzmärkte im Sommer 1990 schwer belastet hatten. Aber das war nur ein Teil der Geschichte. Der Irak war im August in Kuwait einmarschiert, was eine ohnehin schon schlechte Lage noch verschlimmerte. Dennoch hatten die Intermarket-Relationen schon sechs Monate zuvor begonnen, sich deutlich zu verschlechtern. Ebenso wie 1987 hatten die Probleme am Beginn des Jahres an den Anleihen- und an den Rohstoffmärkten angefangen. Die Anleihenkurse fielen, während die Rohstoffpreise stiegen. Der Dollar war schwach. Und dann gingen die Probleme erst richtig los.

Nach der Invasion in Kuwait stieg der Rohölpreis auf 40 Dollar je Barrel, was die Aktienmärkte rund um den Globus stark belastete. Auch der Goldpreis stieg deutlich, während der Dollar und die Aktienmärkte schwach waren. Dabei handelte es sich um klassische Intermarket-Beziehungen. Auf der ganzen Welt stiegen die Zinsen als Folge der gestiegenen Energiepreise. Die Folge war der Beginn einer Rezession in den USA, einen Monat nach der Invasion. Dies war nicht das einzige Mal, dass steigende Ölpreise zu einer Rezession in den USA beigetragen hatten. Seit 1970 erlebte die amerikanische Wirtschaft vier Rezessionen. Drei von ihnen – die von 1974, 1980 und 1990 – waren von steigenden Ölpreisen begleitet. Neun Jahre später, 1999, trugen steigende Ölpreise zur Entstehung einer weiteren Rezession bei und halfen mit, die Spekulationsblase an der Nasdaq zum Platzen zu bringen. Interessanterweise kam es am Aktienmarkt während der fünf Monate nach der irakischen Invasion zu den stärksten Verlusten. Als der Krieg tatsächlich begann (am 16. Januar 1991), kam es zu einer völligen Umkehrung der bestehenden Intermarket-Verhältnisse. Gold und Öl wurden billiger, während die Aktienkurse stiegen. Die traditionellen Intermarket-Beziehungen erwiesen sich sowohl am Beginn als auch am Ende dieser Nahost-Krise als tragfähig. Die Veränderungen einiger Intermarket-Trends hatten jedoch schon Anfang 1990 an den Futures-Märkten begonnen. Lassen Sie uns also dort anfangen.

Anfang 1990 beginnen die Anleihenkurse zu sinken

Bis Anfang 1990 waren die Kurse amerikanischer Staatsanleihen fast zwei Jahre lang gestiegen. Anfang Januar begann jedoch ein scharfer Kursrückgang, der mehr oder weniger bis Oktober dauerte. In der Intermarket-Sprache würde man sagen, dass sich zwischen Anleihen und Aktien eine *negative Divergenz* herausgebildet hatte. Ebenso wie 1987 war das ein ernstes Warnsignal, dass der Aktienmarkt vor Problemen stehen könnte. Einer der Gründe für den Rückgang der Anleihenkurse war ein Anstieg der Rohstoffpreise – ebenfalls genauso wie 1987. Abbildung 2.1 zeigt eine Momentaufnahme der vier Märkte – Dollar, CRB-Index, Aktien und Anleihen – in den ersten drei Quartalen 1990. In der ersten Jahreshälfte verteuerte ein fallender Dollar die Rohstoffe und schadete den Anleihen – was in der zweiten Jahreshälfte den Aktien schadete.

Der CRB-Index dreht Anfang 1990 nach oben

Anfang 1990 stieg der CRB-Index der Rohstoffmärkte. Einer der Gründe dafür war der schwache Dollar in der zweiten Jahreshälfte 1989, der mit einer Erholung an den Rohstoffmärkten zusammenfiel. Im Lauf des Jahres 1990 verlor der Dollar noch mehr an Boden. Im größten Teil des Jahres half die Dollar-Schwäche, die Rohstoffmärkte zu stützen, und übte Druck auf Anleihen und Aktien aus. Abbildung 2.2 zeigt, wie der fallende Dollar vom vierten Quartal 1989 bis zum vierten Quartal 1990 den Rohstoffpreisen starken Auftrieb gab. Der

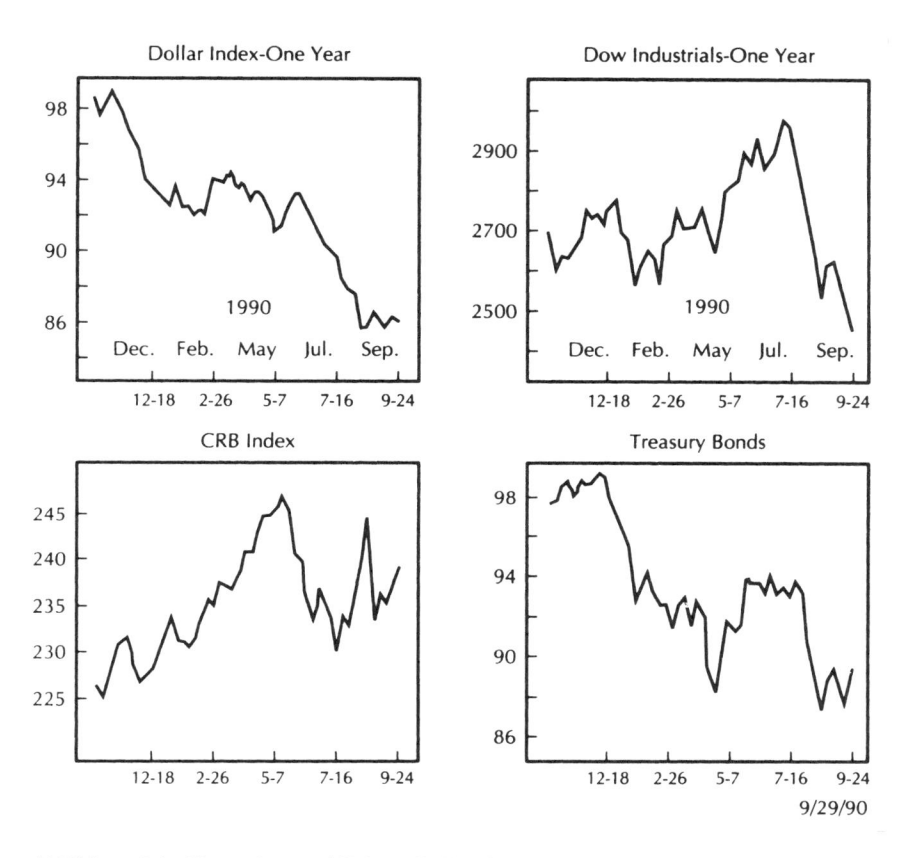

Abbildung 2.1: Charts der vier Märkte – Dollar, CRB-Index, Aktien und Anleihen – in den ersten drei Quartalen 1990. In der ersten Jahreshälfte verteuerte ein fallender Dollar die Rohstoffe und belastete Anleihen und Aktien.

Anstieg des CRB-Index von Ende 1989 bis Mitte 1990 wurde durch steigende Preise für Agrarprodukte verursacht, von denen viele in diesem Sommer Höchstpreise erreichten. Das erklärt das Index-Top im Mai. Im Sommer verteuerten sich Gold und Öl, was einen erneuten Indexanstieg bis Oktober verursachte. Die CRB-Tops im Mai und im August ereigneten sich zeitgleich mit Tiefs am Anleihenmarkt. Abbildung 2.3 zeigt, dass die Rohstoffpreise in der ersten Jahreshälfte 1990 stiegen, während die Anleihenkurse nachgaben. Sie zeigt auch, wie die beiden Tops des CRB-Index zu Kurserholungen am Anleihenmarkt führten.

CRB Index

Dollar Index

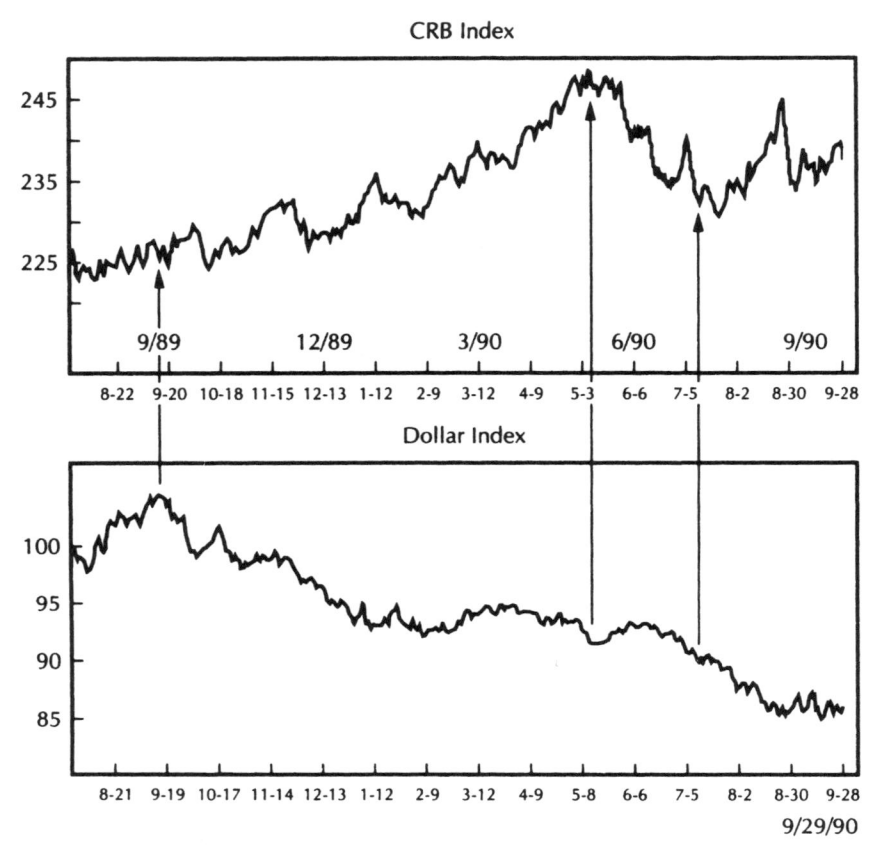

9/29/90

Abbildung 2.2: Der CRB-Index und der US-Dollar von Ende 1989 bis September 1990. Der fallende Dollar, der sich inflationsfördernd auswirkte, führte 1990 zu einem Preisanstieg bei den Rohstoffen. Ein rascher Wertverlust des Dollars im Mai trug dazu bei, dass der CRB in diesem Monat ein Hoch erreichte. Die Rohstoffpreise zogen im Sommer wieder an, während der Dollar auf neue Tiefs fiel.

Anleihen und Aktien entwickeln sich gegensätzlich

Bis Mai 1990 waren die Anleihenkurse um mehr als zehn Prozent gefallen, während sich die Aktienkurse kaum verändert hatten. Von Mai bis August stiegen dann beide an. In diesen drei Monaten gewann der Dow Jones Industrials 300 Punkte (zehn Prozent) und erreichte ein neues Rekordhoch. Die Anleihen gewannen nur 50 Prozent der Verluste des ersten Halbjahrs wieder zurück und kamen nicht einmal in die Nähe ihrer früheren Hochs. So entstand eine *bearishe Divergenz*

— 1990 und der erste Golf-Krieg —

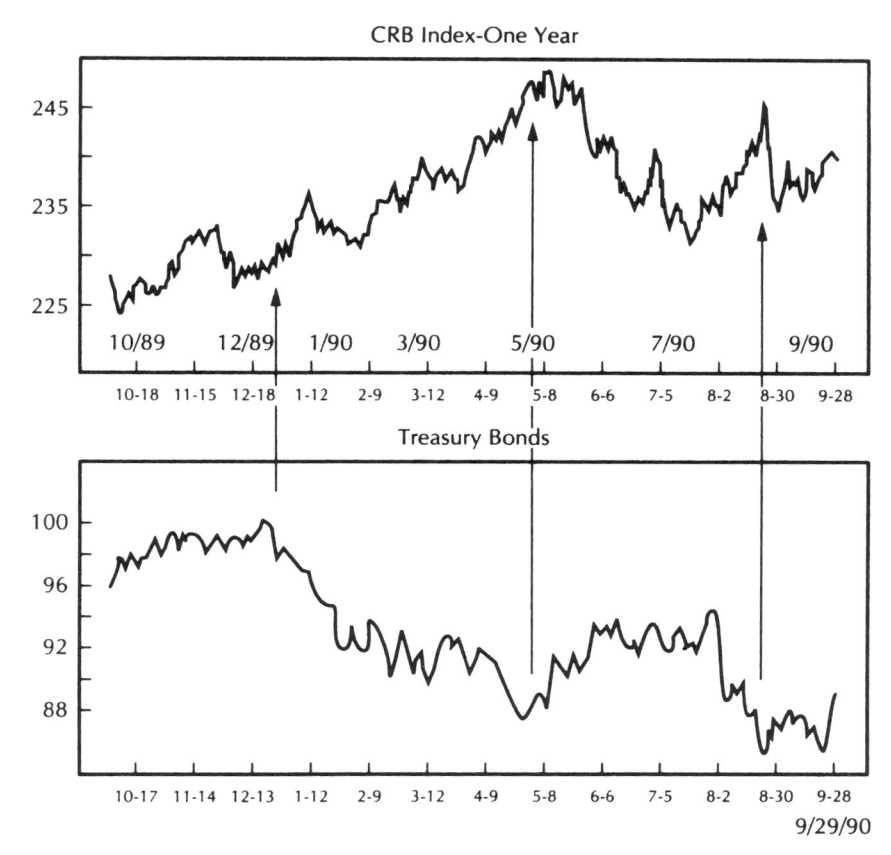

Abbildung 2.3: Der CRB-Index und amerikanische Staatsanleihen von Ende 1989 bis zum dritten Quartal 1990. In der ersten Jahreshälfte 1990 zogen die Rohstoffpreise an, während Anleihen nachgaben. Die Anleihen bildeten Anfang Mai und Ende August (siehe Pfeile) Tiefs aus, begleitet von Hochs der Rohstoffpreise.

zwischen Aktien und Anleihen. Im August fielen dann beide. Abbildung 2.4 zeigt die negative Divergenz zwischen Aktien und Anleihen, die schon im Sommer 1990 bestanden hatte – Monate vor den dramatischen weltpolitischen Ereignissen, die im August begannen.

Die Weltmärkte bestätigen die Rallye in den USA nicht

Bedeutende Aktienmärkte wie der britische, der japanische und der amerikanische tendierten Anfang 1990 schwach und verzeichneten

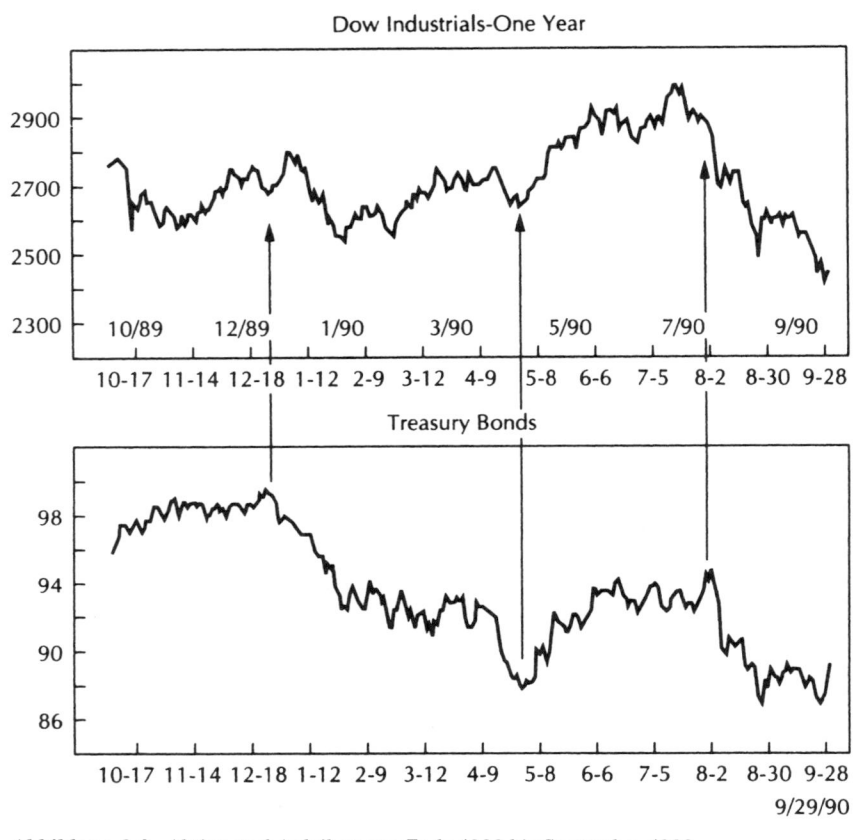

Abbildung 2.4: Aktien und Anleihen von Ende 1989 bis September 1990.

im Frühjahr einen deutlichen Kursanstieg. Doch nur der amerikanische Markt stieg auf ein neues Hoch. Keiner der ausländischen Märkte bestätigte die Kursbewegung bis auf neue Rekordstände in den USA im Sommer 1990. Wenn irgendein Markt auf der Welt (und sei es ein so großer Markt wie der amerikanische) als einziger neue Rekordstände erreicht, dann spricht man von einer *globalen Divergenz*. Abbildung 2.5 zeigt, dass der amerikanische Markt im Sommer 1990 als Einziger ein neues Hoch erreichte. Ein auf fallende Kurse hinweisendes *Dreifach-Top* hatte sich in Großbritannien herausgebildet. Der japanische Markt hatte 1989 sein Top erreicht und sich später nie wieder erholt. Er fiel dann 13 Jahre lang. Das Dreifach-Top in London und der Kollaps in Tokio waren keine guten Zeichen für amerikanische Aktien.

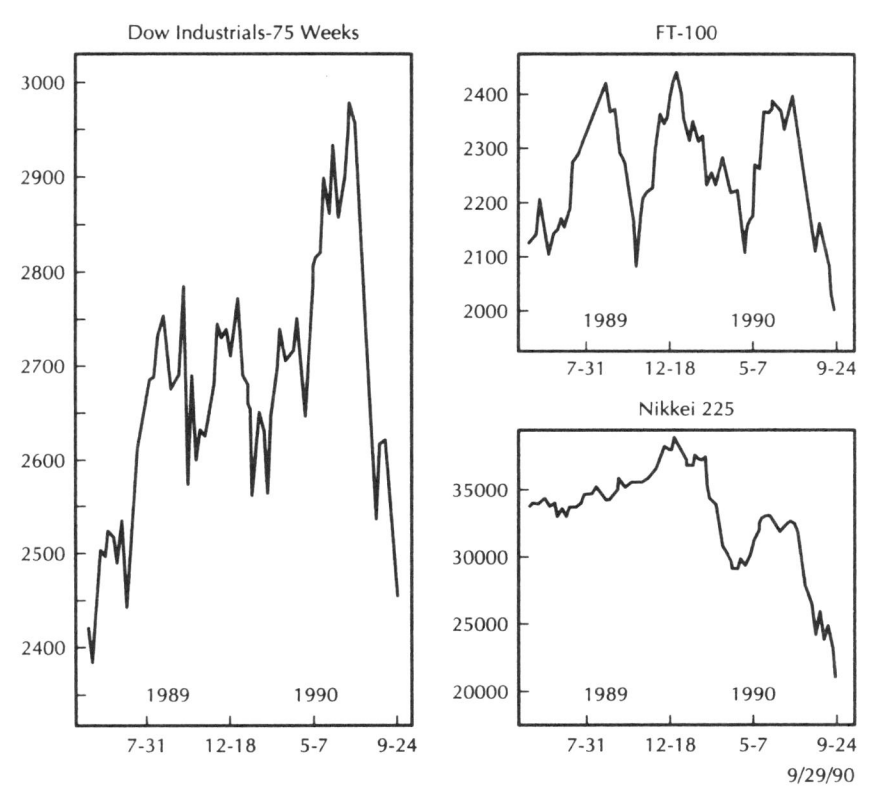

Abbildung 2.5: Der amerikanische, der britische und der japanische Aktienmarkt in den 18 Monaten bis zum dritten Quartal 1990. Alle drei Märkte brachen am Beginn des Jahres 1990 deutlich ein und erholten sich dann im Frühjahr. Keiner der ausländischen Märkte bestätigte den Anstieg, der amerikanische Aktien im Sommer auf neue historische Rekordstände führte. Das »Dreifach-Top« in Großbritannien und der Kollaps in Japan waren keine guten Zeichen für amerikanische Aktien. Wenig später brachen alle drei Märkte heftig ein.

Im August marschieren irakische Truppen in Kuwait ein

Am 2. August 1990 erfolgte die irakische Invasion in Kuwait. Damit begann eine Reihe von Ereignissen, die schließlich 1991 zum Golfkrieg führten. Es sollte sich herausstellen, dass es ein kurzer Krieg sein würde, aber in den sechs Monaten vor dem Ausbruch der Feindseligkeiten befanden sich die Finanzmärkte in heller Aufregung. Die Reaktion der Märkte auf die weltpolitische Situation war schon für sich genommen eine weitere Lektion über die Verbindungen zwischen den Märkten. In den Monaten vor dem Kriegsausbruch verhielt sich jeder einzelne Markt genau so, wie man es erwarten konnte. Aktien und Anleihen fielen ebenso wie der Dollar. Die Preise für Gold und Öl stiegen scharf an. Auch hier handelte es sich wieder um ein globales Phänomen, das Aktien- und Anleihenkurse rund um den Globus betraf. Von August bis Oktober gab es an den Anleihenmärkten in Großbritannien, Deutschland, Japan und den USA massive Einbrüche – während der Ölpreis deutlich stieg. Weil weltweit die Öl-

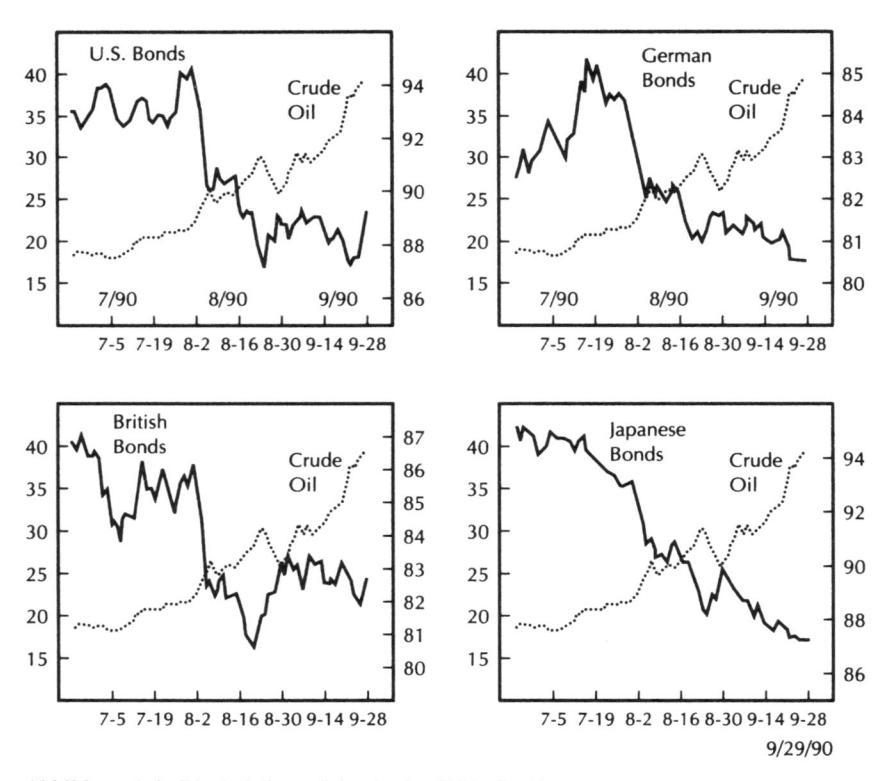

Abbildung 2.6: Die Anleihenmärkte in den USA, Großbritannien, Deutschland und Japan im Sommer 1990. Weltweit fielen die Anleihenkurse, während die Ölpreise stiegen – als Folge der irakischen Invasion in Kuwait am 2. August 1990. Japanische Anleihen zeigten die schwächste Performance (wegen Japans höherer Abhängigkeit von Ölimporten) und führten nicht nur den weltweiten Rückgang der Anleihenkurse an, sondern waren auch für den Zusammenbruch des japanischen Aktienmarkts mit verantwortlich.

preise stiegen und die Anleihenkurse fielen, stürzten auch überall die Aktienkurse ab. Abbildung 2.6 zeigt, wie steigende Ölpreise 1990 die Anleihenkurse in den USA, Großbritannien, Deutschland und Japan absinken ließen. Es war wirklich ein globales Ereignis.

Öl und Gold werden teurer

Die inflationären Auswirkungen der steigenden Ölpreise im Sommer 1990 führten an den Aktienmärkten rund um den Globus zu deutlichen Verlusten. Öl wurde in diesem Jahr zum dominierenden Rohstoff und demonstrierte auf dramatische Art und Weise, wie sensibel die Anleihen- und Aktienmärkte auf Veränderungen im Rohstoffbereich reagieren. Auch der Goldpreis stieg, wenn auch nicht so dramatisch wie der Ölpreis. Ab August zog der Goldpreis um über 60 Dollar (fast 20 Prozent) an. Ähnlich wie Öl tendiert auch Gold in der Regel entgegengesetzt zum Trend am Aktienmarkt. Jeder Vergleich von Gold oder Öl in der zweiten Jahreshälfte 1990 (und Anfang 1991) zeigt, dass sich diese beiden bedeutenden Rohstoffe entgegengesetzt zum Aktienmarkt entwickelten, was auch ihrem normalen Muster entspricht. Die Abbildungen 2.7 und 2.8 zeigen die inverse Relation zwischen den beiden Rohstoffen und dem Aktienmarkt im Jahr 1990. Der ohnehin schon schwache Dollar fiel nach der Invasion noch deutlicher, was den Preisanstieg bei Öl und Gold noch verstärkte. Gold- und Öl-Aktien stiegen weiter, während Titel aus allen anderen Branchen an Boden verloren. Abbildung 2.9 zeigt, wie der fallende Dollar 1990 den Goldpreisanstieg beschleunigte, vor allem am Beginn und in der Mitte des Jahres.

Am Beginn des Kriegs verändert sich die Situation völlig

An den Finanzmärkten wirkt sich die Erwartung eines negativen Ereignisses oft schlimmer aus als das Ereignis selbst. Die Märkte diskontieren erwartete Ereignisse schon lange, bevor sie eintreten. Dabei kann es sich um fast alles handeln – von einem schwachen Unternehmensergebnis bis zu einem Krieg. Und oft genug dreht sich die Tendenz, wenn das Ereignis tatsächlich eintritt. Das geschah zumindest Mitte Januar 1991, als der Golf-Krieg begann. Die Bombar-

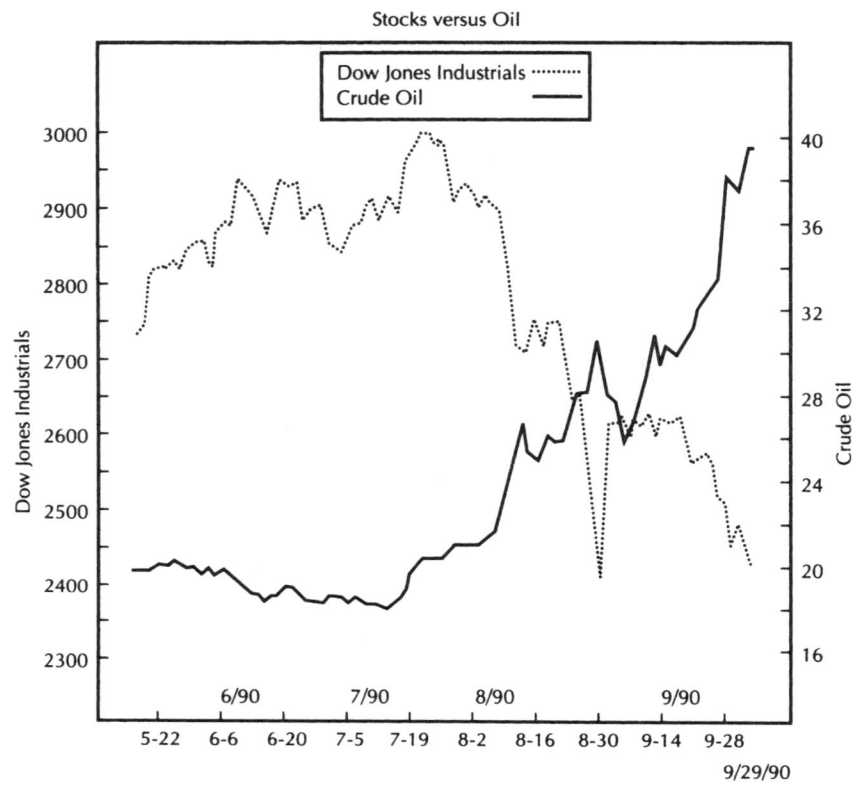

Abbildung 2.7: Der Dow Jones Industrials und der Rohölpreis im Sommer 1990. Die inflationären Auswirkungen der steigenden Ölpreise im Sommer 1990 führten an den Aktienmärkten rund um den Globus zu deutlichen Verlusten. Öl wurde in diesem Jahr zum dominierenden Rohstoff und demonstrierte auf dramatische Art und Weise, wie sensibel die Anleihen- und Aktienmärkte auf Veränderungen im Rohstoffbereich reagieren.

dierung des Irak begann am Abend des 16. Januar 1991. Am folgenden Handelstag fielen die Preise von Öl und Gold, während die Aktienkurse deutlich anzogen. Innerhalb eines Monats bildete der Dollar einen Boden und tendierte nach oben.

Abbildung 2.10 zeigt den Einbruch des Öl- und des Goldpreises beim Kriegsausbruch Mitte Januar 1991. Beide Rohstoffe waren nach der Invasion im August gestiegen. Der Ölpreis hatte im Oktober bei 40 Dollar sein Hoch erreicht und unternahm im Januar 1991 einen erneuten Anlauf zu neuen Höhen. Der Kriegsausbruch führte dazu, dass der Ölpreis innerhalb eines Monats um fast die Hälfte sank. In

Dow Industrials

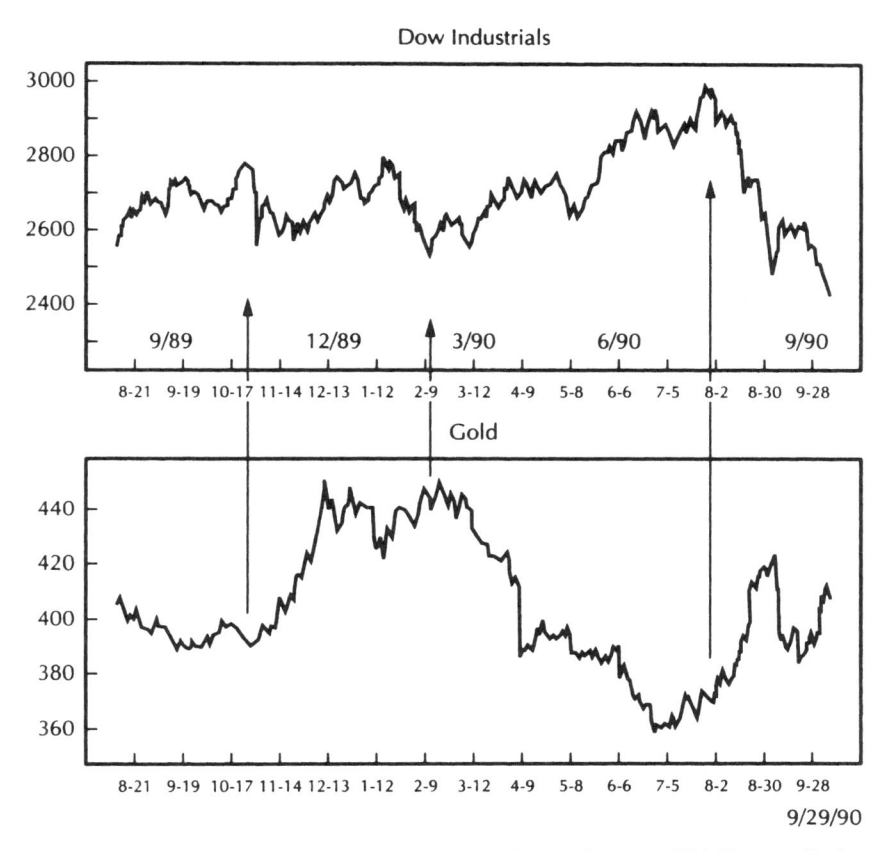

Abbildung 2.8: Gold und der Dow Jones Industrials vom Sommer 1989 bis zum Herbst 1990. Der Goldpreisanstieg im Herbst 1989 fiel mit einer Schwäche am Aktienmarkt zusammen. Das Hoch vom Februar 1990 ereignete sich zeitgleich mit einer Aktien-Rallye. Im Sommer 1990 stieg der Goldpreis, während sich die Aktienkurse abschwächten. Während des gezeigten Zeitraums schnitt Gold dann am besten ab, wenn der Aktienmarkt Schwäche zeigte.

den drei Monaten nach Kriegsbeginn sank der Goldpreis von 400 auf 350 Dollar. Ein starker Anstieg des Dollars trug zum Ausverkauf an den Rohstoffmärkten bei. Gleichzeitig läutete der Kriegsbeginn eine bedeutende Sektorenrotation ein. Diesmal aber hieß es: heraus aus Rohstoffen und zurück zu Dollar, Anleihen und Aktien.

Die Anleihenkurse stiegen beim Kriegsbeginn, aber nicht so dramatisch wie die Aktienkurse. Einer der Gründe für die eher verhaltene Reaktion am Bondmarkt war, dass amerikanische Staatsanleihen schon seit Oktober um 15 Prozent gestiegen waren, weil wohl viele

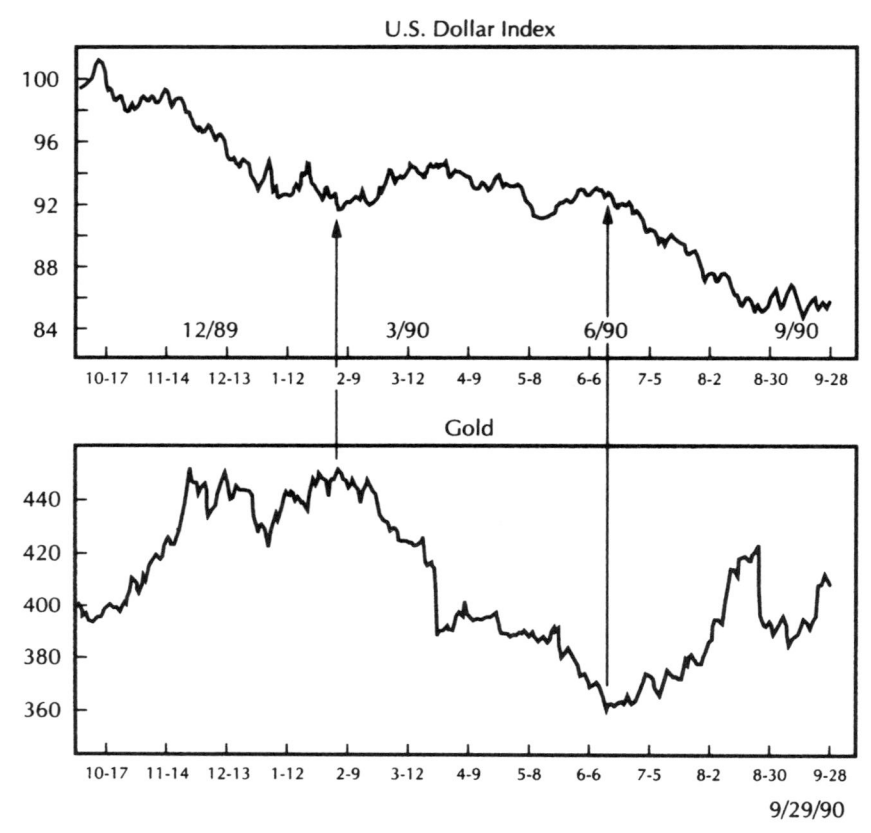

Abbildung 2.9: US-Dollar und Goldpreis von Ende 1989 bis September 1990. Der fallende Dollar während des größten Teils des Jahres 1990 reichte nicht aus, um den Goldpreis steigen zu lassen. Die inverse Relation ist dennoch zu sehen, vor allem während der Dollar-Ausverkäufe Ende 1989 und im Juni 1990, als der Goldpreis deutlich stieg. Der zwischenzeitliche Boden im Dollarkurs vom Februar 1990 reichte aus, um den Goldpreis sinken zu lassen.

Anleger einen »sicheren Hafen« gesucht hatten. Im ersten Monat nach Kriegsbeginn entwickelten sich Aktien besser als Anleihen, weil viele Trader Geld von Anleihen wieder in Aktien umschichteten. Abbildung 2.11 zeigt die Bodenbildung des Dollars innerhalb eines Monats nach Kriegsbeginn. Das trug zum Rückgang der Rohstoffpreise bei, war aber positiv für Anleihen und Aktien. Abbildung 2.11 zeigt auch, dass die Anleihen im Oktober (beim Höchststand des Ölpreises) einen Boden gebildet und in den drei Monaten vor Kriegsausbruch als sicherer Hafen gedient hatten. Nach Kriegsende er-

— 1990 und der erste Golf-Krieg —

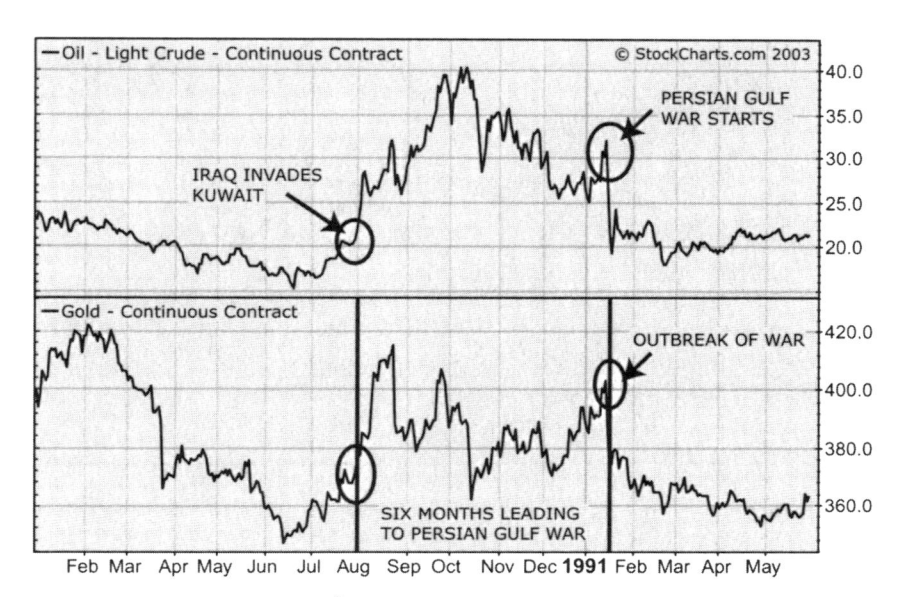

Abbildung 2.10: Goldpreis und Ölpreis fallen nach dem Kriegsausbruch Mitte Januar 1991.

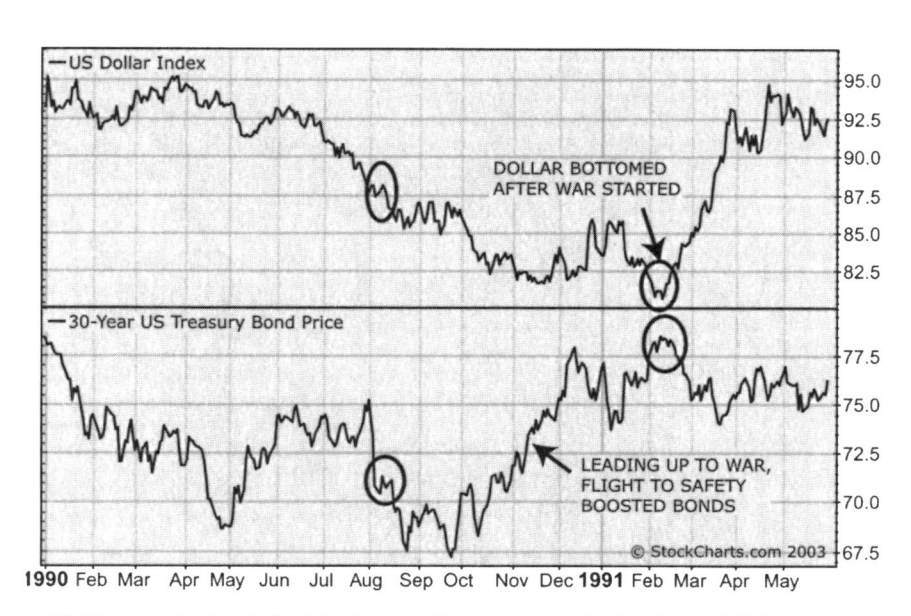

Abbildung 2.11: Der Dollar bildete einen Monat vor dem Ausbruch des Golf-Kriegs einen Boden. Anleihen hatten schon im vorangegangenen Oktober einen Boden gebildet.

31

reichten die Anleihenkurse ein vorübergehendes Hoch, als sie einen Teil ihres Status als sicherer Hafen verloren und Geld in Aktien umgeschichtet wurde.

Auch der Dow erreichte sein Tief im Oktober, doch bis zum folgenden Januar kam es nur zu bescheidenen Kursgewinnen. Von Mitte Januar bis Mitte Februar, also im Monat nach dem Kriegsbeginn, war der Dow um fast 500 Punkte oder 20 Prozent gestiegen, während der Zugewinn am Anleihenmarkt nur weit bescheidenere fünf Prozent betrug. Es ist interessant, dass die Anleihenkurse wieder einmal als vorauslaufender Indikator für die Aktienkurse gedient hatten. Die Anleihen erreichten in der ersten Jahreshälfte 1990 ein Hoch und entwickelten sich in der zweiten Hälfte weit besser als Aktien. Eines unserer Intermarket-Prinzipien lautet ja, dass der Anleihenmarkt dem Aktienmarkt vorausläuft. Abbildung 2.12 zeigt den Anstieg des Dow Jones Industrials in den Monaten nach dem Kriegsbeginn. In den drei Monaten nach der irakischen Invasion war der Dow von 3000 auf 2400 Punkte gefallen, ehe er zusammen mit dem Bondmarkt im Oktober einen Boden bildete (während der Ölpreis seinen Höchststand erreichte). Der Rückgang von Anfang Januar hatte etwa die Hälfte des

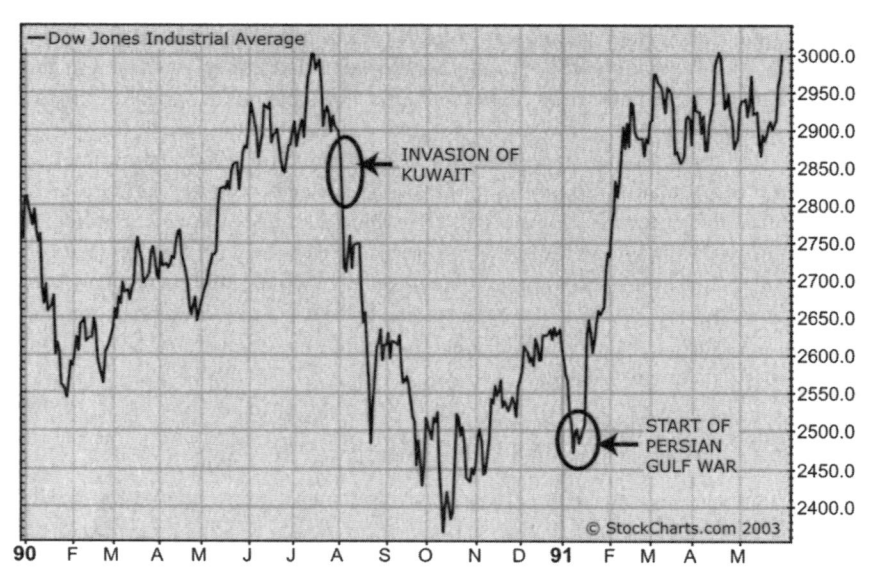

Abbildung 2.12: Der Dow zog in den Monaten nach Beginn des Golf-Kriegs stark an.

Anstiegs von Oktober bis Dezember wieder eliminiert. Chartisten haben diesen Rückgang als *rechte Schulter* in einer umgekehrten Kopf-Schulter-Formation bezeichnet (die rechte Schulter ist das dritte und letzte Tief in einem Kopf-Schulter-Boden).

1990: Divergenz zwischen Ölpreis und Öl-Aktien

Die Kursentwicklung der Öl-Aktien im Jahr 1990 zeigt uns einen weiteren Intermarket-Zusammenhang. In diesem Jahr agierten die Öl-Aktien als vorauslaufender Indikator des Rohölpreises, und zwar nach oben ebenso wie nach unten. Obwohl die Öltitel zusammen mit dem Ölpreis im Sommer stiegen, hatte ihr Anstieg schon zwei Monate früher begonnen. Noch wichtiger ist, dass die Öl-Aktien schon mehrere Monate vor dem Ölpreishoch im Oktober ihre Höchstkurse erreichten. Als sich der Ölpreis im Herbst der Marke von 40 Dollar näherte, hatten die Aktienkurse schon zu sinken begonnen. Das war ein frühes Warnsignal vor einem Top beim Ölpreis.

Als ich im Herbst 1990 die letzten Veränderungen an meinem Buch vornahm, fügte ich noch die folgenden Worte ein: »Ende des dritten Quartals 1990 ... besteht eine negative Divergenz zwischen den Kursen der Öl-Aktien und dem Rohölpreis, der gerade dabei ist, sein historisches Hoch von 40 Dollar zu testen.« Abbildung 2.13 zeigt den Chart, der schon in meinem ersten Buch zu sehen war. Man kann die genannte offensichtliche negative Divergenz gut erkennen. Ich erwähne das deshalb, weil eine Intermarket-Relation damit zu tun hat, wie sich der Preis eines Rohstoffs im Vergleich zu den Aktien der Produzenten dieses Rohstoffs entwickelt. Beide sollten in die gleiche Richtung tendieren. Zum Beispiel sollten die Kurse von Öl-Aktien anziehen, wenn der Ölpreis steigt. Wenn dieser Gleichlauf endet, dann ist das in der Regel ein frühes Warnsignal, dass ein Trendwechsel bevorsteht. Zudem erfolgt der Trendwechsel bei den Aktien in der Regel früher als bei den betreffenden Rohstoffen. Daher sind Öl-Aktien ein vorauslaufender Indikator für den Ölpreis. Wer sich 1990 dieses Zusammenhangs bewusst war, erhielt ein frühes Warnsignal, dass der Ölpreisanstieg kurz vor seinem Ende stand, und das bedeutete, dass auch die Kursrückgänge von Anleihen und Aktien bald beendet sein würden. Beide Märkte erreichten ihre Tiefs im Oktober, als der Ölpreis auf sein Hoch von etwa 40 Dollar gestiegen war.

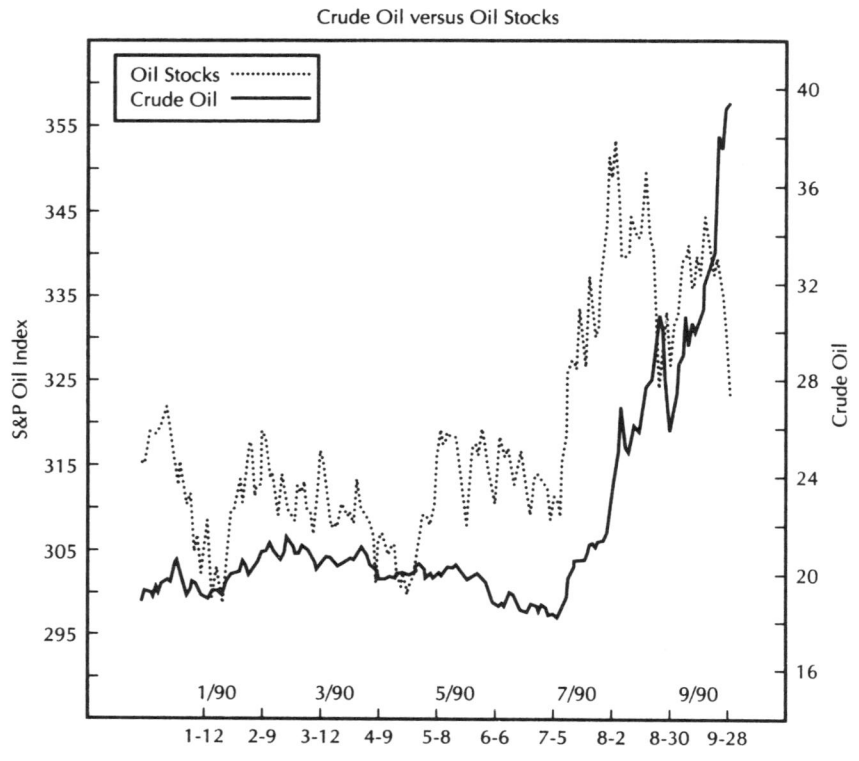

Abbildung 2.13: Rohölpreis und Öl-Aktien im Jahr 1990. In der ersten Jahreshälfte tendierten die Aktien seitwärts, während der Ölpreis nachgab. Als der Ölpreis Anfang Juli sein Jahrestief erreichte, schossen die Aktienkurse nach oben. Am Ende des dritten Quartals entstand jedoch durch die fallenden Aktienkurse eine »negative Divergenz« zum Ölpreis, der damals gerade sein historisches Hoch von 40 Dollar erreicht hatte.

Die Bedeutung der 40-Dollar-Marke beim Ölpreis

Die Marke von 40 Dollar je Barrel spielt in der Geschichte des Rohölpreises eine wichtige Rolle. Dieses Widerstandsniveau hat seit 30 Jahren jeden bedeutenden Preisanstieg gestoppt. Der Ölpreis erreichte die Marke 1980, kurz vor dem Platzen der Spekulationsblase an den Rohstoffmärkten. 1991, während der Operation Desert Storm, erreichte er sie erneut und sank dann wieder. Zwölf Jahre später, während der zweiten Irak-Krise Anfang 2002, stieg er wieder bis auf diese wichtige Marke und verlor kräftig an Boden, als der Krieg begann.

Die Intermarket-Lektionen des Jahres 1990

1990 wurden unter anderem folgende Beziehungen zwischen Einzelmärkten deutlich:

- Anleihenkurse und Rohstoffpreise entwickelten sich in entgegengesetzte Richtungen.
- Ein fallender Dollar trieb die Rohstoffpreise nach oben, schadete aber Aktien und Anleihen.
- Die Anleihen erreichten ihr Hoch vor den Aktien und schnitten nach dem Oktober wieder besser ab als Aktien.
- Das ganze Jahr über entwickelten sich Gold und Öl in entgegengesetzter Richtung zu den Aktien.
- Alle wichtigen Weltmärkte zeigten gemeinsame Trends, auch Aktien und Anleihen.
- Die Öl-Aktien lieferten ein frühes Warnsignal für die Trendwende beim Rohölpreis im Oktober.
- Die steigenden Ölpreise waren einer der Gründe für die folgende Rezession.

Ein Vergleich zwischen 2003 und 1991

Die Beziehungen zwischen den Märkten während der ersten Irak-Krise wiesen bemerkenswerte Ähnlichkeiten mit den Entwicklungen auf, die mehr als ein Jahrzehnt später während der zweiten Irak-Krise 2002 und 2003 zu beobachten waren. Auch bei diesem zweiten Konflikt wurden, ebenso wie 1990, in den Monaten vor dem Kriegsausbruch Gold und Öl teurer (während der Dollar und die Aktienkurse fielen). 2003 erwarteten die Trader eine Wiederholung der Ereignisse beim Kriegsausbruch 1991 – und sie wurden nicht enttäuscht. In der Woche, als die Feindseligkeiten begannen (20. März 2003), verzeichnete der amerikanische Aktienmarkt einen Rekordgewinn von acht Prozent – den höchsten Wochengewinn seit 20 Jahren. Der Ölpreis, der am 28. Februar sein Hoch von 39,99 Dollar erreicht hatte, fiel um 13 Dollar oder 33 Prozent. Der Goldpreis hatte am 5. Februar sein Hoch von 390 Dollar gesehen und fiel um 60 Dollar oder 15 Prozent. Der Dollar stieg um vier Prozent, als der Goldpreis sank und die Aktienkurse anzogen. Die Anleihen, die während des Kursrückgangs am Aktienmarkt gestiegen waren, erlitten den heftigsten Rück-

schlag seit zwei Jahren. Es gab massive Umschichtungen von den relativ sicheren Staatsanleihen zu Aktien.
Die Reaktionen in anderen Ländern waren ähnlich dramatisch. Rund um den Globus zogen die Anleihenrenditen an, als sich die weltpolitische Lage entspannte. An den Devisenmärkten verzeichneten der Euro, der japanische Yen und der Schweizer Franken (der zuvor als sicherer Hafen gedient hatte) deutliche Verluste. An den internationalen Aktienmärkten ging es klar nach oben. Der deutsche DAX (zuvor der schwächste Markt in Europa) gewann zehn Prozent, der koreanische Index stieg um sieben, der brasilianische um drei Prozent, um nur einige Beispiele zu nennen. Innerhalb einer Woche nach dem Beginn des Irak-Kriegs von 1991 hatten sich alle Intermarket-Relationen umgekehrt – ebenso wie schon 1991. Zudem verhielt sich jeder Markt exakt so, wie man es erwarten konnte. Dennoch waren beide Situationen nicht völlig gleich.

Die Intermarket-Reaktionen während beider Kriege waren zwar bemerkenswert ähnlich, aber die langfristigen Trends waren es nicht. 1990 befand sich der Aktienmarkt mitten in einer bedeutenden Hausse, die dann noch acht Jahre lang andauerte. Die Rohstoffmärkte steckten mitten in einer Baisse, die noch zehn Jahre dauerte. Der Rohstoffpreisanstieg und die Kursverluste an den Aktienmärkten von 1990 waren kurzfristige Reaktionen innerhalb langfristiger Trends. Nach dem Januar 1991 setzten die Aktien ihre Hausse fort, und die Rohstoffe verfielen wieder in ihren Abwärtstrend. Anfang 2003 sah es jedoch genau umgekehrt aus. Die 20-jährige Jahrhunderthausse am Aktienmarkt war vorbei, und die Rohstoffe waren in eine neue Hausse eingetreten. Diese Situation war völlig anders als die von 1990. Die Intermarket-Relationen waren in beiden Irak-Kriegen ähnlich; der Unterschied lag in den Haupttrends der wichtigsten Märkte.

Japan erholt sich nie

Anfang 1991 nahmen alle bedeutenden Aktienmärkte der Welt ihren langfristigen Aufwärtstrend wieder auf – mit einer bemerkenswerten Ausnahme. Der japanische Markt, der Ende 1989 sein Allzeithoch erreicht hatte, fiel sogar nach dem Beginn des ersten Irak-Kriegs weiter. Am Beginn des zweiten Irak-Kriegs 2003 war der Nikkei 225 (der bedeutendste japanische Aktienindex) auf sein tiefstes Niveau seit 20 Jahren gefallen. In den 13 Jahren der Baisse fiel der Nikkei von

39 000 auf 8000 Punkte und verlor somit erstaunliche 80 Prozent seines Werts. Das war der schlimmste Crash an einem bedeutenden Aktienmarkt seit 1929. Obwohl der Kollaps in Japan keinen unmittelbaren Einfluss auf die anderen Weltmärkte hatte, wurden seine negativen Implikationen ein Jahrzehnt später spürbar, als die japanische Deflation in andere Teile der Welt exportiert wurde. Der Kursverlust von 78 Prozent an der Nasdaq in den Jahren nach 2000 rief Vergleiche mit den Deflationsjahren 1929 bis 1932 in den USA hervor. Wie wir noch sehen werden, wurde die Deflationsgefahr am Beginn des neuen Jahrtausends zu einem wichtigen Thema, wodurch sich einige bedeutende Beziehungen zwischen den Einzelmärkten veränderten. Obwohl es damals noch niemand wusste, begannen die Deflationsprobleme der Jahre nach 2000 schon mit dem Platzen der Spekulationsblase in Japan, als die 80er-Jahre endeten und die 90er-Jahre begannen.

Kapitel 3

Die heimliche Baisse von 1994

Von 1990 bis 1993 sehen die Dinge gut aus

Unmittelbar nach dem ersten Golfkrieg wurden die Intermarket-Trends wieder positiv und blieben es auch in den drei folgenden Jahren. Von Anfang 1991 bis Ende 1993 stiegen Anleihen und Aktien gemeinsam. Rohstoffe tendierten allgemein schwach. Der US-Dollar, der Anfang 1991 sein Tief erreicht hatte, war stark. Eine Schwächephase des Dollars von Mitte 1991 bis Mitte 1992 schadete Anleihen und Aktien nicht besonders, weil die Rohstoffpreise niedrig blieben. (Erinnern Sie sich daran, dass ein schwacher Dollar Anleihen und Aktien nur im Fall steigender Rohstoffpreise schadet). Im ersten Quartal 1994 begann sich die Lage am Aktienmarkt jedoch zu verschlechtern und wurde im Lauf des Jahres immer kritischer. Anleihen- und Aktienkurse sanken, während die Rohstoffpreise stiegen. Der Rohstoffpreisanstieg wurde von einem schwachen Dollar gestützt, der Anfang 1994 sein Jahreshoch erreicht hatte und in den folgenden Monaten fiel. Steigende Rohstoffpreise und ein schwacher Dollar schufen ein negatives Umfeld für Anleihen und Aktien. Wie üblich, hatte es allerdings schon im Jahr zuvor bei Anleihen und Aktien frühe Warnsignale gegeben. Sehen wir sie uns an.

Eine Beschreibung des CRB-Index

Der CRB-Index ist der meistbeachtete Gradmesser für die Entwicklung der Rohstoffpreise. 1993 und 1994 setzte er sich aus 21 verschiedenen Rohstoffmärkten zusammen, Ende 1995 wurde diese

Anzahl auf 17 reduziert. Er enthält jedoch noch immer alle wichtigen Rohstoffe: Industriemetalle, Edelmetalle, Energie, Getreide, Lebendvieh und tropische Agrarprodukte. Jeder langfristige Chartvergleich des CRB mit den amerikanischen Staatsanleihen zeigt, dass beide Märkte in der Regel in entgegengesetzte Richtungen tendieren. Der CRB ist allerdings nicht der einzige Rohstoffindex. Vor kurzem ist er in CRB/Reuters Futures Price Index umbenannt worden.

Anfang 1993 dreht der CRB-Index nach oben

Anfang 1993 fielen die Rohstoffpreise, während die Anleihenkurse stiegen. Noch im ersten Quartal zog der CRB jedoch an; bis zum vierten Quartal stiegen Rohstoffpreise und Anleihenkurse gemeinsam. Dann erlitten die Anleihen ihren schlimmsten Zusammenbruch seit einem halben Jahrhundert. Da beide Märkte normalerweise in entgegengesetzte Richtungen tendieren, lieferte der Anstieg des CRB-Index ein frühes Warnsignal, dass der Anstieg der Anleihenkurse nicht von Dauer sein würde. Das Zusammenspiel zwischen Anleihen und Rohstoffen im Jahr 1993 zeigte, wie die Entwicklung eines Marktes einen anderen Markt beeinflussen kann – und wie ein Markt als vorauslaufender Indikator eines anderen dienen kann. (Der Anstieg der Rohstoffpreise erfolgt meist vor dem Nachgeben der Anleihenkurse.) Dies ist auch ein gutes Beispiel dafür, wie die Intermarket-Relationen für gewisse Zeit aus der Bahn laufen können – was man meist als Warnsignal interpretieren kann.

In diesem Fall war der Zeitraum zwischen dem Tief des CRB (im Februar) und dem Hoch am Anleihenmarkt (im September) mit sieben Monaten recht lang. Aber das Endergebnis war ein regelrechter Zusammenbruch am Anleihenmarkt. Abbildung 3.1 zeigt, wie der CRB-Index und die Kurse der Staatsanleihen gemeinsam von Februar bis Herbst 1993 stiegen. Der Anstieg der Rohstoffpreise trug schließlich zum Kollaps der Anleihen im vierten Quartal bei. Obwohl der CRB seine Aufgabe gut erfüllt hat, die Investoren vor einem heftigen Einbruch am Bondmarkt zu warnen, erhält er in diesem Fall für die zeitliche Präzision schlechte Noten. Daher muss man auch andere Rohstoffindizes und wichtige Einzelrohstoffe beobachten, um ein genaueres Bild von der Richtung der Rohstoffpreise zu erhalten und die Signale zeitlich besser einordnen zu können. Man beobachtet dabei vor allem solche Rohstoffe, die für die Wirtschaft von überragender Bedeutung sind.

Die heimliche Baisse von 1994

Abbildung 3.1: Der 17 Rohstoffmärkte repräsentierende CRB-Index. Der Anstieg der Rohstoffpreise, der Anfang 1993 begann (Punkt A), führte schließlich zu einer Trendumkehr des Anleihenmarkts (Punkt B). Anleihen und Rohstoffe tendieren in der Regel in entgegengesetzte Richtungen. *(MetaStock, Equis International, Inc.)*

Beobachten Sie die Industriepreise

Der CRB-Index wird oft von den Preisen für Agrargüter beeinflusst. Das traf auch Anfang 1993 zu; diese Güter waren für den Großteil des

Indexanstiegs verantwortlich. (Auch der Goldpreis stieg im Frühjahr und im Sommer dieses Jahres.) Die Agrarmärkte werden jedoch stärker von klimatischen als von wirtschaftlichen Trends beeinflusst. Daher ist es eine gute Idee, andere Maßstäbe für die Rohstoffpreisentwicklung und bestimmter Rohstoffe wie zum Beispiel Industriemetalle heranzuziehen. Industriemetalle wie Aluminium und Kupfer reagieren besonders sensibel auf Konjunkturtrends, weil sie zum Bau von Häusern und Automobilen verwendet werden und noch viele andere industrielle Anwendungen haben. Deshalb weisen Industriemetalle meist eine weit engere Korrelation zu den Anleihenkursen auf als andere Rohstoffe, die, wie Getreide, in erster Linie vom Wetter abhängig sind.

Der Kupferpreis fiel während des größten Teils des Jahres 1993 und stieg erst im Oktober an, als die Anleihen ihr Hoch erreicht hatten. Abbildung 3.2 zeigt, dass der Preisanstieg des Kupfers im vierten Quartal 1993 zeitlich fast exakt mit dem Rückgang der Anleihenkurse zusammenfiel. Der Chart zeigt auch die stark negative Korrelation zwischen dem Kupferpreis und den Anleihenkursen. Während Letztere während des größten Teils des Jahres anstiegen, fiel der Kupferpreis. Er drehte im vierten Quartal nach oben, gerade als die Anleihen ihr Hoch erreicht hatten. Abbildung 3.2 zeigt, dass die Anleihenkurse unter eine ansteigende Unterstützungslinie fielen, als der Kupferpreis eine sinkende Widerstandslinie nach oben durchbrach. (Eine Unterstützungslinie wird durch die Tiefs in einem Aufwärtstrend gezogen. Eine Widerstandslinie verbindet die Hochs in einem Abwärtstrend. Ein Durchbrechen dieser Linien bedeutet in der Regel eine Trendumkehr.) Das Tief beim Kupferpreis wurde Ende 1993 zeitgleich mit dem Hoch der Anleihenkurse erreicht; während des größten Teils des Jahres 1994 stieg dann der Kupferpreis, und die Anleihen gaben nach.

Abbildung 3.3 zeigt einen Vergleich des Kupfer- und des Anleihenmarkts 1993 und 1994. Die Trendwenden beider Märkte im vierten Quartal 1993 sind gut zu erkennen. Der Chart zeigt auch, dass der Kupferpreis 1994 meist stieg, während die Anleihenkurse fielen. In beiden Jahren bestand eine starke negative Korrelation zwischen den beiden Märkten. Die Rotation von einem schwachen Bondmarkt zu einem starken Kupfermarkt war auch die Ursache für eine bedeutende Branchenrotation am Aktienmarkt. Während *zinssensitive* Aktien wie die der Stromerzeuger den Anleihen nach unten folgten, stiegen die Metalltitel im Jahr 1994 zusammen mit dem Kupferpreis. Wegen ihres starken Einflusses auf die Zinsen und der Tatsache, dass sie eine

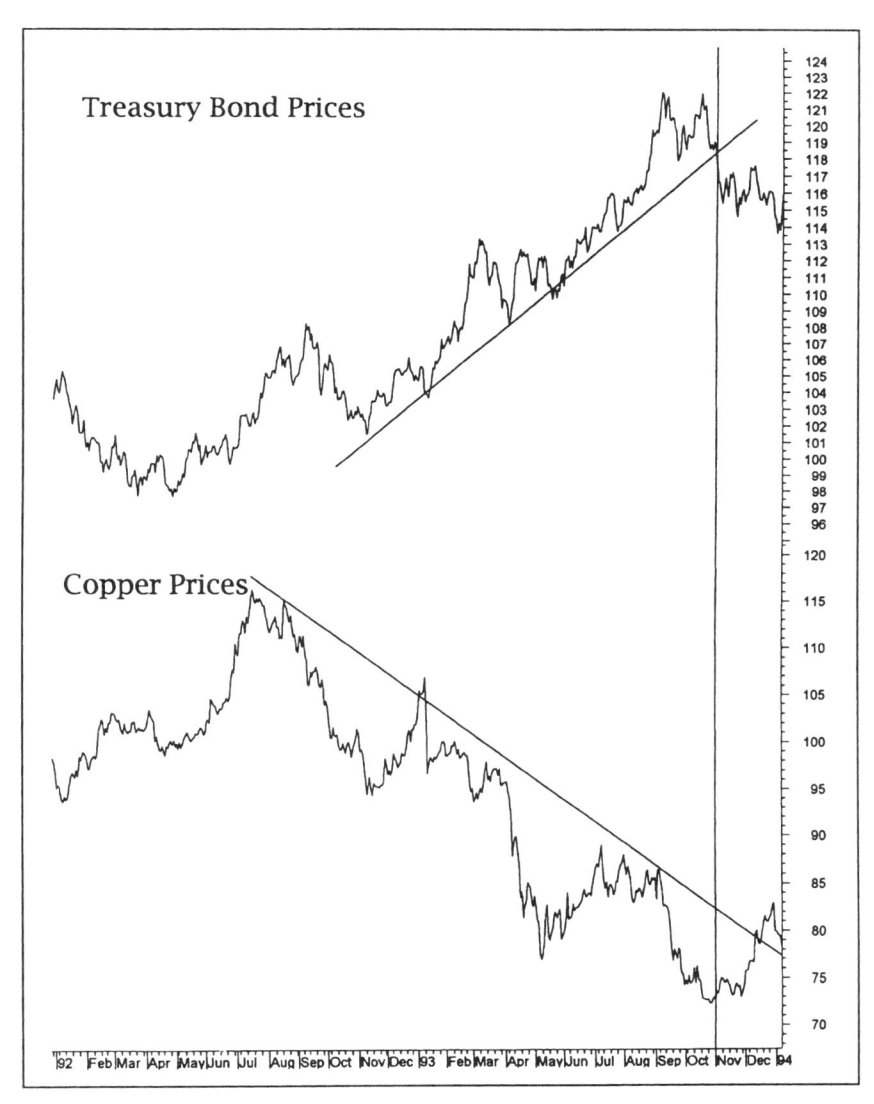

Abbildung 3.2: Das Hoch der Anleihenkurse Ende 1993 ereignete sich zeitgleich mit dem Tief des Kupferpreises. Fallende Kupferpreise deuten auf eine schwache Konjunktur hin, was positiv für die Anleihenkurse ist. Die dramatische Preissteigerung des Kupfers, die 1993 begann, trug zum Kursverfall der Anleihen bei. *(MetaStock, Equis International, Inc.)*

stärkere Verbindung zu Konjunkturtrends aufweisen, bevorzugen die meisten Wirtschaftswissenschaftler die Industrierohstoffpreise. Er war nur eine Frage der Zeit, bis sie einen Rohstoffindex aus Industriepreisen zusammenstellten.

Der Journal of Commerce-Index (JOC-ECRI)

Der meistbeachtete Index für Industrierohstoffe ist der Journal of Commerce (JOC)-Economic Cycle Research (ECRI) Industrial Price Index. Der ursprüngliche JOC-Index wurde 1986 von Geoffrey H. Moore und seinem Forscherteam in New York kreiert. Der jüngste JOC-ECRI-Index wurde Anfang 2000 vom selben Team erstellt. Dieser Index unterscheidet sich von anderen durch die sorgfältige Auswahl von Rohstoffen, deren Preise die engste zyklische Relation zur Inflationsentwicklung aufweisen. Ein weiterer Unterschied besteht darin, dass er nur die Preise von Industrierohstoffen enthält. Nahrungsmittel, Getreide und Edelmetalle bleiben außen vor. Der JOC-ECRI-Index enthält 18 Industrierohstoffe, eingeteilt in Textilien, Metalle, Ölprodukte (einschließlich Rohöl) und Verschiedene (darunter Sperrholz). Von den Metallen sind Aluminium, Kupfer, Blei, Zinn, Zink und Nickel vertreten.

1993 verlief der JOC-Index ziemlich parallel zu den Anleihenrenditen. (Industrierohstoffe tendieren entgegengesetzt zu Anleihenkursen. Da die Kurse und die Renditen von Anleihen sich gegenläufig entwickeln, verlaufen die Rohstoffpreise und die Anleihenrenditen meist in dieselbe Richtung.) Abbildung 3.4 zeigt, dass beide bis Ende 1993 nach unten tendierten und dann im vierten Quartal nach oben drehten. Beide stiegen dann während des größten Teils des Jahres 1994. Der JOC-Index gab den Tradern ein weit genaueres Signal als der CRB-Index, wann die Zinsen wahrscheinlich ihren Tiefpunkt erreichen würden – und wann der starke Kursverlust am Anleihenmarkt beginnen würde. (Weiterführende Informationen zum JOC-ECRI-Index finden Sie auf der Website des Economoc Cycle Research Institute, www. businesscycle. com.) Ich werde in Kapitel 12 noch einmal auf die grundlegenden Forschungsarbeiten Geoffrey Moores zu sprechen kommen, wenn ich die Rotationen zwischen Anleihen, Aktien und Rohstoffen in den verschiedenen Phasen des Konjunkturzyklus untersuche.

Auch Gold und Öl sind wichtig

Neben den Industriemetallen sollte man auch Gold und Öl genau beobachten. Gold gilt traditionell als vorauslaufender Inflationsindikator und ist zudem von psychologischer Bedeutung. Wenn der Preis für Soja-

— Die heimliche Baisse von 1994 —

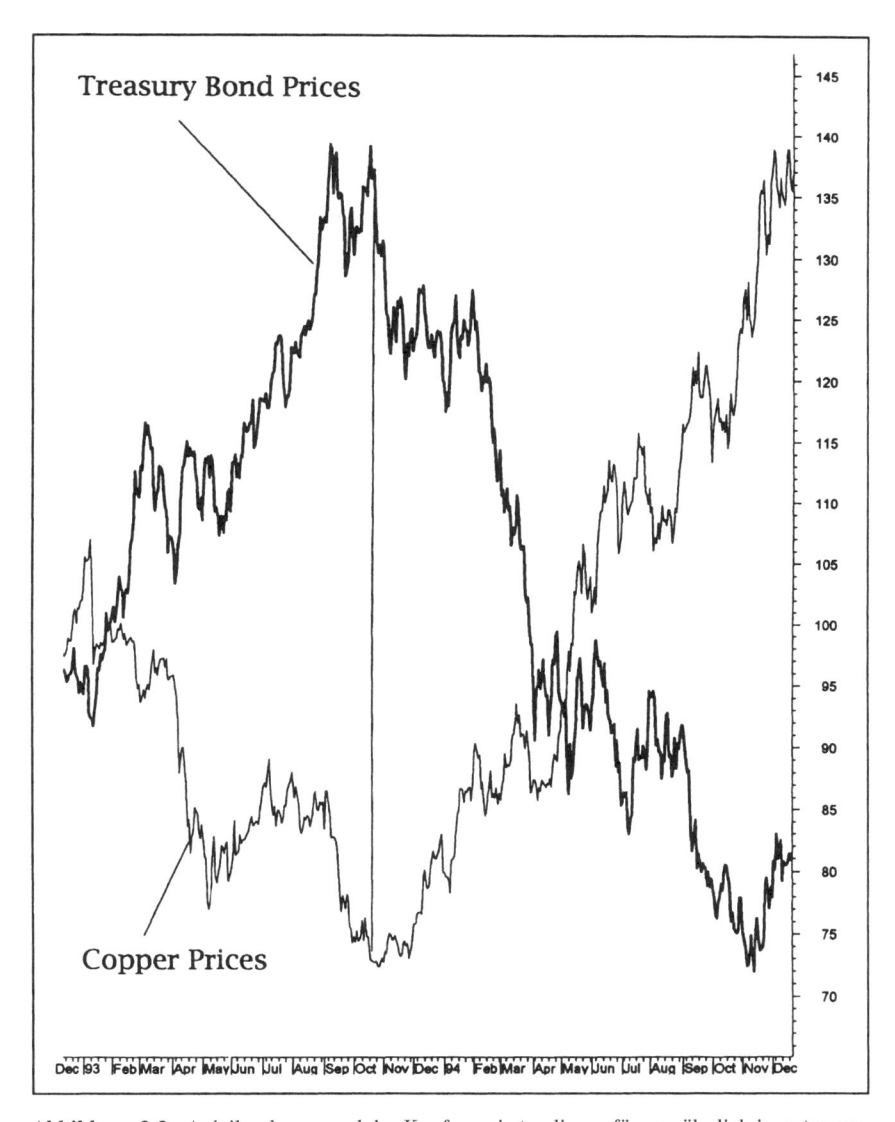

Abbildung 3.3: Anleihenkurse und der Kupferpreis tendieren für gewöhnlich in entgegengesetzte Richtungen. Der Höchststand am Bondmarkt von 1993 fiel zeitlich mit einem Tief des Kupferpreises zusammen. *(MetaStock, Equis International, Inc.)*

bohnen steigt, dann bereitet das den Investoren kein großes Kopfzerbrechen, aber ein stark ansteigender Goldpreis ist allemal für Schlagzeilen gut. Auch die Fed beobachtet den Goldpreis, um zu bestimmen, ob ihre Geldpolitik auf dem richtigen Weg ist. Außerdem beeinflusst der Goldpreis in hohem Maß die Kurse der Goldminen-Aktien.

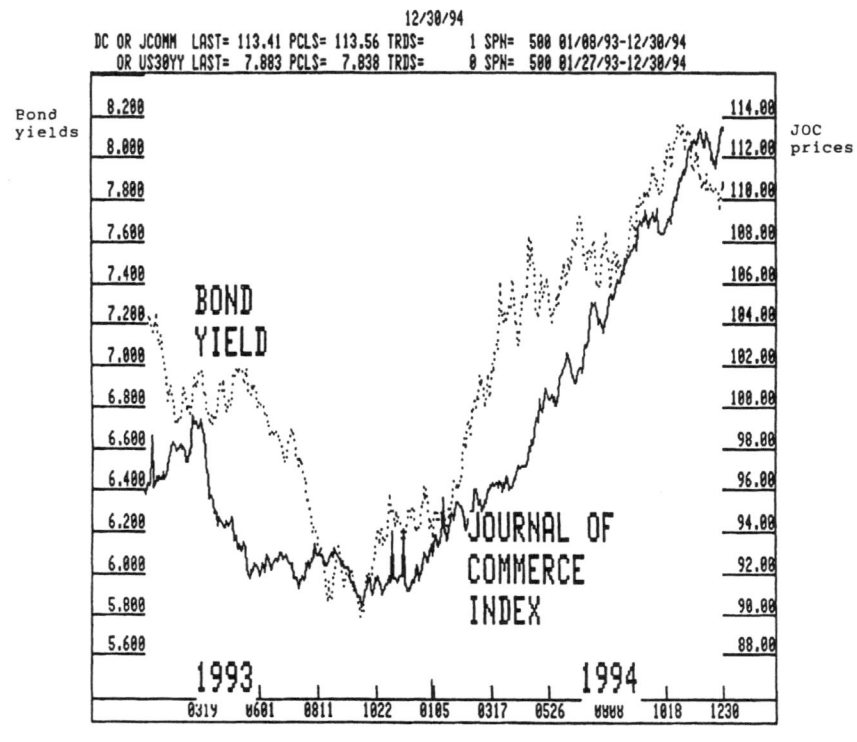

Abbildung 3.4: Die Trendwende des JOC-Index nach oben fiel zeitlich exakt mit dem Tief der Anleihenrenditen Ende 1993 zusammen.

Die Energiepreise üben mehr als einen nur psychologischen Einfluss auf das Inflationsbild aus. Sie haben auch starke Auswirkungen auf die Konjunktur. Im vorhergegangenen Kapitel haben wir gesehen, dass steigende Ölpreise bei den meisten Rezessionen der jüngeren Vergangenheit eine wichtige Rolle gespielt haben. Zudem sind die Aktien der Ölproduzenten und -verarbeiter stark von Trend des Rohölpreises abhängig.

Ein scharfer Preisanstieg eines dieser beiden Rohstoffe bedeutet ein *sofortiges* Warnsignal für Anleihentrader und ein *frühes* Warnsignal für Aktientrader. Steigen gar beide, dann herrscht besonders große Gefahr für Aktien und Anleihen. Im Sommer 1993 stieg zwar der Goldpreis, aber der Ölpreis setzte seinen Abwärtstrend fort. Folglich hatte der Goldpreisanstieg keine negativen Auswirkungen auf Aktien und Anleihen. Anfang 1994 aber begann auch der Ölpreis sprunghaft zu steigen. Die Verteuerung beider Rohstoffe trug zum negativen Umfeld für Aktien und Anleihen bei, das in diesem Jahr herrschte.

Der Goldman Sachs Commodity Index

Der Goldman Sachs Commodity Index (GSCI) ist der jüngste der drei Rohstoffindizes. Er enthält im Prinzip dieselben Rohstoffe wie der CRB, aber er ist handelsgewichtet. Das bedeutet, dass die einzelnen Rohstoffe je nach ihrer Bedeutung für den Welthandel unterschiedlich gewichtet sind. Daher machen die Energiepreise mehr als die Hälfte der Indexgewichtung aus. Aus diesem Grund ist er weniger brauchbar für die Messung allgemeiner Rohstoffpreistrends, doch er zeigt recht genau den Einfluss der Energiepreise auf diese Trends. 1993/94 drehte der GSCI als letzter der drei Rohstoffindizes nach oben. Er erreichte sein Tief am Jahresbeginn 1994, als der Ölpreis allmählich zu steigen begann. Abbildung 3.5 zeigt, dass der GSCI bald darauf deutlich nach oben tendierte. Das war ein Zeichen, dass die Energiepreise (die den GSCI dominieren) stiegen. Ende 1995 signalisierte ein Ausbruch nach oben weiter steigende Energiepreise.

Da keiner der drei Rohstoffindizes perfekt ist, sollte man sie am besten alle im Auge behalten. Der überzeugendste Hinweis auf einen starken Rohstoffpreistrend liegt dann vor, wenn alle drei Indizes in die gleiche Richtung tendieren, wie es Anfang 1994 der Fall war. Der GSCI und der CRB werden auch als Futures-Kontrakte gehandelt; daher sind die aktuellen Indexstände und entsprechende Charts problemlos verfügbar.

Anleihen erreichen ihre Hochs vor den Aktien

Die Rohstoffpreise wirken sich auf die Anleihenkurse aus. Diese wiederum beeinflussen die Aktienkurse. Steigende Anleihenkurse (fallende Renditen) sind positiv für den Aktienmarkt. Fallende Anleihenkurse (steigende Renditen) sind für Aktien negativ. Trendwenden am Bondmarkt erfolgen jedoch in der Regel mehrere Monate vor vergleichbaren Trendwenden am Aktienmarkt. Aus diesem Grund können deutliche Veränderungen der Kursentwicklung bei den Anleihen ein frühes Signal liefern, dass auch am Aktienmarkt eine solche Wende bevorsteht. In den Monaten vor der Aktienbaisse von 1994 war

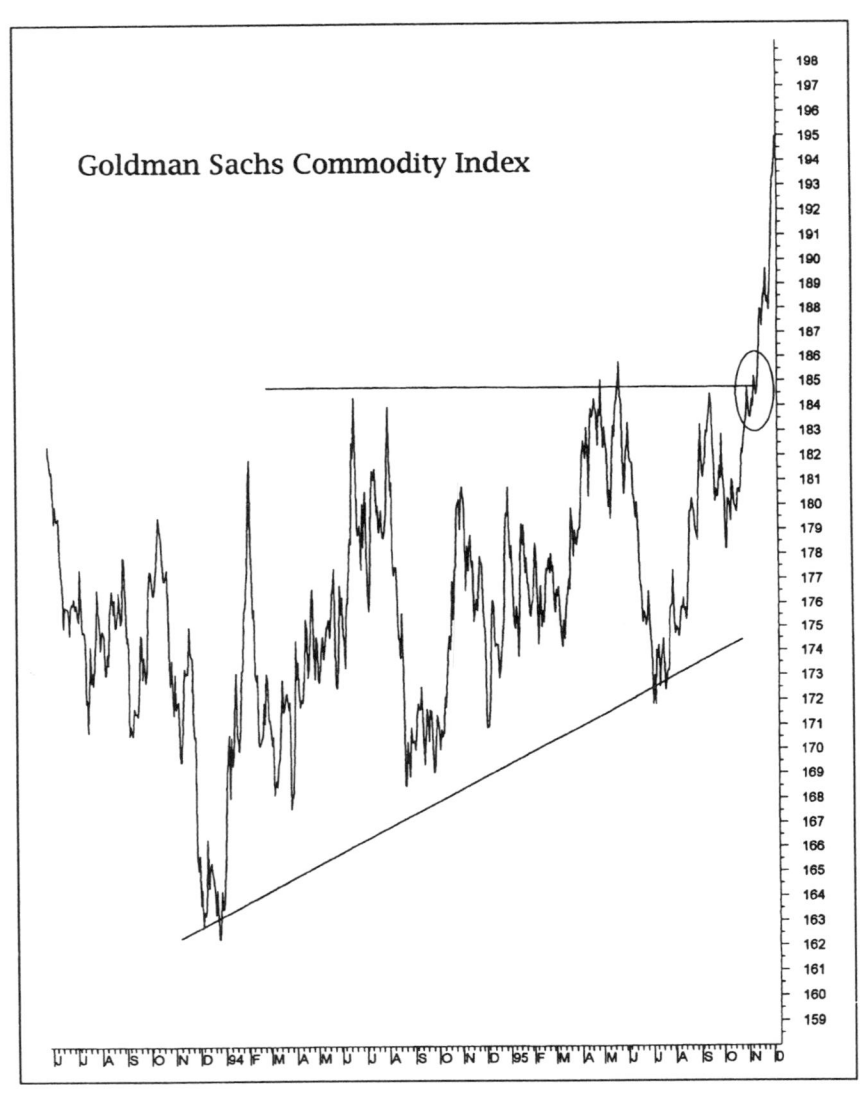

Abbildung 3.5: Ende 1995 signalisierte ein starker Ausbruch nach oben dieses von Energiepreisen dominierten Index deutlich steigende Preise für Rohöl und Gas.
(MetaStock, Equis International, Inc.)

dies mit Sicherheit der Fall. Der Bondmarkt hatte sein Hoch schon im September 1993 erreicht. Am Aktienmarkt kam es erst im Februar 1994 dazu, also fünf Monate später. Abbildung 3.6 zeigt den Dow Jones Industrials und die Kurse der US-Staatsanleihen 1993 und 1994. Man erkennt, dass der Aktienmarkt knapp sechs Monate nach dem Anleihenmarkt sein Hoch erreichte. Außerdem zeigt der Chart, dass beide Märkte im vierten Quartal 1994 ihr Tief verzeichneten.

Die heimliche Baisse

Anleihen erlitten die heftigsten Wertverluste seit Jahrzehnten. Die wichtigsten Aktienindizes verloren vom Hoch bis zum Tief kaum mehr als zehn Prozent. Diese relativ geringfügigen Verluste überdeckten weit heftigere Kursrückgänge in bestimmten Sektoren, weshalb die Ereignisse dieses Jahres auch oft als »heimliche Baisse« bezeichnet werden. Aktien kleinerer Unternehmen, die im Russell-2000-Index repräsentiert sind, verloren 15 Prozent. Abbildung 3.7 vergleicht den Dow Jones Industrials mit der Advance/Decline-Linie der an der New York Stock Exchange (NYSE) gehandelten Aktien im Jahr 1994. Der Unterschied zwischen beiden Charts ist verblüffend: Er zeigt, dass der breite Markt weit höhere Verluste verzeichnete als die meistbeachteten Aktienindizes.

Zinssensitive Aktien und Titel aus dem Transportsektor traf die Baisse am härtesten. Der Dow Transport Index verlor 26 Prozent, hauptsächlich wegen der gestiegenen Ölpreise. Der Dow Utilities Index (Stromversorger-Aktien) erlitt die schwersten Verluste. Zwar betrug das Minus seit Anfang 1994 »nur« 26 Prozent, doch der Niedergang hatte schon im September zuvor begonnen, als der Bondmarkt nach unten drehte. Der Gesamtverlust vom Hoch zum Tief lag bei fast 34 Prozent.

Was den Stromversorgern 1994 schadete, nützte den Metall-Aktien

Neben dem negativen Makro-Effekt, den steigende Rohstoffpreise und fallende Anleihenkurse auf den Aktienmarkt ausüben, muss man auch die dynamische Rotation beachten, die dadurch in bestimmten Sektoren des Aktienmarkts ausgelöst wird. Diese Überlegung führt zu einem extrem wichtigen Punkt der Intermarket-Analyse: dem Zusammenspiel zwischen den drei Asset-Klassen (Anleihen, Aktien und Rohstoffe), das dabei hilft, die Rotation von einem Aktienmarktsektor zum anderen zu erklären. Diese Erkenntnis hilft bei der Entscheidung, in welche Aktienmarktsektoren man zu bestimmten Zeiten investieren sollte, um stets in einer Branche investiert zu sein, die besser abschneidet als der

Abbildung 3.6: Der Bondmarkt läuft dem Aktienmarkt in der Regel voraus. Das Hoch am Bondmarkt (Punkt A) war eine Warnung vor einem Hoch am Aktienmarkt innerhalb der folgenden sechs Monate (Punkt B). *(MetaStock, Equis International, Inc.)*

breite Markt – und diejenigen zu meiden, die am schlechtesten abschneiden. Die Ereignisse von 1993 und 1994 hatten dramatische Auswirkungen auf zwei bestimmte Sektoren des Aktienmarkts.

Die Aktien der Stromversorger gelten als stark zinsabhängig und weisen daher eine hohe Korrelation mit dem Bondmarkt auf. Abbildung

Die heimliche Baisse von 1994

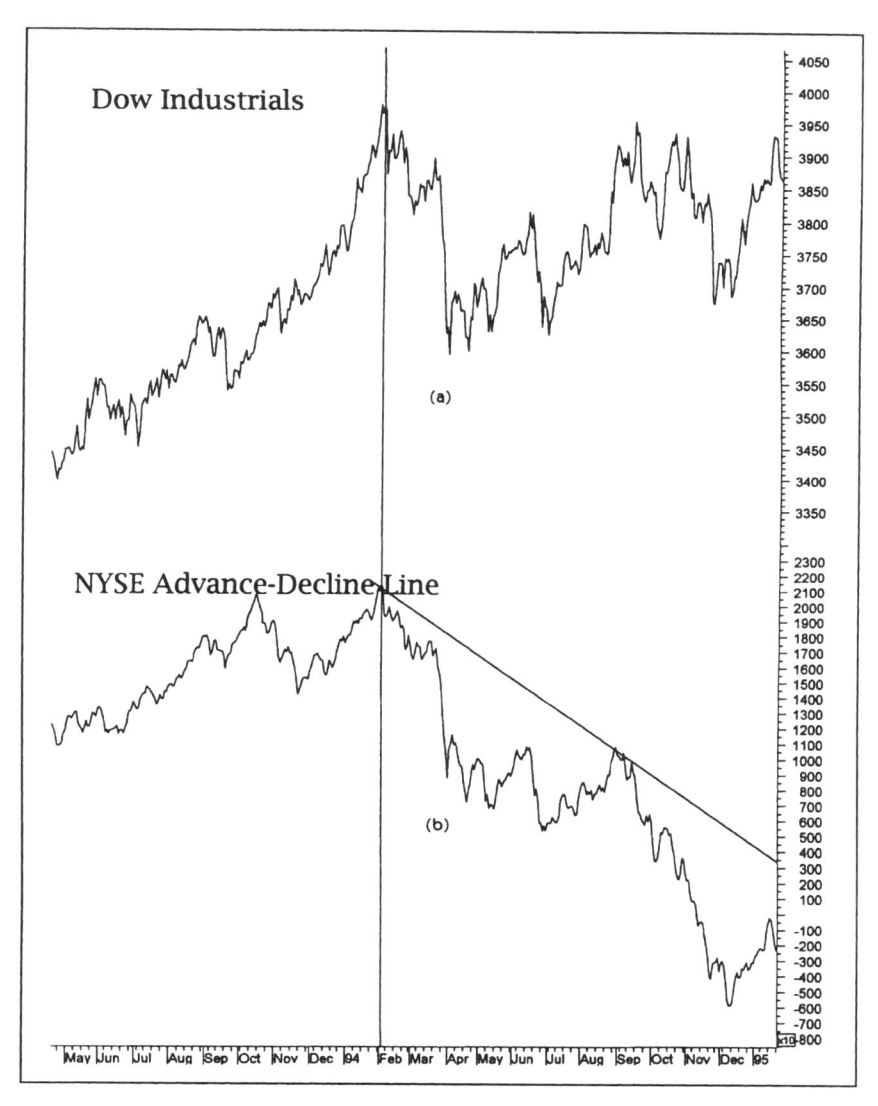

Abbildung 3.7: (a) Der Dow Jones Industrials verlor 1994 knapp zehn Prozent. (b) Die Advance/Decline-Linie der NYSE konnte Anfang 1994 den Anstieg des Dow auf neue Höhen nicht stützen. Es entstand eine negative Divergenz. In der »heimlichen Baisse« von 1994 erlitt der breite Markt weit höhere Verluste als der Dow.

(MetaStock, Equis International, Inc.)

3.8 zeigt die bemerkenswert hohe Korrelation zwischen den Anleihenkursen und dem Dow Jones Utilities Average in den Jahren 1993 und 1994. Der Index der Stromversorger erreichte zeitgleich mit den Anleihen im September 1993 sein Hoch. Im folgenden Jahr stürzten bei-

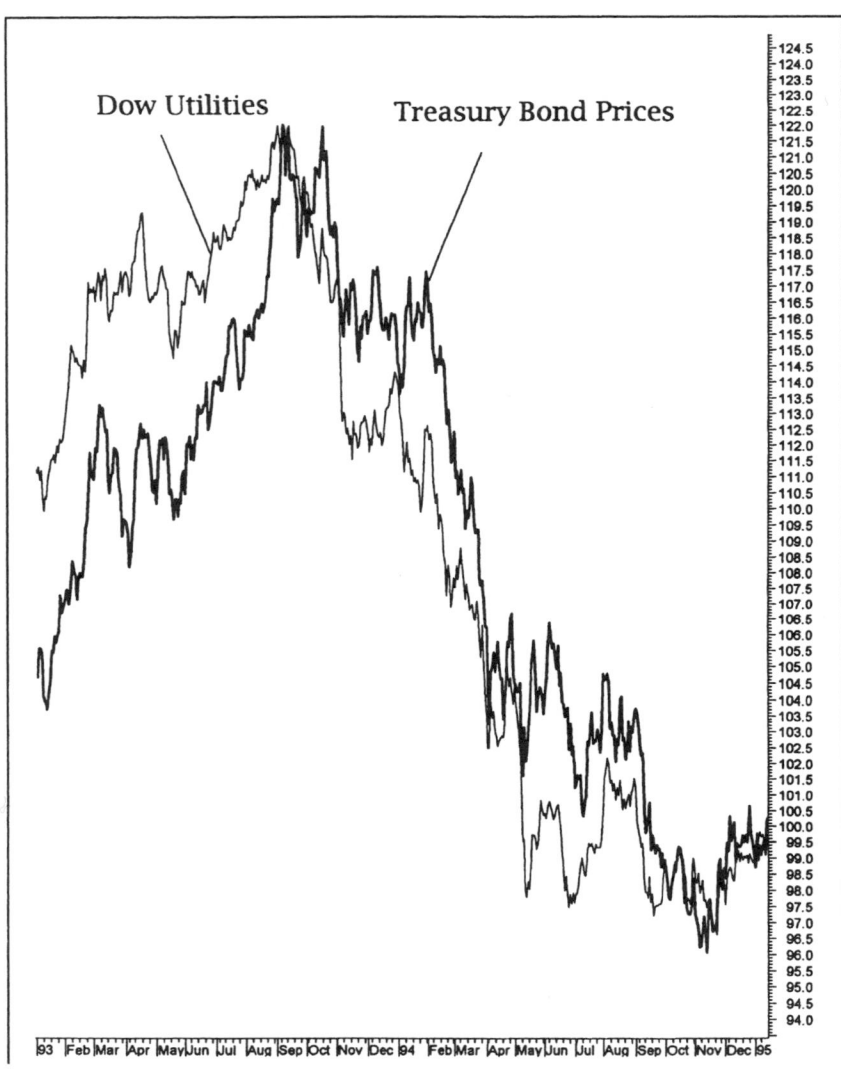

Abbildung 3.8: Die Kurse von Anleihen und von Stromversorgeraktien tendieren meist in dieselbe Richtung. Beide erreichten Ende 1993 ein Hoch und bildeten Ende 1994 einen Boden. *(MetaStock, Equis International, Inc.)*

de ab. In diesem Zeitraum büßten die Aktien der Stromversorger 34 Prozent ihres Wertes ein. In Zeiten steigender Zinsen gehören die Stromversorger oft zu den Branchen, die am stärksten in Mitleidenschaft gezogen werden. (Auch die Finanztitel gehören dann zu den Hauptleidtragenden.)

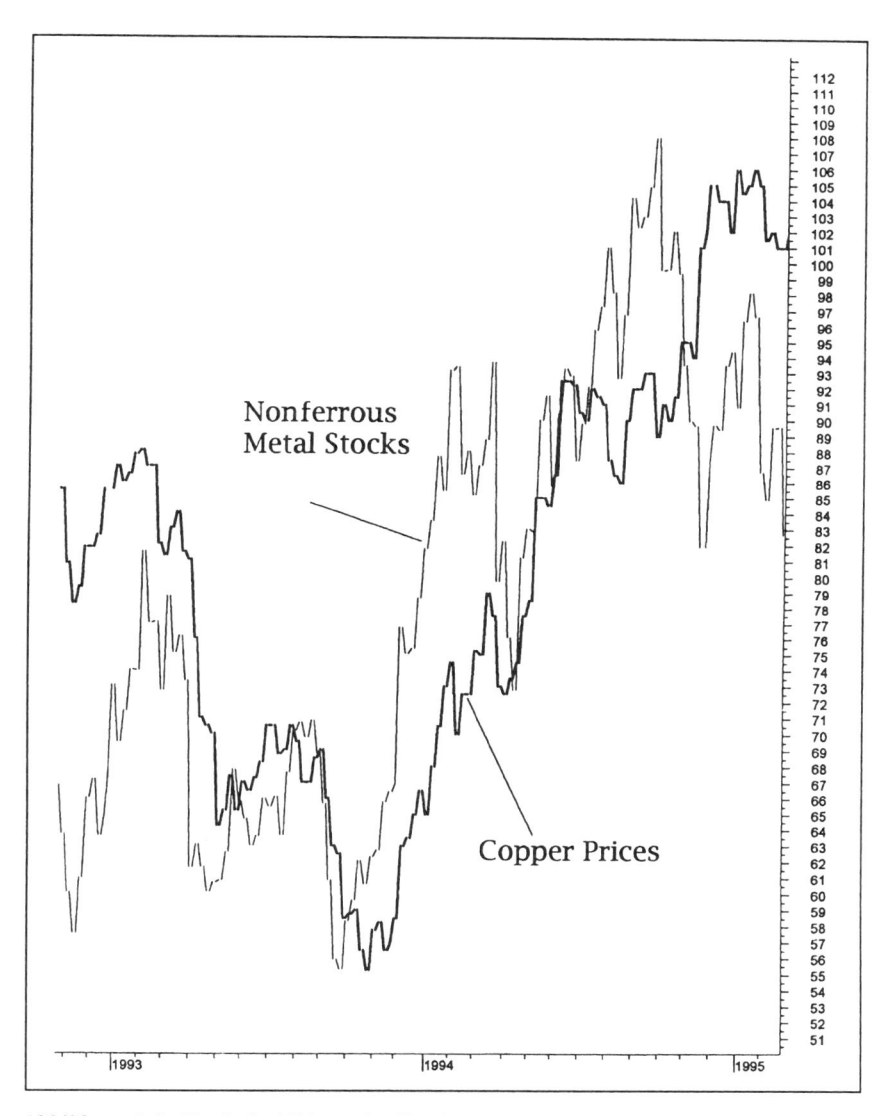

Abbildung 3.9: Die Bodenbildung des Kupferpreises war negativ für Anleihen und die Aktien der Stromversorger, aber sie war sehr positiv für die Aktien der Industriemetallproduzenten. *(MetaStock, Equis International, Inc.)*

Weil die Preise der Industriemetalle das ganze Jahr über stiegen, schnitten Kupfer- und Aluminium-Aktien (und Rohstofftitel allgemein) 1994 gut ab, obwohl es ansonsten ein wirklich schlechtes Aktienjahr war. Abbildung 3.9 zeigt den Gleichlauf des Kupferpreises und der Aktien der Industriemetallproduzenten 1994. Am Aktien-

wie am Immobilienmarkt geht es hauptsächlich um die *Lage*. 1994 waren Aluminium- und Kupfer-Aktien eine gute Investition, Stromversorger waren es nicht. (Wir werden in Kapitel 13 noch detailliert auf das Thema der Sektorenrotation eingehen.)

Das veränderte Intermarket-Bild von 1995

Die normale Rotation zwischen den drei Asset-Klassen läuft wie folgt ab: Trendwenden erfolgen zunächst bei den Rohstoffen, dann bei den Anleihen und zuletzt bei den Aktien. 1993 ging eine *Bodenbildung* der Rohstoffpreise einem *Top* bei den Anleihenkursen voraus; darauf folgte ein *Top* am Aktienmarkt. Das ist die normale Reihenfolge der Rotation. Die Rotationen Ende 1994 und Anfang 1995 folgten demselben Muster, aber in umgekehrter Reihenfolge. Der CRB-Index erreichte Mitte 1994 ein Hoch (und tendierte dann ein Jahr lang seitwärts). Die Anleihenkurse bildeten im November einen Boden, und die Aktien knapp einen Monat später. Wieder einmal spielte sich die ganz normale Marktrotation ab: Zunächst kam das Top an den Rohstoffmärkten, dann die Bodenbildung bei den Bonds, gefolgt von einer Bodenbildung am Aktienmarkt. Und wieder einmal erwies sich der Kupferpreis nicht als *vorauslaufender*, sondern als *sofortiger* Indikator für die Kurse von Anleihen und Stromversorger-Aktien.

Abbildung 3.10 zeigt, dass Ende 1994 der Kupferpreis ein Hoch erreichte, während der Anleihenmarkt gleichzeitig einen Boden bildete. Zum gleichen Zeitpunkt sahen auch die Aktien der Stromversorger ihre Tiefs. Abbildung 3.11 zeigt, dass sich die Bodenbildung am Anleihenmarkt Ende 1994 kurz vor der Bodenbildung am Aktienmarkt ereignete. Der US-Dollar, der das ganze Jahr 1994 hindurch gefallen war, erholte sich Anfang 1995 und startete einen Aufwärtstrend, der sieben Jahre lang dauern sollte. Der starke Dollar wirkte sich dämpfend auf die Rohstoffpreise aus, half aber dem Anleihen- und dem Aktienmarkt.

Das Verhältnis zwischen dem CRB-Index und dem Anleihenmarkt

Das Verhältnis zwischen dem CRB-Index und dem Anleihenmarkt ist ein weiterer einfacher Indikator, der besonders hilfreich ist, wenn es

—————————————————— Die heimliche Baisse von 1994 ——

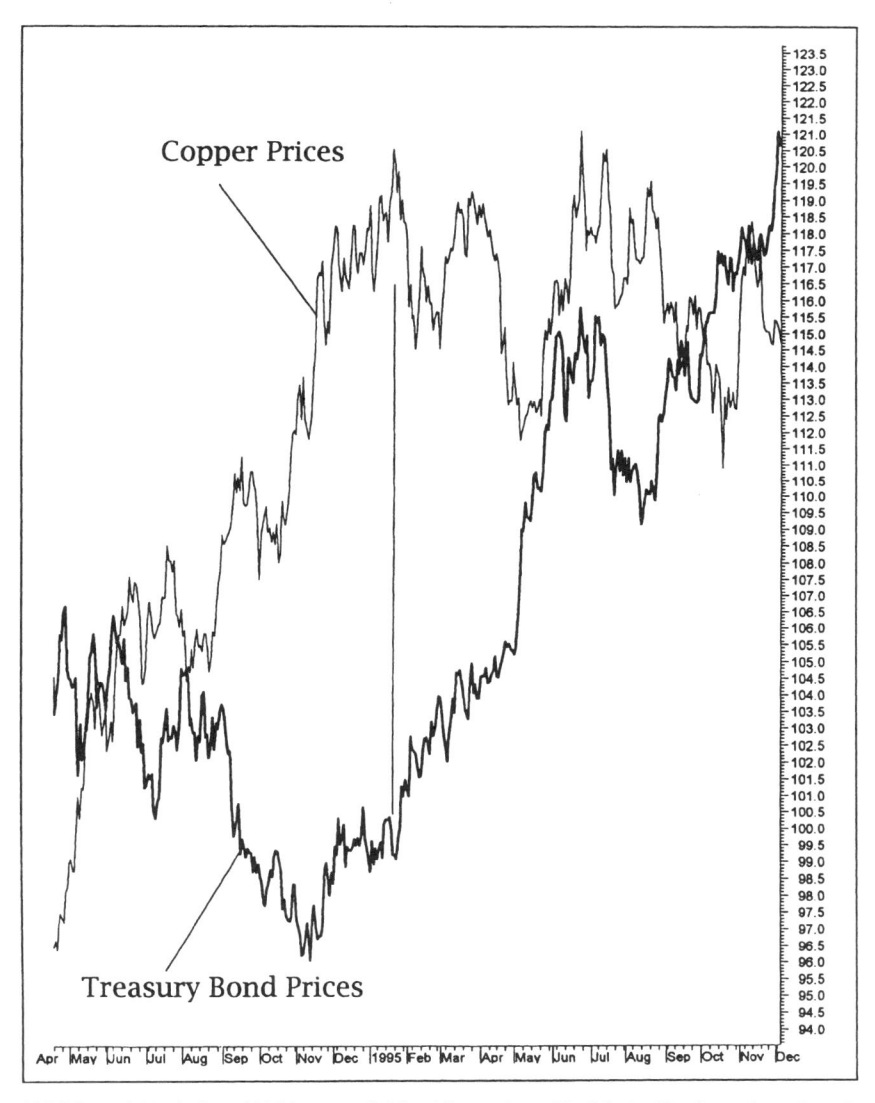

Abbildung 3.10: Anfang 1995 kam es gleichzeitig zu einem Hoch beim Kupferpreis und zu einer bedeutenden Bodenbildung der Anleihenkurse. *(MetaStock, Equis International, Inc.)*

um die Entscheidung geht, ob man den Depotschwerpunkt auf *zins-* oder auf *inflationssensitive* Aktien legen sollte. Dazu wird der Wert des CRB (oder eines anderen Rohstoffindex) durch den aktuellen Kurs kurz- bzw. langfristiger US-Staatsanleihen dividiert. Der Quotient ist ein Maßstab der *relativen Stärke*, auf die wir in diesem Buch

55

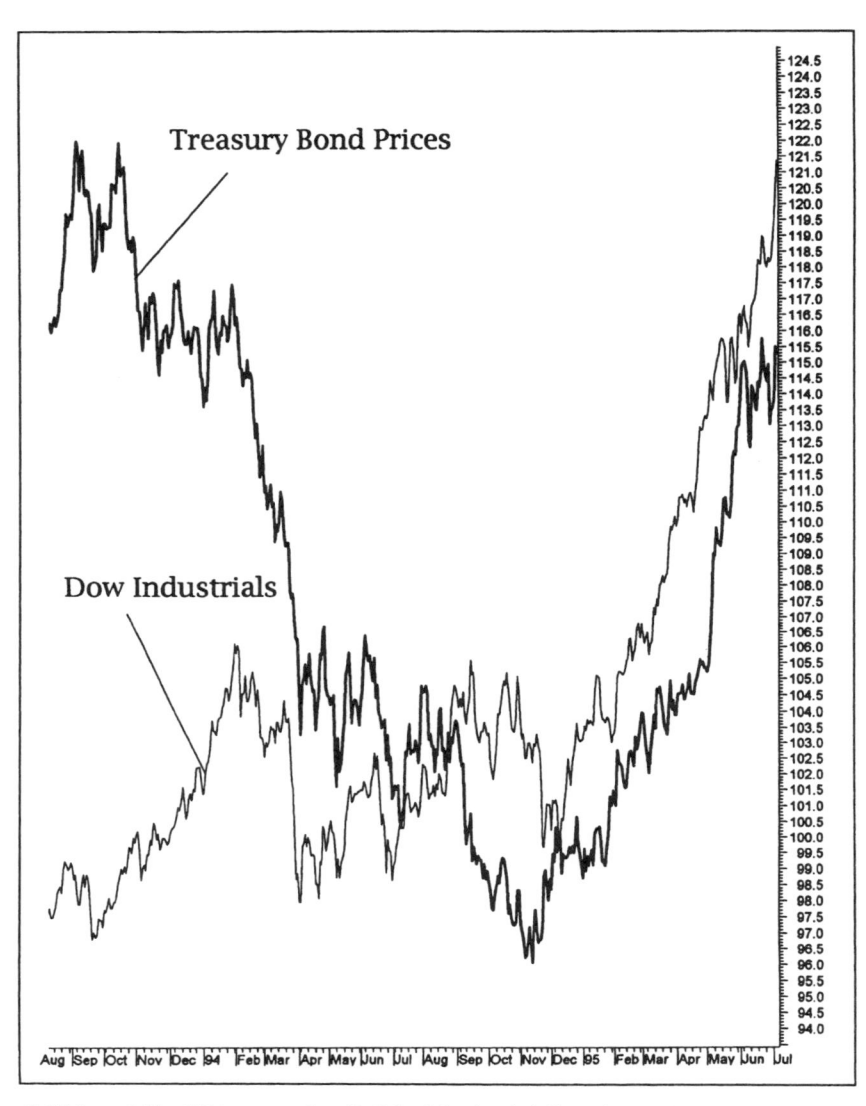

Abbildung 3.11: 1994 verursachte die Schwäche der Anleihen einen zehnprozentigen Rückgang der Aktienkurse und ein Jahr der Konsolidierung. Die Trendwende am Bondmarkt Ende 1994 verlieh der Aktienhausse neuen Schwung. *(MetaStock, Equis International, Inc.)*

noch ausführlich zu sprechen kommen werden. Wenn der Wert dieses Maßstabs steigt, zeigen Rohstoffe eine bessere Performance als Anleihen. In einem solchen Umfeld sollte man den Anlageschwerpunkt auf die Rohstoffmärkte oder auf Rohstoff-Aktien legen, also auf Aktien aus den Bereichen Aluminium, Kupfer, Gold und Energie. Die-

———————————————————————— Die heimliche Baisse von 1994 ————

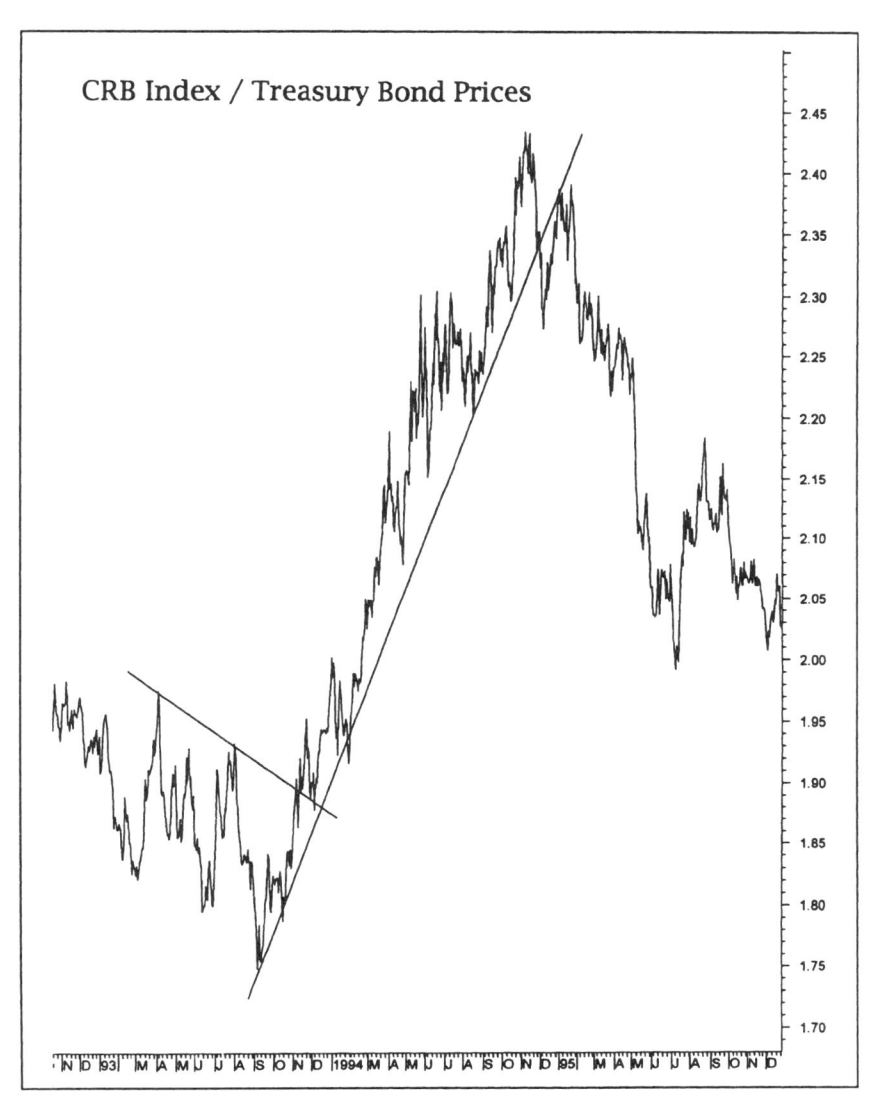

CRB Index / Treasury Bond Prices

Abbildung 3.12: Ein steigender Wert des Quotienten signalisiert Inflationsdruck, der sich in der Regel negativ auf den Aktienmarkt auswirkt (1994). Das Hoch des Quotienten Anfang 1995 war negativ für die Rohstoffmärkte, aber positiv für Anleihen und Aktien.
(MetaStock, Equis International, Inc.)

se Titel schneiden in Zeiten steigender Inflationsraten meist besser ab als der Gesamtmarkt. Abbildung 3.12 zeigt das Ansteigen des Quotienten aus dem CRB und den Anleihenkursen während des Großteils des Jahres 1994 und sein Hoch im vierten Quartal.

Der Quotient stieg ab Ende 1993 und zog dann noch fast ein Jahr lang weiter an. In diesem Zeitraum wurden Kupfer immer teurer und Stromversorger-Aktien immer billiger. Ein steigender CRB/Anleihen-Quotient ist generell schlecht für den Aktienmarkt, weil er steigende Inflationsraten und höhere Zinsen signalisiert. (Der negative Einfluss steigender Rohstoffpreise auf den Aktienmarkt wirkt sich in von Inflation und von Disinflation geprägten Zeiten aus, aber nicht notwendigerweise in Phasen der Deflation. Während einer Deflation beeinflussen steigende Rohstoffpreise den Aktienmarkt meist positiv.) Das erklärt auch, warum 1994 ein schwieriges Jahr für Aktien war – insbesondere für zinssensitive Aktien. Das Hoch des Quotienten im November 1994 signalisierte eine Verlagerung des Investmentschwerpunkts weg von Rohstofftiteln und hin zu zinssensitiven Aktien (und zu Aktien ganz allgemein). Das Hoch des CRB/Anleihen-Quotienten Ende 1994 bereitete den Boden für einen starken Anstieg des Aktienmarkts, der bis zum Jahr 2000 anhielt.

Anleihen und Aktien steigen parallel bis 1998

Ausgehend vom im vierten Quartal 1994 erreichten Tief begannen die Aktien eine phänomenale Hausse, die bis zum Ende des Jahrzehnts dauerte. In diesen fünf Jahren stieg der Dow Jones von weniger als 4000 bis auf fast 12 000 Punkte – was mehr als einer Verdreifachung entsprach. Und selbst dieser Anstieg wurde von der technologielastigen Nasdaq noch in den Schatten gestellt, deren Index in diesen fünf Jahren von 700 auf 5000 Punkte stieg und seinen Wert von 1994 somit versiebenfachte. Während dieses fünfjährigen Kursanstiegs erhielt der Aktienmarkt viel Unterstützung durch den US-Dollar, der im selben Zeitraum gegenüber den wichtigsten Auslandswährungen im Durchschnitt um 40 Prozent zulegte. Die Rohstoffpreise fielen fast während des gesamten genannten Zeitraums und fanden erst 1999 wieder einen Boden. Die Anleihenkurse, die im November 1994 ihr Tief erreicht hatten, stiegen vier Jahre lang bis zum Herbst 1998. Bis 1998 blieben diejenigen Intermarket-Relationen intakt, die sich fast in der gesamten Nachkriegszeit bewährt hatten. Ein steigender Dollar und sinkende Rohstoffpreise stützten die Aufwärtsbewegungen am Bond- und am Aktienmarkt. 1998 begannen sich jedoch einige wichtige Beziehungen zwischen den Einzelmärkten zu verändern.

KAPITEL 4

Die Währungskrise in Asien 1997 und die Deflation

Die asiatische Währungskrise beginnt 1997

Die bisher beschriebenen Intermarket-Prinzipien basieren auf den Börsentrends seit 1970. Die 70er-Jahre waren von galoppierender Inflation geprägt, die Rohstoffe begünstigte. Die 80er- und die 90er-Jahre wurden durch fallende Rohstoffpreise (Disinflation) sowie stark steigende Anleihen- und Aktienmärkte charakterisiert. Ab 1997 zeichneten sich jedoch einige Veränderungen des internationalen Intermarket-Modells ab. Die Probleme begannen mit der Währungskrise in Thailand 1997 und erreichten mit der russischen Währungskrise von 1998 einen ersten Höhepunkt. Die Ereignisse dieser beiden Jahre führten den Investoren dramatisch vor Augen, wie eng die Verbindungen zwischen den Weltmärkten tatsächlich sind und wie sich eine Krise in einem bestimmten Teil der Welt schnell auf andere Regionen auswirken kann.

Im Sommer 1997 begann die thailändische Währung abzustürzen. Dieser Trend breitete sich bald auf andere Währungen in dieser Region aus. Der Zusammenbruch der asiatischen Währungen führte zu einem entsprechenden Kollaps der dortigen Aktienmärkte, dessen Auswirkungen rund um den Globus zu spüren waren. Ängste vor weltweiter Deflation ließen die Rohstoffpreise in den freien Fall übergehen und führten rund um den Globus zu einer Umschichtung von Aktien zu Anleihen. In den folgenden eineinhalb Jahren fiel der CRB-Index auf sein niedrigstes Niveau seit 20 Jahren. Die Reaktion der asiatischen Zentralbanker auf diese Krise lieferte wiederum eine Lektion in Sachen Intermarket-Relationen. Sie erhöhten die Leitzinsen, um ihre fallenden Währungen zu stabilisieren. Dieser rapide Zinsanstieg führte zu einem starken Kursverfall an den dortigen Aktienmärkten, der mindestens ein Jahr lang anhielt und einen ausgesprochen negativen Effekt auf alle Finanzmärkte der Welt hatte. In diesen beiden hektischen Jahren bewährten sich alle traditionellen Intermarket-Relationen recht gut – mit einer Ausnahme.

Die Entkoppelung von Anleihen und Aktien beginnt

Das wichtigste Ergebnis der Ereignisse von 1997 und 1998 war die *Entkoppelung* von Anleihen und Aktien. *Entkoppelung* bedeutet, dass Anleihen und Aktien nun in entgegengesetzte Richtungen tendierten statt, wie bisher, parallel zueinander. In der zweiten Jahreshälfte 1997 sanken die Kurse amerikanischer Aktien, während die Anleihen an Wert gewannen. In der ersten Hälfte des folgenden Jahres stiegen die Aktien, während die Anleihen unter Druck standen. Im dritten Quartal 1998 fielen die Aktienkurse sogar noch stärker, während die Anleihenkurse anzogen. Von Juli bis Oktober 1998 fiel der Dow Jones um 20 Prozent. An allen Aktienmärkten der Welt kam es zu empfindlichen Verlusten. Im gleichen Zeitraum stiegen amerikanische Staatsanleihen auf neue Rekordniveaus. In diesen drei Monaten der panischen Aktienverkäufe war der amerikanische Bondmarkt der stärkste Kapitalmarkt der Welt.

Am Jahresende 1998 dachten viele, die Krise sei überwunden. Daher geschah das Gegenteil dessen, was in den drei vorangegangenen Monaten passiert war: Die Anleihen stürzten ab, und die Aktienkurse stiegen deutlich. 1999 fielen die Anleihen weiter, während am Aktienmarkt neue Rekordhochs erreicht wurden. Die Ereignisse von 1997 und 1998 hatten zu einer Entkoppelung des Anleihen- und des Aktienmarkts geführt, die sich noch jahrelang auswirken sollte. Die Veränderung der Wechselbeziehung zwischen Anleihen und Aktien begann mitten in der asiatischen Währungskrise, als ein neues Schlagwort in Finanzkreisen die Runde machte – Deflation.

Das Deflations-Szenario

1998 war ich damit beschäftigt, eine Neuauflage meines Buchs *Technical Analysis of the Futures Markets* vorzubereiten, das ein neues Kapitel über Intermarket-Analyse enthielt. Nach der Erläuterung der normalen Intermarket-Relationen, die bis zu diesem Zeitpunkt vorgeherrscht hatten, fügte ich ein Kapitel mit der Überschrift »Das Deflations-Szenario« ein. Dort schrieb ich, dass sich die Börsenanalysten zum ersten Mal seit den 30er-Jahren darüber besorgt zeigten, eine angenehme Ära der Disinflation (in der die Güterpreise langsamer steigen) könne in eine schädliche Phase der Deflation münden (in der die Güterpreise tatsächlich sinken) – und zwar als direkte Folge des Crashs in Asien. *Die asiatische Grippe* wurde in der Finanzszene zu einer stehenden Redewendung. (Die Aktienbaisse in Japan hatte die zweitgrößte Volkswirtschaft der Welt seit 1989 in eine deflationäre Spirale geschickt.) Meine Besorgnis wurde noch dadurch gesteigert, dass die auf Jahresbasis ermittelten Produzentenpreise in den USA zum ersten Mal seit mehr als einem Jahrzehnt gesunken waren.

Während der asiatischen Währungskrise, die Mitte 1997 begonnen hatte, verkauften die Investoren Aktien und kauften Anleihen. Deflation verändert nämlich einige der normalen Intermarket-Relationen, aber nicht alle. In einem deflationären Umfeld steigen die Anleihenkurse, während die Rohstoffpreise sinken. Das geschah von Mitte 1997 bis Ende 1998. Der Aktienmarkt kann in einem solchen Umfeld jedoch negativ reagieren. Ich möchte hier zitieren, was ich 1998 geschrieben habe: »Wenn und falls tatsächlich Deflation auftritt, wirken die Intermarket-Relationen immer noch, aber auf andere Art und Weise. Disinflation ist schlecht für Rohstoffe, aber gut für Aktien und Anleihen. Deflation ist gut für Anleihen und schlecht für Rohstoffe, aber sie kann auch schlecht für Aktien sein.« Das Kapitel endete mit folgendem Abschnitt:

Der deflationäre Trend, der Mitte 1997 in Asien begonnen hatte, breitete sich bis Mitte 1998 nach Russland und Lateinamerika aus und begann alle Aktienmärkte der Welt negativ zu beeinflussen. Der Einbruch der Rohstoffpreise wirkte sich besonders nachteilig auf Rohstoffexporteure wie Australien, Kanada, Mexiko und Russland aus. Der deflationäre Einfluss fallender Rohstoffpreise und Aktienkurse wirkte sich positiv auf die amerikanischen Staatsanleihen aus, die neue Rekordhochs erreichten. Die Börsenereignisse von 1998 waren ein dramatisches Beispiel für die Verbindungen zwischen den Kapitalmärkten rund um den Globus und zeigten, wie Aktien und Anleihen in einem deflationären Umfeld getrennte Richtungen einschlagen können.

1997 und 1998 waren nur eine Generalprobe

Die Reaktion der Finanzmärkte auf die erste Deflationsgefahr 1997 und 1998 war nur eine »Generalprobe« für die vernichtende Aktienbaisse, die im Frühjahr 2000 begann. In den drei schlechtesten Aktienjahren seit der Weltwirtschaftskrise stiegen die Anleihen kontinuierlich, während die Aktien fielen. In 18 Monaten senkte die Fed zwölf Mal die Leitzinsen – ohne spürbare Auswirkungen auf den Aktienmarkt. Die Aktien fielen gemeinsam mit den Zinsen, die das niedrigste Niveau seit über 40 Jahren erreichten. Wer die Warnungen aus 1997 und 1998 verstanden hatte, wusste sehr wohl, dass steigende Anleihenkurse (und sinkende Zinsen) dem Aktienmarkt in einem deflationären Umfeld nicht helfen. Wer die Deflationsgefahr missachtete und weiterhin nach den alten Regeln spielte, zahlte einen hohen Preis, denn er verlor am Aktienmarkt und verpasste hohe Kursgewinne am Bondmarkt.

Das Intermarket-Bild 1997 und 1998

Ich diskutiere in diesem Kapitel die Intermarket-Relationen in der Zeit der asiatischen Währungskrise, die im Sommer 1997 begann und im Herbst 1998 ihren Höhepunkt erreichte. Der Schwerpunkt der Untersuchung betrifft die Frage, wie die einzelnen Märkte in diesem Zeitraum aufeinander reagiert haben. Sie werden erkennen, welche Relationen sich verändert haben – und welche nicht. Im folgenden Kapitel werde ich die Analyse auf das Jahr 1999 ausdehnen, um darzulegen, wie die Beziehungen zwischen den einzelnen Märkten im Jahr 2000 zum Platzen der Spekulationsblase an den Aktienmärkten beigetragen haben.

Der Dollar und die Rohstoffpreise

Von Anfang 1994 bis Ende 1998 zeigte sich, wie in Abbildung 4.1 zu sehen, die normale, inverse Korrelation zwischen dem Dollar und den Rohstoffpreisen. Der Dollar erreichte in der ersten Jahreshälfte 1995 ein Tief und stieg dann bis zum Ende des Jahrzehnts an. In der Regel hat ein steigender Dollar negative Auswirkungen auf die Rohstoffpreise. Und das geschah auch, wenn auch mit einer gewissen Zeit-

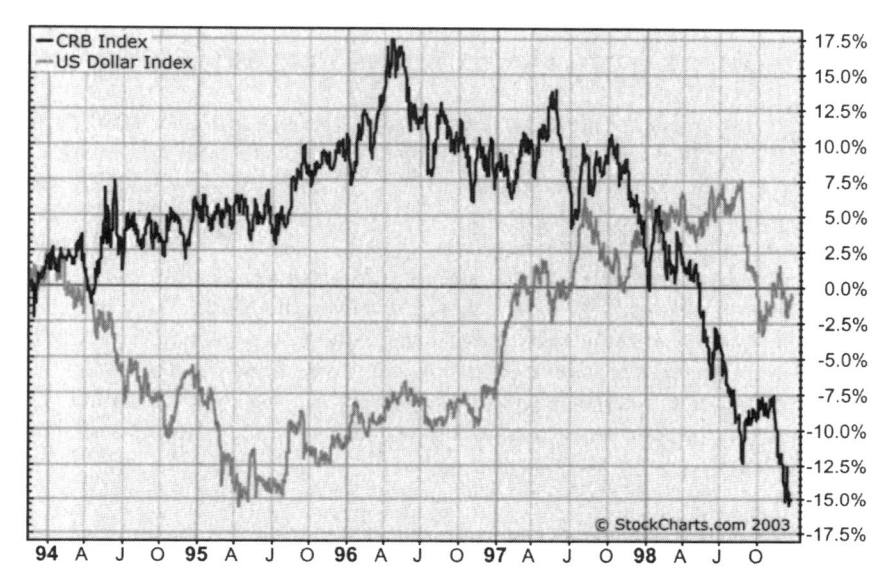

Abbildung 4.1: Die Rohstoffpreise und der Dollar entwickelten sich von Anfang 1994 bis Ende 1998 in entgegengesetzte Richtungen.

verzögerung. Nachdem er von Mitte 1994 bis Mitte 1995 seitwärts tendiert hatte, stieg der CRB-Index Anfang 1996 an. Das Verlaufsmuster 1995 war also ungewöhnlich: steigende Rohstoffpreise und ein steigender Dollar. Anfang 1996 erreichte der CRB-Index allerdings ein langfristiges Hoch und fiel danach drei Jahre lang. In diesen drei Jahren sanken also die Rohstoffpreise, während der Dollar stieg. Die normale, inverse Korrelation zwischen diesen beiden Märkten wurde 1997 und 1998 besonders deutlich.

Unmittelbar nach dem Beginn der asiatischen Währungskrise im Sommer 1997 verlor der Dollar von August bis Oktober deutlich an Boden, danach erholte er sich wieder (siehe Abbildung 4.2). Der CRB-Index tat exakt das Gegenteil. Zunächst erholte er sich (als der Dollar nachgab). Ab November 1997 zog der Dollar wieder an. Der CRB-Index erlitt jedoch einen ernsthaften Rückschlag. Die Dollar-Stärke hielt von November 1997 bis August 1998 an. In diesen zehn Monaten fiel der CRB-Index auf das niedrigste Niveau seit 20 Jahren, weil sich die Angst vor immer weiter sinkenden Rohstoffpreisen breit machte. 1997 und 1998 gab der Goldpreis ein fast perfektes Spiegelbild der Dollar-Entwicklung ab. Er fiel im August 1997 auf ein Zwischentief,

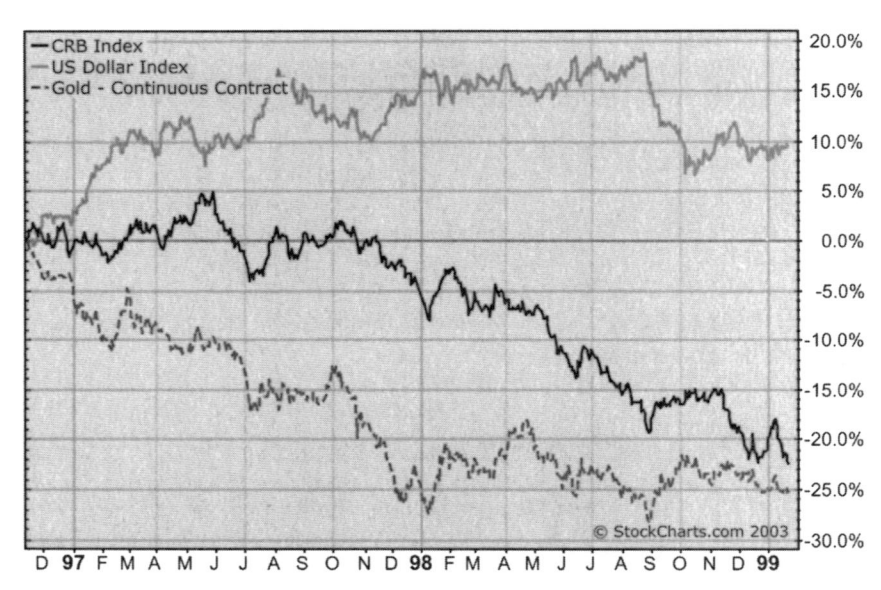

Abbildung 4.2: Der Goldpreis und der CRB-Index verhielten sich 1997 und 1998 entgegengesetzt zur Entwicklung des US-Dollar.

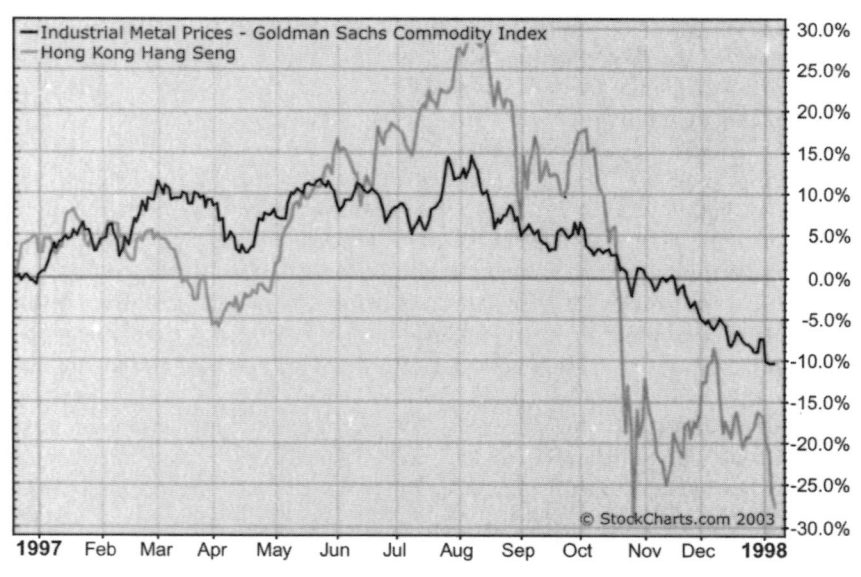

Abbildung 4.3: Die Industriemetalle und der Hang-Seng-Index erreichten im Sommer 1997 gleichzeitig ein Hoch.

als der Dollar zu einer nach unten gerichteten Korrektur ansetzte, die bis zum Oktober dauerte. Als sich der Dollar im vierten Quartal wieder erholte, fiel der Goldpreis in seinen langfristigen Abwärtstrend zurück. An der Beziehung zwischen dem Dollar und den Rohstoffpreisen hatte sich nichts geändert. 1997 und 1998 stieg der Dollar, während die Rohstoffpreise fielen.

Hongkong-Aktien und Industriemetalle erreichen gleichzeitig ein Hoch

Die Preise der Industriemetalle traf es besonders hart. Der Zusammenbruch der asiatischen Märkte nährte Befürchtungen, es könne dort zu einer Wirtschaftskrise kommen, was allen Volkswirtschaften der Welt zunächst einen Dämpfer verpasste. Ein Vergleich der Industriemetallpreise mit dem Hang-Seng-Index der Börse Hongkong zeigt eine bemerkenswert enge Korrelation (siehe Abbildung 4.3). Beide Indizes erreichten Ende Juli 1997 ein Hoch und fielen dann mehr als ein Jahr lang. Im folgenden Kapitel werden wir sehen, dass die Erholung des Aktienmarkts in Hongkong Anfang 1999 zu einem Preisanstieg der Rohstoffe in diesem Jahr beitrug.

Rohstoffe und Anleihen

Auch die Beziehung zwischen diesen beiden Märkten blieb 1997 und 1998 stabil. Nachdem die Rohstoffpreise Anfang 1996 ein Hoch erreicht hatten, blieben sie bis Ende 1998 auf fast perfekte Weise invers mit den Anleihenkursen korreliert, wie in Abbildung 4.4 zu sehen ist. Das Hoch des CRB-Index im Frühjahr 1996 fiel zeitlich mit einem Tief bei den Anleihenkursen zusammen. Anfang 1997 war bei den Anleihenkursen eine Korrektur nach unten zu verzeichnen – zeitgleich mit einer Erholung des CRB-Index. Im Frühling dieses Jahres begann jedoch ein langfristiger Aufwärtstrend am Anleihenmarkt, der bis Ende 1998 dauerte. Die Rohstoffpreise erreichten innerhalb eines Monats nach dem Tief des Anleihenmarktes ihr Hoch und fielen dann bis zum Ende des Jahres. Im Oktober 1997 (drei Monate nach Beginn der Währungskrise in Asien) stiegen die Anleihen auf ein neues Jahreshoch, während die Rohstoffpreise sanken. Ende 1997 hatten die Anleihen ein neues Rekordniveau erreicht, während der CRB-Index auf

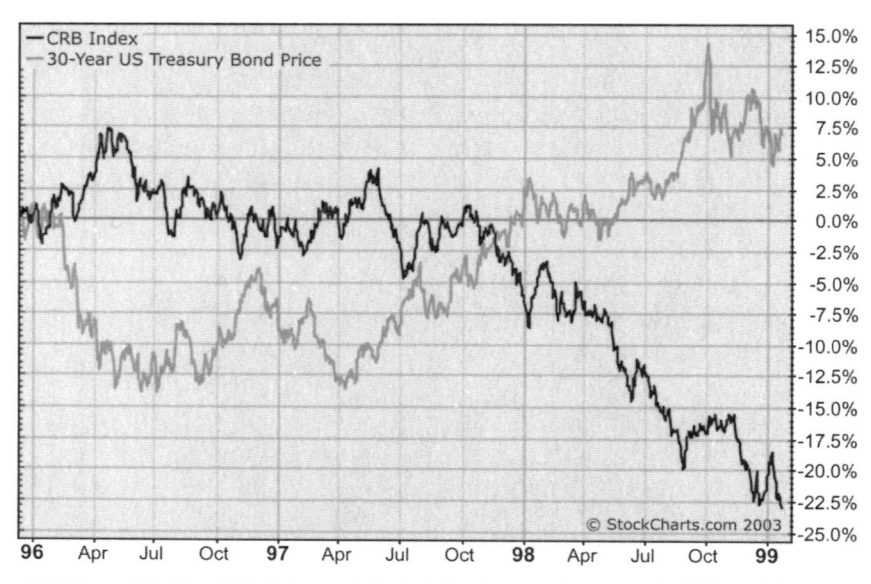

Abbildung 4.4: Der CRB-Index und die Anleihenkurse zeigten von 1996 bis 1996 eine inverse Korrelation.

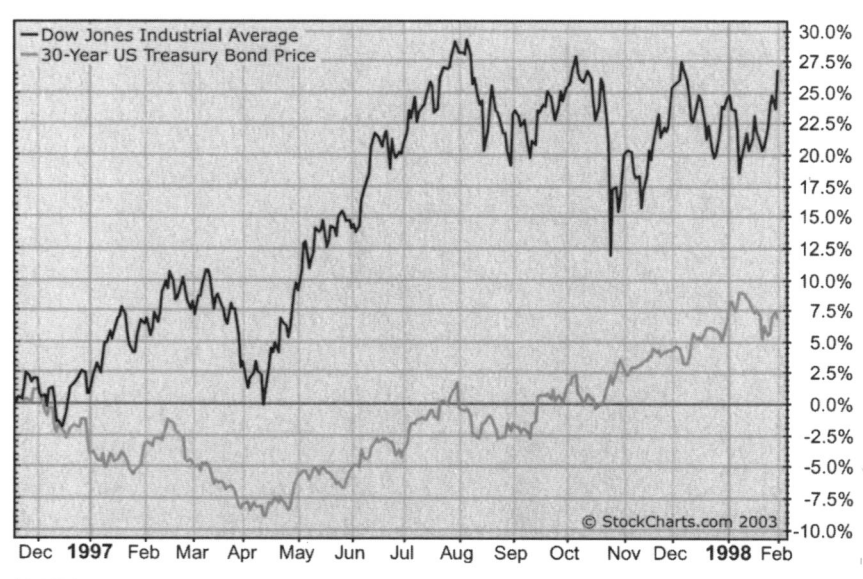

Abbildung 4.5: Die Divergenz zwischen Aktien und Anleihen beginnt nach der Währungskrise in Asien im Juli 1997.

seinen niedrigsten Stand seit drei Jahren gefallen war. Diese inversen Trends hielten 1998 an. (Wir werden im folgenden Kapitel sehen, dass sich beide Trends 1998 umgedreht haben.) Beide Märkte verhielten sich exakt so, wie man es in einem deflationären Umfeld von ihnen erwartet hätte. Die Anleihenkurse stiegen dramatisch, während die Rohstoffpreise ebenso dramatisch fielen. Auch hier hatte sich, was die Beziehungen zwischen diesen beiden Märkten betraf, nichts geändert. Geändert hatten sich allerdings die Beziehungen zwischen Anleihen und Aktien.

Anleihen und Aktien

Nach 1994 nahmen Anleihen und Aktien ihre langfristigen Aufwärtstrends wieder auf. Im ersten Quartal 1997 erfuhren beide Märkte relativ moderate Korrekturen nach unten, die bis zum April dauerten (siehe Abbildung 4.5). Beide Märkte erreichten in diesem Monat Tiefs und stiegen dann gemeinsam bis Ende Juli 1997 – als die Währungskrise in Asien zum Thema wurde. Zunächst gaben Aktien und Anleihen etwa einen Monat lang nach, ehe sie sich im September wieder erholten. Im Oktober änderte sich das wechselseitige Verhältnis zwischen diesen beiden Märkten. Die Aktien gaben in diesem Monat deutlich nach. Der Dow Industrials fiel um über 1000 Punkte oder etwa zwölf Prozent. Gleichzeitig stiegen allerdings die Kurse der Anleihen. Der Anstieg endete erst im Januar 1998, als die Aktienkurse sich zu erholen begannen. In der Vergangenheit hatte es zuweilen schon eine Entkoppelung des Anleihen- und des Aktienmarkts gegeben, vor allem in Krisenzeiten wie 1987. Kaum jemand aber rechnete im vierten Quartal 1997 damit, dass diese Entkoppelung noch mindestens fünf Jahre lang dauern und somit eine der wichtigsten Intermarket-Relationen verändern würde. Und 1998 wurde es noch schlimmer.

Die Divergenz zwischen Aktien und Anleihen 1998

Der Vergleich von Anleihen- und Aktienkursen des Jahres 1998 zeigt dramatisch divergierende Trends (siehe Abbildung 4.6). Aktien stiegen von Januar bis April, während Anleihen fielen. Im Frühjahr gab es am Aktienmarkt eine Korrektur, doch die Kurse der Anleihen zo-

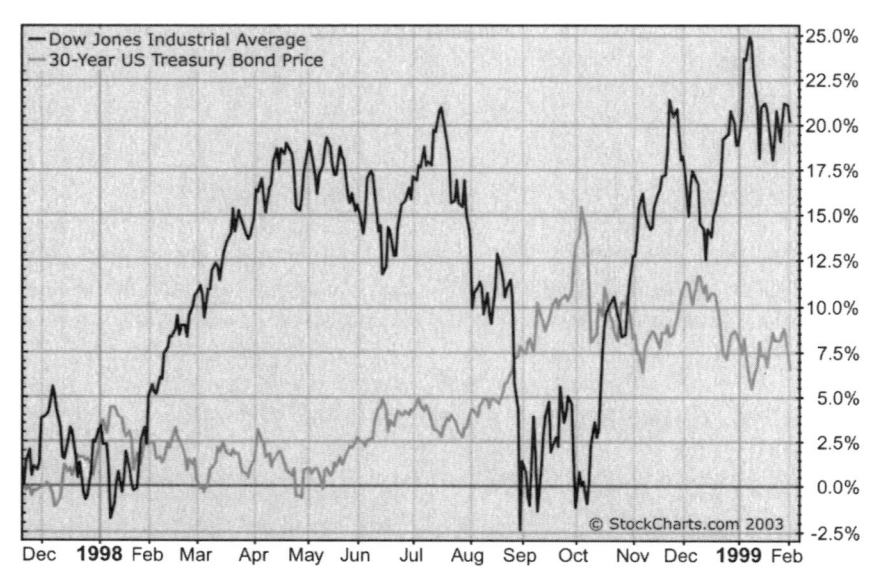

Abbildung 4.6: Die Abkoppelung der Anleihen von den Aktien wurde 1998 zunehmend deutlicher.

gen an. Im Juni und Anfang Juli unternahmen die Aktien wieder einen Ausbruchsversuch nach oben; die Anleihen gaben nach. Mitte Juli begannen die Aktienkurse abzubröckeln. Von Hoch im Juli bis zum Tief im Oktober fiel der Dow um fast 2000 Punkte oder etwa 20 Prozent. In diesen drei Monaten stiegen die Anleihen auf ein neues Rekordhoch. Panikverkäufe an den Aktienmärkten rund um die Welt sorgten für eine massive Umschichtung von Aktien in amerikanische Staatsanleihen. (Die Lage verschlechterte sich noch, als im August 1998 eine Finanzkrise in Russland zu einer massiven Abwertung des Rubels führte und Ängste schürte, Russland könne seine Anleihenschulden nicht bedienen. Die Pleite eines großen Hedge Fonds, Long Term Capital Management, machte die Situation nicht besser.) Mit gewisser Hilfe seitens der Fed stabilisierte sich der Aktienmarkt allerdings und bildete im Oktober 1998 einen Boden.

Ausgehend von diesem Boden drehte der Aktienmarkt nach oben und erreichte Anfang 1999 ein neues Rekordhoch. Als der Aktienmarkt seinen Boden bildete, war der Anleihenmarkt auf ein neues Hoch gestiegen und verfiel dann in einen starken Abwärtstrend, der fast ein Jahr lang anhielt. Im Gesamtjahr 1999 stiegen die Aktien, während die Anleihenkurse sanken. Die Entkoppelung von Aktien und Anleihen hatte zu diesem Zeitpunkt schon mehr als ein Jahr gedauert. Sie sollte noch mehrere Jahre anhalten und alle Marktteilnehmer auf dem falschen Fuß erwischen, die nicht erkannt hatten, dass sich in der Beziehung zwischen diesen beiden Märkten Entscheidendes verändert hatte. Ursache dieser Veränderung war die Deflationsangst, hervorgerufen durch die Krise in Asien. Der japanische Markt befand sich schon im Würgegriff der Deflation. Die 1997 begonnene asiatische Währungskrise weckte Befürchtungen, sie könne sich auf andere Teile der Welt ausbreiten.

Der CRB/Anleihen-Quotient und die Sektorenrotation

Ich habe Ihnen den CRB/Anleihen-Quotienten im letzten Kapitel vorgestellt und aufgezeigt, wie seine Entwicklung die Sektorenrotation am Aktienmarkt beeinflussen könnte. Steigt er, sind inflationssensitive Aktien zu bevorzugen; sinkt er allerdings, dann bieten zinssensitive Titel bessere Chancen. Sehen Sie sich nun diese Zusammenhänge, was die Jahre 1997 und 1998 betrifft, unter einem etwas anderen Blickwinkel an und beziehen Sie die Analyse der *relativen Stärke* mit ein, die für die Auswahl der jeweils attraktivsten Branchen am Aktienmarkt von größter Wichtigkeit ist.

Konsumtitel und zyklische Aktien

Zwei bedeutende Sektoren des Aktienmarkts, die stets in Konkurrenz um die Investoren stehen, sind die Konsumtitel und die zyklischen Aktien. Wie ihr Name schon sagt, sind die Zykliker *konjunktursensitive* Titel, die in Abhängigkeit von der Wirtschaftslage steigen und fallen. In konjunkturell starken Phasen schneiden sie besonders gut, in flauen Wirtschaftsphasen dagegen besonders schlecht ab. Viele Aktien dieser Kategorie stammen aus Branchen wie Aluminium, Kupfer, Papier und Holzprodukte oder dergleichen. Folglich sind diese Titel in hohem Maß von der Entwicklung der Rohstoffpreise abhängig. Typische Konsum-Aktien stammen dagegen aus Branchen wie Getränke, Nahrungsmittel, Pharmazie, Tabak oder Kosmetik. Diese Titel sind von konjunkturellen Schwankungen relativ unabhängig. In wirtschaftlich starken Zeiten schneiden die Zykliker in der Regel besser ab als die Konsumtitel – in Wirtschaftsflauten verhält es sich umgekehrt. Das bringt uns wieder zurück zum CRB/Anleihen-Quotienten. Ein steigender Quotient spricht für konjunktursensitive Aktien, ein fallender für Konsumtitel. Diese Trends waren 1997 und 1998 klar erkennbar.

Der CRB/Anleihen-Quotient kollabiert 1997

Abbildung 4.7 zeigt, dass der Quotient im Sommer 1997 deutlich zu sinken begann, denn die Anleihenkurse stiegen, während die Rohstoffpreise sanken. Er fiel dann noch bis Ende 1998. Wenn die Wirtschaftslage negativ eingeschätzt wird, schneiden Anleihen besser ab als Rohstoffe – und, aus denselben Gründen, auch besser als Aktien. Bis Ende Oktober 1997 war der Aktienmarkt deutlich gefallen, was den Konjunkturpessimismus noch verstärkte. Zum selben Zeitpunkt fiel der CRB/Anleihen-Quotient auf sein niedrigstes Niveau in fast zwei Jahren. Diese Trends verursachten eine Umschichtung von Zyklikern zu Konsum-Aktien, die bis Ende 1998 dauerte.

Abbildung 4.7: Der CRB/Anleihen-Quotient begann in der zweiten Jahreshälfte 1997 zu sinken.

Die Analyse der relativen Stärke

Die Indizes zur Messung der beiden genannten Aktienmarktsektoren sind der Morgan Stanley Consumer Index (CMR) und der Morgan Stanley Cyclical Index (CYC). Ein Chartvergleich dieser beiden Indizes zeigt, dass Konsumtitel von Mitte 1997 bis Ende 1998 stiegen, während die Zykliker nachgaben. Eine sinnvollere Art des Performancevergleichs bietet jedoch die Analyse der relativen Stärke. In der Regel misst man die relative Stärke eines Sektors (oder einer Einzelaktie) anhand eines Vergleichsmaßstabs wie des S&P-500-Index. In diesem Fall werden sowohl der CMR als auch der CYC durch den S&P 500 dividiert. Dann vergleicht man die Ergebnisse. Steigt der Quotient, dann zeigt der betreffende Sektor eine bessere Performance als der S&P, was ein Zeichen relativer Stärke ist. Ein sinkender Quotient ist ein Zeichen relativer Schwäche.

Der Quotient aus CMR und S&P stieg von Oktober 1997 bis Oktober 1998 (siehe Abbildung 4.8). Im selben Zeitraum sank der Quotient aus CYC und S&P (siehe Abbildung 4.9). Vom vierten Quartal

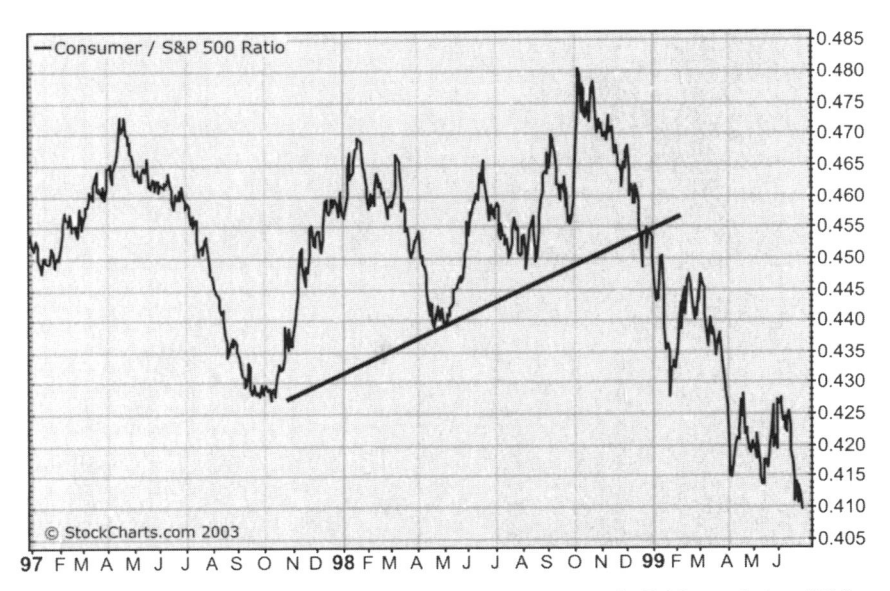

Abbildung 4.8: Der CMR/S&P-Quotient stieg im Jahr 1998 – ein Zeichen relativer Stärke der als eher defensiv eingeschätzten Konsum-Aktien.

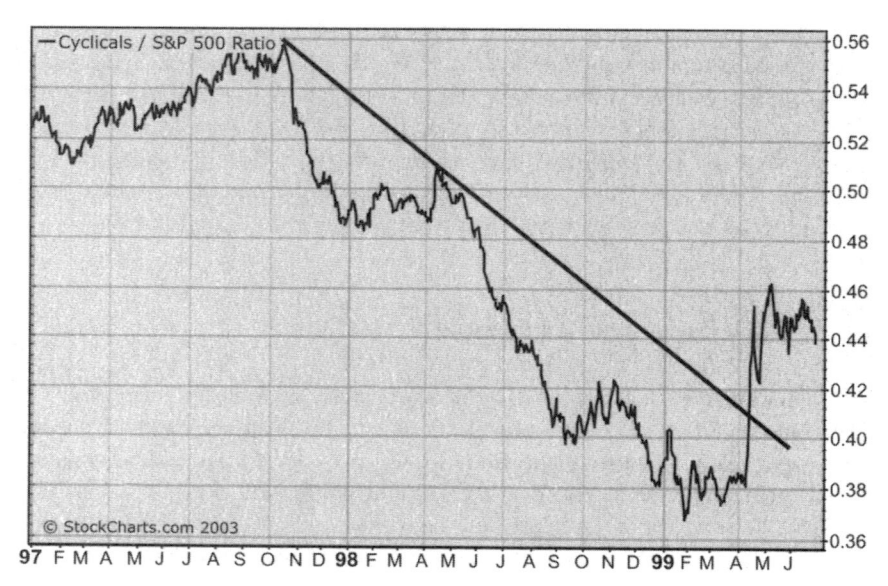

Abbildung 4.9: Der sinkende Quotient zeigte eine schwache Performance der konjunktursensitiven Aktien.

1997 bis zum vierten Quartal 1998 war aus den Charts klar ersichtlich, dass die Konsumtitel eine bessere Wahl waren als die Zykliker. Das änderte sich erst, als der CRB/Anleihen-Quotient Anfang 1999 zu steigen begann.

Der direkte Vergleich der beiden konkurrierenden Sektoren

Eine zweite Möglichkeit des Vergleichs der beiden Sektoren besteht darin, den einen durch den anderen zu dividieren. Wenn ein Investor die Wahl zwischen zwei konkurrierenden Angeboten hat, dann sollte er sich für das bessere entscheiden. Der Quotient aus Komsum-Aktien- und Zykliker-Index zeigte ab Oktober 1997 einen deutlichen Anstieg, der bis Ende 1998 dauerte (siehe Abbildung 4.10). Es wäre für jeden Investor sinnvoll gewesen, sich auf die Konsumtitel zu konzentrieren und die Zykliker zu meiden. Die Beobachtung des Quotienten hätte diesen Schluss nahe gelegt. Ende 1999 begann der CRB/Anleihen-Quotient zu steigen. Es erfolgte eine Umschichtung von den Kon-

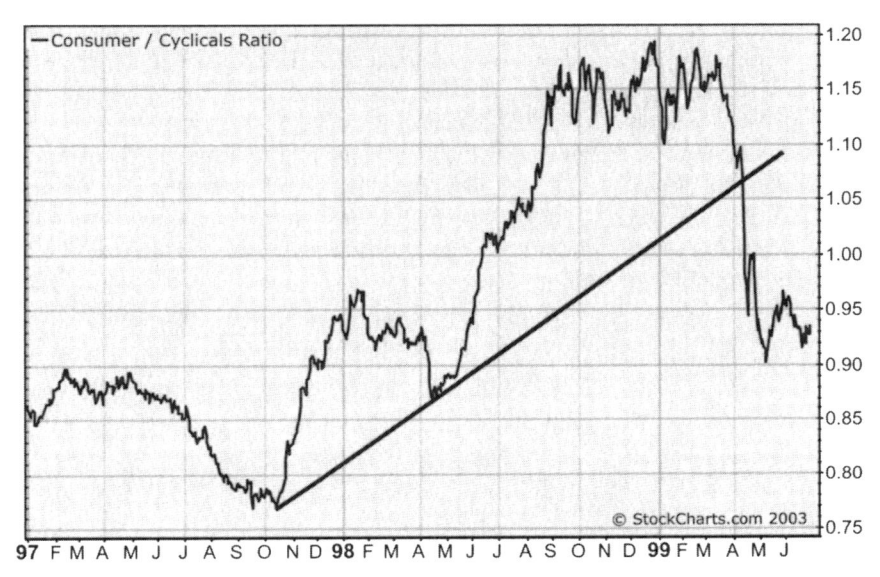

Abbildung 4.10: Der steigende Quotient zeigte, dass defensive Aktien 1998 besser abschnitten als Zykliker.

sumtiteln zu den Zyklikern. Als Faustregel kann man festhalten: Konsumtitel sind stark vom Anleihenmarkt, Zykliker stark von den Rohstoffpreisen abhängig.

Intermarket-Lektionen aus den Jahren 1997 und 1998

1997 und 1998 konnte man viel über die Beziehungen zwischen den einzelnen Märkten lernen. Diese beiden Jahre demonstrierten, wie wichtig es ist, die Weltmärkte zu beobachten – und zwar nicht nur im Aktien-, sondern auch im Währungsbereich. Der Zusammenbruch einer relativ unbedeutenden asiatischen Währung hatte derart schwer wiegende Folgen, dass schließlich auch die amerikanischen Anleihen- und Aktienmärkte in Mitleidenschaft gezogen wurden. Die am deutlichsten sichtbare Auswirkung war eine Flucht aus dem Aktien- in den Anleihenmarkt, die 18 Monate dauerte. Am Aktienmarkt selbst gab es bedeutende Branchenrotationen. Auf Kosten der konjunktursensitiven Zykliker floß Kapital in die als defensiver eingeschätzten Konsumtitel. Ein weiterer Effekt der asiatischen Grippe war ein Zusammenbruch der Rohstoffmärkte, der die Angst vor weltweiter Deflation anheizte.

Die wohl wichtigste Lehre aus diesen Ereignissen war, dass deflationäre Trends, die ihren Ursprung in Asien hatten, die wechselseitigen Beziehungen zwischen Anleihen und Aktien deutlich verändert hatten. Steigende Anleihenkurse waren für den Aktienmarkt kein positiver Faktor mehr. Ganz im Gegenteil: Der Anstieg am Anleihenmarkt ging zu Lasten der Aktien. Diese Veränderung wurde noch deutlicher sichtbar, als einige Jahre später eine schwer wiegende Aktienbaisse begann. Im nächsten Kapitel werden Sie sehen, dass es 1999 im Vergleich zu 1998 viele Trendwenden gab. Obwohl diese Trendwenden dem Aktienmarkt zunächst nützten, trugen sie auch zum Platzen der Spekulationsblase im Jahr 2000 bei.

KAPITEL 5

1999: Intermarket-Trends führen zu einem Top am Aktienmarkt

Die weltweite Deflationsangst, die 1998 die Märkte befallen hatte, führte zu einer Flucht aus Rohstoffen und Aktien in Anleihen. Abbildung 5.1 zeigt die Entkoppelung von Anleihen und Aktien, die sich 1998 wegen dieser Deflationsgefahr vollzog.

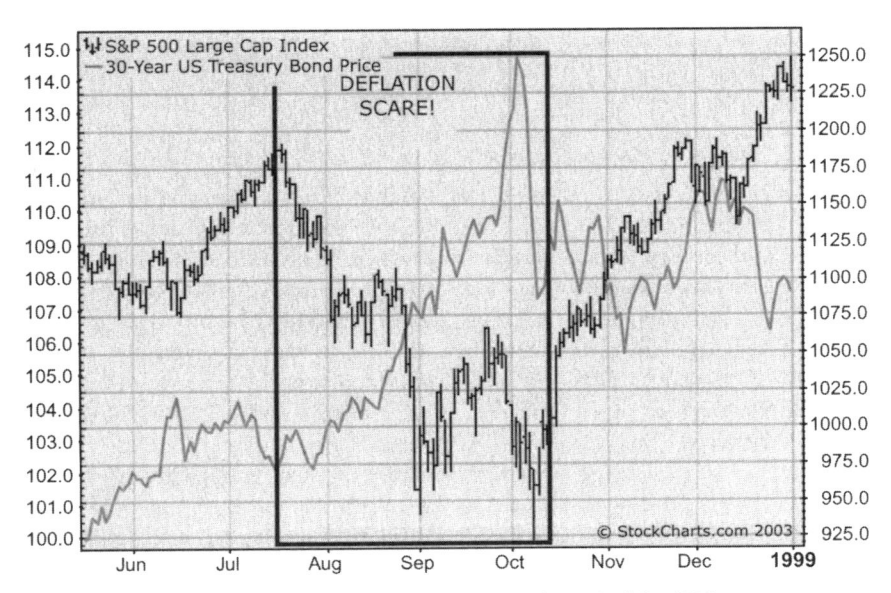

Abbildung 5.1: Die Entkoppelung von Anleihen und Aktien im Jahr 1998.

Abbildung 5.2: 1999 stiegen die Aktienkurse, während die Anleihenkurse nachgaben.

1999 verkehrten sich diese Trends in ihr Gegenteil. Der Aktienmarkt stieg auf ein neues Rekordhoch, während der Anleihenmarkt eines der schlechtesten Jahre seiner Geschichte erlebte (siehe Abbildung 5.2). Einer der Gründe für den Kursrückgang der Anleihen war ein deutlicher Ölpreisanstieg Anfang 1999, in dessen Folge rund um den Globus die Zinsen stiegen, weil neue Inflationsangst auftauchte. Eine Erholung an den asiatischen Aktienmärkten trug zudem zu einer erhöhten Nachfrage nach Industrierohstoffen wie Kupfer und Aluminium bei. Der Anstieg der Rohstoffpreise bewegte die Fed Mitte des Jahres dazu, die Leitzinsen zu erhöhen, was im folgenden Jahr dazu führte, dass der Aktienmarkt ein neues Rekordhoch erreichte.

Der negative Einfluss der steigenden Zinsen wurde zunächst auf zwei Gebieten sichtbar. Eines davon war der Rückgang von Gradmessern der Marktbreite wie der NYSE-Advance/Decline-Linie, die das ganze Jahr über nach unten tendierte. Das andere betraf die Sektorenrotation. Die steigenden Zinsen hatten 1999 einen besonders negativen Einfluss auf diejenigen Branchen, die als *zinssensitiv* gelten. Gleichzeitig hatten die als inflationssensitiv geltenden Branchen ein recht gutes Jahr. Die Börsentrends von 1999 demonstrierten auch, dass weltweite Einflussfaktoren für die Untersuchung der Beziehungen zwischen den Einzelmärkten immer wichtiger wurden. 1997 und 1998 hatte der Zusammenbruch der asiatischen Märkte die Rohstoffpreise massiv unter Druck gesetzt. Die Erholung an diesen Märkten im Jahr 1999 trieb die Rohstoffpreise nach oben und führte zu empfindlichen Verlusten an den Anleihenmärkten rund um den Globus. Während die Flucht aus den Anleihen 1999 für den Aktienmarkt zunächst ein positiver Faktor war, zeigten sich die negativen Auswirkungen erst später. Ich werde diese Untersuchung der Intermarket-Trends im Jahr 1999 von drei Seiten angehen. Zunächst geht es um die makroökonomischen Beziehungen zwischen Rohstoffen, Anleihen und Aktien. Dann werde ich die Auswirkungen dieser Beziehungen auf die Sektorenrotation am Aktienmarkt untersuchen, und zuletzt werden Sie die weltweiten Einflussfaktoren kennen lernen.

Anfang 1999 ziehen die Rohstoffpreise an

Die Entwicklung der Rohstoffpreise spielte 1999 eine entscheidende Rolle für den Zinstrend. Es war kein Zufall, dass 1999 der deutlichste Rohstoffpreisanstieg und der schwerste Kursverlust am Bondmarkt seit Jahren zu verzeichnen waren. Wegen der steigenden Rohstoffpreise begann die Fed im Sommer die Leitzinsen zu erhöhen. Das hatte einen subtilen, aber doch negativen Effekt auf den Aktienmarkt, vor allem auf Titel, die man der *Old Economy* zurechnet und die traditionell stärker auf Zinsveränderungen reagieren. Die Technologietitel der *New Economy* erwiesen sich 1999 als recht immun gegen steigende Zinsen – aber 2000 galt das nicht mehr.

Rohstoffe und Zinsen im Gleichschritt

Ein Vergleich der Rohstoffpreise mit den Renditen zehnjähriger US-Staatsanleihen (die seit einigen Jahren als Benchmark langfristiger US-Staatsanleihen gelten) zeigt, dass beide in der Regel in die gleiche Richtung tendieren. (Rohstoffpreise entwickeln sich entgegengesetzt zu Anleihenkursen, aber in die gleiche Richtung wie Anleihenrenditen.) 1997 und 1998, als Deflationsangst aufkam, fielen beide gemeinsam. Anfang 1999 stiegen jedoch beide wieder. Die Anleihenrenditen erreichten ihr Tief im Oktober 1998, als der Aktienmarkt einen Boden und der Anleihenmarkt ein Top bildeten. Diese Bewegung war Ausdruck einer massiven Kapitalumschichtung heraus aus Anleihen und zurück in Aktien, die das folgende Jahr über andauerte. Die Rohstoffpreise begannen Anfang 1999 zu steigen. Im Lauf des Jahres befanden sich die Rohstoffpreise und die Anleihenrenditen im Aufwärtstrend. Abbildung 5.3 zeigt, wie der Goldman Sachs Commodity Index und die Renditen amerikanischer Staatsanleihen nach erfolgreicher Bodenbildung Anfang 1999 ihre nach unten gerichteten Trendlinien durchbrachen.

Bodenbildung der Industrierohstoffe und des Ölpreises

Zwei der Rohstoffgruppen, die Anfang 1999 als Erste die Wende nach oben vollzogen, waren Öl und Industriemetalle. Wegen seiner hohen Gewichtung des Rohölpreises (der sich in diesem Jahr verdreifachte) gehörte der Goldman Sachs Commodity Index (GSCI) zu den ersten Rohstoffindizes, die die Trendwende anzeigten. Abbildung 5.4 zeigt, wie der GSCI im März seinen gleitenden 200-Tage-Durchschnitt nach oben durchbrach. Das war ein Zeichen, dass der Haupttrend nun wieder nach oben gerichtet war.

Abbildung 5.5 zeigt, dass auch die Preise der Industrierohstoffe stiegen. Im ersten Quartal durchbrach der GSCI eine Widerstands-

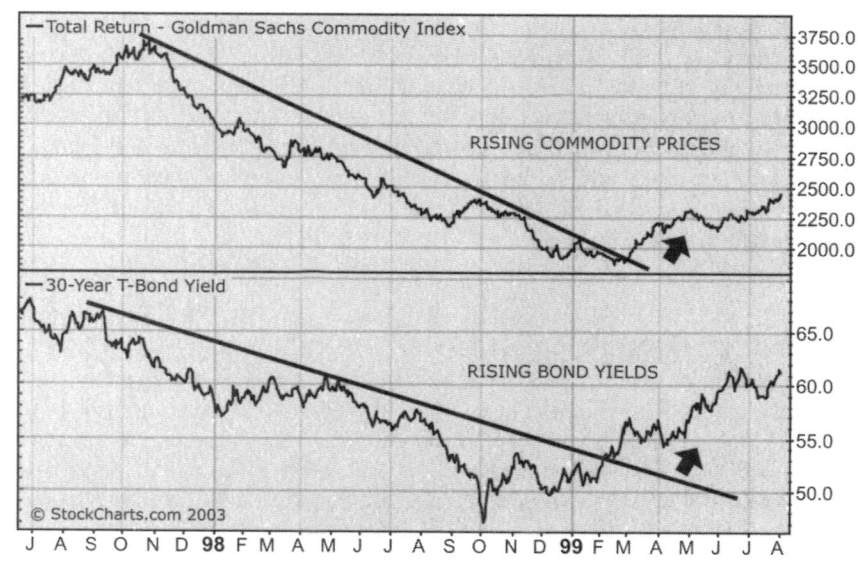

Abbildung 5.3: Zeitgleiche Bodenbildungen von GCCI und Anleihenrenditen Anfang 1999.

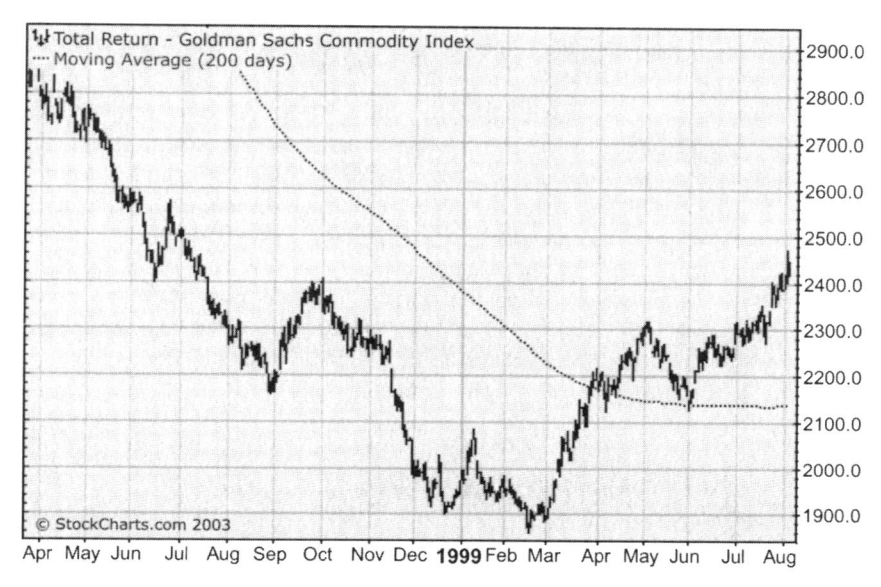

1999: Intermarket-Trends führen zu einem Top am Aktienmarkt

Abbildung 5.4: Im März 1999 stieg der GSCI über seinen gleitenden 200-Tage-Durchschnitt.

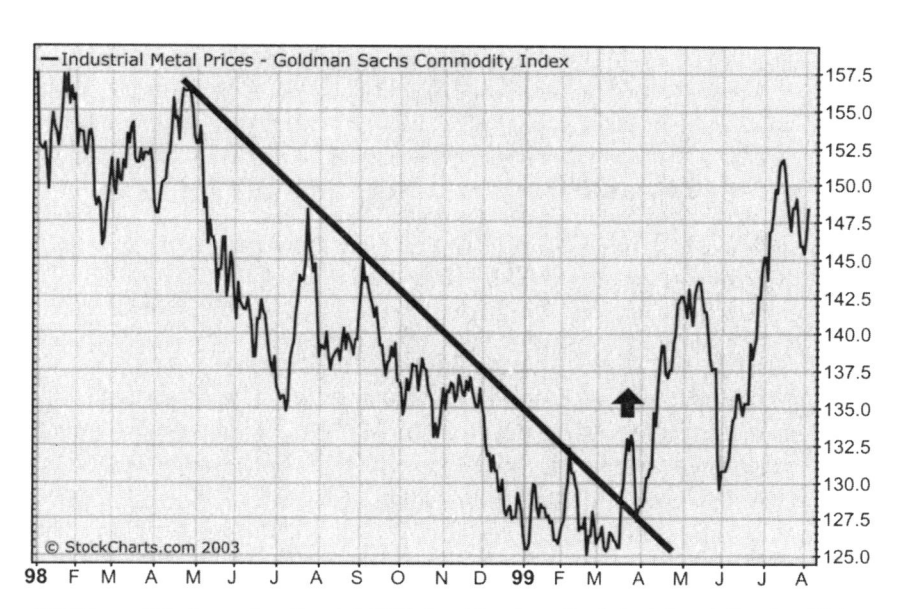

Abbildung 5.5: Im ersten Quartal 1999 durchbrachen die Industriemetalle eine Widerstandslinie.

linie und stieg dann deutlich an. (Der Rückschlag im Mai war das Resultat einer kurzen Krise in Ostasien.) Der Aufwärtstrend des CRB wurde verzögert, weil die Märkte für Agrarprodukte in der ersten Jahreshälfte 1999 schwach waren. Da mit Öl und Industriemetallen zwei der zinssensitivsten Rohstoffsektoren stiegen, konnte ein gleichzeitiger Anstieg der kurzfristigen und der langfristigen Zinsen nicht überraschen.

Die Auswirkungen steigender Zinsen auf den Aktienmarkt

Steigende Zinsen wirken sich in der Regel negativ auf den Aktienmarkt aus. Am amerikanischen Aktienmarkt wurde dieser negative Einfluss 1999 zwar spürbar, aber auf subtile Art und Weise. Obwohl in der zweiten Jahreshälfte die Technologie-Aktien der New Economy an der Nasdaq massiv stiegen, stoppte der Kursanstieg der Old-Economy-Titel (an der New York Stock Exchange) ziemlich genau zu dem Zeitpunkt, als die Fed Mitte des Jahres die Zinszügel anzog. Der New York Stock Exchange (NYSE) Composite Index erreichte sein Hoch im Juli 1999 (gerade als die Fed begann, die kurzfristigen Zinsen zu erhöhen) und sank dann bis Ende des Jahres. Obwohl der Index sein Hoch ein Jahr später noch einmal fast erreichte, markierte der Sommer 1999 doch den Beginn der Top-Bildung des NYSE Composite Index.

Die NYSE Advance/Decline-Linie fällt 1999

Eine dramatischere Demonstration der Auswirkungen steigender Zinsen lieferte 1999 der Rückgang der NYSE-Advance/Decline-Linie. (Diese Linie misst den Unterschied der Anzahl steigender und fallender Aktien an der NYSE. Eine fallende Linie bedeutet, dass mehr Aktien sinken als steigen, was als Zeichen einer allgemeinen Marktschwäche gilt.) Die Linie erreichte ihr Hoch tatsächlich schon 1998 und fiel während des gesamten Jahrs 1999. Die NYSE-Advance/Decline-Linie ist berühmt dafür, ihre Hochs schon vor den bekannten Aktienindizes zu erreichen, und gilt als vorauslaufender Marktindikator. Historisch gesehen gab es eine recht enge Korrelation zwischen den Anleihenkursen und der AD-Linie. Mehr als ein Drittel der an der New York Stock Exchange gehandelten Aktien gelten als zins-

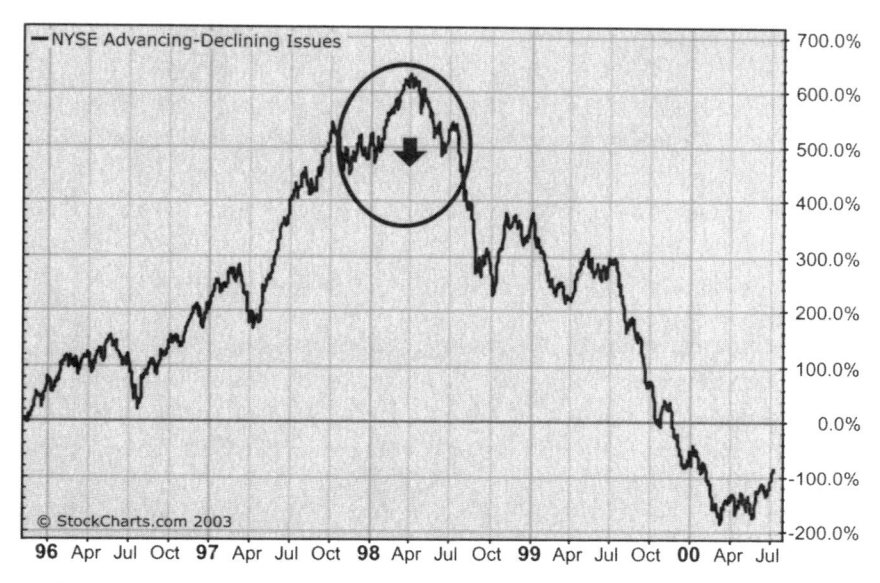

Abbildung 5.6: Die NYSE-Advance/Decline-Linie erreichte ihr Hoch schon im Frühjahr 1998.

sensitiv; sie sind in der Regel die ersten, die in einem Umfeld steigender Zinsen nach unten drehen – und sie wirken sich somit belastend auf die AD-Linie aus (siehe Abbildung 5.6).

Der Rückgang der NYSE-Advance/Decline-Linie im Jahr 1999 legt nahe, dass die steigenden Zinsen dem breiten Aktienmarkt mehr schadeten, als es die meisten Marktteilnehmer wahrhaben wollten. Er widerspricht auch der von manchen Marktbeobachtern (vor allem in den Medien) geäußerten Sichtweise, die steigenden Zinsen hätten sich auf den Aktienmarkt kaum ausgewirkt. Der allgemeine Kursrückgang wurde von anhaltender Stärke einer immer kleiner werdenden Gruppe von Aktien überdeckt, von denen die meisten an der Nasdaq gehandelt wurden. Mit einer gewissen Zeitverzögerung sollten sich die steigenden Zinsen dann auch dort auswirken. In einer allgemeinen Betrachtung der Intermarket-Relationen war 1999 durch eine Kombination steigender Rohstoffpreise und steigender Zinsen gekennzeichnet – und das war schon immer ein schlechtes Omen für den Aktienmarkt. Eine weitere Gefahr bestand in der Auswirkung steigender Rohstoffpreise (vor allem des Ölpreises) auf bestimmte Sektoren des Aktienmarktes.

Der Intermarket-Effekt auf die Sektorenrotation

Obwohl Intermarket-Trends viel über die Richtung von Inflations- und Zinsentwicklung aussagen (und somit wichtige Hinweise auf die jeweils richtige Anlagestrategie liefern können), betrifft eine ihrer wichtigsten Anwendungen in der Praxis den Bereich der Sektoren- und Branchenrotation am Aktienmarkt. *Gruppenrotation* bedeutet, dass Kapital von einer Aktiengruppe zu einer anderen fließt. Es gibt am Aktienmarkt zehn *Sektoren*. Jeder Sektor ist in *Branchen* unterteilt. Es gibt also weit mehr Branchen als Sektoren. Der Begriff *Sektorenrotation* bezeichnet somit Bewegungen innerhalb von Sektoren und einzelner Branchen.

Der steigende Ölpreis war positiv für Öl-Aktien

Der Rohölpreis verdreifachte sich 1999. Steigende Ölpreise sind positiv für bestimmte Aktiengruppen, wirken sich auf andere jedoch negativ aus. Es liegt auf der Hand, dass zunächst einmal die Ölprodu-

Abbildung 5.7: Öl-Aktien und der XOI/S&P-Quotient drehten Anfang 1999 nach oben.

zenten davon profitieren. Daher kann es auch nicht überraschen, dass Öl-Aktien die stärkste Branche am Aktienmarkt des Jahres 1999 waren. Abbildung 5.7 vergleicht den AMEX Oil Index (XOI) mit dem Quotienten aus dem XOI, dividiert durch den S&P 500. Beide drehten Anfang 1999 nach oben, was zeigte, dass Öltitel sowohl absolut als auch relativ im Aufwärtstrend waren. Das lieferte allerdings auch ein Warnsignal. Der Kursaufschwung der Energietitel Anfang 1999 bestätigte den Verdacht des Charttechnikers, dass der Ölpreis tatsächlich weiter steigen würde, weil es in der Regel eine positive Korrelation zwischen der Entwicklung des Ölpreises und der Öl-Aktien gibt. Während Öltitel von den steigenden Energiepreisen profitierten, hatten andere Aktien darunter zu leiden.

Die Transportwerte trifft es hart

Transport-Aktien (und insbesondere die Aktien der Airlines) reagieren sehr sensibel auf Ölpreisveränderungen, denn ein sehr großer Teil der operativen Kosten der betreffenden Unternehmen entfällt auf Treibstoff. Innerhalb weniger Monate nach dem Ölpreisanstieg Anfang 1999 traten die Transport-Aktien in einen steilen Abwärtstrend ein, der bis zum folgenden Frühjahr anhielt. In diesem Zeitraum verloren die Titel im Durchschnitt 40 Prozent. Transport-Aktien waren nicht die Einzigen, die 1999 unter den steigenden Ölpreisen zu leiden hatten. Weil steigende Ölpreise steigende Zinsen zur Folge hatten, litten allmählich auch diejenigen Branchen, die am sensibelsten auf Zinsveränderungen reagieren – vor allem Finanztitel.

Finanztitel verlieren 1999 an Reiz

Wir haben bereits über die Quotientenanalyse und ihre Anwendung zur Messung der relativen Stärke einer Aktiengruppe gesprochen. (Der Gruppenindex wird in der Regel durch eine allgemeine Benchmark wie den S&P 500 dividiert.) Diese Technik erwies sich 1999 als besonders nützlich. Sie zeigte, dass die Öl-Aktien in diesem Jahr eine bessere Performance erzielten als der S&P, während die Transporttitel schlecht abschnitten. (Es ist immer gut, in diejenigen Aktien zu investieren, die besser abschneiden als der S&P.) Sie zeigte auch, dass die Finanztitel in diesem Jahr ebenfalls zu den schwächsten

Abbildung 5.8: Finanztitel schnitten 1999, bei steigenden Zinsen, schlechter ab als der S&P 500.

Branchen gehörten (siehe Abbildung 5.8). Dieses Ergebnis deckt sich mit dem Intermarket-Prinzip, dass sich Finanztitel in einem Umfeld steigender Zinsen nicht gut entwickeln. Die sinkende Maßzahl der relativen Stärke zeigt, wie schlecht Finanztitel 1999 im Vergleich zum Gesamtmarkt abgeschnitten haben.

Die schlechte Performance zinssensitiver Aktien im Jahr 1999 bestätigte auch den Trend hin zu höheren Rohstoffpreisen und höheren Zinsen in den USA. Die genannten Beispiele zeigen, wie wichtig es ist, die Beziehungen zwischen den Märkten zu beachten, wenn man auf markante Branchenrotationen vorbereitet sein will. Es wird auch deutlich, dass bei steigenden Ölpreisen und Zinsen Öltitel in der Regel eine gute Wahl sind - ganz im Gegensatz zu Transport-Aktien und Finanzwerten. Obwohl diese Beispiele vielleicht sehr offensichtlich wirken, gibt es auch subtilere Wechselbeziehungen zwischen einzelnen Märkten und bestimmten Aktiengruppen.

Weitere Einflüsse auf einzelne Sektoren

Ich habe schon erwähnt, dass Rohstoff-Aktien (zum Beispiel aus den Bereichen Aluminium und Kupfer) meist gut abschneiden, wenn die

1999: Intermarket-Trends führen zu einem Top am Aktienmarkt

Preise industrieller Rohstoffe steigen. In solchen Zeiten stehen die Chancen für Konsumtitel deutlich schlechter. Erinnern Sie sich daran, dass zusätzlich ein steigender CRB/Anleihen-Quotient für inflationssensitive Aktien spricht. Zinssensitive Titel wie Banken, Broker oder Konsumwerte (einschließlich Pharmatitel) gedeihen in einem solchen Umfeld dagegen schlecht. Diese Trends wurden 1999 sehr deutlich. Der Rohstoff/Anleihen-Quotient stieg. Abbildung 5.9 zeigt den Quotienten aus GSCI und Anleihenkursen. Er bildete Anfang 1999 einen Boden. Wenige Monate später durchbrach er seine Abwärtstrendlinie, was die bedeutende Trendwende nach oben bestätigte.

Ab Frühjahr 1999 stiegen die konjunktursensitiven, zyklischen Aktien ebenso wie die Rohstoffpreise. (Obwohl der Anstieg der Zykliker ziemlich dramatisch ausfiel, sollte er sich als recht kurzlebig erweisen.) Abbildung 5.10 zeigt zwei Charts. Oben sehen Sie, wie der Morgan Stanley Cyclical Index im April 1999 seine Abwärtstrendlinie durchbricht. Unten sehen Sie den Quotienten aus diesem Index und dem S&P 500. Auch dieser Quotient drehte im Frühjahr nach oben, was bedeutete, dass zyklische Aktien nach oben strebten und besser abschnitten als der Gesamtmarkt. Gleichzeitig verloren Bank-Aktien an Boden und verzeichneten im Gesamtjahr per saldo Kursverluste.

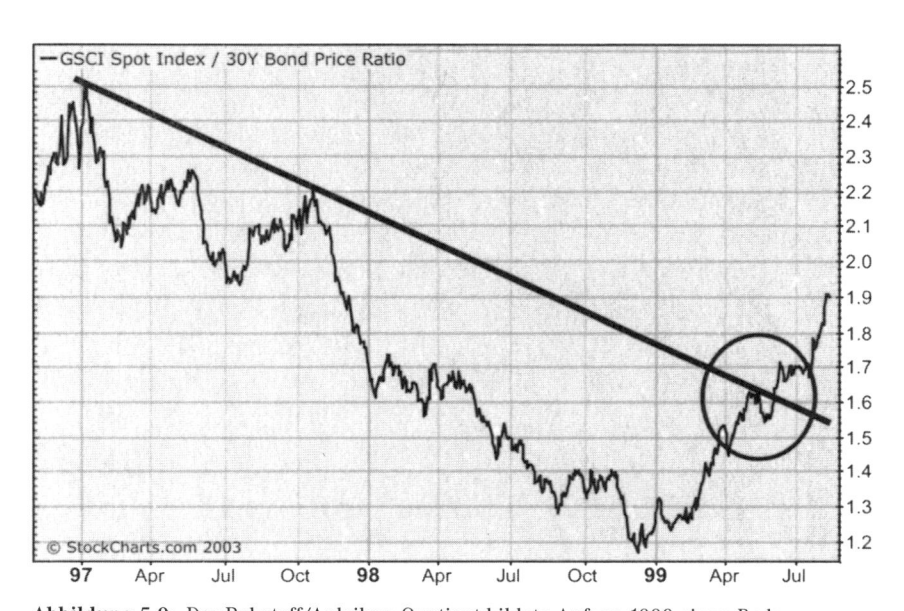

Abbildung 5.9: Der Rohstoff/Anleihen-Quotient bildete Anfang 1999 einen Boden.

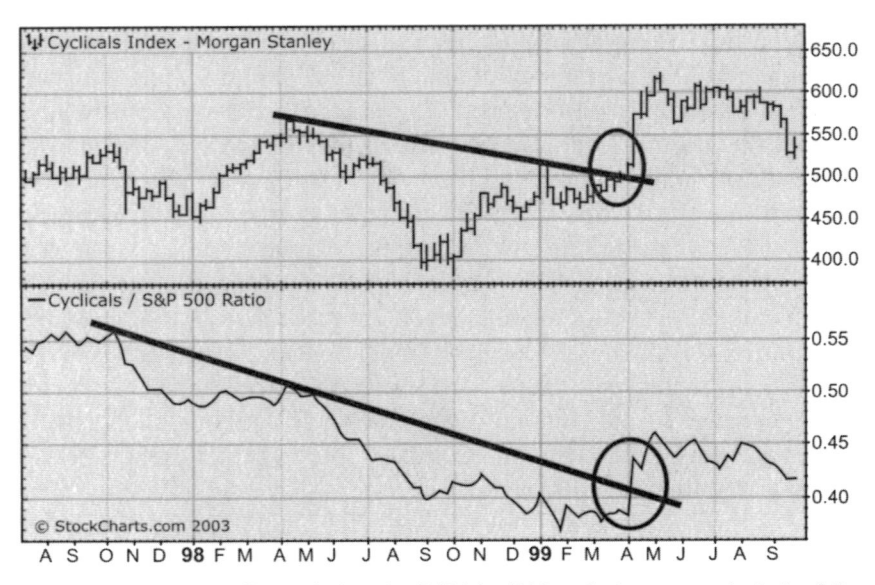

Abbildung 5.10: Beide Charts drehten im Frühjahr 1999 nach oben, was auf relative Stärke der zyklischen Aktien hindeutete.

Abbildung 5.11: Im April 1999 floss Kapital aus den Bank-Aktien ab.

Abbildung 5.11 zeigt den Quotienten aus dem Philadelphia Stock Exchange (PHLX) Bank Index und dem S&P 500. Der sinkende Wert des Quotienten demonstriert die relativ schwache Performance der Bank-Aktien im Jahr 1999, die beispielhaft für den gesamten Finanzsektor steht.

Während die Zykliker im April anstiegen, verloren die Konsumtitel an Reiz. Pharma-Aktien, die zu dieser Gruppe gehören, fielen sowohl absolut als auch im Vergleich zum Gesamtmarkt. Abbildung 5.12 zeigt den Quotienten aus dem AMEX Pharmaceutical Index (DRG) und dem S&P 500. Der massive Rückgang im April ist nicht zu übersehen. In diesem Monat fand eine umfangreiche Sektorenrotation statt: heraus aus zinssensitiven Titeln wie Banken, Pharmatiteln und Konsum-Aktien, hinein in inflationssensitive Zykliker. Der Hauptgrund dieser Sektorenrotation war, dass die Rohstoffpreise stiegen und die Anleihenkurse fielen. (In Kapitel 7 werde ich das Platzen der Spekulationsblase an der Nasdaq untersuchen und zeigen, dass damals eine massive Rotation zurück zu diesen »defensiven« Branchen stattgefunden hat.)

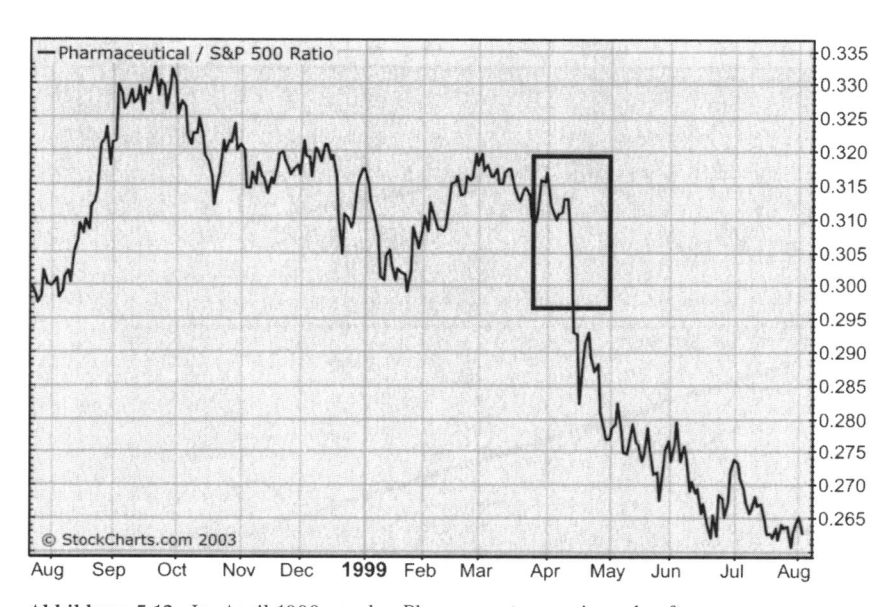

Abbildung 5.12: Im April 1999 wurden Pharmawerte massiv verkauft.

Sektorenrotation und Konjunkturentwicklung

In den verschiedenen Phasen des Konjunkturzyklus sind verschiedene Aktienmarktsektoren zu favorisieren. Zum Beispiel übernehmen am Ende einer wirtschaftlichen Expansionsphase meist die Energietitel die Marktführerschaft. Das liegt hauptsächlich an den dann steigenden Energiepreisen und dem daraus resultierenden Inflationsdruck. Wie im Jahr 1999 zwingt steigender Inflationsdruck die Fed, die kurzfristigen Zinsen zu erhöhen. Nach einer Weile wirken sich steigende Zinsen dämpfend auf die Konjunkturentwicklung aus. Das führt in der Regel zu einer wirtschaftlichen Abschwächung, die sogar in eine Rezession münden kann. Der Anstieg der Ölpreise Anfang 1999 und der daraus resultierende Zinsanstieg gaben den Startschuss zu einer Reihe von Ereignissen, die ein Jahr später zu einem langfristigen Top und im folgenden Jahr zu einer Rezession führten.

Trendwenden nach unten vollziehen sich am Aktienmarkt in mehreren Abschnitten. Zinssensitive Aktien erwischt es meist als Erste – wegen der steigenden Zinsen. Viele Aktien aus dieser Gruppe erreichten ihre Hochs schon 1998. Energietitel drehen in der Regel als letzte nach unten. Die Öldienstleister zum Beispiel erreichten ihre Hochs erst im Jahr 2000. Das läutet meist das Ende eines Wirtschaftsaufschwungs und den Beginn eines Konjunkturrückgangs ein. Als Anzeichen dafür, dass die Wirtschaft die Schwelle zwischen der *Spätphase der Expansion* und der *Frühphase der Kontraktion* überschritten hat, kann gelten, dass die Marktführerschaft von den Energietiteln auf defensivere Branchen wie Konsum-Aktien übergeht. Genau das geschah im Jahr 2000. Ich werde in diesem Buch noch ausführlich auf das Thema der Sektorenrotation innerhalb des Konjunkturzyklus zu sprechen kommen. Ich habe es an dieser Stelle schon erwähnt, weil der Anstieg des Ölpreises und der Öl-Aktien 1999 (und die daraus resultierenden Zinserhöhungen durch die Fed) klassische Anzeichen dafür waren, dass ein Top am Aktienmarkt kurz bevorstand – und zudem auch ernsthafte wirtschaftliche Probleme. Anfang 2000 wurden diese Anzeichen noch deutlicher.

Globale Einflussfaktoren im Jahr 1999

Der letzte Abschnitt der Intermarket-Trilogie des Jahres 1999 beschäftigt sich mit globalen Einflussfaktoren. Im vorangegangenen Kapitel

1999: Intermarket-Trends führen zu einem Top am Aktienmarkt

habe ich den engen Zusammenhang zwischen einem fallenden Aktienmarkt in Hongkong 1997 und dem negativen Effekt dieser Entwicklung auf die Rohstoffpreise (infolge von Deflationsängsten) aufgezeigt. Abbildung 5.13 zeigt die enge Korrelation zwischen dem Hang-Seng-Index und den Rohstoffpreisen von Mitte 1997 bis Mitte 1999. Der Hang-Seng-Index erreichte im Juli 1997 ein Hoch. Bei den Rohstoffpreisen geschah dies drei Monate später (obwohl die Industriemetalle schon im Sommer, zeitgleich mit dem Hang Seng, ihr Hoch erreicht hatten). Im dritten Quartal 1998 bildete der Hang Seng einen Boden, und kurz danach taten dies auch die Rohstoffpreise. Anfang 1999 stiegen der Aktienmarkt in Hongkong und die Rohstoffpreise im Gleichschritt. Die aus Asien stammende Deflationsangst der Jahre 1997 und 1998 machte 1999 neuer Inflationsangst Platz. 1997 zogen die fallenden Aktienkurse in Asien die Rohstoffpreise mit nach unten. Anfang 1999 trieben die Aktienkurse in Asien die Rohstoffpreise nach oben. Um die Verbindung mit Asien noch weiter zu vertiefen, werde ich im nächsten Kapitel die enge Korrelation zwischen den amerikanischen Zinsen und dem japanischen Aktienmarkt aufzeigen, vor allem in den Jahren nach 1997.

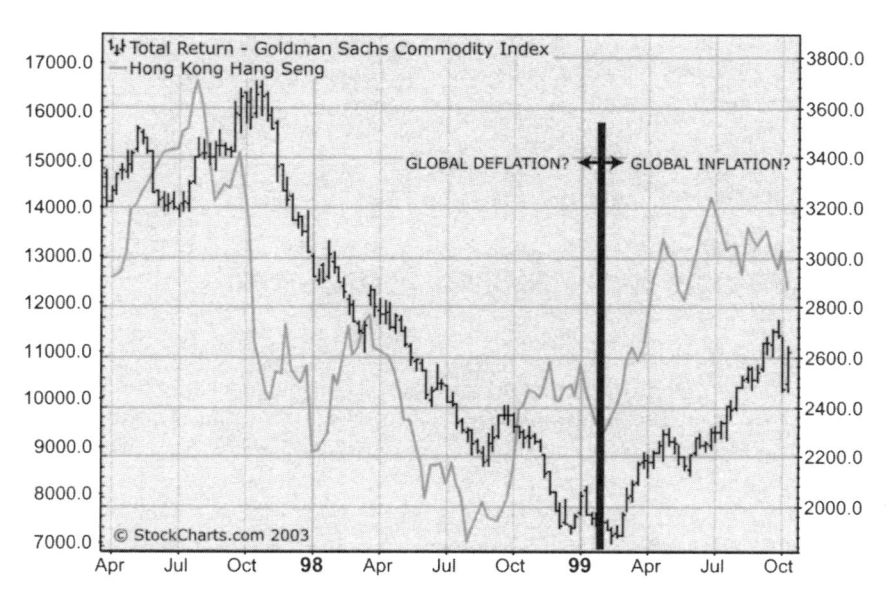

Abbildung 5.13: In den Jahren von 1997 bis 1999 wurde die starke Korrelation zwischen dem Hang-Seng-Index und den Rohstoffpreisen deutlich.

Hongkong und die Halbleiterbranche

Die Entwicklung am Aktienmarkt Hongkong übt auch einen starken Einfluss auf die Halbleiterbranche aus. Abbildung 5.14 zeigt die starke Korrelation zwischen dem Hang-Seng-Index und dem Halbleiter-Index (SOX) zwischen 1997 und 1999. Beide Märkte erreichten im Sommer 1997 ein Hoch und im dritten Quartal 1998 ein Tief. Der Kursaufschwung in Hongkong 1999 trug dazu bei, dass die Halbleiter-Aktien zu den stärksten Branchen dieses Jahres zählten. Die starke Korrelation hat damit zu tun, dass Asien der wichtigste Halbleiterproduzent der Welt ist. Folglich ist die Konjunktur der Chip-Branche eng mit der Verfassung der asiatischen Wirtschaft verzahnt.

Der australische Dollar und die Rohstoffpreise

Die Währungen Australiens und Kanadas weisen eine enge Korrelation zu den Rohstoffpreisen auf (vor allem der australische Dollar). Beide Länder gehören zu den bedeutendsten Rohstoffproduzenten. Abbildung 5.15 zeigt die enge Verbindung zwischen dem australi-

Abbildung 5.14: Man sieht eine starke Korrelation zwischen dem SOX und dem Hang-Seng-Index von 1997 bis 1999.

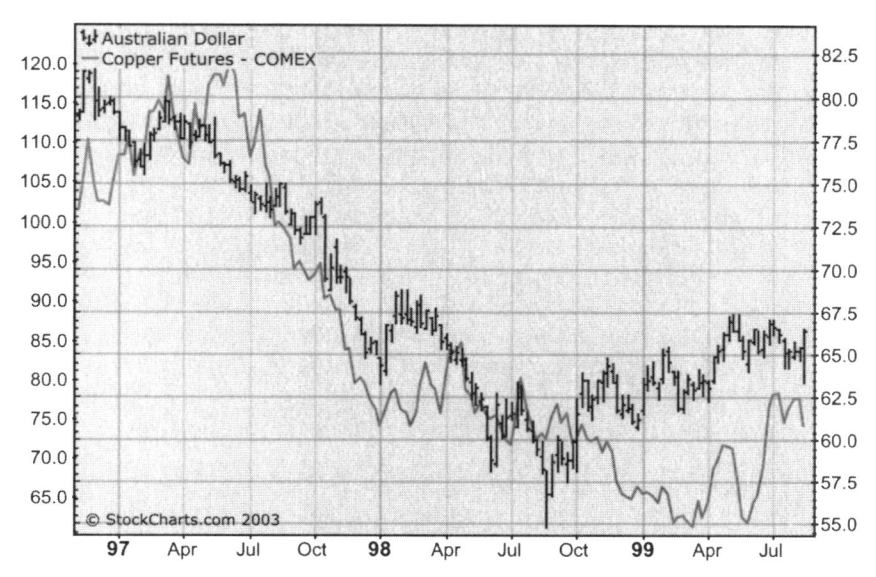

1999: Intermarket-Trends führen zu einem Top am Aktienmarkt

Abbildung 5.15: Von 1997 bis 1999 gab es eine enge Verbindung zwischen den Kupferpreisen und dem Australischen Dollar.

schen Dollar und dem Kupferpreis von 1997 bis 1999. Während der Asien-Krise 1997 fiel der australische Dollar deutlich, zusammen mit dem Kupferpreis und den meisten anderen Rohstoffpreisen. Im dritten Quartal 1998 begann er sich zu erholen, wie die meisten Märkte im pazifischen Bereich. Der Anstieg der australischen Währung nach der Bodenbildung Ende 1998 war ein frühes Signal, dass auch die Rohstoffpreise (vor allem Kupfer) ihr Tief bald erreichen würden. Wenige Monate später war es so weit. In Kapitel 10 werden Sie sehen, wie eine massive Rohstoffhausse, die 2002 begann, dazu beitrug, den australischen und den kanadischen Dollar zu zwei der weltweit stärksten Währungen zu machen.

KAPITEL 6

Ein Rückblick auf die Prinzipien der Beziehungen zwischen einzelnen Märkten

Einführung

Die Betrachtung der 90er-Jahre ist nun abgeschlossen. Bevor Sie nun in die Untersuchung der wesentlich schwierigeren Jahre nach 2000 einsteigen, möchte ich Ihnen noch einmal vor Augen führen, was die Intermarket-Analyse eigentlich ist. Welche Beiträge leistet sie zur traditionellen technischen Analyse? Wie kann man sie auf andere Gebiete wie Asset Allocation, Sektorenrotation oder gar Konjunkturprognosen anwenden? Zudem sollten Sie sich noch einmal klar machen, warum sich die technische Analyse so gut für diese Analyseform eignet, die das Studium so vieler Märkte erfordert. Kurz: Ich werde in diesem Abschnitt die Grundprinzipien der Intermarket-Analyse rekapitulieren.

Ein evolutionärer Schritt in der technischen Analyse

Im vergangenen Jahrhundert basierte die technische Analyse vorwiegend auf der Untersuchung von Einzelmärkten. Das bedeutete zum Beispiel, dass ein Aktienmarktanalyst ausschließlich Aktiencharts auswertete. Auch Anleihen-, Rohstoff- und Währungsanalysten beobachteten nur Charts aus ihren jeweiligen Märkten. In den vergangenen zehn Jahren hat sich der Arbeitsschwerpunkt der technischen Analysten jedoch von der Einzelmarktanalyse zu einem Intermarket-Modell verlagert. Heute ist es für Aktienanalysten nicht mehr ungewöhnlich, Währungstrends zu beobachten (um zu sehen, wohin die weltweiten Kapitalströme fließen) oder Anleihencharts (um zu sehen, wohin die Zinsen tendieren) oder Rohstoffpreise (um sich ein Bild vom Inflationstrend zu machen) oder Auslandsmärkte (um den Einfluss globaler Markttrends einschätzen zu können). Wer das nicht tut, läuft Gefahr, nur einen kleinen Teil des Gesamtbilds zu sehen. Da die Beziehungen zwischen den einzelnen Märkten immer mehr an Bedeutung gewinnen, verleiht die Fähigkeit, alle Märkte zu studieren, dem technischen Intermarket-Analysten einen unschätzbaren Vorteil. Wenn er die Interaktion der Märkte versteht, hat ein Chartist einen entscheidenden Vorteil gegenüber einem wirtschaftlich oder fundamental argumentierenden Analysten.

Die Beobachtung der Sektoren ist entscheidend

Obwohl die Prinzipien der Intermarket-Analyse unverzichtbar sind, wenn man verstehen will, wie das Wechselspiel zwischen Anleihen, Aktien, Rohstoffen und Währungen funktioniert, ist es doch auch erwiesenermaßen extrem hilfreich, wenn man weiß, warum bestimmte Marktsektoren zu bestimmten Zeiten sehr gut und zu anderen Zeiten extrem schlecht abschneiden. Das Verständnis der Intermarket-Prinzipien wirft ein neues Licht auf die Anwendung der Sektorenrotation, die in den vergangenen Jahren so sehr an Bedeutung gewonnen hat. Es geht nicht mehr so sehr darum, *ob* man am Aktienmarkt engagiert ist, sondern eher darum, *wo* man investiert. (Trotz der bedeutenden Baisse am Aktienmarkt ab dem Frühjahr 2000 konnte man immer noch Geld verdienen, indem man sein Kapital in defensive Branchen umschichtete, die zu steigen begannen, als der Rest des Marktes fiel.) Zur richtigen Zeit im richtigen Sektor des Aktienmarkts investiert zu sein (und die falschen Sektoren zu meiden) ist einer der wichtigsten Faktoren des Börsenerfolgs geworden. Zum Glück gibt es alle erdenklichen charttechnischen Hilfsmittel, die Investoren dazu brauchen.

Strategien der Asset Allocation

Es gibt Zeiten, in denen auch die Sektorenanalyse an ihre Grenzen stößt zum Beispiel allgemeine und starke Baissephasen am Aktienmarkt. In solchen Zeiten gewinnt die Auswahl der richtigen Anlageinstumente (Asset Allocation) an Bedeutung. Es kann zum Beispiel ratsam sein, von Aktien in Anleihen umzuschichten, mit Geldmarktfonds seine Bargeldreserven zu erhöhen oder sogar Goldminen-Aktien zu kaufen. Alle diese Maßnahmen haben in den drei Jahren nach dem Top des Jahres 2000 gut funktioniert. Zum Glück gibt es charttechnische Werkzeuge, die den Investoren auch bei solchen Entscheidungen helfen können. Diese Werkzeuge erfordern jedoch auch einige Kenntnisse über die Prinzipien der Intermarket-Analyse.

Der wichtigste Grundsatz der Intermarket-Analyse

Der wichtigste Grundsatz der Intermarket-Analyse lautet, dass *alle Märkte miteinander verbunden sind*. Mit anderen Worten: Was an dem einen Markt passiert, wirkt sich auf den anderen aus. Aus allgemeiner Sicht handelt es sich bei den vier miteinander verbundenen Märkten um Rohstoffe, Währungen, Anleihen und Aktien. Zum Beispiel kennen Börsenanalysten schon seit langem den Einfluss der Zinsen auf den Aktienmarkt. Steigende Zinsen waren in der Börsengeschichte in der Regel negativ für Aktien, vor allem für die aus den zinssensitiven Branchen. Die Zinsen werden durch die Entwicklung der Rohstoffpreise beeinflusst. Steigende Rohstoffpreise sind meist mit steigenden Inflationsraten verbunden, was die Zinsen tendenziell nach oben treibt. Rohstoffpreise und Zinsen werden durch die Entwicklung der jeweiligen Landeswährung beeinflusst. (Da die weltweiten Rohstoffpreise in US-Dollar ermittelt werden, wirkt sich die Verfassung des Dollars auf die weltweiten Rohstoffpreise aus, zum Beispiel auf den Goldpreis.) Eine schwache Währung führt meist zu einer Steigerung der in dieser Währung ermittelten Rohstoffpreise. Diese Steigerung weckt Inflationsangst und erhöht den Druck auf die Zentralbanken, die Leitzinsen zu erhöhen, was sich wiederum negativ auf den Aktienmarkt auswirkt. Allerdings sind nicht alle Aktien gleichermaßen davon betroffen. Manche Aktien leiden unter steigenden Zinsen, andere profitieren sogar davon.

Die internationalen Märkte

Die internationalen Märkte spielen für die Intermarket-Analyse eine immer wichtigere Rolle. Die Baissejahre 1987, 1990 und 1994

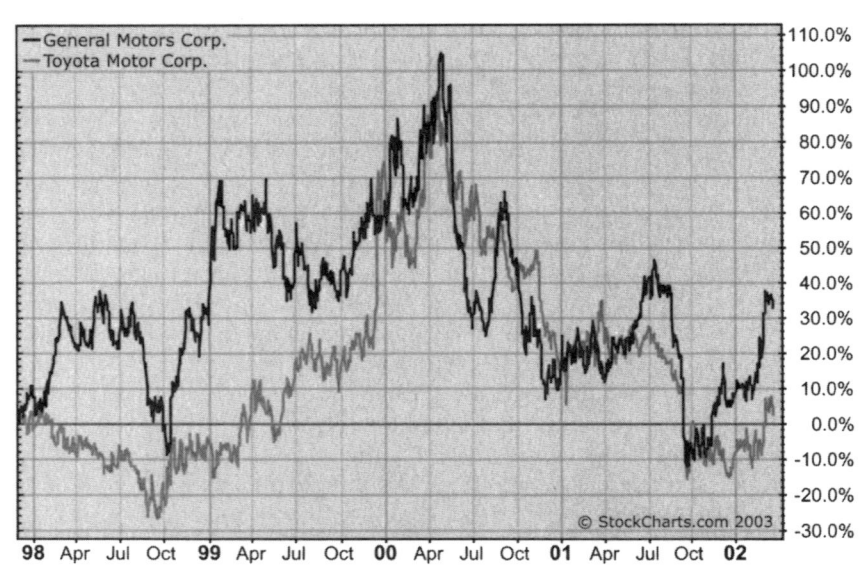

Abbildung 6.1: Amerikanische und japanische Automobil-Aktien tendieren in die gleiche Richtung.

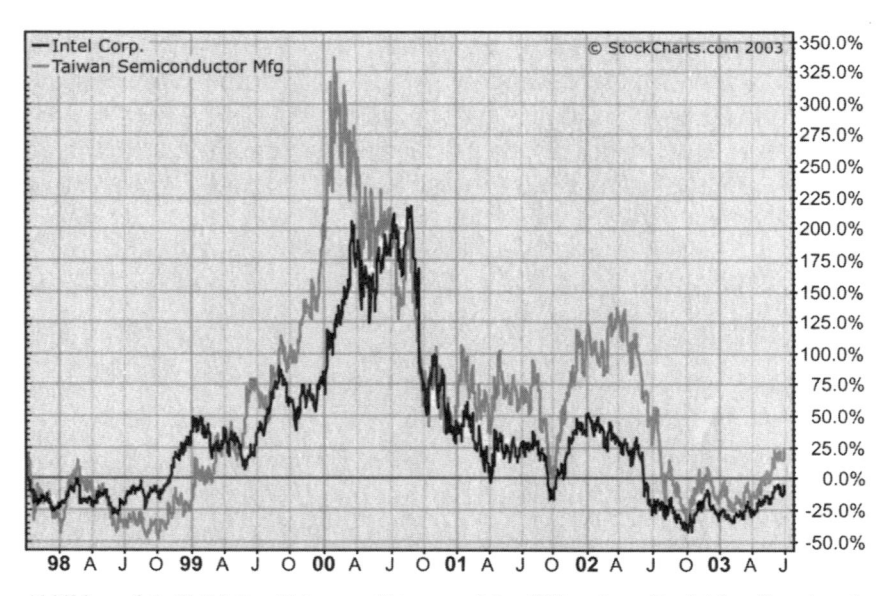

Abbildung 6.2: Halbleiter-Aktien aus Taiwan und den USA weisen die gleichen Trends auf.

haben gezeigt, dass in solchen Phasen meist alle Aktienmärkte der Welt schwach tendieren. Die asiatische Währungskrise von 1997 hat gezeigt, dass sich Währungs-, Rohstoff- und Zinstrends global auswirken und sich wechselseitig stark beeinflussen. In den 70er-Jahren gab es eine weltweite Hyperinflation. Die Disinflation der 80er- und 90er-Jahre war ebenso rund um den Globus zu beobachten. Daher waren in diesen beiden Jahrzehnten weltweit die Rohstoffpreise niedrig, während die Anleihen- und Aktienmärkte stark waren. Am Beginn des neuen Jahrtausends wirkten sich die aus Asien kommenden deflationären Trends auf alle Kapitalmärkte der Welt aus. In den drei Jahren nach dem Platzen der Spekulationsblase im Frühjahr 2000 fielen weltweit die Aktienmärkte – eine dramatische Demonstration der globalen Verbindungen. Während der beiden Irak-Kriege 1990/91 und 2002/03 wurde sichtbar, dass sich ein stark steigender Ölpreis negativ auf alle bedeutenden Aktienmärkte und Volkswirtschaften der Welt auswirkt.

Globale Sektorentrends

Auch auf Sektorenbasis wirken sich globale Einflüsse aus. Schwäche oder Stärke bestimmter Sektoren sind meist weltweit zu beobachten. Da Intermarket-Trends von globalem Charakter sind, wirken sie sich auch weltweit auf bestimmte Sektoren oder Branchen aus. Zum Beispiel fallen und steigen meist alle Halbleiter-Aktien der Welt gemeinsam, und das trifft auch auf andere Branchen zu. Wenn es ratsam ist, eine japanische Automobil-Aktie zu kaufen, dann ist es meist auch ein guter Zeitpunkt, überall auf der Welt Automobil-Aktien zu kaufen. Abbildung 6.1 vergleicht die Charts von General Motors und Toyota in den vergangenen fünf Jahren. Man kann beide kaum auseinander halten, obwohl der eine zu einem japanischen und der andere zu einem amerikanischen Autohersteller gehört. Abbildung 6.2 vergleicht die Charts von Intel und Taiwan Semiconductor seit 1998. Die Aktien beider Halbleiterproduzenten bewegen sich im Gleichschritt nach oben und unten, obwohl einer seinen Sitz in Taiwan hat und der andere in Santa Clara, Kalifornien. Sektoren und Branchentrends sind ihrer Natur nach global; sie setzen sich über die Grenzen von Ländern und geografischen Regionen hinweg.

Japans Auswirkungen auf die amerikanischen Märkte

Sogar ein so weit entfernter Markt wie Japan beeinflusst die Börsentrends in den USA. Dieser Einfluss wird zum Beispiel deutlich, wenn man den japanischen Aktienmarkt mit der Rendite zehnjähriger US-Staatsanleihen vergleicht. Es ergibt sich eine verblüffend starke Korrelation (siehe Abbildung 6.3). Das mag auf den ersten Blick befremdlich erscheinen, aber es ergibt einen absolut logischen Sinn. Die japanische Volkswirtschaft ist die zweitgrößte der Welt. Im vergangenen Jahrzehnt befand sie sich meist in einer deflationären Rezession (oder in einer Depression), die wiederum stark zum weltweiten Rückgang der langfristigen Zinsen beigetragen hat.

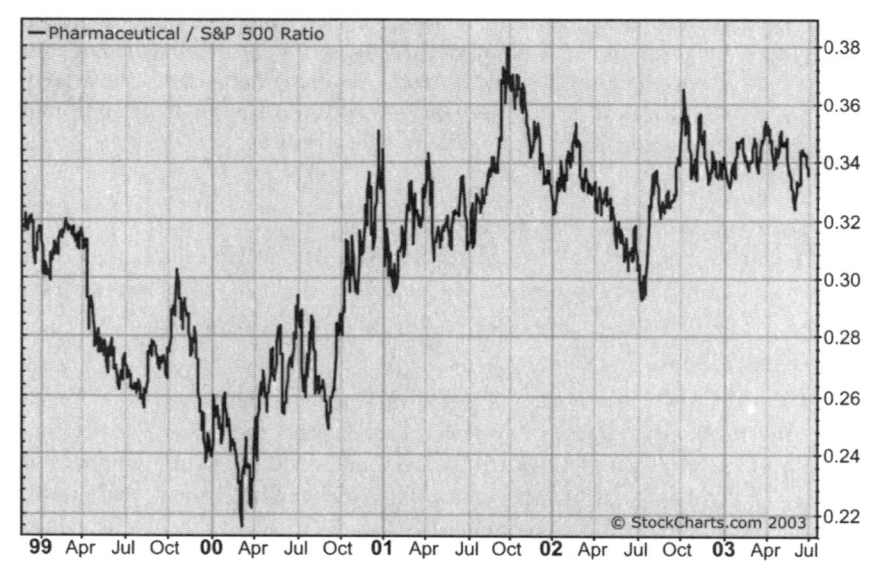

Abbildung 6.3: Die enge Korrelation zwischen den amerikanischen Langfristzinsen und dem Nikkei 225.

Weltweit erreichten die Zinsen am Beginn der 80er-Jahre ihren Höchststand und sanken in den folgenden beiden Jahrzehnten, weil disinflationäre Kräfte die Oberhand gewonnen hatten. Der japanische Aktienmarkt begann Anfang der 90er-Jahre zu sinken und fiel in den folgenden Jahren. Den Kursrückgang am zweitgrößten Aktienmarkt der Welt hätte man als erste Warnung vor drohender Deflation verstehen können. Nach der asiatischen Währungskrise von 1997 konkretisierte sich diese Bedrohung; das war das zweite Warnsignal. Dies erklärt vielleicht auch, warum die Verbindung zwischen den amerikanischen Zinsen und dem japanischen Aktienmarkt nach 1997 besonders eng wurde. Abbildung 6.3 zeigt, dass beide Charts gemeinsam 1996 ein Hoch erreichten und während der Krisenjahre in Asien (1997 und 1998) sanken. Im Herbst 1998 drehten beide wieder nach oben und stiegen während des gesamten Jahres 1999. (Im vorigen Kapitel haben Sie schon gesehen, wie die Erholung in Asien 1999 zum Anstieg der Industrierohstoffpreise beitrug, aber auch zu einem weltweiten Zinsanstieg führte.)

Anfang 2000 fielen beide Märkte wieder. Innerhalb von drei Jahren hatten sie dann ihren niedrigsten Stand seit Jahrzehnten erreicht. Einer der Hauptgründe für diese bemerkenswert starke Korrelation zwischen japanischen Aktien und amerikanischen Anleihenrenditen seit 1997 ist, dass der deflationäre Trend in Asien schon zehn Jahre andauerte, als er nach der asiatischen Währungskrise mehr Aufmerksamkeit auf sich zog. Das zeigt auch, wie wichtig es für amerikanische Anleger ist, Trends an anderen internationalen Märkten zu verstehen.

Der Japan-Effekt wirkt sich stärker aus als die Aktionen der Fed

Nachdem die Aktienblase in den USA 2000 geplatzt war, senkte die Fed innerhalb von 18 Monaten zwölf Mal die Leitzinsen, um die Baisse zu stoppen und die amerikanische Volkswirtschaft zu stabilisieren. Es funktionierte nicht. Der Hauptgrund für dieses Scheitern war der Einfluss deflationärer Trends aus Asien. Im Jahr 2002 verwendete sogar die Fed das D-Wort (Deflation), wenn auch hauptsächlich dazu, die Deflationsgefahr abzustreiten. Doch allein die Tatsache, dass die Fed es für nötig hielt, die Gefahr zu verleugnen, war Beweis genug, dass es sich tatsächlich um eine Bedrohung handelte. Intermarket-Chartisten, die die Trends in Asien studierten und mit denen in den USA verglichen, hatten diese Gefahr schon einige Jahre zuvor erkannt. (Wir werden später noch sehen, dass die Fed die Inflationsgefahr in den USA unter anderem dadurch bekämpfte, dass sie den Dollar schwächte, um die Inflation ein wenig anzuheizen.)

Volkswirtschaftliche Lektionen

Die Reaktionen der Volkswirte 1999 und später nach dem Jahr 2000 waren lehrreich – und beweisen, wie wichtig es ist, weltweit wirksame Marktkräfte zu studieren. 1999 trugen steigende Rohstoffpreise zu einer Zinssteigerung bei. Viele amerikanische Volkswirte verbrachten den größten Teil des Jahres damit, den Anstieg der Zinsen in den USA angesichts der relativ niedrigen Inflationsraten in Frage zu stellen. Sie erkannten offensichtlich nicht, dass der Anstieg der amerikanischen Zinsen 1999 mehr mit der Erholung der asiatischen Märkte als mit der amerikanischen Wirtschaft zu tun hatte. Nach 2000 fragten sich die Volkswirte wiederum, warum die US-Zinsen trotz aller Stimulation durch die Fed weiter fielen. Sie argumentierten, die USA befänden sich schließlich nicht in einer echten Deflation (die derart niedrige Zinsen gerechtfertigt hätte). Wieder einmal hatten es die amerikanischen Volkswirte versäumt, über die Landesgrenzen hinaus zu schauen. Der deflationäre Trend der amerikanischen Zinsen war größtenteils das Resultat deflationärer Tendenzen im Fernen Osten. Man musste kein Volkswirt sein, um die Charts der Rohstoffpreise, der Anleihen und des japanischen Aktienmarkts zu lesen und zu sehen, dass sie alle gemeinsam sanken. Börsentrends laufen Konjunkturtrends eben in der Regel voraus.

Die technische Natur der Intermarket-Analyse

Es ist schwierig, Börsentrends von Konjunkturtrends zu trennen. Wirtschaftswissenschaftler wissen schon seit Jahren, dass die Anleihen- und Aktienmärkte wirtschaftliche Trends antizipieren (obwohl sie diese Marktsignale erstaunlich oft ignorieren). Hier kommt die technische Analyse ins Spiel. Der technische Analyst (den man wohl treffender *Marktanalyst* nennen sollte) interessiert sich hauptsächlich für Markttrends. Wenn diese Markttrends auch Auswirkungen auf konjunkturelle Trends haben (und das ist der Fall), dann hat er nichts dagegen. Aber diese konjunkturellen Trends zeigen sich in der Regel zuerst an den Finanzmärkten, wo sie der Intermarket-Chartist problemlos erkennen kann.

Die Vorteile der Charttechnik – der große Überblick

Einer der größten Vorteile der technischen Analysten ist die Fähigkeit, zahlreiche Märkte gleichzeitig studieren zu können. Sie können ohne Schwierigkeiten die Entwicklungen des Dollars, des Öls, des Anleihen- und des Aktienmarkts in Chartform festhalten. Sie können auch die relative Performance verschiedener Sektoren und Branchen am Aktienmarkt beobachten. Auch die Entwicklung bedeutender ausländischer Aktienmärkte darzustellen und zu analysieren erweist sich als leichte Aufgabe. Die Fähigkeit, so viele Dinge gleichzeitig im Auge zu behalten, verschafft dem technischen Analysten auf dem Gebiet der Intermarket-Analyse einen großen Vorteil gegenüber denjenigen, die diese Fähigkeit nicht haben. Sobald die zahlreichen Märkte in Chartform dokumentiert sind, folgt als nächster logischer Schritt die Untersuchung ihrer Wechselbeziehungen und gegenseitigen Abhängigkeiten.

Im Gegensatz dazu neigen Fundamentalanalysten dazu, sich auf wenige Märkte zu spezialisieren. Die Natur der Fundamentalanalyse – mit ihrem Schwerpunkt auf Unternehmens- und Branchenergebnissen – erfordert eine stärkere Spezialisierung. Können Sie sich einen Wirtschaftswissenschaftler vorstellen, der versucht, alle Details der japanischen Volkswirtschaft ebenso gründlich zu erforschen wie die sämtlicher anderen bedeutenden Volkswirtschaften auf der Welt? Der Chartist hat einen einzigartigen Vorteil, wenn es darum geht, den großen Überblick zu haben, das große Bild im Auge zu behalten. Wenn man das Geschehen an den Märkten verstehen will, wird es immer wichtiger – national wie international –, diesen Überblick zu haben.

Konjunkturprognosen

Wenn man die wechselseitigen Beziehungen zwischen den Märkten kennt, fällt es auch leichter zu verstehen, warum bestimmte Sektoren zu bestimmten Zeiten besser oder schlechter abschneiden als andere. Dieses Verständnis, in Kombination mit Relative-Stärke-Charts, ist unentbehrlich für die Anwendung von Strategien der Sektorenrotation. Diese Rotationen liefern wiederum entscheidende Erkenntnisse über die aktuelle konjunkturelle Lage (im folgenden Kapitel werde ich das am Beispiel des Jahres 2000 demonstrieren). Da die Finanzmärkte als vorauslaufende Indikatoren für Konjunkturtrends gelten, erhöht die

Intermarket-Analyse den Nutzen der technischen Analyse bis in den Bereich der Wirtschaftsprognosen. Das Top am Aktienmarkt im Frühjahr 2000 war ein korrektes Signal für den Beginn einer Rezession zwölf Monate später. Die meisten Volkswirte und Wertpapieranalysten an der Wall Street zogen es vor, diese Warnung zu ignorieren. Sie ignorierten auch noch ein anderes traditionelles Warnsignal, das im Frühjahr 2000 in den Charts klar zu sehen war: Anfang 2000 entstand eine inverse Zinsstrukturkurve. Die kurzfristigen Zinsen waren höher als die langfristigen, was auf eine Konjunkturschwäche schließen ließ.

Die Märkte antizipieren wirtschaftliche Trends

Einer der Grundsätze der technischen Analyse lautet, dass die Märkte wirtschaftliche und fundamentale Informationen *diskontieren* oder einpreisen. Das heißt ganz einfach, dass die Finanzmärkte Konjunkturtrends um sechs bis neun Monate antizipieren. Der Chartist studiert die Märkte und versucht, ihre Botschaften über künftige Börsen- und Konjunkturtrends zu entziffern. Auf kein Gebiet trifft dies mehr zu als auf die Intermarket-Analyse. Die Finanzmärkte haben immer eine Botschaft. Es geht darum, diese Botschaft lesen zu können (und dann darauf zu achten). Am besten geschieht dies, indem man alle Märkte verfolgt – nicht nur einen oder zwei – und sämtliche gegenseitigen Beziehungen berücksichtigt. Eine gewisse Kenntnis der Intermarket-Prinzipien – zusammen mit grundlegendem Wissen über Charttechnik – hätte in den Baissejahren ab 2000 vielen Menschen hohe Verluste ersparen können.

Die Rolle des Dollars

Die drei meistbeachteten Asset-Klassen in der Intermarket-Analyse sind Aktien, Anleihen und Rohstoffe. Die Hochs und Tiefs dieser Märkte ereignen sich normalerweise in einer prognostizierbaren Reihenfolge, die vom Zustand der Wirtschaft abhängt. Zum Beispiel sind Rohstoffe am Ende einer wirtschaftlichen Expansionsphase meist stark, während Anleihen Schwäche zeigen. Anleihen erreichen ihre Hochs früher als Aktien, und die Rohstoffpreise tun dies meist als Letzte. Während einer Rezession sinken die Rohstoffpreise, während die Kurse der Anleihen steigen. Anleihen erreichen ihre Tiefs früher als Aktien, und erst danach folgen die Tiefs der Rohstoffe.

Die Währungsmärkte spielen dabei eine Rolle, aber eine eher indirekte. Der Einfluss des Dollars auf Aktien und Anleihen wird meist durch seinen Einfluss auf die Rohstoffmärkte gefiltert. Wenn ein sinkender Dollar die Rohstoffpreise nach oben treibt, dann ist das normalerweise schlecht für Anleihen und manchmal auch für Aktien. Dennoch senden die Entwicklung des Dollars und ausländischer Währungen wichtige konjunkturelle Botschaften und beeinflussen andere Märkte.

Der weltweite Einfluss von Währungstrends

Ein sinkender Dollar führt zu höheren Wechselkursen ausländischer Währungen. Das internationale Anlagekapital fließt tendenziell in Länder mit starken Währungen. Stärkere Währungen sind das Resultat höherer Zinsen, die eine gute wirtschaftliche Situation in dem betreffenden Land reflektieren. Eine schwache Währung sendet die gegenteilige Botschaft. Eine starke Währung macht zudem die Aktien und Anleihen aus diesem Land für ausländische Anleger attraktiver. Für einen amerikanischen Anleger steigert ein schwacher Dollar die Attraktivität ausländischer Aktien und Bonds. Gleichzeitig verringert er den Reiz amerikanischer Wertpapiere für ausländische Anleger. Doch nicht alle Länder profitieren gleichermaßen vom Ansteigen ihrer Währungen. Stark exportabhängige Länder (wie Japan und Europa) können sogar darunter leiden, wenn ihre Währungen zu schnell an Wert gewinnen, weil das ihren Exporten schadet. (In Deutschland, der größten Volkswirtschaft Europas, machen die Exporte ein Drittel des Bruttoinlandsprodukts aus.) Der Einfluss des Dollars auf die amerikanischen Märkte kann sich also von den Auswirkungen in anderen Ländern unterscheiden. Sogar auf dem amerikanischen Markt muss man, was den Dollar betrifft, Unterscheidungen treffen. Die Entwicklung des Dollars wirkt sich nicht auf alle amerikanischen Aktien gleich aus.

Der Einfluss des Dollars auf multinationale Unternehmen

Große, in vielen Ländern tätige amerikanische Unternehmen erzielen einen beträchtlichen Teil ihrer Gewinne in Übersee. Ein steigender

Dollar kann sich auf die Umsätze im Ausland negativ auswirken. Im Umkehrschluss kann ein sinkender Dollarkurs nützlich sein. Das trifft aus zwei Gründen zu: Erstens steigert ein sinkender Dollar die Wettbewerbsfähigkeit amerikanischer Produkte auf den Weltmärkten, während ein steigender Dollar das Gegenteil bewirkt. Zweitens müssen amerikanische Unternehmen ihre ausländischen Umsätze in Dollars »tauschen«. Wenn zum Beispiel der Euro stärker ist als der Dollar, erhält man beim Umtausch mehr Dollars je Euro.

McDonald's und Procter & Gamble profitieren von einem schwachen Dollar

Am 23. April 2003 erreichte der Dow Jones mit 165 Punkten seinen höchsten Tagesgewinn seit drei Monaten. Zwei der größten Gewinner waren McDonald's und Procter & Gamble. Am nächsten Tag lautete die Schlagzeile der *New York Times*: »Dollarschwäche verhilft McDonald's zur Rückkehr in die Gewinnzone«. Die Zeitung meldete, ein großer Teil der von McDonald's gemeldeten Zuwächse im ersten Quartal stamme aus einem zweiprozentigen Gewinnanstieg, der auf den Umtausch starker Auslandswährungen wie des Euros in den schwachen Dollar zurückzuführen sei. Procter & Gamble, ein multinationaler Konsumgüterproduzent, erzielt die Hälfte seiner Umsätze in Übersee. Die Stärke der Auslandswährungen (und der schwache Dollar) erhöhten den Gewinn des Unternehmens im ersten Quartal 2003 um drei Prozent.

Der Einfluss des Dollars auf Pharma-Aktien

Die Pharmawerte liefern ein weiteres Beispiel einer multinationalen Branche, die von Währungstrends beeinflusst werden kann. Ein schwacher Dollar kann die Gewinne großer, international tätiger Medikamentenhersteller aus den USA steigern, weil sie einen sehr hohen Teil ihrer Umsätze im Ausland erzielen, zum Beispiel in Europa. Das erklärt zum Teil auch, warum sich Pharmatitel meist relativ besser entwickeln als andere Branchen, wenn der Dollar und der breite Aktienmarkt zur Schwäche neigen. Pharma-Aktien sind von Natur aus defensiv und zeigen relative Stärke, wenn es am Aktienmarkt allgemein nach unten geht. Gleichzeitig steigert ein schwacher Dollar auch die relative Attraktivität der Pharmatitel, weil sie in hohem Maß von Umsätzen im Ausland abhängig sind.

Abbildung 6.4 zeigt den Quotienten aus dem AMEX Pharmaceutical Index (DRG) und dem S&P 500 seit 1999. Der Anstieg des Pharma-Index relativ zum S&P 500 seit Anfang 2000 reflektiert die Tatsache, dass defensive Pharmatitel Kapital anziehen, wenn der Aktienmarkt schwach ist und folglich eine bessere Performance zeigt als der breite Markt. Während der S&P 500 im Jahr 2000 nach unten drehte, erreichte der Dollar sein Hoch erst 2002. Dann begann er zu fallen, und diese Dollar-Schwäche im ersten Halbjahr 2002 ist einer der Gründe für die gute Entwicklung der Pharma-Aktien von Mitte 2002 bis Mitte 2003. Ein schwacher Dollar und ein schwacher Gesamtmarkt sind für Pharma-Aktien meist eine gute Kombination.

Kleinere Unternehmen hängen vom Inlandsmarkt ab

Auch die Größe eines Unternehmens spielt eine Rolle bei der Frage, wie sensibel seine Aktie auf Währungsschwankungen reagiert. Die

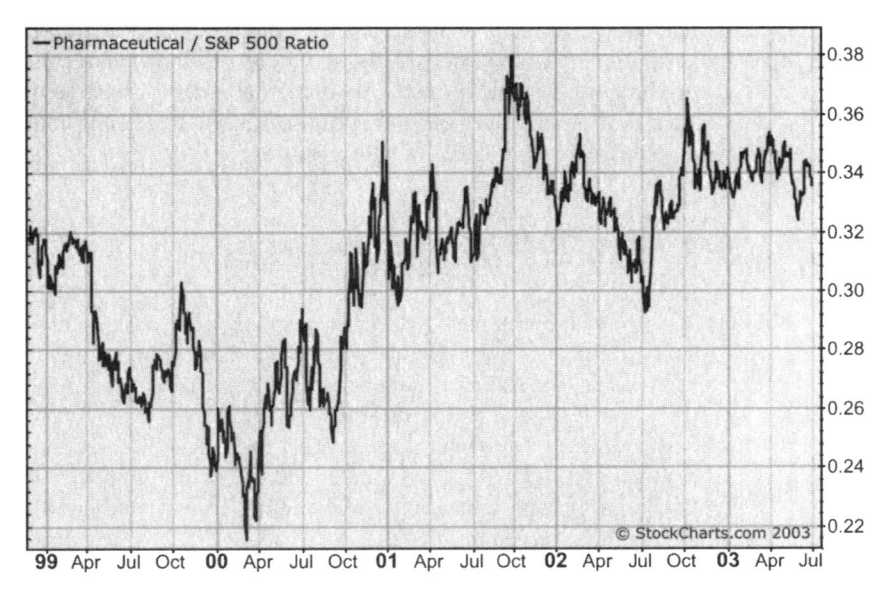

Abbildung 6.4: Pharma-Aktien haben sich seit 2000 besser entwickelt als der S&P 500. Auch der fallende Dollar im Jahr 2002 trug dazu bei.

meisten Multis sind sehr große Konzerne, und sie reagieren sensibler auf Wechselkursschwankungen als die Aktien kleinerer Unternehmen. Letztere sind viel stärker vom Inlandsmarkt abhängig als von Umsätzen im Ausland, und daher betreffen sie Währungsschwankungen kaum. Man könnte daher sagen, dass ein steigender Dollar kleinen Unternehmen mehr nützt als großen – und umgekehrt.

Ein schwacher Dollar ist auch für die Aktien der Dienstleister positiv

Es ist allgemein bekannt, dass die Aktien amerikanischer Industrieunternehmen von einer Dollar-Schwäche profitieren. Weniger bekannt ist, dass dies auch für die Dienstleister gilt. Amerikanische Dienstleistungsunternehmen (einschließlich Versicherungen, Kaufhäuser, Telekommunikation und Logistik) haben in den 90er-Jahren stark nach Übersee expandiert. Daher profitieren sie heute von

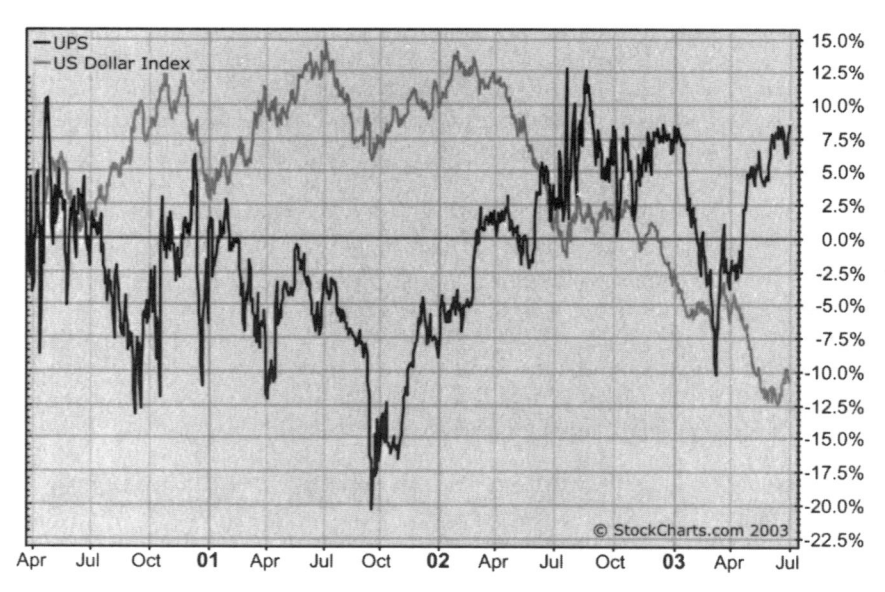

Abbildung 6.5: UPS profitierte nach dem Jahr 2001 von der Dollar-Schwäche. Ein schwacher Dollar ist positiv für amerikanische Dienstleistungsunternehmen.

einem schwachen Dollar. Abbildung 6.5 zeigt, dass die Aktie von United Parcel Service (UPS) offensichtlich profitierte, als der Dollar Anfang 2002 zu sinken begann.

Eine kurze Rekapitulation der Intermarket-Prinzipien

Bevor ich nun die Betrachtung der profitablen 90er-Jahre beende und mit der Untersuchung der weitaus schwierigeren Börsenjahre nach 2000 beginne, möchte ich die in den bisherigen Kapiteln besprochenen Intermarket-Prinzipien noch einmal zusammenfassen. Diese Intermarket-Prinzipien haben die Märkte während der letzten 30 Jahre des 20. Jahrhunderts beherrscht. Bei einigen von ihnen gab es in den späten 90er-Jahren Veränderungen. Und einige änderten sich nach dem Jahr 2000 dramatisch.

- Die Grundprinzipien der Intermarket-Anlayse
  - Alle Märkte, inländische wie internationale, stehen miteinander in Verbindung.
  - Kein Markt bewegt sich isoliert von den anderen.
  - Die Analyse eines Marktes sollte auch alle anderen mit einbeziehen.

- Marktgruppen
  - Die vier Marktgruppen sind Aktien, Anleihen, Rohstoffe und Währungen.

- Beziehungen zwischen den einzelnen Märkten
  - Dollar und Rohstoffe bewegen sich in entgegengesetzte Richtungen (Abbildung 6.6).
  - Anleihenkurse und Rohstoffpreise bewegen sich in entgegengesetzte Richtungen (Abbildung 6.7).
  - Anleihen und Aktien tendieren normalerweise in die gleiche Richtung (Abbildung 6.8).
  - Die Anleihen erreichen ihre Hochs und Tiefs vor den Aktien.
  - Während einer Deflation steigen die Anleihenkurse, während die Aktienkurse fallen.
  - Ein steigender Dollar ist positiv für amerikanische Aktien und Anleihen.
  - Ein schwacher Dollar ist positiv für große, international tätige amerikanische Unternehmen.

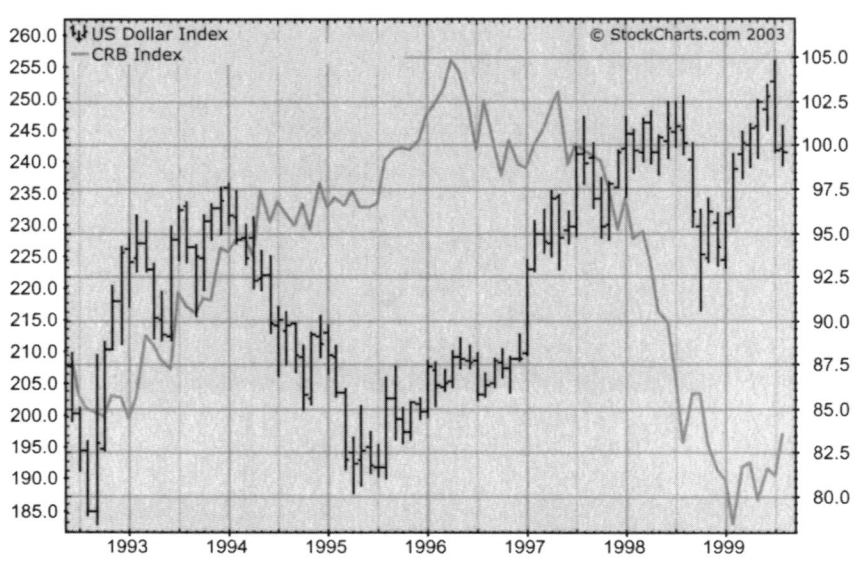

Abbildung 6.6: Der Dollar und die Rohstoffpreise tendieren in entgegengesetzte Richtungen.

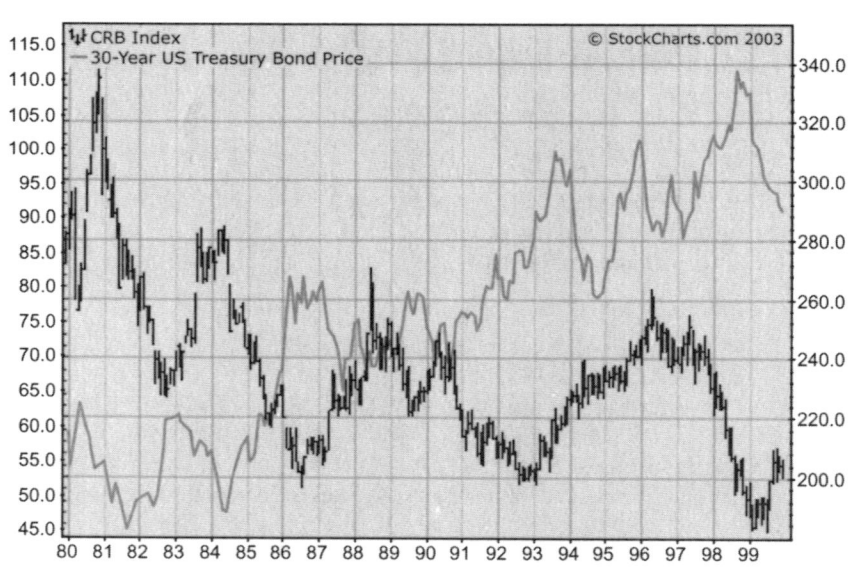

Abbildung 6.7: Die Anleihenkurse und die Rohstoffpreise tendieren in entgegengesetzte Richtungen.

- Die Auswirkungen des Verhältnisses zwischen Rohstoffpreisen und Anleihenkursen
  - Ein steigender Quotient zwischen Rohstoffpreisen und Anleihenkursen favorisiert inflationssensitive Aktien aus Branchen wie Gold, Energie, Aluminium, Kupfer, Papier und Forstprodukte.
  - Ein sinkender Quotient begünstigt zinssensitive Titel aus Branchen wie Konsumgüter, Pharmazie, Finanzen und Stromversorgung.

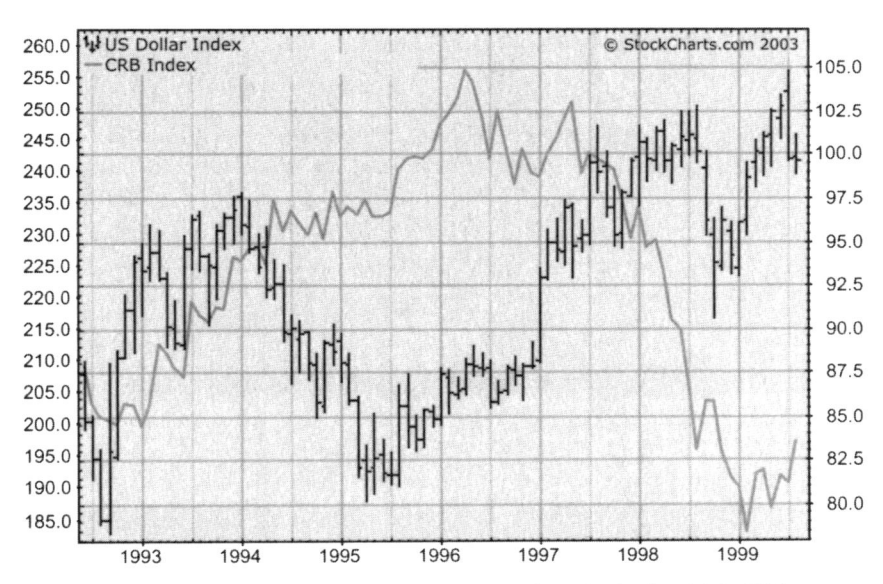

Abbildung 6.8: Aktien und Anleihen tendieren normalerweise in die gleiche Richtung.

KAPITEL 7

Im Jahr 2000 platzt die Spekulationsblase an der Nasdaq

In Kapitel 6 haben Sie gesehen, wie steigende Öl- und Industrierohstoffpreise 1999 die Inflationsangst anheizten. Dies trieb die Zinsen nach oben, was sich negativ auf diejenigen Sektoren des Aktienmarkts auswirkte, die traditionell als Erste ihre zyklischen Hochs erreichen. Ein Beispiel dafür sind die zinssensitiven Aktien. Aktien der »Old Economy«, die empfindlich auf Zinsveränderungen reagieren, hatten schon den Rückwärtsgang eingelegt (was hauptsächlich an einer fallenden Advance/Decline-Linie an der NYSE sichtbar wurde). Im Gegensatz dazu hatten die Aktien der »New Economy« die Bedrohung durch steigende Zinsen in der zweiten Jahreshälfte 1999 weitgehend ignoriert. Am Beginn des Jahres 2000 veränderte sich jedoch etwas, und zwar als direktes Resultat der bedrohlichen Intermarket-Trends des vorangegangenen Jahres. Mitte 1999 hatte die Fed begonnen, die kurzfristigen Zinsen zu erhöhen. Das führte im ersten Quartal 2000 zu einem Phänomen, das als *inverse Zinsstrukturkurve* bekannt ist.

Eine inverse Zinsstrukturkurve deutet auf eine Konjunkturschwäche hin

Eine inverse Zinsstrukturkurve, wie die am Beginn des Jahres 2000, ist die grafische Darstellung der Tatsache, dass die kurzfristigen Zinsen über das Niveau der langfristigen Zinsen gestiegen sind. So etwas geschieht in der Regel nach einer Reihe von Leitzinserhöhungen durch die Fed und war in der Vergangenheit stets ein Zeichen konjunktureller Schwäche. Inverse Zinsstrukturkurven traten vor den Rezessionen von 1990, 1982, 1980, 1974 und 1970 auf. Normalerweise sind die langfristigen Zinsen höher als die kurzfristigen. Wenn allerdings die Fed die Zinszügel anzieht, um eine drohende Inflationsgefahr zu bekämpfen, erhöht sie die Kurzfristzinsen. Gefährlich für die Wirtschaft (und den Aktienmarkt) wird es dann, wenn durch die Aktionen der Fed die kurzfristigen Zinsen über die langfristigen steigen. Anfang 2000 wurde dieser Punkt erreicht. Wenn sich eine inverse Zinsstrukturkurve entwickelt, droht den Aktien mit den höchsten Kurs-Gewinn-Verhältnissen die größte Gefahr. Am Beginn des neuen Jahrtausends handelte es sich dabei um die überbewerteten Dot.Com-, Internet- und Technologie-Aktien an der Nasdaq. Im Frühling platzte die Spekulationsblase an der Nasdaq, und die längste Hausse der Börsengeschichte war vorbei. Für die Nasdaq erwies sich das als Desaster, doch einige defensive Aktienmarktsektoren setzten zu einem kräftigen Aufwärtstrend an. Diese Sektoren – wie Konsumprodukte, Finanztitel, Stromversorger und REITs – schneiden in der Anfangsphase eines konjunkturellen Abschwungs traditionell gut ab. Alle diese Intermarket-Trends – die guten wie die schlechten – waren zu Beginn des Jahres 2000 in den Charts deutlich sichtbar. Diese Trends lieferten reichliche Warnsignale, dass nicht nur der Aktienmarkt Probleme hatte, sondern auch die Wirtschaft.

Die Warnsignale waren in den Charts zu sehen

Ich möchte die Ereignisse des Jahres 2000 ein wenig näher untersuchen, denn es war ein wirklich historisches Jahr und lieferte zahlreiche wertvolle Lektionen über die Beziehungen zwischen den Märkten. Außerdem zeigte es, wie gefährlich es sein kann, sich zu sehr auf Konjunktur- und Fundamentalanalyse zu verlassen und die Chartanalyse zu vernachlässigen. Zu den wichtigsten Grundsätzen der technischen Analyse gehört die Überzeugung, dass die Kapitalmärkte vorauslaufende Indikatoren konjunktureller und fundamentaler Trends sind. Das bedeutet, dass der Aktienmarkt in der Regel sechs bis neun Monate früher als die Konjunkturentwicklung ein Hoch erreicht. Wer die technischen Warnsignale der Aktiencharts ignorierte, zahlte einen hohen Preis dafür – oder seine Kunden zahlten diesen Preis. Einige dieser Warnsignale kamen von traditionellen technischen Indikatoren wie der fallenden Advance/Decline-Linie an der NYSE oder vom Durchbrechen wichtiger Unterstützungslinien durch die meistbeachteten Aktienindizes. Schon im Jahr zuvor hatten gefährliche Intermarket-Trends Warnsignale geliefert, zum Beispiel die Sektorenrotationen von Branchen, die in der Spätphase einer Expansion besonders gut abschneiden, zu solchen, die sich traditionell am Beginn eines konjunkturellen Rückgangs bewähren. Eine weitere Warnung kam von klassischen Wirtschaftsindikatoren wie der inversen Zinsstrukturkurve. An der Wall Street wurden diese Signale größtenteils übersehen oder ignoriert.

Man muss die Dinge erkennen, wenn sie geschehen

Wer über vergangene Börsenereignisse schreibt, tappt leicht in die Falle, die Dinge mit dem Vorteil zu schildern, dass er im Nachhinein weiß, wie alles abgelaufen ist. Man ist immer in Versuchung, den »richtigen« Chart auszuwählen, der die eigenen Aussagen unterstreicht, oder Dinge neu zu interpretieren, nachdem die Tatsachen schon vorliegen. Man kann dies am besten dadurch vermeiden, dass man solche Charts zeigt, die zur Zeit der beschriebenen Ereignisse bereits verfügbar waren, und dann Marktkommentare von damals zitiert, die sich auf diese Charts beziehen. In diesem Kapitel werde ich so vorgehen. Die meisten Charts in diesem Kapitel stammen aus einem Marktkommentar, der am 30. Januar 2000 auf der *Website MurphyMorris. com* veröffentlicht wurde. Auch die Zitate stammen aus diesem Kommentar. Manche Zitate sind wörtlich, andere sinngemäß. Ich tue das, um zu zeigen, dass die in diesem Buch beschriebenen Intermarket-Prinzipien in Kombination mit der traditionellen technischen Analyse die Dinge sichtbar machten, als sie gerade geschahen – und nicht nur im Rückblick. Dieses Kapitel beschreibt auch, wie die Börsenereignisse von 2000 die Lücke zwischen der technischen Marktanalyse und der Konjunkturanalyse überbrückten. Die nächsten beiden Absätze stammen aus einem Ende Januar 2000 veröffentlichten Marktkommentar.

30. Januar 2000: Die inverse Zinsstrukturkurve

In dieser Woche war in den Medien viel von der Inversion der Zinsstrukturkurve die Rede. Die Marktgeschehnisse wurden als verwirrend bezeichnet. Wir sind nicht dieser Meinung. Hier sind die Gründe: In der Spätphase eines wirtschaftlichen Aufschwungs zeigen sich allmählich Anzeichen steigender Inflation – in der Regel in Form steigender Rohstoffpreise. Das führt tendenziell zu höheren Zinsen. Ab einem bestimmten Punkt beginnt die Fed, die Leitzinsen zu erhöhen, um die Konjunktur abzukühlen. Das führt dazu, dass die kurzfristigen Zinsen schneller steigen als die langfristigen. Gefährlich wird es dann, wenn die Kurzfristzinsen über das Niveau der Langfristzinsen steigen (was letzte Woche geschah) ... Eine inverse Zinsstrukturkurve ist positiv für Anleihen, aber negativ für Aktien.

Abbildung 7.1 zeigt die Zinsstrukturkurve, wie sie sich am 28. Januar 2000 darstellte. Die Neigung nach unten bedeutet, dass die kurzfristigen Zinsen höher waren als die langfristigen.

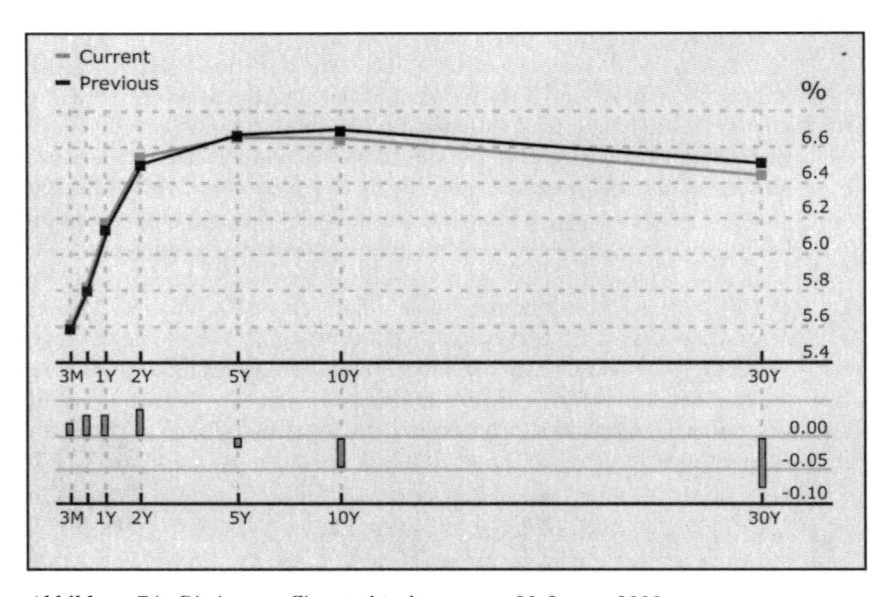

Abbildung 7.1: Die inverse Zinsstrukturkurve vom 28. Januar 2000

Wiederholen sich die Ereignisse von 1969?

In der Vergangenheit bedeutete eine inverse Zinsstrukturkurve meist das Ende eines wirtschaftlichen Aufschwungs und auch das Ende einer

Hausse am Aktienmarkt. *Der aktuelle Wirtschaftsaufschwung befindet sich nun in seinem 106. Monat und hat mit der bisher längsten Expansionsphase gleichgezogen, die von 1961 bis 1969 dauerte. 1969 signalisierte eine inverse Zinsstrukturkurve das Ende dieses Rekordaufschwungs und den Beginn einer Rezession im folgenden Jahr (1970). Auch der Dow erreichte 1969 mit etwa 1000 Punkten ein Hoch, das danach 13 Jahre lang (bis 1982) nicht übertroffen wurde.*

Die Januar-Tiefs wurden durchbrochen

In der zweiten Monatshälfte durchbrachen der Dow und der S&P 500 ihre Januar-Tiefs. Sie fielen auch beide unter ihre gleitenden 200-Tage-Durchschnitte, was in der Regel ein ernstes Warnsignal ist, dass ein massiver Kursverlust bevorsteht. Abbildung 7.2 (die am 20. Januar 2000 veröffentlicht wurde) zeigt, wie der Dow unter seine technische Unterstützung und unter den gleitenden Durchschnitt fällt. Gleichzeitig sank die Advance/Decline-Linie der NYSE auf das niedrigste Niveau seit drei Jahren. Das so genannte Januar-Barometer war dabei,

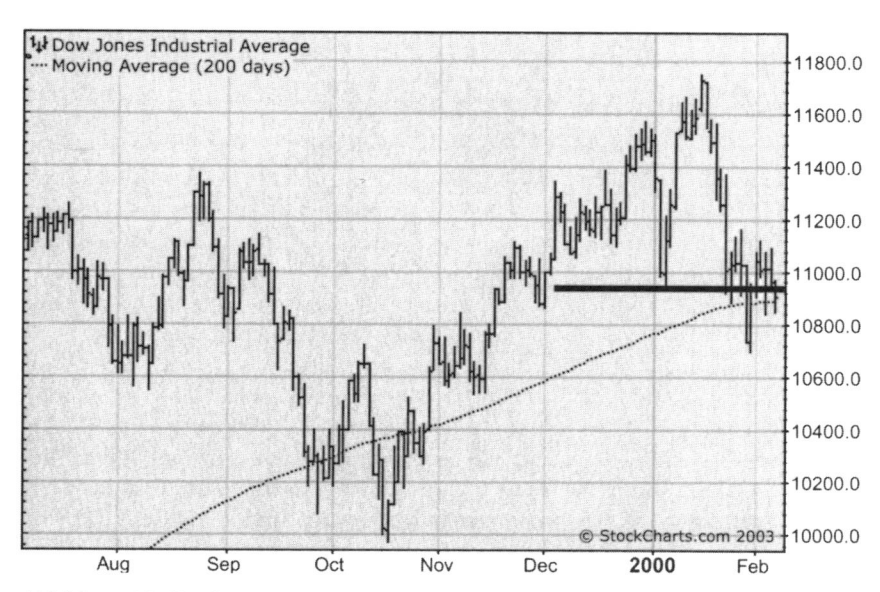

Abbildung 7.2: Der Dow Jones Industrial Average fällt Anfang 2000 unter seine technische Unterstützung und den gleitenden 200-Tage-Durchschnitt.

ein sehr negatives Signal für das Gesamtjahr zu liefern. (Das Januar-Barometer basiert auf der Vorstellung, dass das ganze Jahr so verlaufen wird, wie der Januar verlaufen ist.) Wie ich damals feststellte, war der Januar 2000 nicht einfach nur ein schlechter Januar. Er war an der Nasdaq der schlechteste Januar seit 1990 und im S&P 500 der schlechteste seit 30 Jahren. Die negativen Implikationen all dieser technischen Warnsignale – von der inversen Zinsstrukturkurve ganz zu schweigen – waren damals wirklich deutlich zu erkennen. Daher endete mein Kommentar vom 30. Januar mit dem folgenden Absatz:

Cash ist gut

Falls die inverse Zinsstrukturkurve wirklich auf eine Konjunkturschwäche im weiteren Jahresverlauf hindeutet, dann wird sich dies wahrscheinlich negativ auf den Aktienmarkt auswirken. Wenn die Fed die kurzfristigen Zinsen anhebt, profitieren davon in der Regel zunächst die Geldmarktfonds, die dann höhere Zinsergebnisse erzielen. Die jüngsten Ereignisse legen nahe ... dass es an der Zeit ist, sich am Aktienmarkt wesentlich defensiver zu positionieren und Anleihen, Konsumtitel, Pharmawerte, Finanz-Aktien und Stromversorger überzugewichten. Die beste Wahl sind aber wahrscheinlich Geldmarktfonds. Wir raten dazu, Geld aus dem Aktienmarkt abzuziehen und die Bargeldbestände zu erhöhen.

15. April 2000: Die Nasdaq durchbricht ihren gleitenden Durchschnitt nach unten – und die NYSE scheitert an ihren alten Hochs

Mitte April verzeichnete die Nasdaq den ersten Freitagsschlusskurs unterhalb des gleitenden 40-Wochen- (oder 200-Tage-) Durchschnitts seit August 1998. Sie hatte im Vergleich zu ihrem Höchststand bereits 34 Prozent verloren, was den Verlust im Jahr 1998 (30 Prozent) noch übertraf. Solche Zahlen bereiten Chartanalysten große Sorgen, denn sie sehen darin ernsthafte Warnsignale. Gleichzeitig hatte sich der NYSE Composite Index seit dem Juli des Vorjahres, als die Fed mit den Leitzinserhöhungen begann, in einer *Trading Range* befunden. Ein Versuch, das alte Indexhoch wieder zu erreichen, war gescheitert, und der Index war unter den gleitenden 200-Tage-Durchschnitt gefallen. Da nun alle bedeutenden amerikanischen Aktienindizes unter den gleitenden 200-Tage-Durchschnitten lagen, hatte sich das Risiko-

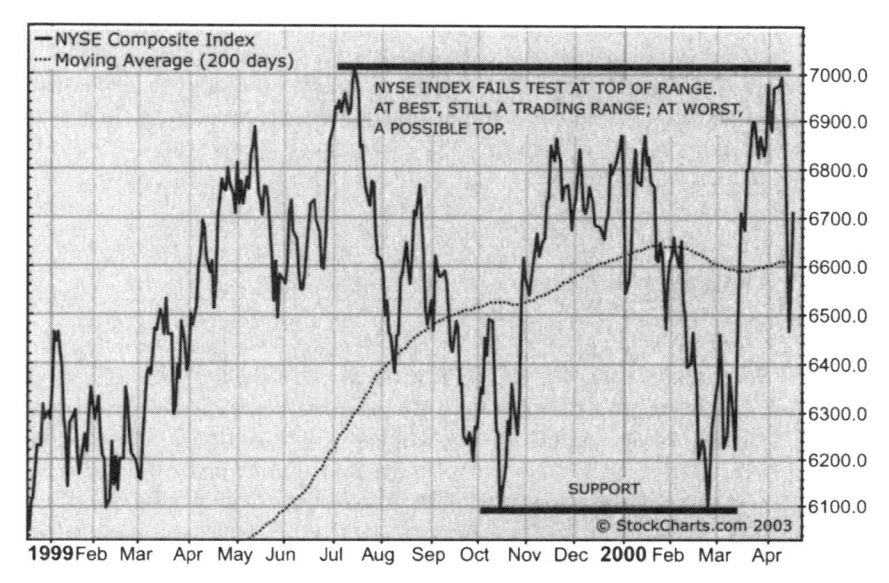

Im Jahr 2000 platzt die Spekulationsblase an der Nasdaq

Abbildung 7.3: Der NYSE Composite Index scheitert beim Versuch, die Hochs vom Sommer 1999 noch einmal zu erreichen.

niveau am gesamten Aktienmarkt markant erhöht. Abbildung 7.3 (die am 15. April 2000 veröffentlicht wurde) zeigt das Scheitern des NYSE-Index, die Hochs vom Sommer des Vorjahres wieder zu erreichen – und seinen anschließenden Sturz unter den 200-Tage-Durchschnitt. Der Kommentar dazu lautete: »Bestenfalls immer noch eine Trading Range ... Schlechtestenfalls ein mögliches Top.«

REITs halten sich gut

REITs (in Aktienform handelbare Anteile an Immobilienfonds) waren in der ersten April-Hälfte (als die Nasdaq abstürzte) die Aktiengruppe mit der besten Performance. Zur Absicherung vor einer Baisse greifen Investoren oft zu Immobilienfonds. Drei Argumente sprechen für REITs. Erstens weisen sie hohe Dividendenrenditen auf (oft mehr als sieben Prozent), die in einem fallenden Aktienmarkt an Attraktivität gewinnen. Zweitens weisen REITs eine niedrige Korrelation mit dem Aktienmarkt auf. Sie eignen sich in unruhigen Börsenzeiten also gut zur Diversifikation. Drittens sind REITs historisch negativ mit Tech-

Abbildung 7.4: Der REIT/S&P-Quotient drehte im April 2000 nach oben, als die Nasdaq ihr Hoch überschritten hatte.

nologie-Aktien korreliert. Daher steigen sie meist, wenn die Tech-Werte sinken. Und genau das taten sie im Frühjahr 2000 auch.

REITS zeigen hohe relative Stärke

Der die relative Stärke anzeigende Quotient aus dem Morgan Stanley REIT Index (RMS) und dem S&P 500 drehte im April nach oben (gerade als die Nasdaq ihr Hoch erreicht hatte), wie in Abbildung 7.4 zu sehen ist. Die Relative-Stärke-Linie stieg im April auf ein Sechsjahreshoch und durchbrach den seit Jahren bestehenden Abwärtstrend. Außerdem stieg sie zum ersten Mal seit zwei Jahren über den gleitenden 200-Tage-Durchschnitt. Nicht nur die relative Performance war gut, sondern die Kurse der REITs stiegen auch absolut gesehen.

Der REIT-Index dreht nach oben

Anfang 1998 fielen die REITs in einen Abwärtstrend, der im vierten Quartal dieses Jahres endete. Etwas mehr als ein Jahr später – Ende

— Im Jahr 2000 platzt die Spekulationsblase an der Nasdaq —

Abbildung 7.5: Beispiel für einen REIT-Fonds, der im Frühjahr 2000 nach oben drehte.

1999 – fielen sie noch einmal auf die Tiefs von 1998 zurück und begannen dann stark zu steigen. Im April 2000 durchbrach der REIT-Index seine seit zwei Jahren bestehende Abwärtstrendlinie. Der Anstieg über das Januar-Hoch bedeutete einen *bullishen Ausbruch*. Auch andere Immobilienfonds legten zu. Abbildung 7.5 zeigt, dass der Cohen & Steers Realty Fund im März nach oben drehte und im April seine Abwärtstrendlinie durchbrach. (Ein Immobilienfonds ist die leichteste Möglichkeit für Privatanleger, von einer Rallye der REITs zu profitieren. Diese Fonds können problemlos in Chartform dargestellt werden.)

21. April 2000: Der Markt liefert Signale für eine Konjunkturschwäche

Die Intermarket-Analyse überbrückt die Lücke zwischen der traditionellen technischen Analyse und konjunkturellen Trends. Es mag zwar seltsam erscheinen, wenn ein technischer Analyst die oben genannte Überschrift verwendet, aber genau das geschah am 21. April 2000. Die Konjunkturanalyse ist zwar nicht mein eigentliches Anliegen, aber die Märkte sagen manchmal viel über die zukünftige Wirtschaftsentwicklung. Im Marktkommentar vom 21. April dieses Jahres ging es darum, was die Märkte über die Wirtschaftsentwicklung sagten.

Von einem praxisorientierten Standpunkt aus gesehen lieferte die Botschaft der Märkte über die Zukunft der Wirtschaft auch wichtige Hinweise darauf, welche Aktienmarktsektoren im aktuellen Abschnitt des Konjunkturzyklus besser abschneiden würden als andere. Solche wirtschaftlichen Schlussfolgerungen beeinflussen auch Entscheidungen, die die Depotgestaltung betreffen. Während einer konjunkturellen Abkühlung schneiden Anleihen meist besser ab als Aktien. Genau das geschah dann auch in 2000 und in den folgenden Jahren. Wenn Anleihen gefragt sind, schneiden zinssensitive Aktien besser ab. Auch das geschah im Jahr 2000. Die nächsten vier Abschnitte beschäftigen sich mit den Botschaften der Märkte im April 2000.

Anfang 2000 erreichen die Langfristzinsen und der Kupferpreis zeitgleich ein Hoch

Bestimmte Schlüsselrohstoffe helfen bei der Einschätzung der Konjunktur (und der zu erwartenden Zinsentwicklung). 1999 waren die Preise der Industrierohstoffe gestiegen und hatten so zum Anstieg der Zinsen beigetragen. Anfang 2000 veränderte sich dieses Bild in sein Gegenteil. Der Kupferpreis, der das ganze Jahr 1999 hindurch angestiegen war, drehte im Januar 2000 nach unten und fiel im April unter seinen gleitenden 200-Tage-Durchschnitt. Abbildung 7.6 (veröffentlicht am 21. April 2000) zeigt, wie der Kupferpreis im Februar 2000 seine Aufwärtstrendlinie und, noch bedeutsamer, im April den gleitenden 200-Tage-Durchschnitt nach unten durchbrach. Da der Kupferpreis ein Barometer der konjunkturellen Verfassung ist, war sein Verfall Anfang 2000 ein Warnsignal, dass sich die Wirtschaftsentwicklung abschwächte.

Gleichzeitig mit dem Kupferpreis begann auch die Rendite der zehnjährigen US-Staatsanleihen zu sinken. Abbildung 7.7 zeigt, wie sie im Januar 2000 ihr Hoch erreichte und im April unter ihren gleitenden 200-Tage-Durchschnitt fiel. Damals wurden diese beiden Ereignisse als frühe Anzeichen interpretiert, dass die im Januar entstandene inverse Zinsstrukturkurve tatsächlich dabei war, die Konjunkturentwicklung zu dämpfen. Zusätzliche Anhaltspunkte dafür sah man in der Entwicklung der verschiedenen Sektoren des Aktienmarkts.

Im Jahr 2000 platzt die Spekulationsblase an der Nasdaq

Abbildung 7.6: Der Kupferpreis durchbricht seine Unterstützungslinie und im April 2000 auch seinen gleitenden 200-Tage-Durchschnitt.

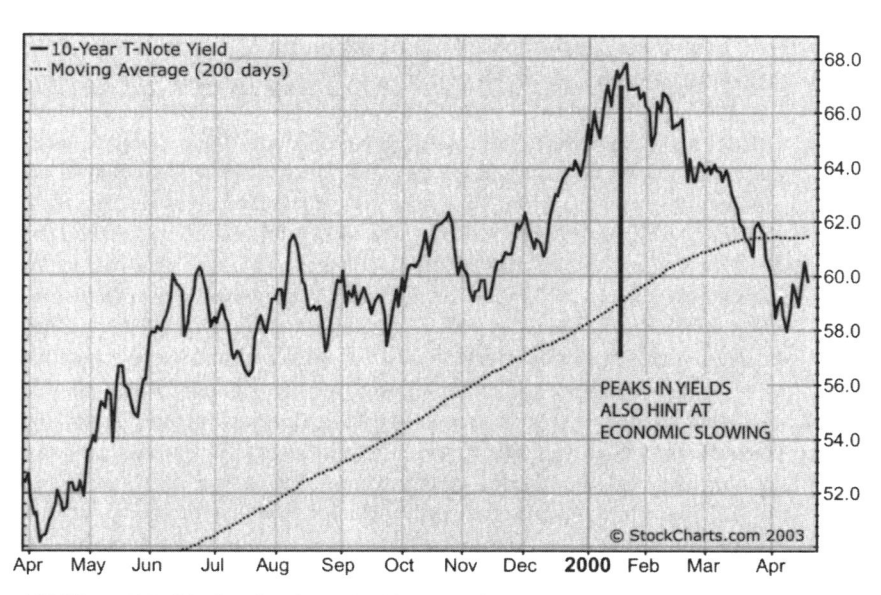

Abbildung 7.7: Die Rendite der zehnjährigen US-Staatsanleihen beginnt ab Januar 2000 zu sinken.

Konsum-Aktien profitieren von der Konjunkturabschwächung

Bestimmte Aktienmarktsektoren entwickeln sich in bestimmten Phasen des Konjunkturzyklus besser als andere. Am Beginn einer wirtschaftlichen Abschwächung schneiden Konsumtitel am besten ab. Wenn die Abschwächung an Fahrt gewinnt, übernehmen andere Branchen wie Stromversorger und Finanztitel die Führungsposition. Der am 21. April 2000 auf meiner Website veröffentlichte Kommentar enthielt die folgende Schlussfolgerung: »Unsere Interpretation der aktuellen Börsensituation legt den Schluss nahe, dass wir uns irgendwo zwischen dem Ende eines Aufschwungs und dem Beginn eines Niedergangs des Konjunkturzyklus befinden.«

Die Konsum-Aktien beginnen sich überdurchschnittlich zu entwickeln

Die relative Stärke des Morgan Stanley Consumer Index, dividiert durch den Dow (veröffentlicht im April 2000), zeigte, dass die Konsumtitel nun zum ersten Mal seit langer Zeit eine bessere Entwicklung zeigten als der Dow (siehe Abbildung 7.8).

Konsum-Aktien sind von Natur aus defensiv und umfassen Branchen wie Getränke, Nahrungsmittel, Pharmazie, Tabak und Haushaltprodukte. Der Grund dieser Einschätzung ist, dass die Menschen diese Produkte in guten wie in schlechten Zeiten konsumieren. Eine relative Stärke dieses Sektors deutet oft auf eine konjunkturelle Abschwächung hin. Der Marktkommentar vom 21. April endete mit dem folgenden Abschnitt:

Die Lage könnte gar nicht besser sein

Die Volkswirte an der Wall Street sagen uns ständig, dass die Lage gar nicht besser sein könnte. Wenn die Dinge nicht mehr besser werden können, bedeutet das nicht, dass sie nur schlechter werden können? Im historischen Vergleich ging es an der Börse in der Regel deutlich früher nach unten als in der Realwirtschaft. Daher gelten die Kapitalmärkte als vorauslaufende Konjunkturindikatoren. Und zurzeit sagen uns die Märkte, dass sich die Wirtschaftsentwicklung abschwächen wird. Nach

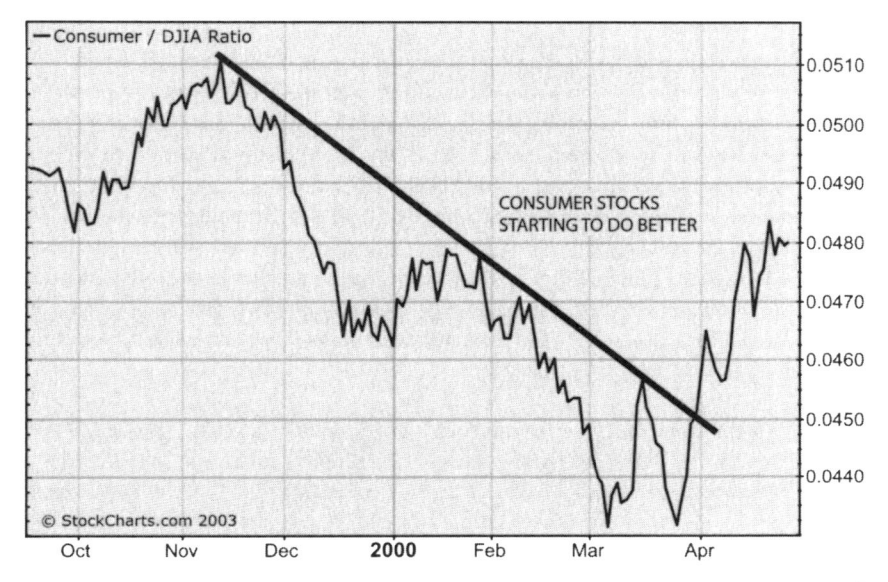

Abbildung 7.8: Der Quotient aus dem Konsumwerte-Index und dem Dow drehte im April 2000 nach oben.

einer Weile wird dies den Unternehmensgewinnen und dem Aktienmarkt schaden. In solchen Zeiten ist es meist ratsam, defensive Anlageinstrumente zu bevorzugen (einschließlich Geldmarktfonds). In der vergangenen Woche haben wir über die Aufwärtsbewegung der REITs gesprochen, die traditionell als sicherer Hafen gelten. Auch Konsum-Aktien sind in diesem Zusammenhang eine gute Wahl.

11. August 2000: Was zählt, ist Substanz

Der Zusammenbruch an der Nasdaq im Frühling 2000 verursachte in diesem Jahr mehrere Sektorenrotationen. Wie schon beschrieben, gab es eine Rotation weg von den Technologietiteln hin zu Konsumwerten und REITs. Als sich der Aktienmarkt generell abschwächte, gewannen auch Anleihen an Attraktivität. Eine weitere bedeutende Veränderung in diesem Jahr war die Umschichtung von *Wachstumsaktien* hin zu *Substanzaktien*. Ich habe diesen Trend in einem Marktkommentar beschrieben, der am 11. August 2000 erschien. Der erste Absatz endete mit der folgenden Beobachtung: »Offenbar hat sich die Marktführerschaft weg von den (durch die Nasdaq repräsentierten) Aktien der New Economy hin zu den (durch den Dow repräsentierten) Aktien der Old Economy verlagert.« Auch der folgende Absatz war Teil dieses Marktkommentars:

Ein weiteres Anzeichen dafür, dass die Investoren im Jahr 2000 eine Konjunkturabschwächung erwarten, ist die Rückbesinnung auf Substanzwerte ... In den vergangenen drei Jahren haben sich Wachstumstitel besser entwickelt als Substanzaktien. Der Quotient aus dem S&P-Value-Index und dem S&P-Growth-Index hat jedoch einen Doppelboden ausgebildet und tendiert nach oben (siehe Abbildung 7.9). Substanztitel (mit niedrigen Kurs-Gewinn-Verhältnissen) entwickeln sich in einem schwächer werdenden wirtschaftlichen Umfeld meist besser als Wachstumstitel (mit hohen Kurs-Gewinn-Verhältnissen). Und es ist nun einmal so, dass die meisten Substanztitel der Old Economy angehören und die meisten Wachstumstitel an der Nasdaq gehandelt werden.

Diese Umschichtung von Wachtums- zu Substanzwerten setzte sich auch im Frühling des folgenden Jahres fort. Es war eine andere Ausdrucksform der gleichen Botschaft – die Konjunktur schwächt sich ab, und der Aktienmarkt ebenfalls. Wie schon erwähnt, schnei-

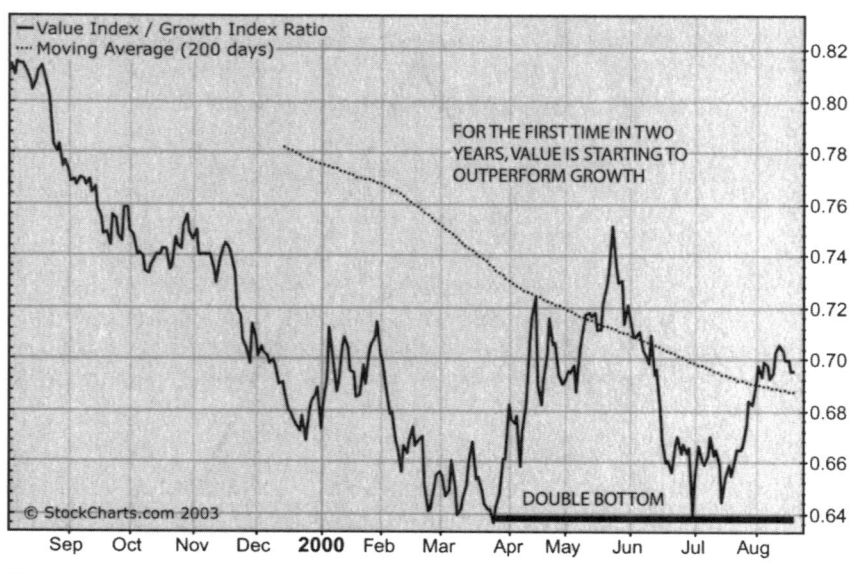

Abbildung 7.9: Substanztitel entwickelten sich im Jahr 2000 besser als Wachstumswerte.

den in bestimmten Phasen des Konjunkturzyklus bestimmte Sektoren am besten ab. Ich möchte Ihnen nun zeigen, woher diese Information stammt.

Sektorenrotationen innerhalb des Konjunkturzyklus

Abbildung 7.10 zeigt in Form eines Diagramms, wie sich die einzelnen Marktsektoren im Verlauf des Konjunkturzyklus entwickeln. Das Diagramm wurde von Sam Stovall erstellt und in *Standard & Poor's Guide*

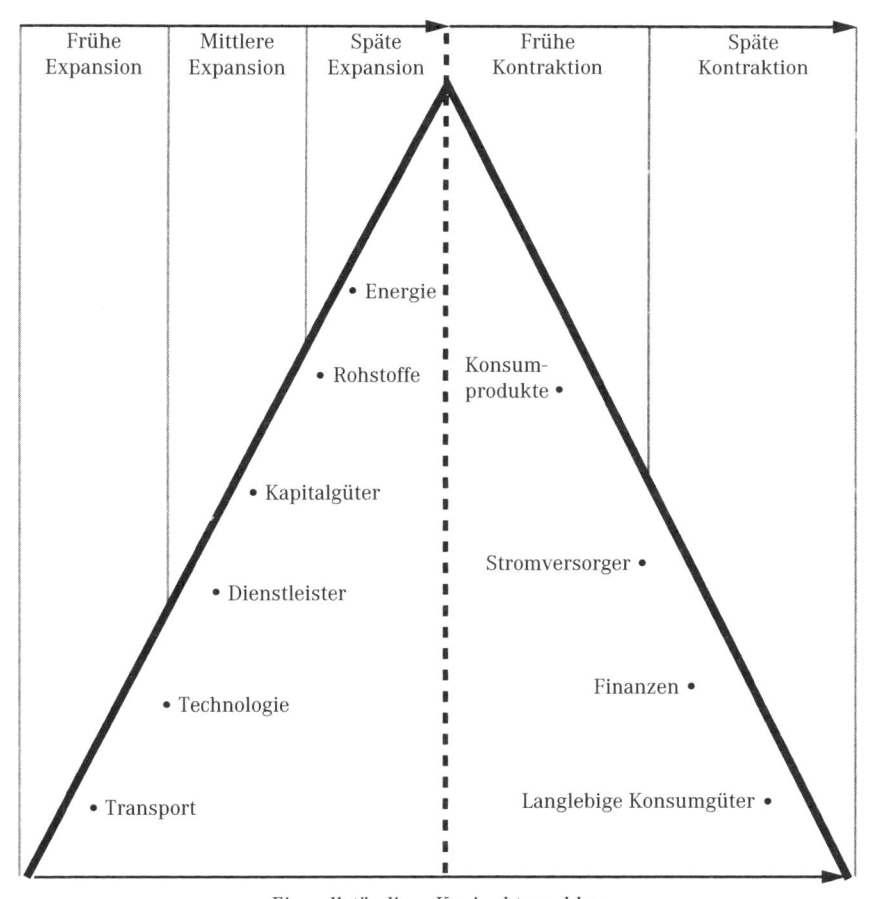

|Frühe Expansion|Mittlere Expansion|Späte Expansion|Frühe Kontraktion|Späte Kontraktion|

- Energie
- Rohstoffe
- Konsumprodukte
- Kapitalgüter
- Stromversorger
- Dienstleister
- Technologie
- Finanzen
- Transport
- Langlebige Konsumgüter

Ein vollständiger Konjunkturzyklus

Abbildung 7.10: Die Performance der einzelnen Börsensektoren im Verlauf des Konjunkturzyklus.   *(Standard & Poor's Guide to Sector Investing, McGraw Hill, 1995)*

to Sector Investing veröffentlicht. Ein Konjunkturzyklus besteht aus fünf Phasen – drei während der Expansion und zwei während der Kontraktion. Die linke Seite des Diagramms zeigt, welche Sektoren sich während der wirtschaftlichen Expansion am besten entwickeln. Die »frühe Expansion« ist durch relative Stärke von Transport- und Technologiewerten gekennzeichnet. (Ein Grund für das gute Abschneiden der Transport-Aktien während einer konjunkturellen Erholungsphase ist das für eine Rezession typische Absinken der Energiepreise. Das Diagramm zeigt auch, warum die Führerschaft des Technologiesektors meist ein gutes Zeichen für die Wirtschaft und die Börse ist.) Während der »späten Expansion« sind Energietitel der dominierende Marktsektor. In den nächsten beiden Abschnitten zeigt sich, welche Sektoren in wirtschaftlichen Abschwächungsphasen am besten abschneiden. Während der »frühen Kontraktion« sind es die Konsumtitel, während der »späten Kontraktion« die Stromversorger, die Finanztitel und die Hersteller langlebiger Konsumgüter (etwa Automobile)

In unserer Analyse der Intermarket-Trends des Jahres 1999 haben wir festgestellt, dass die aus dem steigenden Ölpreis erwachsene Marktführerschaft der Energietitel kein gutes Zeichen für die Wirtschaft war. Die Ursachen dafür sind im Diagramm sichtbar. Energiewerte dominieren den Markt meist in der Phase der »späten Expansion«, kurz vor dem Höhepunkt der Wirtschaftsentwicklung. Das liegt zum Teil an der simplen Tatsache, dass steigende Ölpreise der Wirtschaft schaden – und Öl-Aktien steigen im Gleichschritt mit den Ölpreisen. Außerdem reagiert die Fed auf steigende Energiepreise meist mit Zinserhöhungen, was in der Regel zu einer Abschwächung der Konjunktur führt. Beides geschah 1999 und Anfang 2000.

Warum es ein schlechtes Zeichen ist, wenn Energie- und Konsum-Aktien gut abschneiden

Wenn die Marktführerschaft von den Energie- zu den Konsumtiteln übergeht, kann man daraus schließen, dass die hohen Energiepreise damit begonnen haben, die Konjunktur abzuschwächen. Da diese Verschiebung schrittweise stattfindet, wird das wirkliche Warnsignal dann sichtbar, wenn Energie und Konsum die beiden stärksten Sektoren des Aktienmarkts sind. In der ersten Jahreshälfte 2000 war dies der Fall.

Abbildung 7.11 zeigt die Performance von vier Sektoren – Energie, Konsum, Zykliker und Grundstoffe – in den ersten sechs Monaten

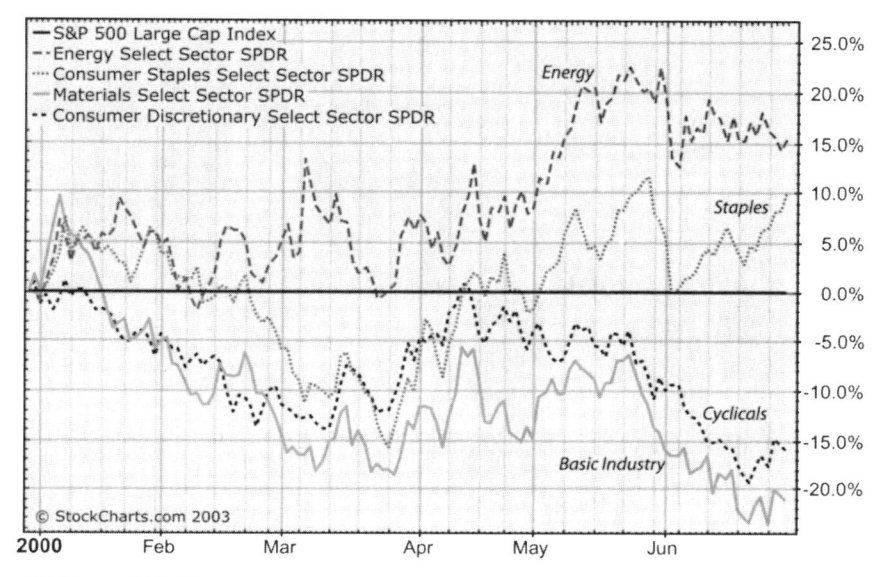

Abbildung 7.11: Energie und Konsum waren in der ersten Jahreshälfte 2000 die stärksten Sektoren am Aktienmarkt.

des Jahres. Alle vier Sektoren sind relativ zum S&P 500 dargestellt, der durch die durchgehende Linie in der Mitte der Abbildung repräsentiert wird. Es wird klar, dass Energie und Konsum die beiden stärksten Gruppen sind. Das deckt sich mit früheren Erkenntnissen über die Marktführerschaft in der Frühphase eines Konjunkturabschwungs. Gleichzeitig schneiden die beiden konjunktursensitiven Sektoren – Grundstoffe und Zykliker – am schlechtesten ab. Auch das erscheint im Rahmen einer sich abschwächenden Wirtschaftsentwicklung sinnvoll und logisch. Wenn die Abschwächung fortschreitet, finden, entsprechend dem Diagramm von Stovall, weitere Sektorenrotationen hin zu Stromversorgern und Finanztiteln statt. Sehen Sie sich die entsprechende Entwicklung im vierten Quartal 2000 an.

10. November 2000: Es geht um die Konjunktur

Abbildung 7.12 zeigt eine etwas andere Darstellung der Sektorenrotation, wie sie am 10. November 2000 auf der Website *MurphyMorris.com* veröffentlicht wurde. Es ging dabei um die Frage,

31 December 1999 - 9 November 2000

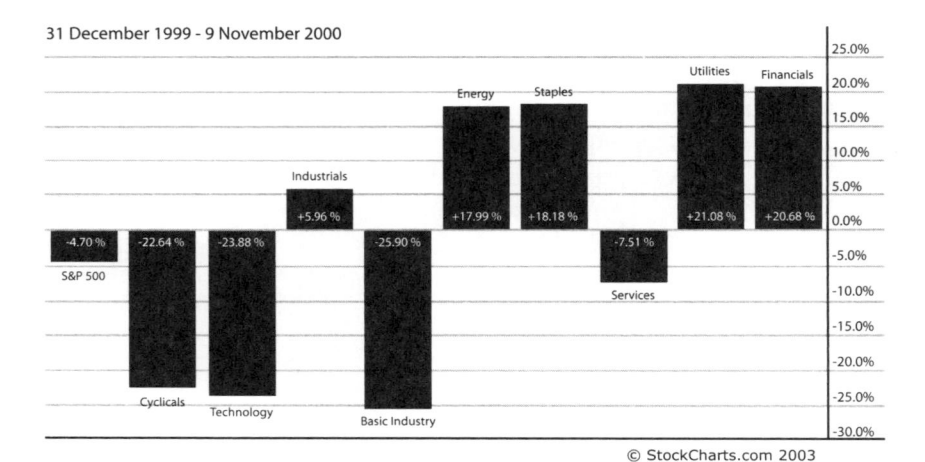

Abbildung 7.12: Energie, Konsum, Stromversorger und Finanztitel waren die besten Sektoren in den ersten zehn Monaten 2000.

ob die Marktsektoren in einer sich abschwächenden Konjunktur ihr normales Rotationsverhalten beibehalten hatten. Sie hatten es getan. Abbildung 7.12 verwendet ein Balkenchartformat zum Vergleich der zehn Sektoren des S&P. Sie zeigt, wie exakt sich die Sektoren an Stovalls Diagramm gehalten hatten. Die vier besten Sektoren in den ersten zehn Monaten 2000 waren Energie (+ 17 Prozent), Konsum (+ 18 Prozent), Stromversorger (+ 21 Prozent) und Finanztitel (+ 20 Prozent). Die drei schwächsten Sektoren waren die konjunktursensitiven Grundstoffe (- 25 Prozent), die Zykliker (- 22 Prozent) und die Technologiewerte (- 23 Prozent). Alle diese Trends standen voll im Einklang mit einer sich abschwächenden Konjunktur.

Der doppelte Nutzen des Sektorenrotationsdiagramms

Der Nutzen des Sektorenrotationsdiagramms ist ein zweifacher. Wenn man weiß, welche Sektoren gerade die Führungsrolle innehaben, kann man ein Urteil über den aktuellen Zustand der Wirtschaftsentwicklung abgeben. 2000 wiesen alle Anzeichen auf eine Abschwächung hin. Der zweite und noch wertvollere Nutzen betrifft die Anwendung von Strategien, die sich auf diese Kenntnisse stützen.

1999 waren zum Beispiel Energietitel eine gute Wahl. 2000 allerdings hätte das Diagramm eine allmähliche Umschichtung in Konsumtitel, Stromversorger und Finanz-Aktien nahe gelegt. Alle drei stiegen im Jahr 2000. In Phasen konjunktureller Abschwächung schneiden Anleihen meist besser ab als Aktien. Auch Rohstoffe sind in solchen Zeiten keine gute Wahl. Im schicksalhaften Jahr 2000 sanken Aktien und Rohstoffe, während Anleihen zu einer eindrucksvollen Hausse ansetzten. Das alles war in den Charts zu sehen. Man musste sie nur lesen können.

Die Lehren aus dem Börsenjahr 2000

Wenn je ein Jahr das Zusammenspiel von technischer, Intermarket- und Konjunkturanalyse demonstriert hat, dann war es das Jahr 2000. Traditionelle technische Indikatoren (wie die NYSE-Advance/Decline-Linie) hatten schon ein Jahr zuvor eine Trendwende nach unten signalisiert. Die Aktienindizes begannen im Januar 2000 einzuknicken. Die meisten technischen Indikatoren lieferten im Frühjahr 2000 Verkaufssignale. In der Intermarket-Analyse hatte es schon während der zweiten Jahreshälfte 1999 Warnsignale gegeben: steigende Rohstoffpreise und steigende Zinsen. Das Resultat war eine Reihe von Leitzinserhöhungen durch die Fed, die schließlich zu einer inversen Zinsstrukturkurve führten. Dieses Phänomen war jeder Rezession seit 1970 vorausgegangen. Sektorenrotationsstrategien folgten dem Ablaufmuster, das für das Ende einer wirtschaftlichen Expansionsphase typisch ist. 2000 war ein Lehrbeispiel für ein Top am Aktienmarkt und für ein bevorstehendes Top der Konjunkturentwicklung. So unglaublich es auch klingen mag, aber die meisten Profis an der Wall Street sahen das alles nicht kommen – oder wollten es nicht sehen. Das führt uns zur vielleicht wichtigsten Lehre aus dem Jahr 2000: Man muss die Charts beachten. Denn, wie die Börsenprofis früherer Zeiten zu sagen pflegten: »Charts lügen nicht.«

Kapitel 8

Die Intermarket-Situation im Frühjahr 2003

Die Flucht ins Gold

Mitte 2002 befand sich die Baisse im zweiten Jahr, und ein Ende war nicht in Sicht. Nicht nur Aktien befanden sich im Abwärtstrend – die Aktienkurse hatten im Jahr 2000 zu sinken begonnen: Anfang 2001 taten es ihnen die Rohstoffpreise nach und gerieten in einen deutlichen Abwärtstrend. Die Anleihenkurse stiegen seit Anfang 2000. Alle drei Märkte schienen sich an das in den vorangegangenen Kapiteln beschriebene Deflationsdrehbuch zu halten. (In einer Deflation steigen die Anleihenkurse, während die Aktienkurse und die Rohstoffpreise fallen.) Man konnte aber nicht nur am Anleihenmarkt Geld verdienen. Gold (und Goldminen-Aktien) stiegen zum ersten Mal seit Jahren. Die Flucht ins Gold war teilweise eine Flucht aus dem Aktienmarkt. Ein anderer wichtiger Grund war der Wertverlust des US-Dollars. Der Dollar war seit 1995 gestiegen. Ende 2000 beendete er seinen Aufwärtstrend und bewegte sich fortan seitwärts.

Im Frühjahr 2002 begann er jedoch deutlich an Wert zu verlieren. Eines der wichtigsten Intermarket-Prinzipien lautet, dass ein schwacher Dollar ein positiver Faktor für den Goldpreis ist. Der Wertverlust des Dollars verlieh dem Goldpreis und den Goldminen-Aktien deutlichen Rückenwind. Ein weiterer Intermarket-Grundsatz lautet, dass sich der Goldpreis meist entgegengesetzt zum Aktienmarkt entwickelt. Die Kombination aus fallendem Dollar und fallenden Aktienkursen trieb den Goldpreis (und die Minen-Aktien) nach oben. Ein etwas subtilerer Intermarket-Einfluss wurde im Verhältnis zwischen physischem Gold und Gold-Aktien sichtbar. Die Aktien begannen schon vor dem Goldpreis zu steigen. Der folgte dann wenig später. Es ist meistens so, dass Aktien, die sich auf einen bestimmten Rohstoff beziehen (wie zum Beispiel Gold), früher steigen als der betreffende Rohstoff selbst. Die steigenden Gold-Aktien fungierten als vorauslaufender Indikator für den Goldpreis.

Anleihen und Rohstoffe tendieren in entgegengesetzte Richtungen

1999 stiegen die Rohstoffpreise, während die Anleihenkurse fielen. Anfang 2000 begannen die Anleihen jedoch zu steigen und blieben in den beiden folgenden Jahren stark. (Der Hauptgrund für die Stärke der Anleihen im Jahr 2000 war eine massive Flucht aus Aktien, nachdem die Nasdaq im Frühling nach unten gedreht hatte.) Die Rohstoffpreise, die Anfang 2000 schon im Aufwind waren, stiegen weiter bis zum Ende des Jahres. Danach brachen sie ein. Im Jahr 2000 stiegen die Anleihen und die Rohstoffpreise gemeinsam. Ab Anfang 2001 tendierten sie wieder, wie allgemein üblich, in entgegengesetzte Richtungen. Abbildung 8.1 zeigt, dass im Jahr 2001 die Anleihenkurse stiegen, während die Rohstoffpreise sanken.

Die Veränderungen nach dem 11. September 2001

Ein Vergleich des CRB-Index und der Anleihenkurse von Mitte 2001 bis Mitte 2002 zeigt einen fast perfekt entgegengesetzten Verlauf (siehe Abbildung 8.2). Eine dramatische Demonstration ihrer inversen Korrelation lieferten beide in den Monaten rund um den Terroranschlag auf das World Trade Center am 11. September 2001. In den Monaten zuvor waren die Anleihen gestiegen, während die Rohstoffe nachgaben. Nach diesem Tag änderten beide Märkte innerhalb einer Woche ihre Richtungen – aber sie verliefen immer entgegengesetzt zueinander. Der CRB-Index bildete am 24. Oktober einen Boden. Die Anleihenkurse erreichten ihr Hoch am 1. November. Bei beiden Richtungsänderungen spielte der Aktienmarkt eine wichtige Rolle.

Die Rohstoffe folgen den Aktien

1999 und während eines Teils von 2000 stiegen der CRB-Index und der S&P 500 gemeinsam. Während des größten Teils des Jahres 2001

Die Intermarket-Situation im Frühjahr 2003

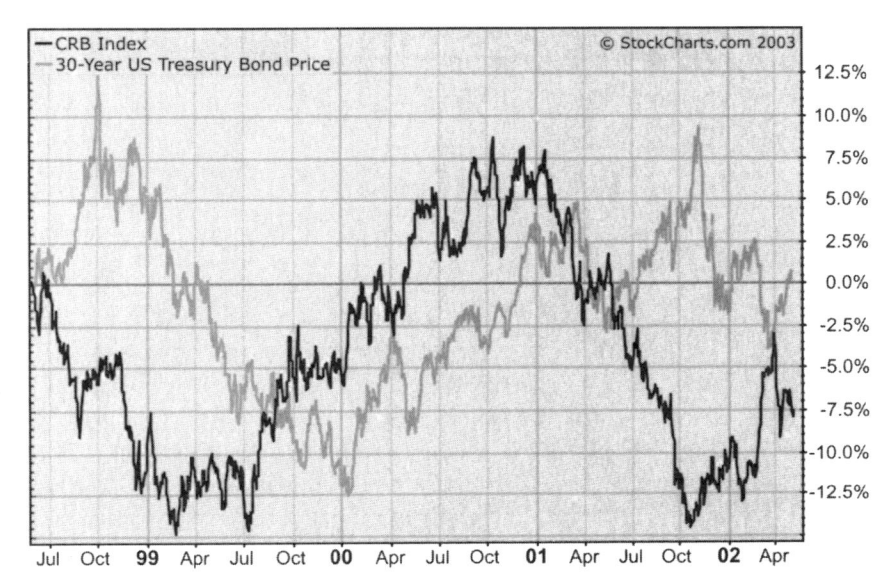

Abbildung 8.1: Im Jahr 2000 stiegen die Anleihenkurse und der CRB gemeinsam, doch 2001 trennten sich ihre Wege. Die Anleihen stiegen, während die Rohstoffpreise sanken.

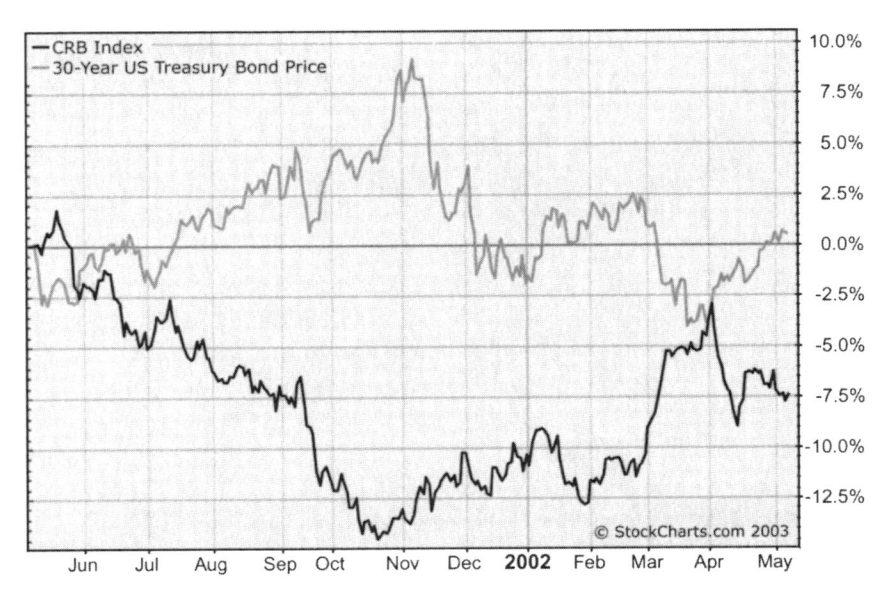

Abbildung 8.2: Anleihen und Rohstoffe entwickelten sich vom Frühling 2001 bis zum Frühling 2002 in entgegengesetzte Richtungen.

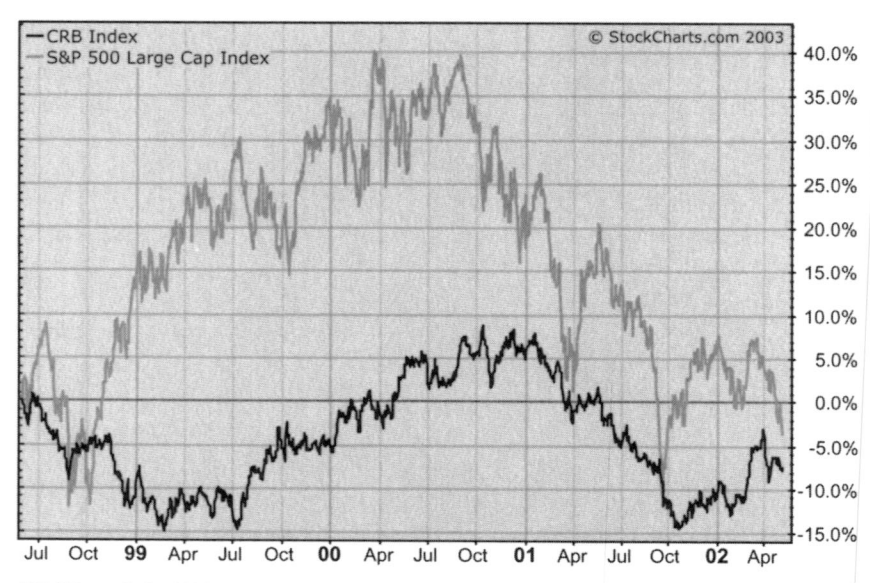

Abbildung 8.3: 1999 erreichten die Rohstoffe nach den Aktien ihr Tief, 2001 erreichten sie nach den Aktien ihr Hoch.

fielen beide (obwohl der Aktienmarkt früher abzubröckeln begann als die Rohstoffpreise). Beide bildeten nach dem 11. September einen Boden (siehe Abbildung 8.3). Aktien und Rohstoffe tendieren zwar oft in entgegengesetzte Richtungen, aber manchmal eben auch in die gleiche Richtung. Das hängt von der jeweiligen Phase innerhalb des Konjunkturzyklus ab. Am Ende einer wirtschaftlichen Expansionsphase steigen die Rohstoffpreise im Gleichschritt mit dem Aktienmarkt und tragen schließlich ihren Teil dazu bei, dass der Anstieg der Aktien endet. Nach dem Hoch am Aktienmarkt können die Rohstoffpreise weiter steigen (was sie in der zweiten Jahreshälfte 2000 auch taten). Während einer Rezession fallen Aktien und Rohstoffpreise gemeinsam. In solchen Zeiten können die Rohstoff auch lange nach der Bodenbildung am Aktienmarkt noch weiter an Wert verlieren. (Die Gründe dafür werden wir im folgenden Kapitel besprechen.) In beiden Fällen aber wechseln die Aktien vor den Rohstoffen die Trendrichtung.

Die Aktien ziehen die Rohstoffpreise nach oben

Vor dem September 2001 befanden sich Aktien und Rohstoffe im Abwärtstrend. Nach den Attacken vom 11. September blieb der

Aktienmarkt für eine Woche geschlossen. Als die Börse am 17. September wieder öffnete, fielen die Kurse einige Tage lang. Innerhalb einer Woche startete der Aktienmarkt dann aber eine markante Aufwärtsbewegung, die bis zum folgenden Frühjahr andauerte. Die Rohstoffe folgten den Aktien auf dem Weg nach oben (siehe Abbildung 8.4).

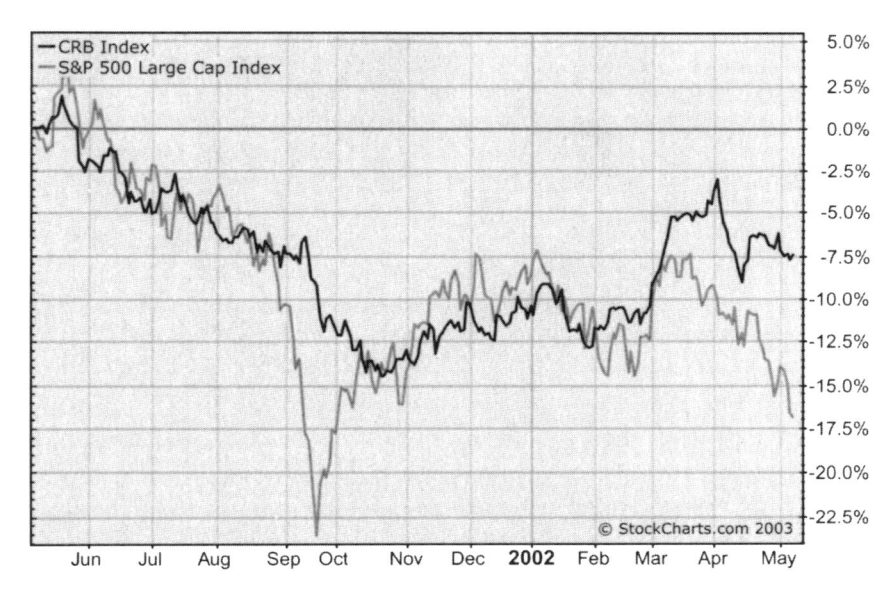

Abbildung 8.4: Vom Frühjahr 2001 bis zum Frühjahr 2002 bewegten sich Aktien und Rohstoffe im Gleichschritt. Beide wechselten nach dem 11. September die Richtung.

Der Vergleich zwischen Aktien und Rohstoffen nach dem 11. September ist aus zwei Gründen lehrreich: Beide Märkte drehten nach oben, und die Rohstoffe begannen ihren Anstieg erst einen Monat nach den Aktien. Mit anderen Worten: Beide folgten dem normalen Rotationsmuster, wonach die Aktienkurse den Rohstoffpreisen vorauslaufen. Der Dow Jones Industrial Average erreichte sein Tief am 24. September 2001, der CRB am 24. Oktober. Die Erholung am Aktienmarkt nach dem 11. September und der folgende Anstieg der Rohstoffpreise erklären auch den Rückgang am Bondmarkt, der sich ungefähr gleichzeitig ereignete. Zuvor waren die Anleihen gestiegen, während Aktien und Rohstoffe an Wert verloren. Zumindest für eine

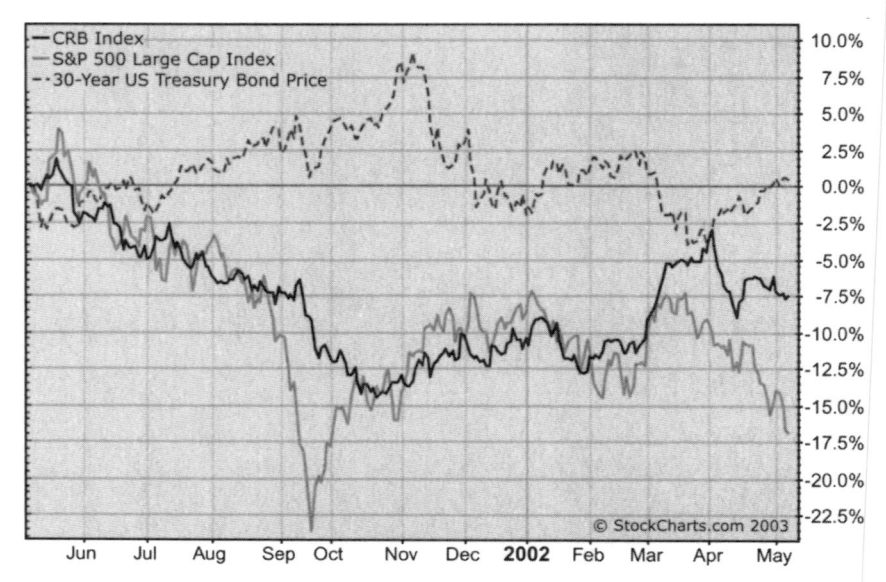

Abbildung 8.5: Das Hoch der amerikanischen Staatsanleihen nach dem September 2001 folgte auf die Tiefs im CRB und im S&P 500.

Weile drehte sich dieses Verhältnis nun um (siehe Abbildung 8.5). (Die ungewöhnlich starke Verbindung zwischen Aktien und Rohstoffen und die inverse Korrelation beider zu den Anleihen war das Ergebnis von Deflationsdruck. In einem solchen Umfeld fallen Aktien und Rohstoffe gemeinsam, während die Anleihen nach oben tendieren.)

Aktien und Anleihen tendieren in entgegengesetzte Richtungen

Wie schon erwähnt, stellt die inverse Korrelation zwischen Anleihen und Aktien die bedeutendste Veränderung der traditionellen Intermarket-Relationen dar. Die Geschichte hat gezeigt, dass die Kurse von Aktien und Anleihen gemeinsam steigen und fallen – außer an entscheidenden Wendepunkten. Bedeutende Hochs werden von den Anleihen früher erreicht als von den Aktien. Gleiches gilt für die Wendepunkte von unten nach oben. Daher sind steigende Anleihenkurse in der Regel ein gutes Zeichen für den Aktienmarkt. Wenn allerdings Deflation droht, dann kann diese Entkoppelung jahrelang dauern. In diesem Fall sind steigende Anleihenkurse tatsächlich negativ für den

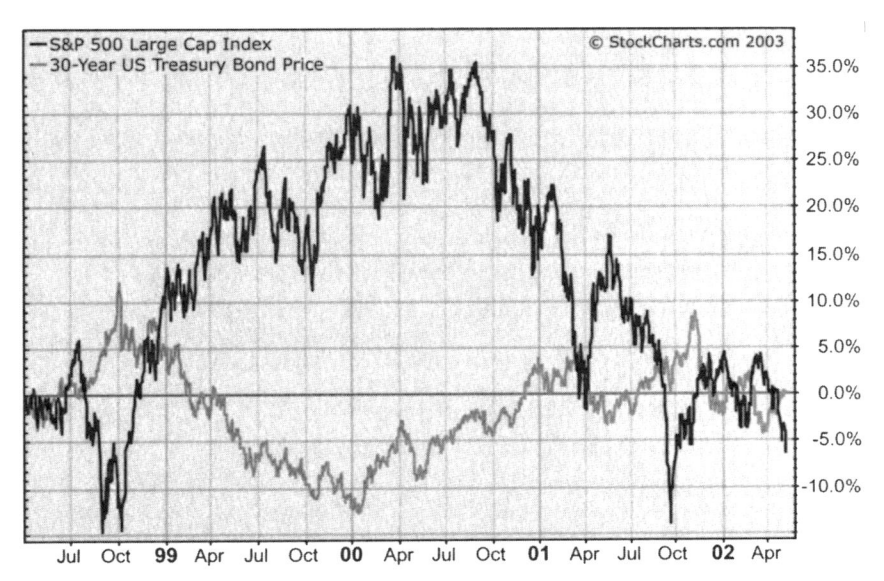

Abbildung 8.6: Von 1998 bis 2002 entwickelten sich Anleihen und Aktien in entgegengesetzte Richtungen. Ab 2000 stiegen die Anleihen, während die Aktien fielen.

Aktienmarkt. Mitte 2001 hatten sich Aktien und Anleihen schon seit mehr als drei Jahren in entgegengesetzte Richtungen entwickelt. Die Anleihen waren gestiegen, und die Aktien waren gesunken – bis zum 11. September 2001 (siehe Abbildung 8.6).

Nach dem 11. September ändern sich die Trends

In der letzten Septemberwoche 2001 erreichte der Aktienmarkt sein Tief. Etwa fünf Wochen später, am 1. November, sah der Bondmarkt sein Hoch. Bis zum Frühling des folgenden Jahres stiegen die Aktien weiter – während die Anleihen fielen. Danach nahmen die Anleihen ihren langfristigen Aufwärtstrend wieder auf, und die Aktien fielen auf neue Tiefs. Doch während all dieser traumatischen Monate blieb die inverse Korrelation zwischen Anleihen und Aktien bestehen (siehe Abbildung 8.7).

Der Dollar folgte dem Aktienmarkt auf dem Fuß. In den Monaten vor dem 11. September waren beide gemeinsam gefallen. In diesem Monat bildeten beide einen Boden und stiegen dann im Gleichschritt bis zum Frühling des folgenden Jahres. Der Dollar erreichte seinen tiefsten Stand am 20. September 2001, vier Tage vor dem Tief des Ak-

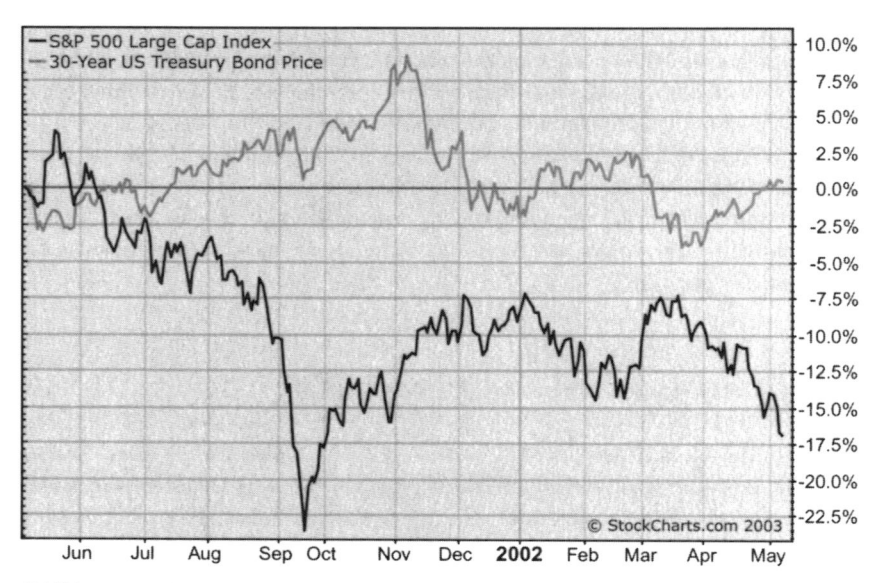

Abbildung 8.7: Nach dem 11. September 2001 wechselten Anleihen und Aktien die Richtung, entwickelten sich allerdings weiterhin entgegengesetzt zueinander.

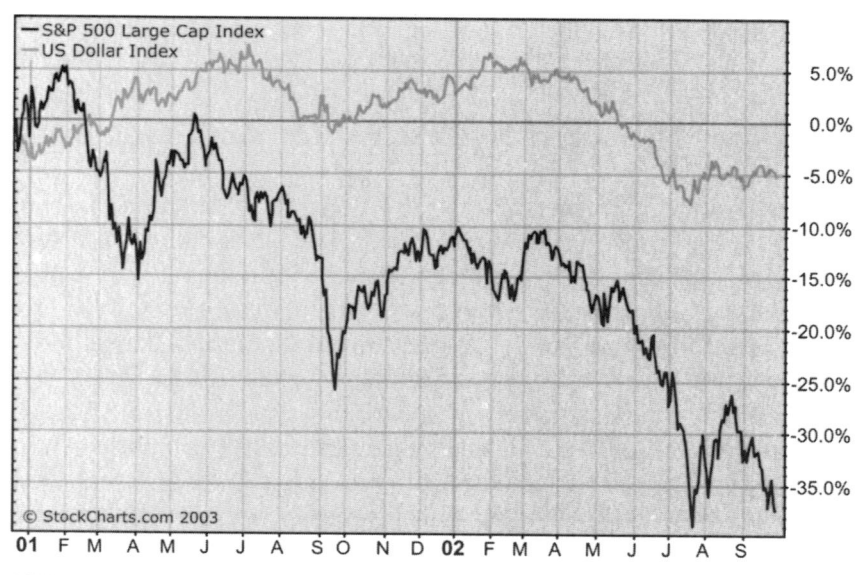

Abbildung 8.8: Der Dollar und der Aktienmarkt begannen Anfang 2002 beide zu sinken.

Die Intermarket-Situation im Frühjahr 2003

Abbildung 8.9: Die neue Baisse im S&P 500 half dabei, zunächst bei den Goldminen und dann beim Gold selbst eine neue Hausse auszulösen.

tienmarkts (siehe Abbildung 8.8). Dann begannen die Aktien wieder zu fallen, und auch der Dollar geriet in einen Abwärtstrend. Es gibt einen Markt, der wirklich glänzt, wenn es mit dem Dollar und dem Aktienmarkt abwärts geht – und dieser Markt ist Gold.

Fallende Aktienkurse sind positiv für den Goldpreis

1980 hatte der Goldpreis mit über 700 Dollar sein historisches Hoch erreicht und war dann 20 Jahre lang gefallen. Der Aktienmarkt hatte 1982 ein Tief erreicht und war dann fast zwei Jahrzehnte lang gestiegen. Dies entspricht dem Intermarket-Prinzip, dass Aktien und Gold in der Regel in entgegengesetzte Richtungen tendieren. Der S&P 500 erreichte sein Hoch Ende August 2000. Etwa zwei Monate später war das Tief bei den Goldminen erreicht (im November 2000), und danach begann ein rasanter Aufwärtstrend. (Der Preis für physisches Gold begann erst im April des folgenden Jahres zu steigen. Es ist normal, dass die Aktien dem entsprechenden Rohstoffpreis vorauslaufen.) Die neue Aktienbaisse half dabei, zunächst bei den Goldminen und dann beim Gold selbst eine neue Hausse auszulösen (siehe Abbildung 8.9).

139

Zu diesem Zeitpunkt bezweifelten einige Skeptiker, ob der Kursanstieg der Goldminen von Dauer sein könne. Gold galt ja als Schutz vor *Inflation*, und es gab eher Deflation als Inflation. Gold-Aktien haben sich in der Börsengeschichte allerdings sowohl bei Deflation als auch bei Inflation recht gut entwickelt. Die von hohen Inflationsraten geprägten 70er-Jahre sahen starke Gold-Aktien (und einen massiv ansteigenden Goldpreis). Obwohl der Goldpreis in den Deflationsjahren von 1929 bis 1932 fixiert war, gewann der Goldminenwert Homestake Mining 300 Prozent, während der Aktienmarkt um 90 Prozent nachgab. (In der Deflation von 1929 bis 1932 stiegen auch die Anleihenkurse, während Aktien und Rohstoffe an Wert verloren, ganz ähnlich wie in den ersten Jahren des neuen Jahrtausends.) Gold gilt als Alternative zu Papierwerten. Während der großen Hausse am Aktienmarkt brauchte niemand eine Versicherung durch den Besitz von Gold. Es ist folglich auch kein Zufall, dass das Ende der 20-jährigen Aktienhausse zeitlich in engem Zusammenhang mit dem Ende der 20-jährigen Baisse beim Goldpreis stand. Neben dem fallenden Aktienmarkt gab es noch einen weiteren Faktor, der für Gold sprach, und das war der fallende Dollar.

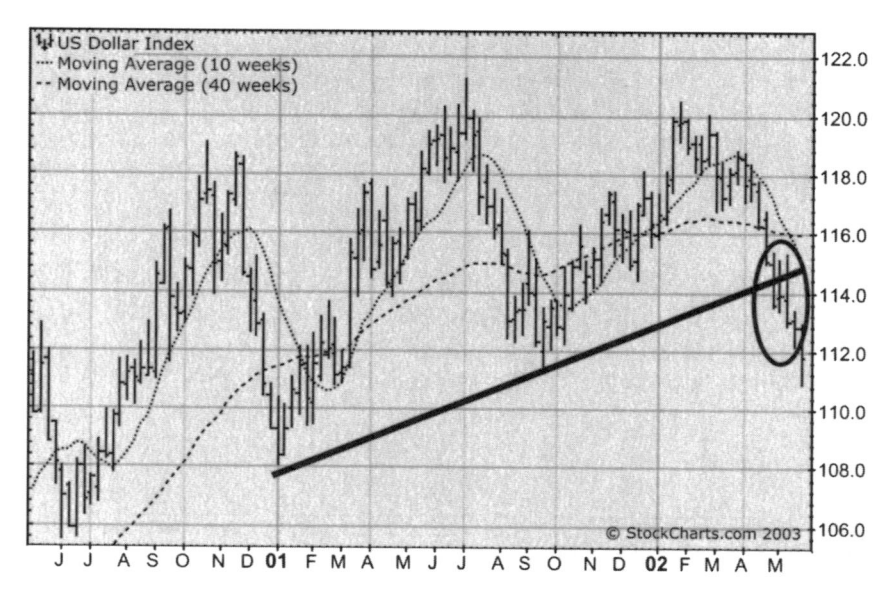

Abbildung 8.10: Mit dem Bruch der Unterstützungslinie im April 2002 komplettierte der US-Dollar eine charttechnische Top-Formation.

22. Mai 2002: Ein langfristiges Dollar-Top zeichnet sich ab

Diese Überschrift stammt aus dem Marktkommentar, der am 22. Mai 2002 auf der Website *MuphyMorris.com* veröffentlicht wurde. Einige technische Indikatoren wurden zur Stützung der These herangezogen, dass es so aussah, als würde der Dollar ein Top bilden. Der erste Abschnitt des Kommentars endete mit dem Satz: »Alles deutet darauf hin, dass der Greenback fallen wird.« Vom vierten Quartal 2000 bis zum ersten Quartal 2002 hatte der Dollar-Index drei Hochs ausgebildet. (In der technischen Analyse nennt man dieses Chartmuster *Kopf-Schulter-Top*.) Im April 2002 durchbrach der Dollar-Index die Trendlinie zwischen den beiden Tiefs vom Januar und vom September 2001. Damit war das Top-Chartmuster komplett. Es deutete auf den Beginn eines deutlichen Kursrückgangs hin (siehe Abbildung 8.10).

Ein fallender Dollar ist positiv für den Goldpreis

Historisch gesehen sind der Goldmarkt und die Goldminen-Aktien die Hauptprofiteure eines nachgebenden Dollars. In der Regel existiert eine inverse Korrelation zwischen Dollar und Gold, was bedeutet, dass beide in entgegengesetzte Richtungen tendieren. Wenn der Goldpreis im Frühjahr 2002 vor einem Anstieg stand, konnte man erwarten, dass Goldminen-Aktien sogar noch schneller steigen würden. Die folgende Aussage stammt aus dem Mai 2002: »Und da Goldminen-Aktien normalerweise schneller steigen als der Goldpreis, bleiben Gold-Aktien unsere bevorzugte Branche.«

Ein Chartvergleich von Dollar und Goldpreis von 2000 bis 2002 zeigt ihre inverse Verbindung (siehe Abbildung 8.11). Der Goldmarkt hatte im Frühjahr 2001 zu steigen begonnen, nachdem der Dollar einige Monate zuvor das erste seiner drei Hochs erreicht hatte. Ende Juni bildete er das zweite Hoch, wiederum begleitet von einem Goldpreisanstieg. Zum dritten und letzten Hoch kam es im Februar 2002. Das verschaffte dem neuen Aufwärtstrend beim Goldpreis sogar noch mehr Schubkraft. Im Frühjahr 2002 befand sich der Dollar in einem starken Abwärtstrend, und der Goldpreis war zum ersten Mal seit zwei Jahren über 300 Dollar gestiegen.

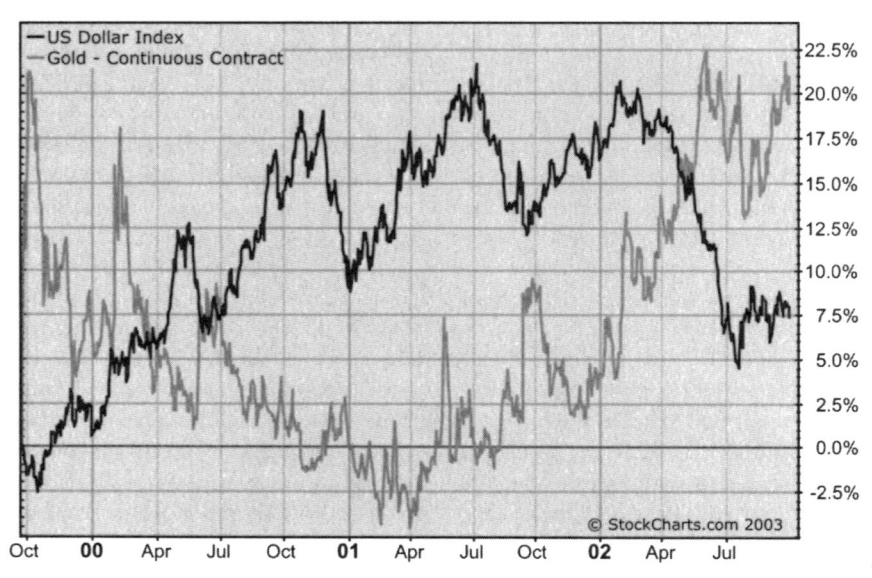

Abbildung 8.11: Die Kursabschläge beim Dollar 2001 und 2002 trugen zu einem Aufwärtstrend des Goldpreises bei.

Gold-Aktien glänzen

Die Goldminen-Aktien hatten schon einige Monate vor dem Goldpreis ihr Tief gesehen. Der Boden im Goldminen-Index (XAU) wurde im vierten Quartal 2000 erreicht, gerade als der Dollar das erste seiner drei Hochs bildete. Als er im Frühjahr 2002 das dritte Hoch bildete, war der Goldminen-Index schon auf den höchsten Stand seit dem vierten Quartal 1999 geklettert (Chart 8.12). Der Goldpreis und die Goldminen hatten sich bis zu diesem Zeitpunkt exakt so verhalten, wie es ein Intermarket-Analyst von ihnen erwartet hätte. Die Kombination aus einem starken Dollar-Rückgang und einem Top am Aktienmarkt ist traditionell positiv für den Goldsektor. Abbildung 8.12 zeigt, wie der schwächere Dollar den neuen Aufwärtstrend der Goldminen-Aktien begünstigte.

Einige Trader vertraten die Ansicht, Gold sei kein wirkliches Investment, weil es sich 20 Jahre lang so schwach entwickelt hatte. Aber gerade das war einer der überzeugendsten Gründe, warum Gold (und Gold-Aktien) jetzt ein so gutes Investment waren. Die 20-jährige Aktienhausse war vorbei. Welchen besseren Zeitpunkt hätte es geben können, um Gold zu kaufen? Betrachten wir die Alternativen. Die Ak-

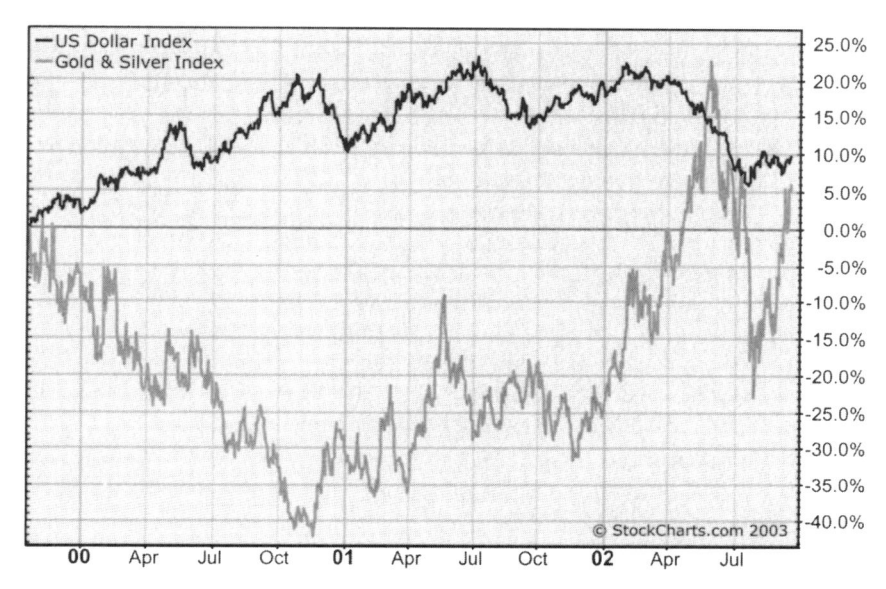

Abbildung 8.12: Das Tief der Goldminen-Aktien fiel zeitlich mit einem Hoch des Dollars zusammen.

tien befanden sich in einem starken Abwärtstrend. Die Zinsen waren auf dem tiefsten Stand seit 40 Jahren, was Anleihen wenig attraktiv aussehen ließ. Zwölf Zinssenkungen durch die Fed seit Anfang 2001 hatten die amerikanischen Kurzfristzinsen auf das tiefste Niveau aller Industrieländer gedrückt – mit Ausnahme Japans, wo die Zinsen bei null standen. Mit Geldmarktfonds war wenig mehr als ein Prozent zu verdienen. Da die US-Zinsen um so viel niedriger waren als in anderen Ländern, konnte der Dollar gar nicht anders als fallen. Das verringerte die Attraktivität amerikanischer Anleihen und Aktien für ausländische Investoren. Ein von sinkenden Aktienkursen, einem fallenden Dollar und historisch niedrigen Zinsen geprägtes Umfeld ermöglicht keine große Auswahl von Investmentmöglichkeiten. Genau dieses Intermarket-Klima lässt Kapital in den Goldmarkt fließen.

Ein Jahr später: Die Fed entdeckt die Deflation

Die Intermarket-Trends seit der asiatischen Währungskrise Mitte 1997 hatten auf eine wachsende Deflationsgefahr hingewiesen. In der Tat basierte das einzige Intermarket-Modell, das nach 1997 einen Sinn ergab, auf Deflation. Die Märkte preisen solche Mechanismen ein, und sie hatten sich schon seit einigen Jahren in einer Weise entwickelt, die auf reale Deflationsgefahren schließen ließ. Die ganze Zeit über hatte die Finanzgemeinde (einschließlich der Fed) fallende Inflationsraten und sinkende Zinsen als positive Entwicklungen begrüßt. Im Frühjahr 2003 brachte die Fed jedoch schließlich ihre Besorgnis über die Gefahr sinkender Preise zum Ausdruck. Es hatte fünf Jahre nach der asiatischen Währungskrise (und die schlimmste Aktienbaisse seit den deflationären 30er-Jahren) erfordert, bis das geschah.

Am 6. Mai 2003 gab die Fed ihre Entscheidung bekannt, die kurzfristigen Zinsen unverändert bei 1,25 Prozent zu belassen. Das hatte man erwartet. Unerwartet kam allerdings die am selben Tag veröffentlichte Stellungnahme: »Die Wahrscheinlichkeit eines unwillkommenen substanziellen Rückgangs der Inflationsrate ist zwar niedrig, aber höher als die einer Steigerung der Inflationsrate von ihrem aktuell schon niedrigen Niveau aus.« Die Fed vermied zwar das D-Wort, signalisierte aber ihre Bereitschaft, die Leitzinsen noch weiter zu senken, um die Gefahr fallender Preise (also Deflation) abzuwehren. Diese Stellungnahme signalisierte eine markante Trendwende in der Denkweise der Fed – wenn auch eine späte. Es war auch das erste Mal seit dem Zweiten Weltkrieg, dass ein Komitee der Fed offiziell erklärt hatte, Deflation sei eine größere Gefahr als Inflation. Die Fed begann mit der Senkung der Leitzinsen im Januar 2001, kurz nachdem die Rekord-Expansion der 90er-Jahre geendet und eine neue Rezession begonnen hatte. Bis Mai 2003 hatte sie die Leitzinsen zwölf Mal bis auf das niedrigste Niveau seit 1961 gesenkt. Die Tatsache, dass die aggressivste Zinssenkungsrunde seit 40 Jahren den beständigen Rückgang der Inflationsraten nicht aufhalten konnte, hätte die Finanzwelt schon viel früher alarmieren müssen, als es dann tatsächlich geschah.

Deflationäre Warnsignale hatte es schon im Vorjahr gegeben. Im Dezember 2002 wurde ein Rückgang des Produzentenpreisindex (PPI) um 0,3 Prozent für diesen Monat gemeldet. Die Großhandelspreise fielen, gemessen am PPI, im Gesamtjahr um 0,4 Prozent. Das war das erste Mal seit 28 Jahren, dass die Großhandelspreise in den USA auf Jahresbasis gesunken waren. Die Volkswirte trösteten sich mit einem kleinen Anstieg des Konsumentenpreisindex (CPI). Was 2002 einen Rückgang des CPI verhinderte, war ein Preisanstieg im Dienstleistungssektor um 3,2 Prozent. Die Konsumgüterpreise fielen um 1,5 Prozent. Der Rückgang der Güterpreise im November und im Dezember 2002 war der stärkste seit 1958. Während die Volkswirte

Preissteigerungen im Gesundheits- und Bildungsbereich beachteten, litten die amerikanischen Unternehmen unter einem Preisrückgang der Industrieprodukte.

Bis zum Frühjahr 2003 war der Index der Konsumentenpreise (ex Nahrungsmittel und Energie) – das bevorzugte Inflationsmaß der Fed – um ein Prozent gefallen und hatte damit sein niedrigstes Niveau seit 40 Jahren erreicht. Kaum zwei Wochen nach der Erklärung der Fed, sie sorge sich um einen »substanziellen Rückgang der Inflationsraten«, wurde bekannt, dass die PPI-Zahlen vom April um 1,9 Prozent gefallen waren, was dem stärksten je verzeichneten Minus entsprach. Hauptgrund dafür war der deutliche Rückgang der Energiepreise nach dem Beginn des Irak-Kriegs. Der Kernindex der Produzentenpreise (ex Nahrungsmittel und Energie) fiel jedoch um 0,9 Prozent, und das war der stärkste Rückgang seit neun Jahren. Einen Tag später wurde gemeldet, dass der Konsumentenpreisindex (CPI) im April um 0,3 Prozent gefallen war. Sein Anstieg von 1,5 Prozent auf Jahresbasis war der niedrigste seit 1966.

Von Oktober 2002 bis April 2003 lag die annualisierte Kerninflationsrate bei noch niedrigeren 0,9 Prozent. Plötzlich war das ersehnte Ziel einer Nullinflation gefährlich nahe daran, in eine unerwünschte Deflationsentwicklung überzugehen. Im Mai warnte ein Ausschuss des Internationalen Währungsfonds vor hohem und zunehmendem Deflationsrisiko in Deutschland, Taiwan und Hongkong sowie von einer wachsenden Deflation in Japan.

Niedrige Inflation bedeutet, dass die Preise für Güter und Dienstleistungen relativ langsam steigen. Deflation bedeutet, dass sie tatsächlich fallen. In einem solchen Umfeld können die Unternehmen ihre Preise nicht erhöhen. Daher müssen sie ihre operativen Kosten senken, was auf weniger Beschäftigung und mehr Arbeitslosigkeit hinausläuft. Deflation ist viel schwerer zu bekämpfen als Inflation, vor allem, wenn die kurzfristigen Zinsen ohnehin schon bei 1,25 Prozent liegen. Mit Zinsen, die so nahe bei null liegen, verliert die Fed ihre wichtigste Waffe im Kampf gegen Konjunkturschwäche und Deflation, nämlich die Möglichkeit, die Zinsen zu senken. Das bringt uns wieder zurück zum Dollar.

Man lässt den Dollar fallen

Die Reaktion der Finanzmärkte auf die plötzliche Deflationsangst der Fed (und die deflationären CPI- und PPI-Zahlen) im Mai 2003 war vorhersehbar. Die Rendite der zehnjährigen US-Staatsanleihen fiel auf den niedrigsten Stand seit 45 Jahren. Der Dollar fiel gegenüber dem Euro auf ein Vierjahrestief, gegenüber dem kanadischen Dollar auf ein Fünfjahrestief und gegenüber dem australischen Dollar auf ein Dreijahrestief. (Kapital fließt aus niedrig verzinsten in hoch verzinste Währungen. Im Mai 2003 rentierten zweijährige US-Staatsanleihen mit 1,5 Prozent. Anleihen gleicher Laufzeit rentierten in Australien mit 4,61, in Kanada mit 3,69 und in Deutschland mit 2,4 Prozent.)

Obwohl die Fed die Zinsen kaum noch senken konnte, gab es doch etwas, das sie absenken konnte: den Dollar. Ein fallender Dollar ist eines der besten Heilmittel gegen sinkende Preise und wirkt inflationsfördernd. Manche Beobachter glaubten, die Fed (und das US-Schatzamt) hätten den Dollar schon seit Anfang 2002 geschwächt, um die Inflation ein wenig anzuheizen. Dieser Verdacht erhärtete sich einige Wochen nach der Erklärung der Fed, sie sei besorgt wegen nachgebender Inflationsraten. John Snow, der Sekretär des Schatzamts, wies darauf hin, die amerikanische Regierung habe ihre seit acht Jahren verfolgte Politik aufgegeben, den Dollar verbal zu stützen. Mr. Snow führte aus, die Regierung messe den Wert des Dollars nun nicht mehr anhand seines Marktwerts im Vergleich zu anderen bedeutenden Währungen. Trader werteten das als Signal, die Regierung wolle den Dollar schwächen, um die Wirtschaft zu *reflationieren* (oder zu reinflationieren). An den Rohstoffmärkten funktionierte diese Strategie. Gleich nach Mr. Snows Kommentar verkauften die Trader den Dollar und kauften Gold. Zu diesem Zeitpunkt waren die Rohstoffpreise allerdings schon mehr als ein Jahr lang gestiegen, auch wegen des fallenden Dollars. Der starke Rückgang der Bondrenditen im Mai 2003 erwies sich als kurzlebig. Schon nach drei Monaten begannen die steigenden Rohstoffpreise die Renditen nach oben und die Anleihenkurse nach unten zu treiben.

KAPITEL 9

2002: Der schwache Dollar lässt die Rohstoffpreise steigen

Rohstoffe werden teurer

Im vorherigen Kapitel haben wir die plötzlichen Deflationsbefürchtungen der Fed im Mai 2003 erwähnt und geschildert, wie sich die amerikanische Regierung von der Politik des starken Dollars verabschiedete. Der Plan war, den Dollar zu opfern, um einen Preisanstieg zu erreichen. Als die Fed die fallenden Preise bemerkte, befanden sich die Rohstoffmärkte schon seit über einem Jahr im Aufwärtstrend. Das hatte viel mit dem schwachen Dollar zu tun. Der Anstieg der Rohstoffpreise wirkte sich auf den Anleihenmarkt jedoch nicht so aus wie sonst. Wie schon erwähnt, betrifft eine der wichtigsten Veränderungen der Intermarket-Beziehungen die Verbindung zwischen Anleihen und Aktien. In der zweiten Jahreshälfte 2002 veränderte sich auch eine zweite wichtige Intermarket-Beziehung: die Verbindung zwischen Anleihen und Rohstoffen.

Die steigenden Rohstoffpreise in der zweiten Jahreshälfte 2002 hätten eigentlich zu sinkenden Anleihenkursen und zu steigenden Anleihenrenditen führen müssen. Das geschah aber nicht. Eine mögliche Erklärung für die Entkoppelung von Anleihenrenditen und Rohstoffpreisen ist die Anwesenheit globaler deflationärer Tendenzen. Die amerikanischen Zinsen stehen mit den internationalen Zinsen in Verbindung; beide sinken und steigen in der Regel gemeinsam. Da Japan mitten in einem deflationären Abschwung steckte, fielen die internationalen Anleihenrenditen weiter. Dieser globale deflationäre Einfluss erklärt teilweise, warum die Anleihenrenditen in der zweiten Jahreshälfte 2002 nicht gemeinsam mit den Rohstoffpreisen auf ein höheres Niveau stiegen. Auch die sinkenden Aktienkurse drück-

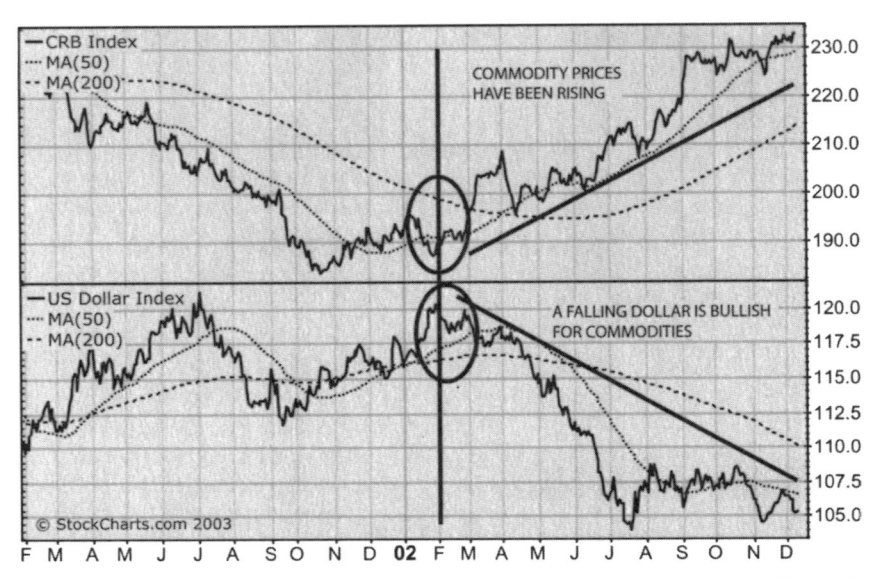

Abbildung 9.1: Im gesamten Jahr 2002 schwächte sich der Dollar ab, und die Rohstoffpreise stiegen.

ten auf die Renditen. Eine genauere Untersuchung der einzelnen Rohstoffmärkte, die den CRB-Index im Jahr 2002 steigen ließen, liefert den Schlüssel zum Verständnis, warum der Bondmarkt kaum auf die steigenden Rohstoffpreise reagierte.

Der Dollar fällt – und Rohstoffe werden teurer

Der US-Dollar erreichte sein letztes Hoch im ersten Quartal 2002. Von da an fiel er für den Rest des Jahres. Der CRB-Index (der einen Korb von Rohstoffpreisen repräsentiert) drehte genau zu dem Zeitpunkt nach oben, als sich der Dollar abzuschwächen begann. Der Anstieg der Rohstoffpreise hielt bis zum Ende des Jahres ununterbrochen an. Das entsprach dem Intermarket-Prinzip, dass ein schwacher Dollar in der Regel zu steigenden Rohstoffpreisen führt (siehe Abbildung 9.1). Im vorherigen Kapitel haben wir den Goldpreisanstieg als Folge der Dollar-Schwäche untersucht. Die Rallye beschränkte sich jedoch nicht auf Gold, sondern umfasste die meisten Rohstoffmärkte.

Die Entkoppelung von Anleihen und Rohstoffen

Ein derart starker Rohstoffpreisanstieg hätte 2002 eigentlich Druck auf den Bondmarkt ausüben müssen. Das geschah aber nicht. In der ersten Jahreshälfte 2002 behielten Anleihen und Rohstoffe ihre normale, inverse Beziehung bei. Die Rohstoffe wurden teurer, während sich die Bonds abschwächten. Ab Mitte des Jahres aber beschleunigte sich der Rohstoffpreisanstieg. Das hätte normalerweise zu sinkenden Anleihenkursen führen müssen. Überraschenderweise starteten die Bonds aber gemeinsam mit den Rohstoffen eine Aufwärtsbewegung, wie in Abbildung 9.2 zu sehen ist. Das kann man teilweise damit erklären, dass der Aktienmarkt im Frühjahr und im Sommer 2002 seinen Abwärtstrend wieder aufnahm, und die Anleihenkurse in der Folge stiegen. Anscheinend war der Bondmarkt 2002 enger mit dem Aktien- als mit dem Rohstoffmarkt verbunden. Zum Teil ignorierten die Anleihen-Trader die Rohstoffhausse auch wegen der Art und Weise, wie diese Hausse ablief.

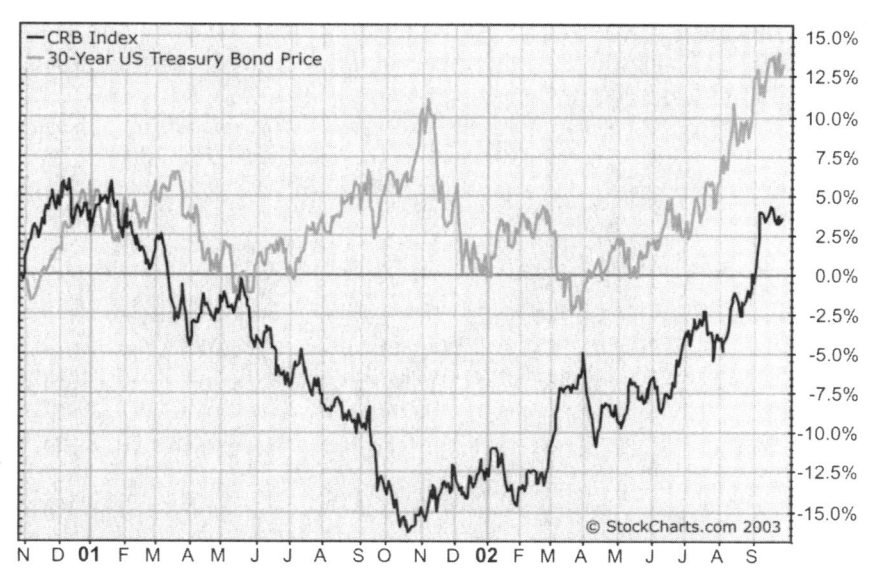

Abbildung 9.2: Bis Mitte 2002 tendierten Anleihen und Rohstoffpreise in entgegengesetzte Richtungen.

Die Kriegsprämie treibt den Ölpreis nach oben

Die Entwicklung der Rohölpreise wirkt sich stark auf den CRB-Index aus. Ein Vergleich der beiden Märkte zeigt eine positive Korrelation von 2000 bis 2002. Der Ölpreis hatte in der zweiten Jahreshälfte 2000 ein Hoch erreicht und war dann bis Ende 2001 gefallen. Der CRB-Index erreichte sein Hoch kurz nach dem Öl und fiel ebenfalls im ganzen Jahr 2001. Anfang 2002 erholten sich beide wieder (mit Hilfe des fallenden Dollars), wie Abbildung 9.3 zeigt. Obwohl der Rohölpreis im ganzen Jahr 2002 stieg, nahm man damals an, eine unrealistische und ungerechtfertigte *Kriegsprämie* sei darin eingepreist, weil man einen weiteren Krieg im Irak befürchtete. Mit anderen Worten: Die Ölhausse war in gewisser Weise künstlich und wohl kaum von Dauer. (Diese Einschätzung bestätigte sich Anfang 2003, als der Ölpreis kurz nach dem Kriegsbeginn im Irak um 33 Prozent fiel.) Es trifft auch zu, dass steigende Ölpreise die Konjunktur belasten und die Aussichten auf wirtschaftliches Wachstum schmälern. Langsameres Wirtschaftswachstum führt zu sinkenden Zinsen und zu höheren An-

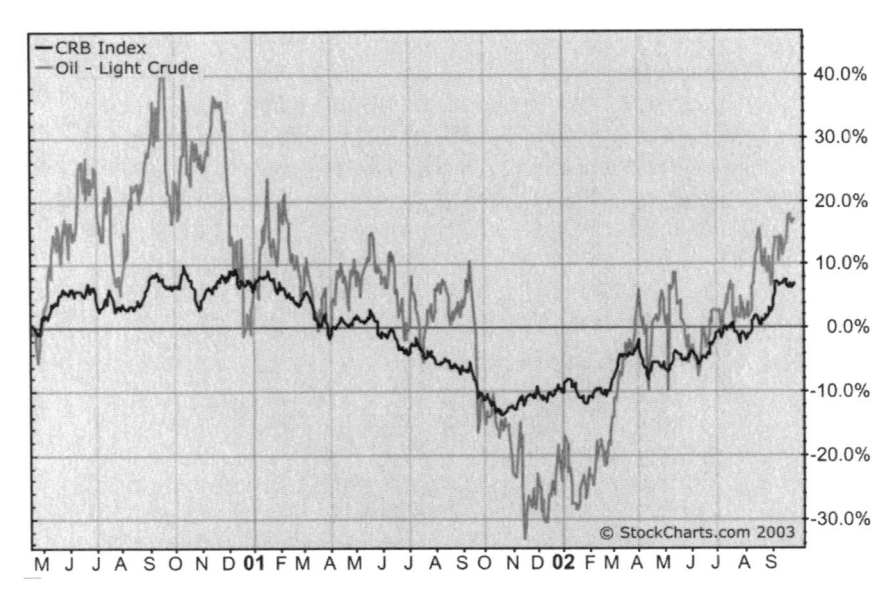

Abbildung 9.3: Die im Ölpreis diskontierte »Kriegsprämie« war einer der Gründe für den Anstieg des CRB-Index im Jahr 2002.

leihenkursen. Anstatt Inflationsangst auszulösen und den Anleihenmarkt zu belasten, hatten die steigenden Rohstoffpreise 2002 wohl den gegenteiligen Effekt.

Divergenz der Rohstoffpreise: Wetter versus Konjunktur

Im dritten Quartal 2002 waren die stärksten Anstiege im Rohstoffbereich bei den Getreidepreisen zu verzeichnen. Eine anhaltende Trockenheit im Mittleren Westen der USA ließ die Preise landwirtschaftlicher Produkte steil ansteigen, was wiederum dem CRB einen Schub nach oben verlieh. Gleichzeitig sanken allerdings die Preise der Industriemetalle. Die Botschaft von den Rohstoffmärkten war also zweideutig, und das entging den Optimisten am Bondmarkt nicht. Kurse und Renditen von Anleihen reagieren auf die Signale, die von den Rohstoffmärkten kommen. In der zweiten Jahreshälfte 2002 kam es zu einer Divergenz der Rohstoffpreise. Die vom Wetter abhängigen

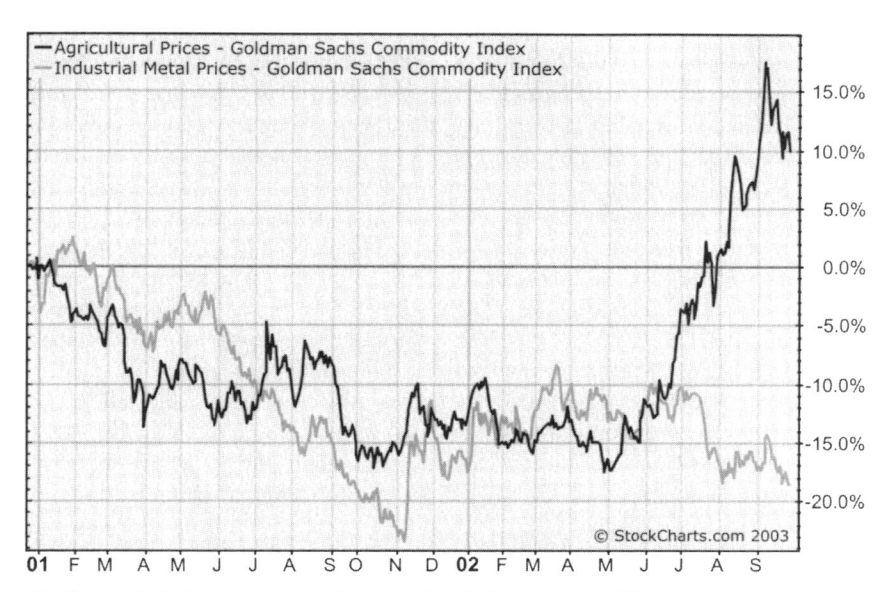

Abbildung 9.4: In der zweiten Jahreshälfte ließ eine ungewöhnliche Trockenheit die Preise landwirtschaftlicher Güter steigen, während die Industriemetallpreise sanken.

Preise landwirtschaftlicher Güter stiegen. Die von der Konjunktur abhängigen Metallpreise stiegen nicht. Generell haben die Getreidepreise einen wesentlich geringeren Einfluss auf die Zinsentwicklung als der Kupferpreis. Die Hausse der Getreidepreise wäre schon durch ein wenig mehr Regen beendet gewesen. Um die Metallpreise steigen zu lassen, wäre allerdings eine wesentlich stärkere Konjunktur erforderlich gewesen. Die mangelnde Reaktion der Bondmärkte auf den steigenden CRB-Index lässt sich also teilweise damit erklären, dass die Marktteilnehmer glaubten, der CRB liefere ein falsches Signal. Die weitere Entwicklung bestätigte diese Einschätzung (siehe Abbildung 9.4).

Industriemetalle und Zinsen bewegen sich in die gleiche Richtung

Die Industriemetallpreise und die Anleihenrenditen erreichten am Jahresbeginn 2000 ein Hoch. Das war ein Signal für einen wirtschaftlichen Abschwung und einen bevorstehenden Kursrückgang am Aktienmarkt. In den folgenden drei Jahren sanken beide Märkte gemeinsam, wie Abbildung 9.5 zeigt. Wir haben schon über die Tat-

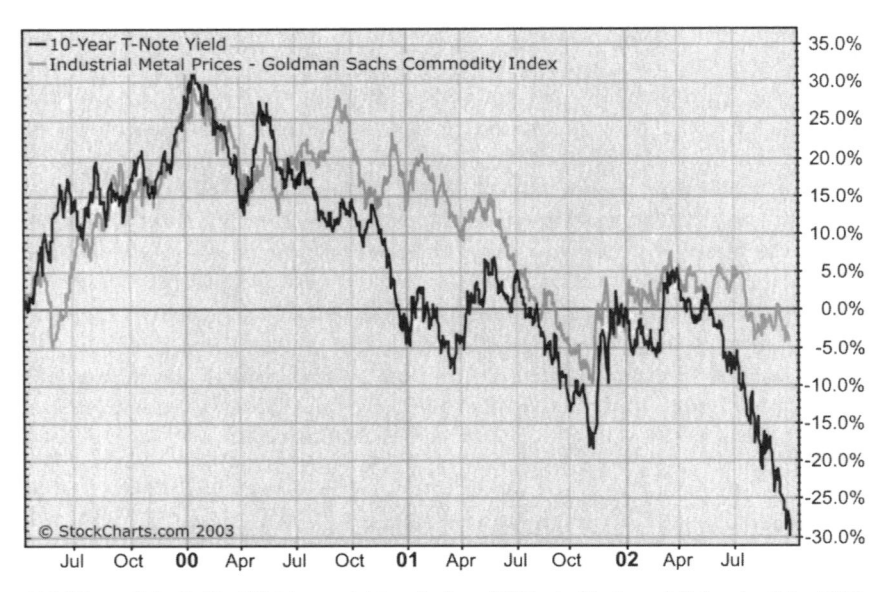

Abbildung 9.5: Beide Märkte erreichten Anfang 2000 ein Hoch und fielen im Jahr 2002 gemeinsam.

sache gesprochen, dass Industriemetalle wie Aluminium und Kupfer als Barometer globaler konjunktureller Stärke oder Schwäche gelten. Steigende Industriemetallpreise sind ebenso wie steigende Zinsen Zeichen einer stärker werdenden Konjunktur. Sinkende Industriemetallpreise werden ebenso wie sinkende Zinsen mit einer sich abschwächenden Konjunktur verbunden. Industriemetalle und Zinsen tendieren meist in die gleiche Richtung. Im vierten Quartal 2001 (nach der Katastrophe vom 11. September) erholten sich beide, begannen aber im folgenden Frühjahr wieder zu fallen – ebenso wie der Aktienmarkt. Interessanterweise bildeten dann alle drei im Oktober einen Boden. Offenbar machten sich die Anleihen-Trader über die schwachen Konjunktursignale, die von den sinkenden Metall- und Aktienmärkten ausgingen, mehr Sorgen als über den ausbleibenden Regen im Mittleren Westen. (Im Sommer 2003 wurden die Industriemetalle zur stärksten Gruppe im Rohstoffsektor und trugen dazu bei, die langfristigen Zinsen nach oben zu treiben.)

Rohstoffpreise und Anleihenrenditen entwickeln sich normalerweise in die gleiche Richtung

Jeder Chartvergleich von Anleihenrenditen und Rohstoffpreisen zeigt, dass beide in der Regel in die gleiche Richtung tendieren. Die Bondrenditen und der CRB-Index erreichten beide 1996 ein Hoch und sanken dann bis Ende 1998. (Ein großer Teil des Rückgangs von Mitte 1997 bis zum vierten Quartal 1998 war die Folge der Deflationsangst im Anschluss an die Währungskrise in Asien.) Der CRB-Index und die Anleihenrenditen stiegen 1999 gemeinsam, was letztlich zum Hoch des Aktienmarkts im Jahr 2000 beitrug. In diesem Jahr trennten sich ihre Wege: Die Renditen stiegen, während die Rohstoffpreise sanken. Diese Divergenz wurde offensichtlich von einer massiven Flucht in Anleihen nach dem Zusammenbruch an der Nasdaq ausgelöst. Im Jahr 2001 war der Gleichlauf wieder hergestellt: Rohstoffpreise und Anleihenrenditen sanken gemeinsam. Erst Mitte 2002 ergab sich wieder eine Divergenz (siehe Abbildung 9.6). Wir haben in diesem Buch schon einige Erklärungen für die Entkoppelung von Rohstoffpreisen und Bondrenditen in der zweiten Jahreshälfte 2002 diskutiert: Die Rohstoffe zogen an, während es am Aktienmarkt kräftig nach unten ging. Vielleicht kann man den anhaltenden Rückgang der Bondrenditen aber auch mit weltweit wirksamen Einflüssen erklären.

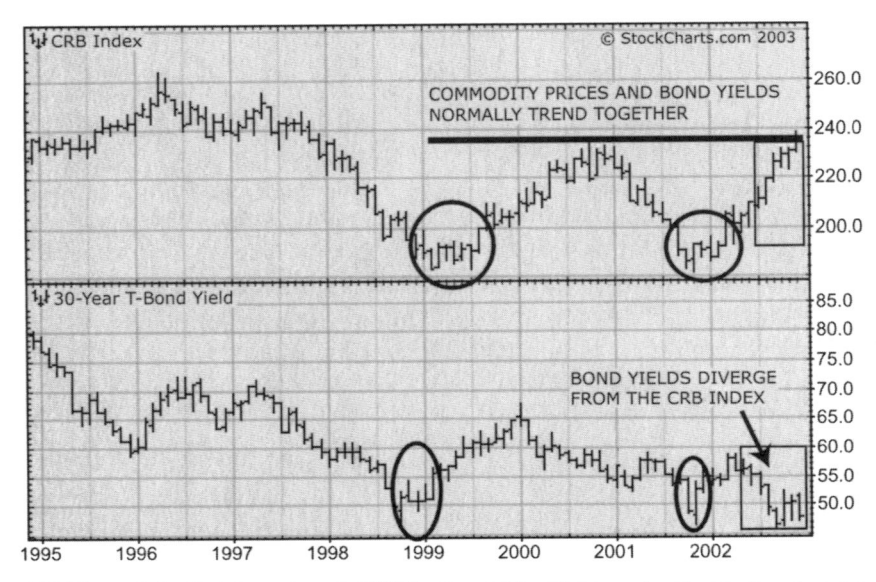

Abbildung 9.6: Nachdem sie seit 1995 in die gleiche Richtung tendiert hatten, begann Mitte 2002 eine Divergenz zwischen den Bondrenditen und dem CRB-Index.

Die Deflation in Asien zieht die amerikanischen Bondrenditen nach unten

Seit dem Jahr 2000 gab es eine bemerkenswert enge Korrelation zwischen der Rendite der zehnjährigen US-Staatsanleihen und dem japanischen Aktienmarkt. Japan war die zweitgrößte Volkswirtschaft der Welt und in eine deflationäre Spirale fallender Preise geraten. (Nach der asiatischen Währungskrise von 1997 breiteten sich diese deflationären Tendenzen über ganz Asien und schließlich auf den Rest der Welt aus.) Weil die Weltmärkte so eng miteinander verbunden sind, bewirkten die aus Asien kommenden deflationären Trends, dass überall auf der Welt die Zinsen sanken. Das traf auch auf die amerikanischen Zinsen zu. Nachdem der japanische Aktienmarkt und die amerikanischen Bondrenditen 2000 und während des größten Teils des Jahres 2001 gemeinsam gefallen waren, begannen sie nach dem 11. September 2001 zu steigen. Das hielt bis zum Frühjahr 2002 an. Im April und im Mai 2002 fielen sie dann wieder (ebenso wie der amerikanische Aktienmarkt). Im August 2002 waren der Nikkei auf den tiefsten Stand seit 20 Jahren und die amerikanischen

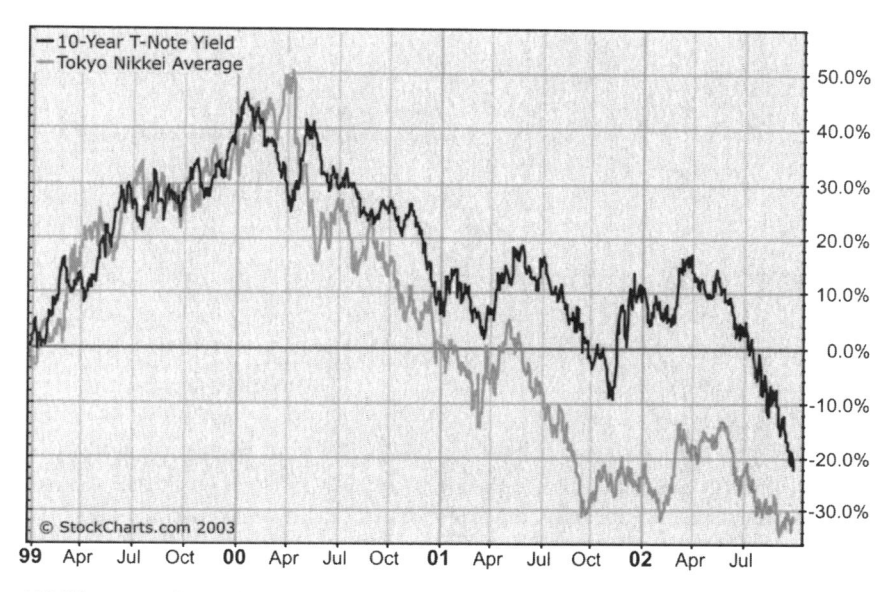

Abbildung 9.7: Die Deflation in Asien führte dazu, dass der japanische Aktienmarkt und die amerikanischen Bondrenditen im Jahr 2000 zu sinken begannen.

Bondrenditen auf das niedrigste Niveau seit 40 Jahren gefallen, wie Abbildung 9.7 zeigt. Man könnte argumentieren, dass die aus Japan stammenden globalen deflationären Tendenzen die amerikanischen Bondrenditen in der zweiten Jahreshälfte 2002 nach unten gezogen und so den Effekt der steigenden Rohstoffpreise überlagert haben.

Die weltweite Baisse

Globale Verbindungen spielen für die Intermarket-Analyse eine immer wichtigere Rolle. Die Zinsen steigen und fallen weltweit, und das trifft auch auf die Aktienmärkte zu. Es kann daher nicht überraschen, dass sich der Abwärtstrend weltweit auswirkte, in den der amerikanische Aktienmarkt im Jahr 2000 geriet. Mit anderen Worten: Alle wichtigen Aktienmärkte der Welt fielen im Gleichschritt. Kein Teil der Welt kam ungeschoren davon: Asien nicht, Europa nicht und schon gar nicht die USA. Die enge Korrelation zwischen den Aktienmärkten während der dreijährigen Baisse ist ein weiteres dramatisches Beispiel dafür, wie sehr die Weltmärkte miteinander verbunden sind (siehe Abbildung 9.8).

Diese Tatsache spricht gegen das Argument einer internationalen Diversifizierung während eines massiven Abwärtstrends. In einer globalen Baisse kann man sich nicht vor Verlusten schützen, indem man einen Teil seines Kapitals im Ausland investiert. Das zeigt auch, warum es für Anleger so wichtig ist, sich über die Ereignisse jenseits der eigenen Landesgrenzen zu informieren. Die amerikanischen Märkte reagieren sehr sensibel auf weltweite Trends. Wenn die Aktienkurse rund um den Globus fallen, dann bedeutet dies meist, dass sich auch das weltweite Wirtschaftswachstum abkühlt. Und wer soll dann amerikanische Waren kaufen? Wenn die amerikanische Wirtschaft schwach ist, wer kauft dann die Güter aus anderen Ländern, deren Wohlergehen vom Export abhängt? Die Tatsache, dass Aktienkurse und Anleihenrenditen gleichzeitig weltweit sanken, deutet außerdem auf eine gemeinsame Ursache dieser Ereignisse hin. Es erscheint logisch, diese Ursache in Japan zu suchen.

Abbildung 9.8: Von 2000 bis 2002 sanken die wichtigen Aktienmärkte der Welt im Gleichschritt – ein dramatisches Beispiel für globale Zusammenhänge.

Japan zieht die Weltmärkte nach unten

Wie schon erwähnt, gibt es eine enge Korrelation zwischen dem japanischen Aktienmarkt und den amerikanischen Bondrenditen. Man kann also argumentieren, dass die Deflation in Japan der Hauptgrund für die sinkenden Renditen in den USA war (von den weltweiten Renditen gar nicht zu reden). Man kann diesen Vergleich auch auf die globalen Aktienmärkte anwenden. Ein Vergleich der japanischen Börse mit einem Index der weltweiten Aktienmärkte zeigt ebenfalls eine bemerkenswert hohe Korrelation (siehe Abbildung 9.9). Beide Charts erreichten Anfang 2000 ein Hoch und fielen dann drei Jahre lang. Selbst die Zwischenhochs und -tiefs in diesem dreijährigen Abwärtstrend treten bei beiden sehr zeitnah auf. Beide Charts bildeten im vierten Quartal 2001 einen Boden und stiegen bis zum folgenden Frühjahr. Dann sanken sie wieder. (Ende 2002 stabilisierten sich die meisten Aktienmärkte der Welt und zogen dann während des größten Teils des Jahres 2003 an.)

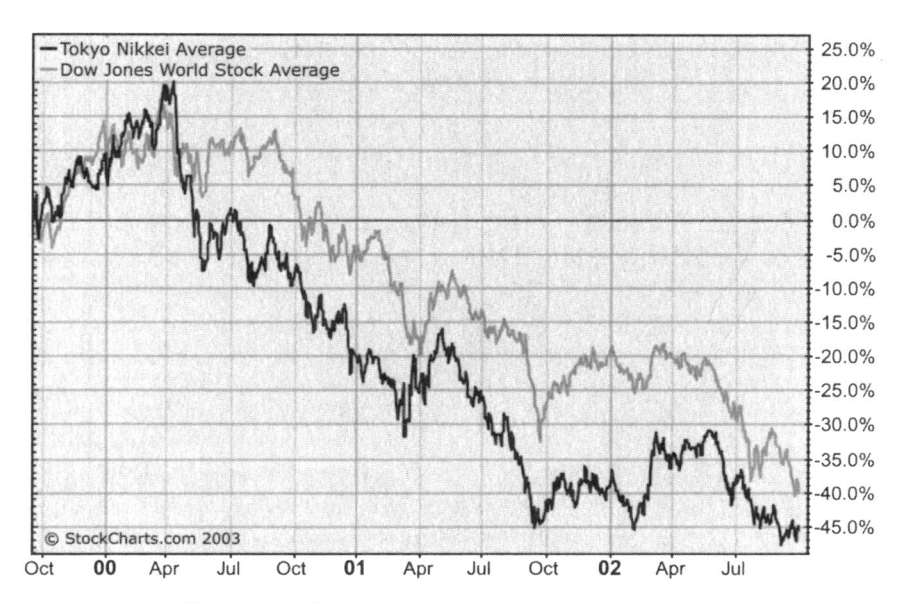

Abbildung 9.9: Wegen der deflationären Tendenzen folgten die weltweiten Aktienmärkte der japanischen Börse auf dem Weg nach unten.

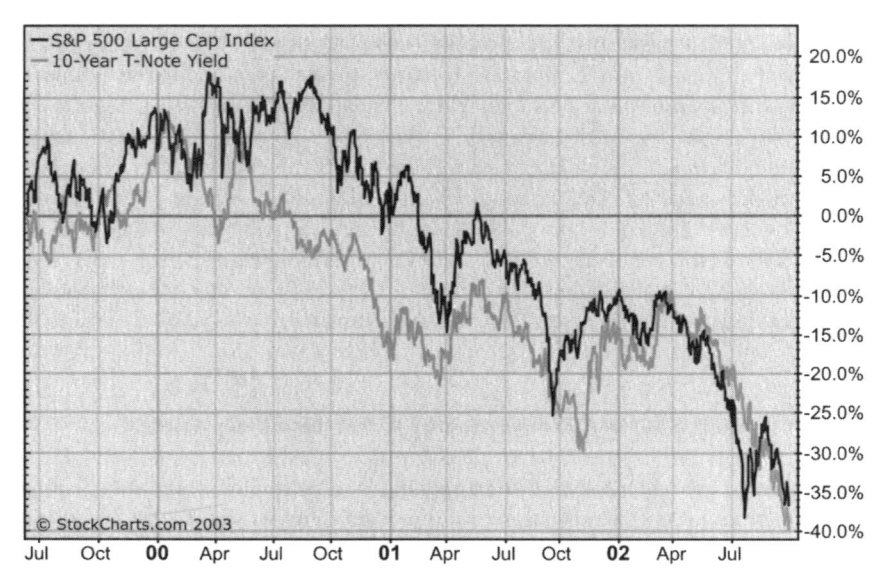

Abbildung 9.10: Das Deflationsszenario erklärt, warum Bondrenditen und Aktienkurse von 2000 bis 2002 gemeinsam gefallen sind.

Das Deflationsszenario: Amerikanische Aktienkurse und Anleihenrenditen sinken gemeinsam

Das bringt uns wieder zurück zu den amerikanischen Wertpapiermärkten. Es gibt einen Grund, warum wir zunächst die globalen Tendenzen erörtert haben, bevor wir uns nun wieder den amerikanischen Märkten zuwenden. Diese Vorgehensweise sollte zeigen, dass die ungewöhnliche Beziehung zwischen amerikanischen Anleihen und Aktien nur dann verwirrend aussieht, wenn man die Dinge ausschließlich aus inländischer Sicht betrachtet. Der Vergleich amerikanischer Aktienkurse und Bondrenditen zeigt, dass beide seit 2000 fielen (siehe Abbildung 9.10.) Wenn die Märkte von ihrem üblichen Intermarket-Beziehungsmuster abweichen, dann muss etwas Ungewöhnliches vorgefallen sein. Ab einem bestimmten Punkt muss ein intelligenter Analyst nach solchen Ursachen suchen. Bedeutende Entkoppelungen von Anleihen und Aktien ereignen sich normalerweise in einem deflationären Umfeld. Das letzte Beispiel dafür waren die 30er-Jahre.

Die amerikanischen Volkswirte und vor allem die Akteure an der Wall Street hielten lange an dem Glaubenssatz fest, die USA befänden sich nicht wirklich in einer Deflation, und alles, was die Börse brauche, seien weitere Zinssenkungen durch die Fed. Japan befand sich allerdings bereits in der Deflation. Die Japaner hatten ihre Leitzinsen bis auf null gesenkt – ohne spürbare Auswirkungen auf ihren Aktienmarkt oder ihre Konjunktur. Die Fed hatte die Leitzinsen zwölf Mal gesenkt – bis auf ein Niveau, das ebenfalls schon gefährlich nahe bei null lag. Die amerikanischen Anleihenrenditen waren auf den niedrigsten Stand seit 40 Jahren gefallen. Der japanische Aktienmarkt befand sich auf dem niedrigsten Niveau seit zwölf Jahren. Die japanischen Konsumentenpreise waren seit drei Jahren gesunken. Im Frühjahr erreichte auch die Steigerung der amerikanischen Konsumentenpreise das niedrigste Niveau seit 40 Jahren. Alle diese Vergleiche drängen die Schlussfolgerung auf, dass der von Japan ausgegangene deflationäre Trend zu einem großen Teil für die Entkoppelung von amerikanischen Aktien und Anleihen in den vergangenen drei Jahren verantwortlich war – und auch für die meisten anderen Veränderungen in den traditionellen Intermarket-Modellen. Die Kapitalmärkte antizipieren die Zukunft. Obwohl sich die amerikanischen Märkte noch nicht wirklich in einer Deflation befanden, diskontierten sie auf deutlich erkennbare Weise eine Entwicklung in diese Richtung. Bei Charts – und an den Märkten – geht es ausschließlich darum, zukünftige Entwicklungen zu antizipieren.

Die Rohstoffe profitieren von der Schlacht gegen die Deflation

Lassen Sie uns dieses Kapitel dort beenden, wo wir es begonnen haben – bei den steigenden Rohstoffpreisen. Ein schwacher Dollar gilt in der Regel als inflationsfördernd. Schon der Einbruch des Dollars seit Anfang 2002 hatte dazu beigetragen, die Rohstoffpreise deutlich nach oben zu treiben. Ende 2002 hatte der CRB-Index sein höchstes Niveau seit fünf Jahren erreicht. Man könnte diesen Anstieg als frühes Anzeichen dafür interpretieren, dass der Dollar den gewünschten Effekt erreichte, die Inflation ein wenig anzuheizen – besonders im Rohstoffbereich. Für Rohstoff-Trader war das eine gute Nachricht. Wenn die Regierung dazu bereit ist, den Dollar abzuschwächen, dann kann das für die Rohstoffmärkte nur positiv sein. Wenn sich die Fed

Sorgen wegen einer möglichen Deflation macht, dann wird sie kaum bereit sein, die Zinsen zu erhöhen. Ironischerweise machen diese Zusammenhänge die Rohstoffmärkte zum größten Profiteur des Kampfes der Fed gegen die Deflation.

Das Top des Dollars leitet eine neue Hausse am Goldmarkt ein

Eine der wichtigsten Aufgaben der Chartanalyse ist die Entscheidungsfindung, ob ein Trendwechsel nur relativ unbedeutend ist oder eine wichtige, längerfristige Wende in der Richtung eines Marktes bedeutet. Die Intermarket-Analyse kann dazu eingesetzt werden, indem man die Chartentwicklungen zweier miteinander verbundener Märkte vergleicht. Zuerst vergleicht man einfach die Richtungen, in die sich beide bewegen, um beurteilen zu können, ob sie sich an das normale Verlaufsmuster halten. Erinnern Sie sich daran, dass ein schwacher Dollar in der Regel positiv für den Goldpreis ist. Wenn Gold zu steigen beginnt, sollte man zunächst prüfen, ob der Dollar gerade

Abbildung 9.11: Ende 2002 durchbrach der Dollar eine sieben Jahre alte Unterstützungslinie.

2002: Der schwache Dollar lässt die Rohstoffpreise steigen

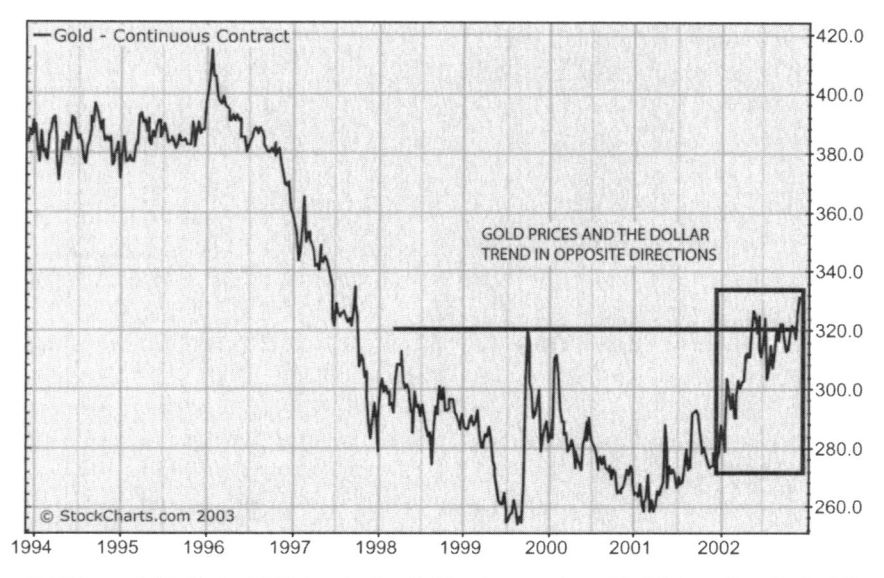

Abbildung 9.12: Ende 2002 brach der Goldpreis aus einer fünf Jahre alten Bodenbildungsformation aus. Der schwache Dollar half dabei.

sinkt. Als Nächstes untersucht man die Charts jedes einzelnen Markts, um die Bedeutung ihrer jeweiligen Trendänderungen einschätzen zu können. Ein unbedeutender Wechsel in dem einen rechtfertigt womöglich keine langfristige Trendwende in dem anderen. Die Trendsignale sollten von vergleichbarer Tragweite sein.

Der Dollar war das ganze Jahr 2002 hindurch gesunken. Gleichzeitig war der Goldpreis gestiegen. Im Dezember 2002 durchbrach der Dollar jedoch eine sieben Jahre alte aufsteigende Trendlinie, wie in Abbildung 9.11 zu sehen ist. Für Charttechniker war das ein bedeutender Trendbruch und ein Anzeichen für einen markanten Wertverlust der amerikanischen Währung. Gleichzeitig brach der Goldpreis *nach oben* aus einer Bodenbildungsformation aus, die sich seit fünf Jahren gebildet hatte (siehe Abbildung 9.12). Der Goldpreis war gerade über 325 Dollar (den Höchstpreis Ende 1999) geklettert. Dieser Ausbruch nach oben signalisierte den Beginn einer kräftigen Goldhausse. Dies ist nur ein Beispiel dafür, wie man traditionelle Chartanalyse mit den Intermarket-Prinzipien verbinden kann. Das Gold und der Dollar verzeichneten gleichzeitig bedeutende Trendwenden. Und beide entwickelten sich in entgegengesetzte Richtungen.

Eine Rückbesinnung auf harte Vermögensgegenstände?

Langfristcharts legen nahe, dass eine Ära begonnen haben könnte, in der harte Vermögensgegenstände besser abschneiden als Papierwerte. Zum bislang letzten Mal war es in den 70er-Jahren der Fall gewesen, dass die Investoren Rohstoffen (harten Vermögensgegenständen) den Vorzug gegenüber Anleihen und Aktien (Papierwerten) gegeben hatten. Seit 1980 hatten sich die Rohstoffmärkte im Abwärtstrend befunden, während Anleihen und Aktien eine markante Hausse verzeichneten. In den beiden vergangenen, von nachlassender Inflation geprägten Jahrzehnten haben Papierwerte die harten Vermögensgegenstände weit hinter sich gelassen. Das könnte sich nun ändern. Wir werden im nächsten Kapitel darüber sprechen, dass eine langfristige Umschichtung weg von Aktien und Anleihen und hin zu Rohstoffinvestments bevorstehen könnte.

KAPITEL 10

Die Umschichtung von Papierwerten zu harten Vermögensgegenständen

Gold wird wieder beliebt

Gold wird oft als Repräsentant des gesamten Rohstoffmarktes betrachtet. Das liegt wohl an seiner langen Geschichte als Zahlungsmittel und an der Tatsache, dass der Goldmarkt derbekannteste aller Rohstoffmärkte ist – mit der möglichen Ausnahme des Ölmarkts. Radio und Fensehen geben stets den aktuellen Goldpreis bekannt, aber nicht unbedingt die Preise für Baumwolle oder Sojabohnen. Außerdem ist es für Investoren relativ einfach, von Trends am Goldmarkt zu profitieren, indem sie entweder einzelne Goldminenaktien oder Anteile von Edelmetallfonds kaufen. Historisch gesehen gibt es eine enge Verbindung zwischen dem Goldpreis und dem allgemeinen Rohstoffpreisniveau.

In den 70er-Jahren, als alle Rohstoffmärkte deutlich nach oben tendierten, stieg der Goldpreis auf über 700 Dollar. Der Höchstkurs wurde 1980 erreicht, gerade als die Spekulationsblase an den Rohstoffmärkten platzte. Dann sank er 20 Jahre lang – wie die meisten anderen Rohstoffpreise. Im historischen Rückblick kommt Gold außerdem die Rolle zu, allgemeine Trendwenden der Rohstoffmärkte anzuführen. Daher wird dem Goldpreis, was die Richtung der Rohstoffpreise und die allgemeine Einschätzung der Attraktivität von Rohstoff-Investments betrifft, große Bedeutung zugemessen. Zum ersten Mal seit 20 Jahren werden Gold und andere Rohstoffe nun wieder als interessant eingestuft – auf Kosten von Anleihen und Aktien.

Der Goldpreis durchbricht seine 15 Jahre alte Widerstandslinie

Zur Identifizierung bedeutender Trendwenden sind Langfristcharts unentbehrlich. Das trifft auf alle Märkte zu. Wenn die Preise Trendlinien durchbrechen, die schon seit Jahren existieren, dann ist dies meist ein Zeichen, dass etwas Wichtiges im Gange ist. Im vorherigen Kapitel haben wir gezeigt, dass der Bruch einer siebenjährigen Aufwärtstrendlinie des US-Dollars Ende 2002 zeitgleich mit einem Ausbruch des Goldpreises nach oben stattfand. Das war aber nur ein Aspekt der Intermarket-Situation. Anfang 2003 war Gold auf das höchste Niveau seit mehr als fünf Jahren gestiegen. Noch eindrucksvoller war die Tatsache, dass der Preis eine 15 Jahre alte Widerstandslinie durchbrochen hatte, die sich bis 1987 zurückverfolgen lässt (siehe Abbildung 10.1). Dies war ein weiteres Chartsignal dafür, dass dieser jüngste Aufschwung des Goldpreises von Dauer sein könnte und es sich nicht nur um eine Erholungsphase innerhalb eines langfristigen Abwärtstrends handelte. Und noch etwas geschah, das den Glauben an die Nachhaltigkeit des Aufschwungs stützte: Die Aktienkurse begannen zu sinken.

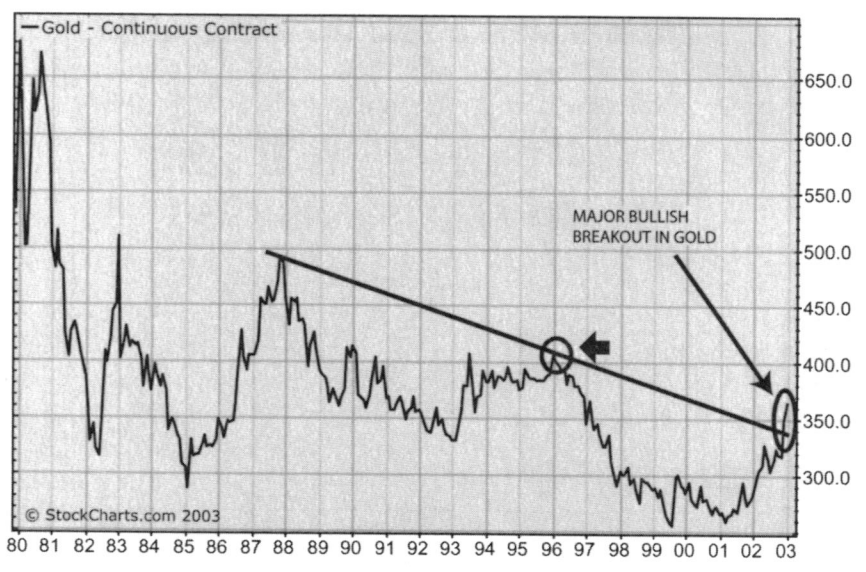

Abbildung 10.1: Der Goldpreis durchbricht eine 15 Jahre alte Widerstandslinie.

Der Goldpreis steigt, während die Aktienkurse sinken

Wie schon erwähnt, tendiert der Goldpreis im historischen Vergleich dazu, sich entgegengesetzt zum Aktienmarkt zu entwickeln. Gold gilt daher als Absicherung gegen sinkende Aktienkurse. Es spielt dabei keine Rolle, ob der Aktienmarkt von Inflation oder von Deflation bedroht wird. Tatsache ist, dass Gold mit dem Aktienmarkt in Verbindung steht – aber als Investment-Alternative. Der Goldpreis erreichte 1980 sein Hoch und sank dann 20 Jahre lang. Aktien bildeten 1982 einen Boden und verzeichneten in denselben 20 Jahren die Hausse des Jahrhunderts. Mit anderen Worten: Die 20-jährige Aktienhausse fiel zeitlich mit der 20-jährigen Goldbaisse zusammen. Es war kein Zufall, dass diese beiden Langfristtrends ihre jeweilige Richtung zwischen 1999 und 2001 änderten.

Jeder Vergleich dieser beiden Märkte zeigt, dass die Aktienhausse gerade dann endete, als die neue Goldhausse begann. Am beeindruckendsten war dabei die Tatsache, dass der Goldpreise seine 20-jährige Abwärtstrendlinie zur selben Zeit überwand, als der Aktienmarkt unter seine 20-jährige Aufwärtstrendlinie absackte (siehe Abbildung 10.2). Schon jedes Einzelne dieser beiden Ereignisse erschien

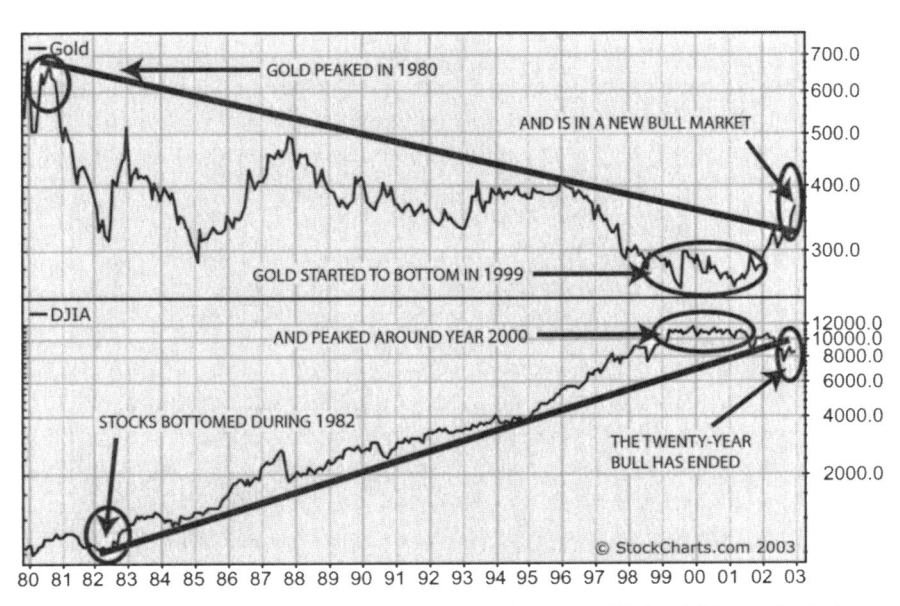

Abbildung 10.2: Im Jahr 2002 begann ein neuer Aufwärtstrend beim Gold, gerade als der 20-jährige Aufwärtstrend des Dow zu Ende ging.

165

bedeutsam. Die Kombination beider Ereignisse aber verstärkte noch die Signalwirkung. Die traditionelle Charttechnik zeigte, dass sich in beiden Märkten eine bedeutende Trendwende vollzogen hatte. Aus der Perspektive des Intermarket-Analysten war vor allem bedeutsam, dass beide Trendwenden gleichzeitig stattgefunden hatten. Und vor allem: Beide Märkte tendierten wie seit eh und je auch weiterhin in entgegengesetzte Richtungen. Was für den einen Markt (Aktien) schlecht war, war gut für den anderen (Gold). Weil Gold ein Vorbote der Trends an den anderen Rohstoffmärkten ist, signalisierte seine Trendwende nach dem Jahr 2000 eine Aufwärtsbewegung der anderen Rohstoffpreise. Dies deutete auf eine wichtige Veränderung des Verhältnisses von Aktien und Rohstoffen hin.

Zum ersten Mal seit 20 Jahren schneiden Rohstoffe besser ab als Aktien

Gold war nicht der einzige Rohstoff, dessen Preis im Jahr 2000 stieg. Wie im vorherigen Kapitel schon gezeigt, stieg der 17 Rohstoffmärkte umfassende CRB-Index noch vor Jahresende auf sein höchstes Niveau seit fünf Jahren. Das machte die Rohstoffe zum stärksten Kapitalmarktsektor des Jahres. Die Analyse der relativen Stärke ist eine der besten Möglichkeiten, zwei Märkte miteinander zu vergleichen. Um den entsprechenden Quotienten zu erhalten, dividiert man den einen Markt durch den anderen. Am Steigen oder Fallen der Quotientenlinie kann man erkennen, welcher der beiden Märkte der stärkere ist (siehe Abbildung 10.3)

Der Quotient des CRB, dividiert durch den Dow Jones Industrial Average, zeigte in den vergangenen 20 Jahren ein verblüffendes Chartbild. (Verwenden Sie für langfristige Chartvergleiche eine *logarithmische* Skalierung statt der stärker verbreiteten *arithmetischen*. Die logarithmische Skala misst *prozentuale* statt *absoluter* Veränderungen. Die Analyse langfristiger Trendlinien ist valider, wenn man eine logarithmische Skala anlegt). Der CRB/Dow-Quotient erreichte 1980 sein Hoch und fiel dann 20 Jahre lang. Zwischen 1999 und 2001 zeichnete sich eine Bodenbildung ab. In der ersten Jahreshälfte 2002 durchbrach die Linie jedoch die seit 20 Jahren bestehende Abwärtstrendlinie. Dieser Ausbruch nach oben markierte eine bedeutende Veränderung ihrer gegenseitigen Beziehung. 20 Jahre lang waren Aktien das stärkere Anlageinstrument gewesen. Jetzt, zum ersten Mal seit zwei Jahrzehn-

— Die Umschichtung von Papierwerten zu harten Vermögensgegenständen —

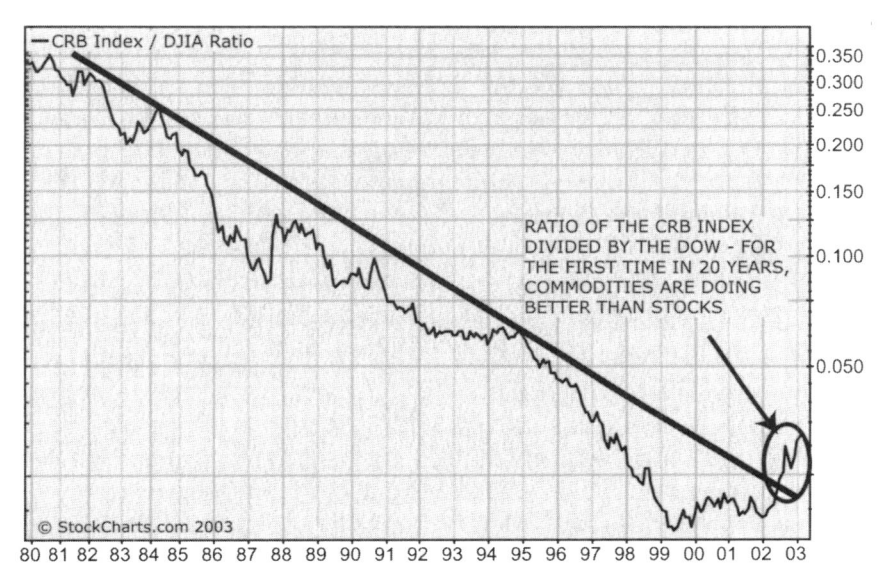

Abbildung 10.3: Der CRB/Dow-Quotient hat eine langfristige Abwärtstrendlinie durchbrochen. Zum ersten Mal seit 20 Jahren schneiden Rohstoffe besser ab als Aktien.

ten, waren die Rohstoffe stärker. Das Durchbrechen der 20-jährigen Abwärtstrendlinie erschien wie ein *Generationswechsel* der Asset Allocation, heraus aus Papierwerten wie Anleihen und Aktien, und hinein in harte Vermögensgegenstände (wie Rohstoffe). Im nächsten Kapitel werden wir noch detaillierter auf die Anwendung der Relative-Stärke-Analyse und ihren strategischen Nutzen eingehen.

Warum 2003 keine Wiederholung von 1991 war

Anfang 2003 herrschte an der Wall Street und in den Finanzmedien die Auffassung vor, der steile Anstieg des Goldpreises sei in erster Linie eine Folge des bevorstehenden Kriegsausbruchs im Irak. Dasselbe war auch 1990/91 schon passiert. In den sechs Monaten vor dem damaligen Konflikt stieg der Goldpreis, während die Aktienkurse fielen. Sobald der Krieg begann, brach der Goldpreis zusammen, und die Aktien setzten ihren vorherigen Aufwärtstrend wieder fort. Viele erwarteten eine Wiederholung dieser Trends im ersten Quartal 2003, als sich der Irak-Konflikt verschärfte. Eine Untersuchung anhand von

Langfristcharts enthüllt allerdings bedeutende Unterschiede in den beiden Märkten in den Zeiten der zwei Irak-Konflikte (siehe Abbildung 10.4).

1990 befand sich der Goldpreis mitten in einer langfristigen Baisse. Die Rallye in der zweiten Jahreshälfte war nicht mehr als eine kurzfristige Reaktion nach oben. Danach nahm der Goldpreis seinen Abwärtstrend wieder auf. Die Situation am Aktienmarkt war das genaue Gegenteil. 1990 war noch nicht einmal die Hälfte der langfristigen Hausse vorbei. Die Verluste in der zweiten Jahreshälfte waren eine relativ unbedeutende Unterbrechung dieser Hausse. Nach Kriegsbeginn 1991 begannen die Kurse wieder zu steigen und erreichten immer neue Rekordhochs. 2003 war die Situation an beiden Märkten völlig anders. Der Goldpreis hatte seinen 20-jährigen Abwärtstrend schon überwunden und befand sich in einem starken Aufwärtstrend. Der Aktienmarkt war unter seine 20-jährige Unterstützungslinie gefallen und befand sich in einem deutlichen Abwärtstrend. Die Situationen an beiden Märkten waren also das genaue Gegenteil der Lage von 1990 und 1991. Gold befand sich jetzt in einer säkularen Hausse, der Aktienmarkt aber in einer säkularen Baisse.

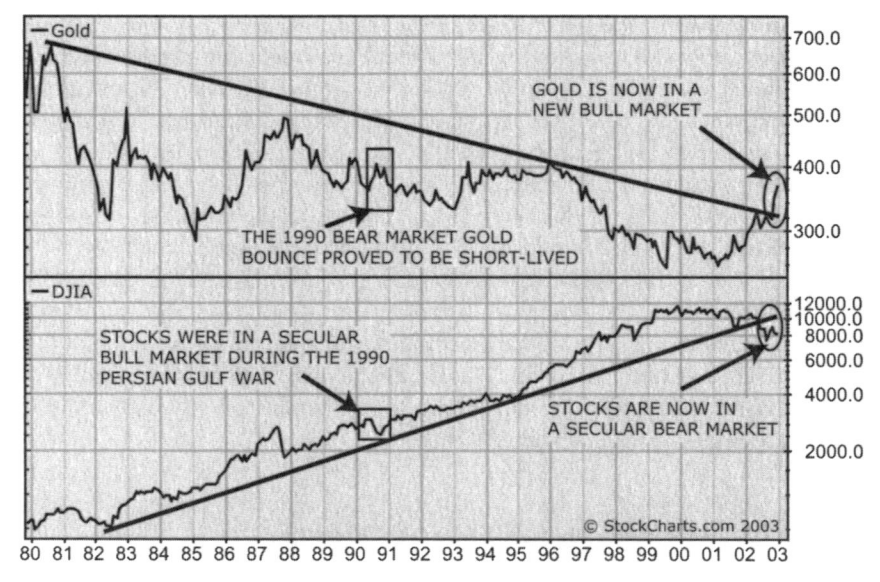

Abbildung 10.4: Warum der Irak-Krieg 2003 keine Wiederholung von 1991 war. 2003 befand sich Gold im Aufwärtstrend, Aktien dagegen in einer langfristigen Baisse. Beide Situationen waren das Gegenteil der Lage während des ersten Irak-Kriegs 1991.

Zyklische versus säkulare Trends

Um die wahre Bedeutung dieser langfristigen Trendwenden zu verstehen, muss man den Unterschied zwischen einem *zyklischen* und einem *säkularen* Trend kennen. Der beste Weg zu diesem Verständnis führt über die Untersuchung eines 20-Jahres-Charts des Aktienmarkts mit einer logarithmischen Skalierung. Ein 20-Jahres-Chart des S&P 500 zeigt einen Aufwärtstrend, der 1982 begann und 2002 endete. Durch die Zwischentiefs kann man eine aufsteigende Trendlinie ziehen, die 20 Jahre lang nicht durchbrochen wurde (siehe Abbildung 10.5).

Eine *säkulare* Hausse ist sehr langfristiger Natur und kann jahrzehntelang dauern. Der Anstieg von 1982 bis 2002 war eine solche säkulare Hausse. Es gab während dieser Hausse jedoch drei zyklische Abwärtstrends, die sich 1987, 1990 und 1994 ereigneten. Diese relativ kleinen Kursverluste nennt man *zyklische* Baissephasen. Sie verlaufen in der Regel relativ flach und fügen dem säkularen Aufwärtstrend keinen großen Schaden zu. Man kann sich eine zyklische Baisse als kurze Unterbrechung einer langfristigen Hausse vorstel-

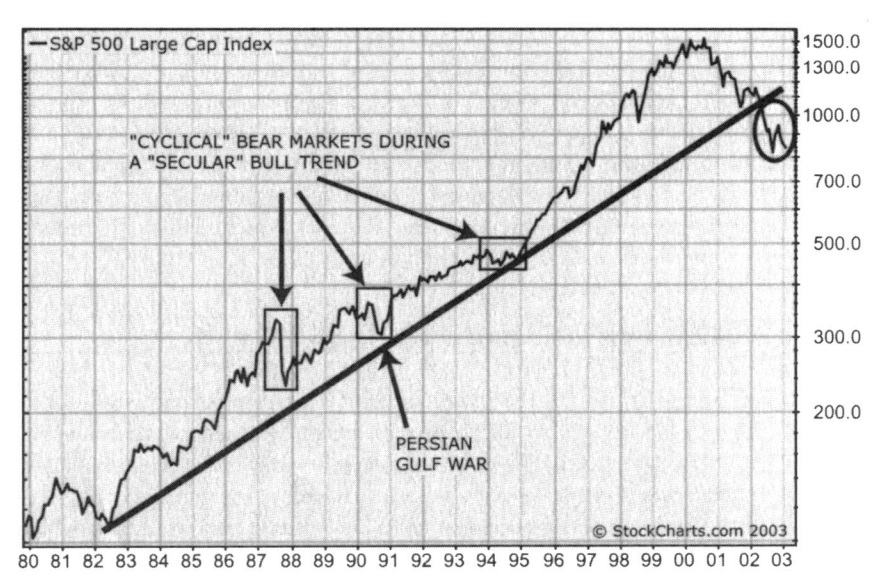

Abbildung 10.5: Während der säkularen Hausse des Aktienmarkts kam es 1987, 1990 und 1994 zu zyklischen Abwärtstrends. Jetzt befindet sich der Aktienmarkt in einer säkularen Baisse.

len. 2002 durchbrach der S&P 500 jedoch seine seit 20 Jahren ansteigende Trendlinie und trat in eine säkulare Baisse ein, die sich von den drei genannten Baissephasen deutlich unterscheidet. Sie dürfte wesentlich tiefer reichen und länger dauern. Die letzten beiden säkularen Baissetrends waren in den 70er- und in den 30er-Jahren zu verzeichnen. In einer säkularen Baisse kann es auch Haussephasen geben. Sie verlaufen in der Regel flacher und sind kürzer als zyklische Haussephasen in einer säkularen Hausse.

Historische Erkenntnisse über zyklische Haussephasen

In einem am 16. Juni 2003 in *Barron's* erschienenen Interview mit dem Titel »Der Bär macht Pause« stellte Ned Davis (der Präsident von Ned Davis Research in Venice, Florida) seine Forschungsergebnisse über die Unterschiede zwischen zyklischen und säkularen Trends vor. Davis unterteilte säkulare Aktientrends, die 16 bis 20 Jahre dauern, in drei oder vier kürzere Zyklen (was den traditionellen Vier-Jahres-Zyklen entspricht). Er fand heraus, dass zyklische Haussephasen, die sich innerhalb einer säkularen Baisse ereignen »nicht so lange dauern wie andere zyklische Haussephasen und auch nicht so hohe Kursgewinne bringen ...« Er identifizierte 17 zyklische Haussephasen innerhalb säkularer Abwärtstrends, die im Durchschnitt den S&P 500 um 50,6 Prozent steigen ließen und 371 Tage dauerten. Davis analysierte auch die vier zyklischen Haussen innerhalb der säkularen Baisse in Japan, die seit 1989 andauerte. Sie führten zu Kursanstiegen von 48, 34, 56 und 62 Prozent. Der Durchschnitt lag also auch hier bei etwa 50 Prozent.

In einer säkularen Baisse am Aktienmarkt steigt der Goldpreis

Das bringt uns zurück zum Verhältnis zwischen Aktien und Gold. Gold befand sich zwei Jahrzehnte lang in einer säkularen Baisse, während sich am Aktienmarkt eine säkulare Hausse abspielte. Nach 2002 verkehrte sich die Situation ins Gegenteil: Beim Gold hatte eine säkulare Hausse, bei den Aktien eine säkulare Baisse begonnen. Es erschien also sehr wahrscheinlich, dass Gold (und Gold-Aktien) in den kommenden Jahren ein viel besseres Investment sein würden als

Aktien. Das galt auch für andere Rohstoffe. Diese Feststellung hat enorme Folgen für den Prozess der Asset Allocation. Die meisten verstehen unter *Asset Allocation* lediglich die Auswahl zwischen Anleihen, Aktien und Bargeld. Es gibt jedoch überzeugende Argumente dafür, auch Rohstoffe als eigenständige Asset-Klasse zu werten. Diese Argumente werde ich im nächsten Kapitel vorstellen. Wenn die Langfristcharts in diesem Kapitel die Wahrheit sagen, dürften Rohstoffe für mehrere Jahre zu den stärksten Asset-Klassen gehören.

Ansteigende Devisenmärkte

Nicht nur Rohstoffe profitieren von einem schwachen Dollar. Wenn sich die amerikanische Währung in einem starken Abwärtstrend befindet, steigen Auslandswährungen entsprechend im Wert. Ein fallender Dollar führt zu höheren Goldpreisen, aber auch zu höheren Wechselkursen ausländischer Währungen. Eine Hausse am Goldmarkt sollte also ihre Entsprechung an den Devisenmärkten finden. In den beiden vergangenen Jahren war das der Fall. Zum Beispiel zeigt ein Chartvergleich des Goldpreises mit dem Euro, dass beide

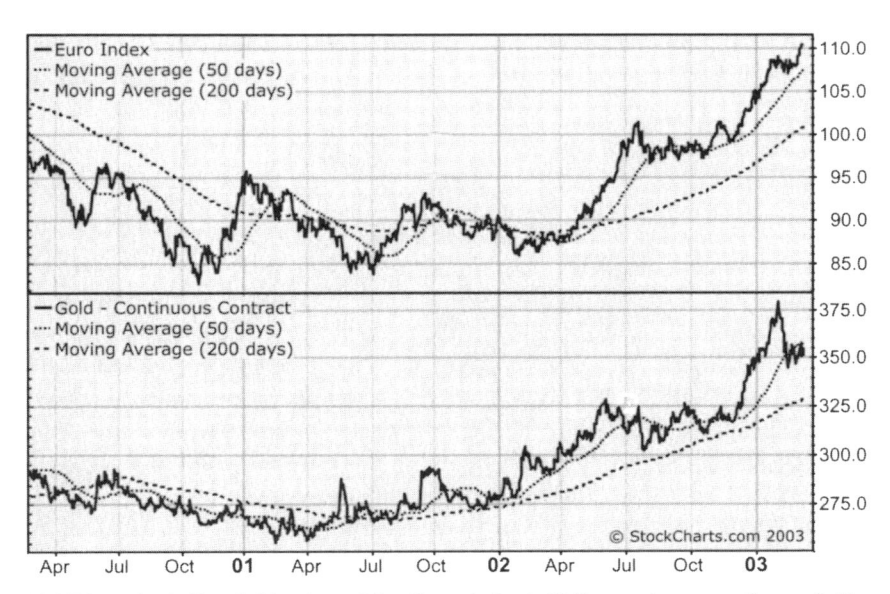

Abbildung 10.6: Der Goldpreis und der Euro sind seit 2001 gemeinsam gestiegen. Beide Aufwärtstrends wurden von der Dollar-Schwäche verursacht.

stiegen, was hauptsächlich auf den schwachen Dollar zurückzuführen war. Im Frühjahr 2002 begann der Euro ernsthaft zu steigen, gerade als der Goldpreis die Marke von 300 Dollar überwand. Im Frühling 2003 stand der Euro gegenüber dem Dollar auf einem Vier-Jahres-Hoch, und der Goldpreis kletterte über 375 Dollar (siehe Abbildung 10.6).

Der schwache Dollar schadet den Weltmärkten

Im Vorjahr hatte der Euro gegenüber dem Dollar um 27 Prozent zugelegt. Der japanische Yen dagegen hatte nur acht Prozent gewonnen. Der schwächere Anstieg des Yens ist auf eine Intervention japanischer Zentralbanker gegen einen zu schnellen Anstieg ihrer Währung zurückzuführen. In einer deflationären Volkswirtschaft wie der japanischen, die stark exportabhängig ist, schadet ein steigender Yen den Exporten und verschlimmert die Deflation, indem er einen Preisanstieg verhindert. Im Frühjahr 2003 wuchs die Besorgnis, auch Deutschland (die größte Volkswirtschaft in Europa) könnte in eine deflationäre Rezession abrutschen. Das deutsche Wirtschaftswachstum im ersten Quartal lag nahe null, und der steigende Euro schadete den deutschen Exporten.

Der steigende Euro hatte auch den unerwünschten Effekt, die Preise in Deutschland nach unten zu drücken, was einer deflationären Tendenz entspricht. Der steigende Euro signalisierte eher eine Schwäche der amerikanischen als eine Stärke der europäischen Wirtschaft. Der sinkende Dollar sollte der amerikanischen Konjunktur auf die Sprünge helfen, aber überall sonst machte er die Dinge nur noch schlimmer. Ein schwacher Dollar sollte in den USA die Inflation ein wenig anheizen, aber in anderen Ländern hatte er den gegenteiligen Effekt: Er förderte deflationäre Tendenzen, weil die Währungen anderer Länder anstiegen.

China zeigt sich immun

China wurde vom sinkenden Dollar nicht negativ beeinflusst. Die chinesische Währung war formell an den Dollar gekoppelt. Daher gefährdete der fallende Dollar den Wettbewerbsvorteilen der Chinesen nicht so sehr, wie er Japan und Europa schadete. Der ständige Zufluss chinesischer Produkte auf den Weltmarkt war ein weiterer Faktor, der die globalen deflationären Tendenzen verstärkte. Das weltweite Güterangebot war einfach höher als die weltweite Nachfrage. Folglich musste die chinesische Regierung auf internationalen Druck hin ihre Währung neu bewerten, um eine fairere Chancenverteilung mit anderen Ländern in Asien und Europa zu erreichen.

Die Währungen der Rohstoffexportländer steigen deutlich

Es gibt zwei Währungen, die eng mit dem Schicksal der Rohstoffmärkte verbunden sind: den australischen und den kanadischen Dollar. Beide Länder gehören zu den wichtigsten Rohstoffproduzenten der Welt. Daher schneiden sie besser ab, wenn die Rohstoffpreise steigen. In Kapitel 5 haben wir den australischen Dollar mit den Rohstoffpreisen verglichen und gezeigt, wie beide 1997 und 1998 fielen (als Folge der asiatischen Währungskrise) und dann 1999 gemeinsam anstiegen. Während der ersten Jahreshälfte 2002 hatten sich die Rohstoffpreise von ihren früheren Tiefs abgesetzt und zu steigen be-

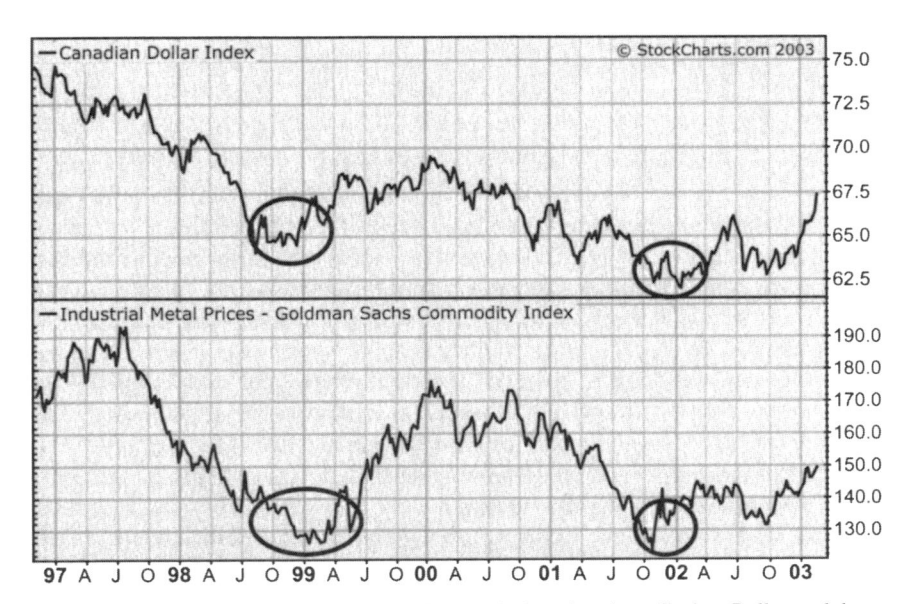

Abbildung 10.7: Es gibt eine enge Verbindung zwischen dem kanadischen Dollar und den Rohstoffpreisen.

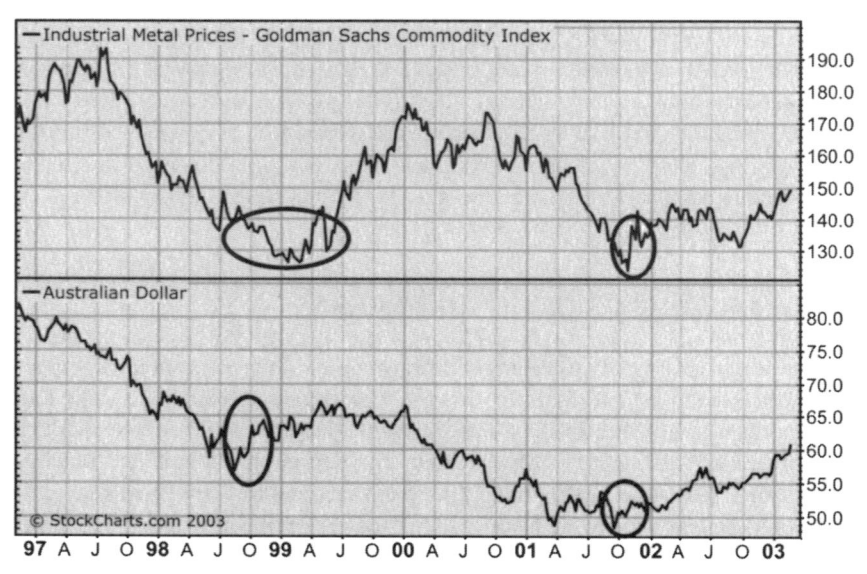

Abbildung 10.8: Auch der australische Dollar ist eng mit den Rohstoffpreisen verbunden.

gonnen. Erwartungsgemäß traten auch der kanadische und der australische Dollar in markante Aufwärtstrends ein. Einer der Gründe dafür war die Schwäche des US-Dollars, aber der Anstieg hatte auch viel damit zu tun, dass die Rohstoffe teurer wurden (siehe Abbildungen 10.7 und 10.8). Relativ hohe Zinsen in Australien und Kanada zogen ausländisches Anlagekapital an. Diese hohen Zinsen waren ebenfalls in erster Linie eine Folge der steigenden Rohstoffpreise.

Die Bedeutung der Futures-Märkte

Wenn man über Rohstoff- und Devisenmärkte spricht, geht es in erster Linie um Futures. Die Futures-Märkte gewährleisten ein eingebautes Modell zur Asset Allocation, das Anleihen, Aktien, Rohstoffe und Währungen umfasst. In dieser Hinsicht haben Futures-Trader einen enormen Vorteil, und es bieten sich ihnen etliche Möglichkeiten, von Intermarket-Entwicklungen zu profitieren. Sie können innerhalb der vier Gruppen schnelle Umschichtungen vornehmen. Der Umstieg von Anleihen auf Aktien – oder von Aktien auf Rohstoffe oder Devisen – ist ein Kinderspiel. In allen diesen Märkten gibt es aktiv gehandelte Futures-Kontrakte. Innerhalb der Rohstoffmärkte können Trader einzelne Rohstoffe wie Gold oder Öl kaufen und verkaufen, aber auch Körbe aus mehreren Rohstoffen. Es gibt Futures-Kontrakte auf den CRB-Index und den Goldman Sachs Commodity Index.

Futures-Trader haben zudem den Vorteil, *long* und *short* gehen zu können. Sie können also von steigenden Preisen ebenso profitieren wie von sinkenden. Natürlich ist der Futures-Handel ein riskantes Geschäft und eignet sich nicht für jeden. Im nächsten Kapitel werden wir jedoch diskutieren, wie man die Futures-Märkte in den Prozess der Asset Allocation mit einbeziehen kann, ohne einzelne Kontrakte handeln zu müssen. Ich meine damit Managed Futures Accounts, die mit Aktienfonds vergleichbar sind. Der Unterschied liegt darin, dass sie auf den Futures-Märkten investieren.

An den traditionellen Märkten gibt es nicht viele Alternativen

Wenn die langfristigen Charts die Wahrheit sagen, dürften Aktien noch für einige Jahre unterdurchschnittliche Renditen erbringen. Da die langfristigen Zinsen auf dem tiefsten Niveau seit 40 Jahren stehen, erscheinen auch am Anleihenmarkt die Chancen begrenzt. Historisch tiefe Kurzfristzinsen machen zudem Geldmarktfonds vergleichsweise unattraktiv. Wer in den kommenden Jahren nach Wachstumsmöglichkeiten sucht, muss sich wohl außerhalb der traditionellen Anleihen- und Aktienmärkte umsehen. Vielleicht liegt das höchste Wachstumspotenzial in den Bereichen Rohstoffe und Währungen.

Der Kauf von Rohstoff-Aktien

Man kann von steigenden Rohstoffpreisen profitieren, ohne die Rohstoffe selbst kaufen zu müssen. Viele Sektoren des Aktienmarkts und viele Branchen sind eng mit den Rohstoffmärkten verbunden. Goldminen-Aktien sind ein gutes Beispiel dafür. Die beste Art, von einer Goldhausse zu profitieren, ist der Kauf von Goldminen-Aktien (oder Goldfonds). Goldminen-Aktien lassen sich nicht nur einfacher kaufen als physisches Gold, sondern sie neigen auch zu schnelleren Wertsteigerungen. Wenn der Goldpreis steigt, ziehen die Aktien von

Minen, die kein Hedging betreiben, zudem schneller an als die von solchen, die das tun. (Der Amex Gold Bugs Index (HUI) enthält nur ungehedgte Goldproduzenten.) Energie-Aktien (oder Energiefonds) bieten ausgezeichnete Möglichkeiten, von steigenden Öl- und Erdgaspreisen zu profitieren.

Basismetall-Aktien (etwa aus den Bereichen Aluminium und Kupfer) profitieren, wenn diese Rohstoffe teurer werden. Die Hersteller von Holzprodukten erzielen höhere Gewinne, wenn die Bauholzpreise anziehen, die im Sommer 2003 ebenfalls Anzeichen einer Bodenbildung erkennen ließen. Wenn die Preise landwirtschaftlicher Güter steigen, erhöht sich die Nachfrage nach landwirtschaftlichen Arbeitsgeräten wie zum Beispiel großen Traktoren. Einige Lebensmittelhersteller profitieren auch von steigenden Preisen für Lebendvieh und Geflügel. Investoren können an den höher werdenden Preisen verdienen, wenn sie einzelne Aktien aus diesen Bereichen kaufen. Die Verfügbarkeit von Branchenfonds und Exchange Traded Funds (ETFs) erleichtert es Anlegern ebenfalls, aus steigenden Rohstoffpreisen Vorteile zu ziehen, indem sie in Sektoren investieren, die mit diesen Märkten verbunden sind.

Kapitel 11

Futures-Märkte und Asset Allocation

Die Analyse der relativen Stärke einzelner Asset-Klassen

Im vorigen Kapitel haben wir die Relative-Stärke-Analyse zum Vergleich der Rohstoff- und der Aktienmärkte herangezogen. Der CRB erzielte zum ersten Mal seit 20 Jahren eine bessere Performance als der Aktienmarkt, und wir haben das als Generationswechsel weg von Papierwerten und hin zu harten Vermögenswerten beschrieben. In diesem Kapitel erweitern wir die Anwendung der Quotientenanalyse auf die Messung der relativen Stärke von Anleihen, Aktien und Rohstoffen. Wir wollen damit bestimmen, welche der drei Asset-Klassen zu einem bestimmten Zeitpunkt am besten abschneidet. Der Sinn dieser Vorgehensweise liegt darin, sein Kapital auf die besten Investments zu konzentrieren und diejenigen zu meiden, die am schlechtesten abschneiden. Zum Glück machen es Quotientencharts recht einfach, die Stärke oder Schwäche der drei Gruppen zu ermitteln. Solche Charts können vor bedeutenden Trendwenden warnen und eine wichtige Ergänzung zur traditionellen Chartanalyse sein. Man muss kein Chartexperte sein, um zu lernen, wie man solche Trendwenden erkennt. Viele Entwicklungen seit dem Jahr 2000 liefern mehrere schlagende Beispiele dafür, warum man wissen sollte, welche Märkte steigen – und welche fallen.

Anleihen versus Aktien

Anleihen und Aktien stehen immer in Konkurrenz um das Geld der Anleger. Wenn die Investoren den Aktienmarkt und die Konjunktur optimistisch beurteilen, stecken sie mehr Geld in Aktien und weniger in Anleihen. Wenn sie eher pessimistisch sind, investieren sie mehr in Anleihen und weniger in Aktien. Die Quotientenanalyse bietet eine relativ einfache Methode, um jederzeit zu prüfen, welche der beiden Anlageklassen gerade besser abschneidet.

Abbildung 11.1 zeigt den Quotienten aus den Kursen amerikanischer Staatsanleihen und dem S&P 500 seit 1994. Von 1994 bis Ende 1999 fällt die Linie, was bedeutet, dass Aktien damals besser abschnitten als Anleihen. In diesen sechs Jahren hätte ein Investor gut daran getan, sich auf Aktien zu konzentrieren und Anleihen entsprechend weniger Aufmerksamkeit zu widmen. Gegen Ende 2000 überwand der Quotient jedoch seine nach unten gerichtete Trendlinie, die seit 1994 existiert hatte, und signalisierte eine Verschiebung im Verhältnis zwischen den beiden Märkten. Der Anleihenmarkt wurde stärker als der Aktienmarkt, und das sprach für eine Umschichtung von Aktien in Anleihen. Mit Hilfe dieses relativ simplen Charts hätte ein Investor einen großen Teil der im Jahr 2000 begonnenen Aktienbaisse vermeiden und stattdessen von steigenden Bondkursen profi-

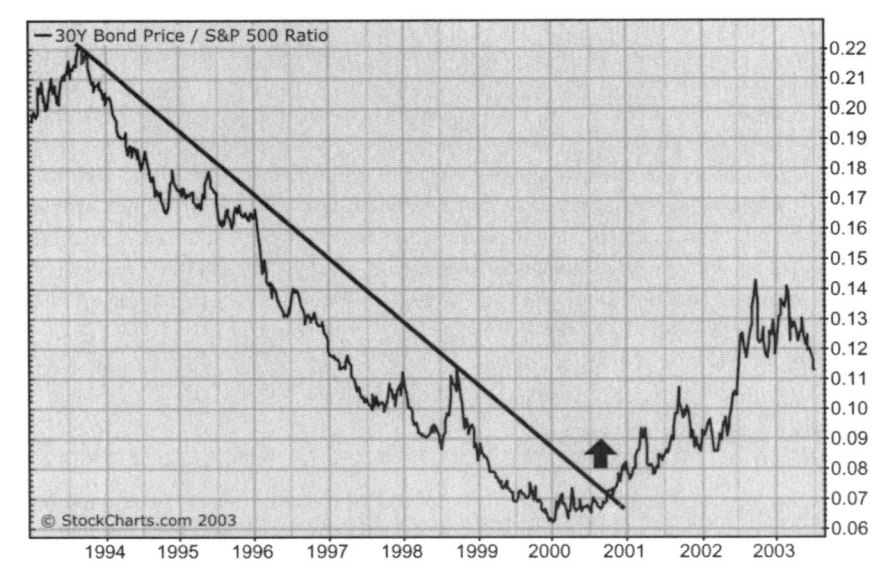

Abbildung 11.1: Der Trendlinienbruch Ende 2000 signalisierte eine Umschichtung von Aktien in Anleihen.

tieren können. Viele Finanzberater empfehlen einen relativ statischen Mix aus Aktien und Anleihen im Portfolio, um Gleichgewicht und Diversifikation zu gewährleisten. Abbildung 11.1 zeigt jedoch, dass man die Depotgewichtung den Markttrends anpassen sollte. Quotientencharts erleichtern diese Aufgabe sehr.

Abbildung 11.2 zeigt den Anleihen/Aktien-Quotienten von Anfang 2000 bis Sommer 2003. Die ansteigende Linie in diesen drei Jahren zeigt, dass Anleihen wesentlich besser abschnitten als Aktien. Oben rechts ist allerdings zu sehen, dass der Quotient seit Anfang Oktober 2002 möglicherweise ein *Doppeltop* bildet. Ein solches Chartmuster ist durch zwei deutlich erkennbare Hochs gekennzeichnet und signalisiert oft, dass ein bestehender Trend bald enden könnte. Die beiden Hochs in diesem Chart entstanden im Oktober 2002 und im März 2003. Der Rückgang des Anleihen/Aktien-Quotienten, der im vierten Quartal 2002 begann, zeigte, dass einiges Kapital wieder vom Anleihenmarkt in den Aktienmarkt zurückfloss. Der im Sommer 2003 erfolgte Bruch der Tiefs aus dem vierten Quartal 2002 bestätigte, dass nun wieder der Aktienmarkt die Oberhand gewonnen hatte.

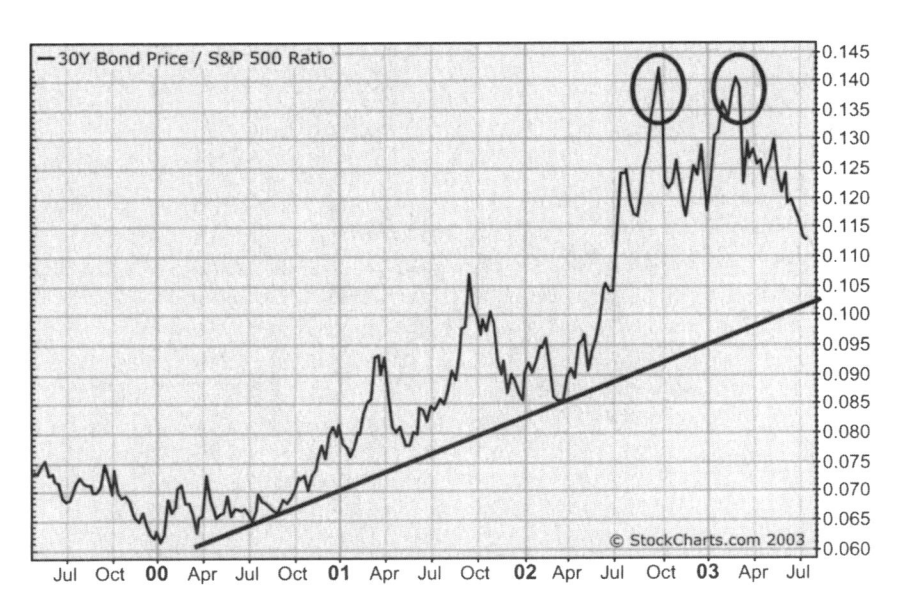

Abbildung 11.2: Das Doppeltop, das im Oktober 2002 begann, signalisiert einen Trend weg von Anleihen und hin zu Aktien.

Abbildung 11.3: Der Anstieg des Quotienten im Jahr 2002 endete an der Abwärtstrendlinie.

Rohstoffe versus Anleihen

Man kann die Quotientenanalyse auch auf den Anleihen- und den Rohstoffmarkt anwenden, um zu prüfen, welcher von beiden der relativ stärkere ist. Abbildung 11.3 zeigt den CRB/Anleihen-Quotienten von 1990 bis zum Frühjahr 2003. Zwei Dinge fallen auf: Der Quotient zog 2002 nach oben, weil die Rohstoffpreise schneller stiegen als die Anleihenkurse (was zum Teil am schwachen Dollar lag). Der Quotient durchbrach jedoch nicht die durch die Hochs der vergangenen zwölf Jahre verlaufende Abwärtstrendlinie. Ein Durchbrechen der Trendlinie nach oben hätte eine markante Veränderung der Beziehungen zwischen beiden Märkten signalisiert – und zwar zugunsten der Rohstoffe. Im dritten Quartal 2003 hoben ein Rückgang der Anleihenkurse und ein Anstieg der Rohstoffpreise den Quotienten auf das höchste Niveau seit zwei Jahren.

Abbildung 11.4 zeigt den CRB-Index allein – und eine weitere bedeutende Trendlinie. Man erkennt, wie der CRB-Index 2002 auf ein Fünf-Jahres-Hoch steigt, was man als frühes Zeichen einer langfristigen Bodenbildung interpretieren könnte. Beachten Sie jedoch, dass der Anstieg des CRB genau an der Widerstandslinie endete, die die Hochs von 1988 und 1996 miteinander verbindet. Auch hier handelt es sich um eine entscheidende Trendlinie. Bisher hat sie den Anstieg des CRB aufgehalten. Ein Durchbrechen dieser Linie nach oben wäre ein extrem »bullishes« Signal für die Rohstoffmärkte.

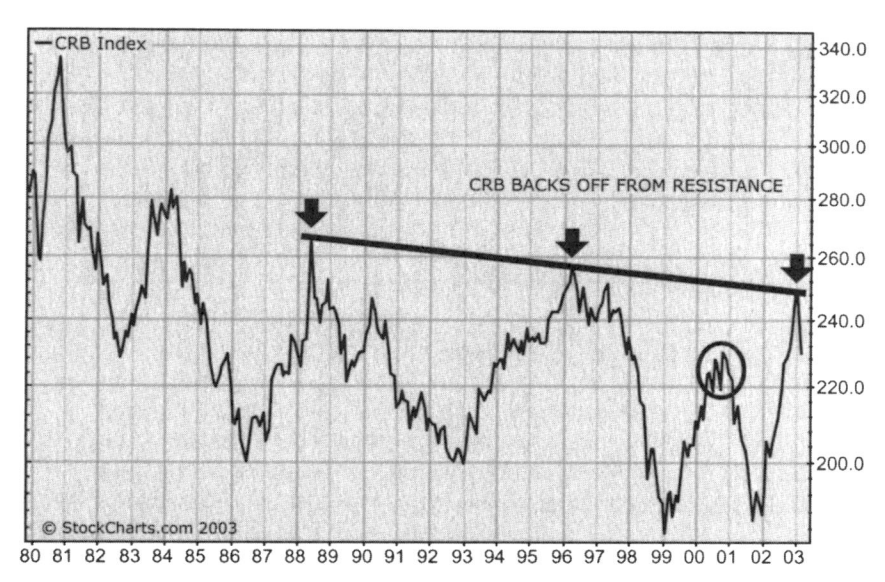

Abbildung 11.4: Der Anstieg des CRB im Jahr 2002 endete an der durch die Hochs von 1988 und 1996 verlaufenden Trendlinie.

Der Dow/Gold-Quotient

Eine weitere bekannte Intermarket-Relation, die man lange Zeit zurückverfolgen kann, ist das Verhältnis des Dow Jones Industrial Average zum Goldpreis. Der Dow/Gold-Quotient erreichte 1966 beim Stand von 28 sein Hoch und fiel während der inflationsgeprägten 70er-Jahre ohne größere Unterbrechung. Überflüssig zu erwähnen, dass Gold (und andere Rohstoffe) in diesen Jahren das bessere Investment waren. Der Dow/Gold-Quotient bildete im Jahr 1980 einen Boden und stieg dann ohne Unterbrechung bis 1999, als er ein Rekordhoch von 44 erreichte. In diesen 20 Jahren waren Aktien ein viel besseres Investment als Gold (oder andere Rohstoffe).

Abbildung 11.5: Der Dow/Gold-Quotient erreichte Mitte 1999 sein Hoch und signalisierte damit eine Umschichtung von Aktien in Gold.

Abbildung 11.5 zeigt, wie der Dow/Gold-Quotient Mitte 1999 die Richtung änderte. Noch wichtiger war, dass der Quotient in der ersten Jahreshälfte 2001 seine ansteigende Trendlinie nach unten durchbrach und dann zwei Jahre lang fiel. Der Bruch dieser Unterstützungslinie signalisierte die Notwendigkeit einer Umschichtung von Aktien in Gold (oder in Goldminen-Aktien). Der Rückgang auf knapp über 20 Anfang 2003 führte zum niedrigsten Stand seit mehr als fünf Jahren. Er brachte den Dow/Gold-Quotienten auch wieder auf das Niveau der frühen 70er-Jahre zurück, als der Goldpreis gerade seine jahrelange Outperformance des Dow begonnen hatte. In Kapitel 10 haben Sie gesehen, wie der Quotient aus CRB und Dow eine 20-jährige Abwärtstrendlinie durchbrach. Das legt nahe, dass sich das Verhältnis zwischen diesen beiden Märkten markant verändern wird, und zwar zugunsten der Rohstoffe. Gold und die anderen Rohstoffe tendieren meist in dieselbe Richtung.

Die Einbeziehung von Rohstoffen und Währungen

In Kapitel 10 haben Sie auch gesehen, dass es in den nächsten Jahren zu markanten Haussebewegungen in den Rohstoff- und Währungsmärkten kommen könnte. Steigende Rohstoffpreise (vor allem der Goldpreis) fallen meist mit steigenden Wechselkursen ausländischer Währungen zusammen – als direkte Folge einer Dollar-Schwäche. Rohstoffe und Währungen gehören jedoch zum Reich des Futures-Handels. In diesem Kapitel plädiere ich dafür, Rohstoffe und Währungen als eigene Asset-Klassen zu sehen – gleichrangig mit Anleihen und Aktien. Außerdem bietet es Vorteile, Managed Futures Accounts neben Aktien und Anleihen in traditionellen Depots zu halten, um eine bessere Diversifikation zu erreichen. Wenn sich die Rohstoffmärkte erwiesenermaßen gut entwickeln, während Anleihen und Aktien Schwäche zeigen, was sollte einen Portfoliomanger dann davon abhalten, sich an den Rohstoffmärkten zu positionieren, und zwar sowohl der Diversifikation wegen als auch, um von steigenden Rohstoffpreisen zu profitieren?

Die Börsengeschichte lehrt, dass Anleihen und Aktien meist positiv miteinander korreliert sind. Sie steigen und fallen in der Regel gemeinsam. Meist fallen beide am Beginn eines Konjukturrückgangs. (Anders verhält es sich in einem deflationären Umfeld, wenn die Anleihen steigen und die Aktien fallen, wie es nach dem Jahr 2000 geschah.) Wie kann man eine Diversifikation seines Depots erreichen, wenn man sich auf zwei Anlageinstrumente beschränkt, die in der Regel gleichzeitig steigen und fallen? Da scheint es schon sinnvoller zu sein, eine weitere Asset-Klasse ins Depot aufzunehmen, die oft an Wert gewinnt, wenn Aktien und Anleihen sinken.

Die Rohstoffpreise steigen meist weiter, nachdem Aktien und Anleihen ihre Hochs erreicht haben, vor allem wenn diese Hochs von steigenden Inflationsraten begünstigt wurden. In einem deflationären Umfeld können auch die Versuche der Zentralbank, die weltweiten Preissteigerungen anzuheizen, zu steigenden Rohstoffpreisen führen. Gleiches gilt für die Wechselkurse ausländischer Währungen. Echte Diversifizierung kann man nur erreichen, wenn man Märkte ins Depot aufnimmt, die nur schwach miteinander korreliert sind – und nicht nur solche, die gemeinsam steigen oder fallen.

Können Futures bei der Asset Allocation eine Rolle spielen?

Durch die Entwicklung der Finanz-Futures in den vergangenen 30 Jahren haben Futures-Trader nun die Möglichkeit, an allen Finanzmärkten zu partizipieren. Die traditionellen Rohstoffmärkte – die ältesten Bestandteile des Futures-Handels – werden an mehreren Börsen gehandelt. Energie und Metalle werden in New York, die meisten landwirtschaftlichen Produkte in Chicago notiert. Die Existenz von Futures-Kontrakten auf den Reuters CRB Index und den Goldman Sachs Commodity Index bietet auch die Möglichkeit, mehrere Rohstoffmärkte als Basket zu handeln. Zins-Futures ermöglichen den Zugang zu Staatsanleihen und zu kurzfristigen Schuldverschreibungen. Mit Aktienindex-Futures kann man auf die Entwicklung bestimmter Aktienmärkte setzen. Auch im Währungsbereich gibt es eine breite Auswahl an Futures. Alle vier Asset-Klassen sind also an den Futures-Märkten repräsentiert: Rohstoffe, Währungen, Zinsen und Aktien. Und es gibt auch Futures auf ausländische Anleihen- und Aktienmärkte, mit denen man seinem Portfolio eine internationale Dimension verleihen kann.

Das eingebaute Modell der Asset Allocation

Die Futures-Märkte stellen also zahlreiche Auswahlmöglichkeiten zur Asset Allocation zur Verfügung. Futures-Trader können ihre Engagements an den vier Finanzmärkten problemlos umschichten, um sowohl von kurz- als auch von langfristigen Trends zu profitieren. Sie können Positionen in Anleihen- und Aktienfutures *kaufen*, wenn diese beiden besser laufen als Rohstoffe und Währungen. Sie können diesen Prozess problemlos umkehren, wenn Rohstoffe und Währungen die Oberhand gewinnen. In Zeiten steigender Inflationsraten können sie ihre Rohstoffpositionen durch Positionen im Euro oder in rohstoffpreissensitiven Währungen wie dem australischen und dem kanadischen Dollar ergänzen. Oder sie können einfach den Dollar shorten. (Shorten oder Leerverkauf bedeutet, dass man ein Finanzinstrument verkauft, ohne es zu besitzen, und hofft, es später zu einem niedrigeren Preis wieder zurückkaufen zu können.)

Der Chartvergleich von Futures-Märkten – Käufe und Leerverkäufe

Abbildung 11.6 zeigt vier Märkte – den S&P 500, den Dollar-Index, den Euro und den CRB-Index – im Jahr 2002. Auf alle vier Märkte

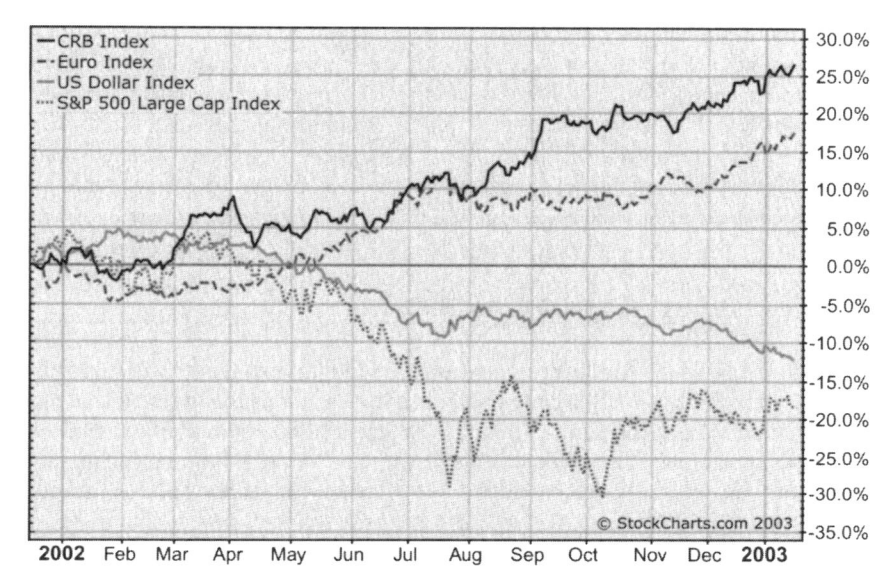

Abbildung 11.6: Von den vier gezeigten Futures-Märkten waren der CRB und der Euro die stärksten.

gibt es Futures. Der Chart demonstriert die Flexibilität, die Futures-Tradern zur Verfügung steht. Die zwei Märkte mit der besten Performance waren der CRB-Index (+ 24 Prozent) und der Euro (+ 17 Prozent). Der Dollar-Index, der den Dollar im Vergleich zu einem Korb aus ausländischen Währungen repräsentiert, fiel um zwölf Prozent. Der S&P 500 war der schwächste der vier Märkte und verlor 22 Prozent. Staatsanleihen schnitten mit einem Plus von zehn Prozent besser ab als der Dollar, aber schlechter als der CRB-Index und der Euro. Den Futures-Tradern boten sich mehrere Möglichkeiten, von diesen Trends zu profitieren.

Die beste Wahl war es, Futures auf den CRB-Index und/oder den Euro zu kaufen. Positionen im S&P 500 und im Dollar hätte man besser gemieden, weil sich beide in Abwärtstrends befanden. Als aggressivere Alternative hätte ein Trader auch Aktien und den Dollar *leerverkaufen* und somit von ihren Preisrückgängen profitieren können. (Eine Leerverkaufs- oder Short-Position gewinnt an Wert, wenn ein Markt fällt.) Mit anderen Worten: Ein Trader hätte im CRB und im Euro *long*, im Dollar und im S&P 500 dagegen *short* sein sollen. *Long* zu sein bedeutet, einen Markt in der Hoffnung zu kaufen, dass die

Preise oder Kurse steigen werden. Im Futures-Handel sind Leerverkäufe ebenso einfach wie Käufe. (Vor dem Leerverkauf einer Aktie muss sich ein Trader die Aktie zunächst von einem anderen ausleihen. Am Futures-Markt ist das nicht der Fall.) Wenn man dann noch berücksichtigt, dass der Futures-Markt alle vier Finanzmärkte abdeckt – Rohstoffe, Währungen, Anleihen und Aktien –, dann bieten sich viele Möglichkeiten, von Intermarket-Entwicklungen zu profitieren. Diese Kombination von Tradingmöglichkeiten macht auch die Attraktivität von Managed Futures Accounts aus.

Die Anwendung von Managed Futures Accounts

Die Idee ist nicht neu, traditionelle Depots durch Engagements an den Futures-Märkten zu diversifizieren. Schon vor zwei Jahrzehnten dachten einige Vermögensverwalter über die möglichen Vorteile nach, einen Teil ihres Kapitals in *Managed Futures Accounts* zu investieren, um Diversifikation und einen gewissen Inflationsschutz zu erreichen. (Managed Futures Accounts sind professionell verwaltete Futures-Fonds. Durch die Arbeiten von Professor John Lintner von der Harvard University wuchs das allgemeine Interesse an diesem Thema. Im Frühling 1983 präsentierte Lintner bei der Jahreskonferenz der Financial Analysts Federation in Toronto ein Arbeitspapier. Der Titel lautete:»Die Rolle von Managed Futures Accounts (und/oder - Fonds) in Anleihen- und Aktiendepots«. Das Thema war die Einbeziehung von Managed Futures Accounts in traditionelle, aus Aktien und Anleihen bestehende Depots. Seither haben andere Forscher Lintners Ideen weiterentwickelt und sind zu ähnlichen Ergebnissen gekommen: Futures-Depots weisen höhere Chancen und höhere Risiken auf. Da aber die Renditen von Futures-Depots eine geringe Korrelation mit den Renditen von Anleihen und Aktien aufweisen, kann das Chance-Risiko-Profil des Gesamtdepots durch die Einbeziehung von Managed Futures wesentlich verbessert werden. Lintners Forschungsarbeiten beruhen auf den von Experten im Rohstoffhandel und von Futures-Fonds erzielten Renditen. Sein Arbeitspapier enthielt die folgende Stellungnahme:

Die Renditesteigerungen durch die Investition in ausgewählte Managed Futures Accounts oder Futures-Fonds sind in der Tat so hoch – und die Korrelationen zwischen deren Renditen und den Renditen von

*Anleihen- und Aktiendepots sind so überraschend niedrig (manchmal sogar negativ) –, dass die Chance-Risiko-Profile von durch Investments in Futures erweiterte Depots wesentlich attraktiver sind als die von Depots, die lediglich aus Aktien (oder aus Aktien und Anleihen) bestehen.
... Kombinierte Depots aus Aktien (oder Aktien und Anleihen) und sorgfältig ausgewählten Futures-Investments weisen bei allen erdenklichen Niveaus der erwarteten Rendite wesentlich geringere Risiken auf als Depots, die nur aus Aktien (oder aus Aktien und Anleihen) bestehen.*

Futures-Depots weisen eine geringe Korrelation mit Anleihen und Aktien auf

Es gibt zwei Gründe, warum Managed Futures Accounts gering mit Anleihen und Aktien korreliert sind. Der erste ist die Vielfalt des Futures-Marktes. Die Manager von Futures-Fonds agieren in allen Sektoren dieses Marktes. Ihre Ergebnisse hängen nicht nur von Anleihen und Aktien ab. Die meisten dieser Manager folgen bestehenden Trends. Während Haussephasen am Aktienmarkt kaufen sie Zins-Futures und Aktienindex-Futures und profitieren entsprechend. Wenn Anleihen und Aktien Schwäche zeigen, werden ihre Verluste auf diesen Gebieten größtenteils durch Gewinne mit Rohstoffen und Währungen kompensiert, die in solchen Zeiten meist steigen. Die Teilnahme an vier verschiedenen Kapitalmarktsektoren, die in der Regel negativ miteinander korreliert sind, sorgt automatisch für Diversifikation.

Der zweite Grund hat mit Leerverkäufen zu tun. Futures-Trader müssen keine *Long*-Positionen eingehen. (An einem Futuresmarkt *long* zu sein heißt, einen Kontrakt in der Hoffnung zu kaufen, ihn später zu einem höheren Preis wieder verkaufen zu können.) Sie können von Baissephasen am Anleihen- oder am Aktienmarkt profitieren, indem Sie in diesen beiden Sektoren Kontrakte *leerverkaufen (shorten)*. (Ein Leerverkäufer verkauft einen Kontrakt in der Hoffnung, ihn später billiger zurückkaufen zu können. Die Absicht lautet »Teuer verkaufen und billig kaufen« und von der Kursdifferenz zu profitieren.) In einem solchen Umfeld können die Fondsmanager Short-Positionen in Aktien und Anleihen sowie Long-Positionen in Rohstoffen und/oder Währungen eingehen. Auf diese Weise können sie hervorragende Ergebnisse erzielen, wenn es an den Finanzmärkten abwärts geht. Vor allem dann, wenn der Niedergang durch steigende Inflationsraten ausgelöst wurde oder wenn die Zentralbanker versuchen, die Inflation ein wenig anzuheizen, um deflationäre Tendenzen zu bekämpfen. Wir wollen uns nun auf einen einzigen Bereich des Futures-Markts konzentrieren, und zwar auf die traditionellen Rohstoffmärkte.

Rohstoff-Futures als Asset-Klasse

Die Konzeption von Futures-Kontrakten auf bekannte Rohstoff-Indizes wie den CRB und den Goldman Sachs Commodity Index hat es möglich gemacht, die traditionellen Rohstoffmärkte in ihrer Gesamtheit zu traden. Diese Indizes schließen Aktien, Anleihen oder Währungen aus. Sie umfassen greifbare Rohstoffe, die man anbauen, aus dem Boden holen und weiterverarbeiten kann. In erster Linie handelt es sich dabei um Agrarprodukte, Energieträger und Metalle. Es stellt sich die Frage nach dem Sinn der Einbeziehung von Rohstoffen in traditionelle, aus Anleihen und Aktien bestehende Depots. Forschungsergebnisse auf diesem Gebiet wurden schon 1990 veröffentlicht.

Wie man die Effizienzgrenze nach oben verschieben kann

Die folgende Studie basiert auf Statistiken, die von der New York Futures Exchange in einem Arbeitspapier mit dem Titel »Rohstoff-Futures als Asset-Klasse« veröffentlicht wurden. Die Effizienzgrenze ist eine Kurve auf einem Graph, der das Risiko eines Depots (Standardabweichung) auf der Horizontalachse und die erwartete Rendite auf der Vertikalachse abbildet. Die Effizienzgrenze ist nach rechts oben geneigt, was ausdrückt, dass mit höheren erwarteten Renditen auch die Risiken steigen. In der Studie wurden zunächst einige optimierte Depots vorgestellt, die ausschließlich Aktien und Anleihen enthielten. Zur Beschreibung der jeweils höheren erwarteten Rendite für jedes Risikoniveau wurde die Effizienzgrenze eingeführt.
Nach der Zusammenstellung optimaler Depots, die ausschließlich Anleihen und Aktien enthielten, wurden Rohstoff-Futures hinzugefügt – mit drei verschiedenen Depotanteilen. Das Ergebnis waren vier Depots. Das erste enthielt keine Rohstoffe, das zweite zehn, das dritte 20 und das vierte 30 Prozent.

Abbildung 11.7 zeigt die Ergebnisse. (Der Rohstoffanteil wird repräsentiert durch die Rendite des CRB-Index plus 90 Prozent der Rendite von kurzlaufenden Staatsanleihen, denn der Kauf eines Indexkontrakts auf den CRB erfordert nur den Einsatz von zehn Prozent des Gegenwerts.) In Abbildung 11.7 sind vier Linien zu sehen. Die Linie ganz rechts ist die Effizienzgrenze eines Depots, das nur aus Anleihen und Aktien besteht. Es folgen von rechts nach links die Depots mit Rohstoffanteilen von zehn, 20 und 30 Prozent. Der Chart zeigt, dass die Anhebung des Rohstoffanteils den willkommenen Effekt hat, dass sich die Effizienzgrenze nach links oben bewegt. In dem erwähnten Report wird das so kommentiert:»Der Depotmanager geht bei einem gegebenen Renditeniveau geringere Risiken ein, wenn ein Korb aus Rohstoffen mit ins Depot einbezogen wird.« Er enthält zudem Statistiken, die die Veränderungen des Chance-Risiko-Verhältnisses messen, wenn man Rohstoffe neben Anleihen und Aktien ins Depot aufnimmt. Der Kommentar dazu lautet:

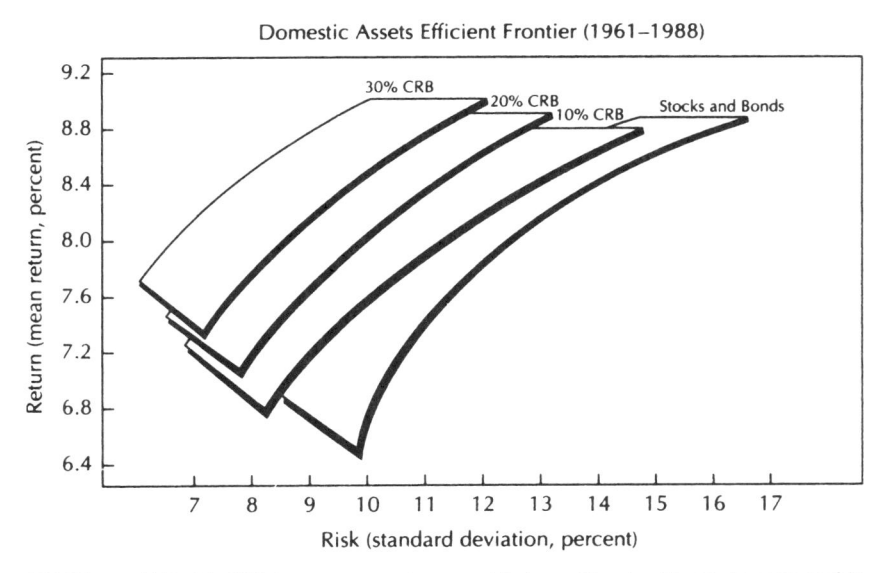

Abbildung 11.7: Die Effizienzgrenzen vier verschiedener Depots. Die Linie ganz rechts umfasst ausschließlich Anleihen und Aktien. Von rechts nach links steigt dann der Rohstoffanteil von zehn auf 30 Prozent. Die Effizienzgrenze bildet auf der Horizontalachse das Risiko des Depots (Standardabweichung) und auf der Vertikalachse die erwartete Rendite ab. *(Commodity Futures as an Asset Class, erstellt von Powers Research Associates, L.P. und publiziert von der New York Futures Exchange im Januar 1990.)*

Die Einbeziehung von Rohstoff-Futures trug in allen Fällen dazu bei, das Chance-Risiko-Verhältnis zu verbessern. Diese Verbesserung war umso spürbarer, je höher der Rohstoffanteil war. Je höher dieser Anteil (bis zu einer Obergrenze von 30 Prozent), desto besser.

Als diese Studie erstmals publiziert wurde, befanden sich Anleihen und Aktien noch mitten in starken Aufwärtstrends, während Rohstoffe weit schlechter abschnitten. Diese Situation scheint sich nun in ihr Gegenteil verkehrt zu haben: Seit Anfang 2002 haben die Rohstoffmärkte (repräsentiert durch den CRB-Index) besser abgeschnitten als Anleihen und Aktien. Falls dieser Trend anhält, dürfte diese Studie noch weit relevanter werden als bei ihrer Erstveröffentlichung vor mehr als zehn Jahren. Wie dem auch sei – Sie müssen noch eine andere Asset-Klasse, die im Aufwärtstrend ist, in Ihre Betrachtung einbeziehen: ausländische Währungen.

Währungsmärkte als Asset-Klasse

Am 27. Mai 2003 erschien auf der Titelseite des *Wall Street Journal* ein Artikel mit der Überschrift »Die Dollar-Schwäche ist ein Hoffnungsschimmer für UBS«. In dem Artikel ging es darum, dass sich die Entscheidung einiger Wall-Street-Firmen, sich zunehmend auf den Devisenhandel zu verlegen, in einem Jahr mit enttäuschenden Aktienrenditen ausgezahlt hatte. Die Gewinne von UBS Warburg – und einiger anderer Wall-Street-Firmen – kamen aus einem steigenden Umsatzvolumen beim Devisenhandel im Kundenauftrag und waren auch die Folge davon, dass die Investmentbank in den vergangenen zwölf Monaten im Eigenhandel auf einen gegenüber dem Dollar steigenden Euro gesetzt hatte. Der Artikel im *Wall Street Journal* berichtete, dass etwa 70 Prozent der UBS-Gewinne des ersten Quartals aus dem Währungs- und Anleihenhandel stammten. Es war auch von anderen Firmen wie J. P. Morgan Chase und Goldman Sachs die Rede, die im *Eigenhandel* von Währungstrends profitiert, also mit eigenen Positionen an Wechselkursveränderungen verdient hatten. Weiter hieß es, auch Merrill Lynch habe Pläne bekannt gegeben, sich stärker auf den Devisenhandel zu konzentrieren. Wenn die Zeiten an der Wall Street schlecht sind, also während längerer Baissephasen am Aktienmarkt, steigt das Bedürfnis nach *antizyklischen* Umsätzen. Wenn der Dollar gemeinsam mit dem Aktienmarkt fällt, kann man solche Umsätze am

Währungsmarkt erzielen, entweder zwecks Hedging oder um Gewinne zu erzielen.

Viele Institutionen nutzen den Devisenmarkt, um ihre Auslandsengagements zu hedgen. Amerikanische Firmen, die ausländische Anleihen und Aktien halten, können Geld verlieren, wenn der Dollar steigt. Sie können sich gegen solche Währungsrisiken absichern, indem sie Dollars kaufen (oder die ausländischen Währungen leerverkaufen.) Ausländer, die amerikanische Wertpapiere besitzen, können sich gegen einen fallenden Dollar absichern, indem sie Dollars leerverkaufen. Amerikanische Firmen können ihre Auslandsengagements erhöhen, indem sie ausländische Währungen kaufen, die gegenüber dem Dollar steigen. In jedem Fall ist gutes Timing erforderlich, um zu entscheiden, wann eine Absicherung sinnvoll ist und welche Währungsmärkte das höchste Gewinnpotenzial aufweisen. Ein großes Teil des Devisenhandels wird von institutionellen Anlegern wie Pensions- und Hedgefonds abgewickelt. Der Artikel im *Wall Street Journal* stellte jedoch fest: »Eine wachsende Anzahl von Investoren sieht Fremdwährungen als eigenständige Asset-Klasse neben Aktien, Anleihen und Rohstoffen, die in einer Baisse Diversifikation gewährleisten kann.« Ich hätte es selbst nicht besser formulieren können.

Die Auswirkungen eines fallenden Dollars

Die Auswirkungen eines fallenden Dollars auf die Weltmärkte können manchmal recht dramatisch sein und zeigen, warum Investoren ihre Depots entsprechend absichern müssen. Mitte 2003 war der Dollar zu einer der schwächsten Währungen der Welt geworden. Das schuf mögliche Probleme (und Chancen) für Investoren auf der ganzen Welt. Ein fallender Dollar hat starke Auswirkungen auf die Renditen amerikanischer im Vergleich zu ausländischen Investments. In den ersten sechs Monaten 2003 stieg zum Beispiel der Index der Welt-Aktienmärkte auf Basis der lokalen Währungen um 7,47 Prozent. (Das bedeutet, dass der Aktienmarkt jedes einzelnen Landes in der jeweiligen Landeswährung gemessen wird.) Auf Dollar-Basis hatten die Aktienmärkte der Welt jedoch 10,86 Prozent gewonnen. Die bessere Performance auf Dollar-Basis war ganz einfach das Ergebnis einer Dollar-Schwäche.

Die höheren Renditen auf Dollar-Basis kamen amerikanischen Anlegern zugute und ermutigten sie, ihre Investments im Ausland zu erhöhen. Für ausländische Investoren machte der schwache Dollar amerikanische Aktien und Anleihen weniger attraktiv (sofern sie nicht durch Dollar-Leerverkäufe abgesichert waren.) Die größten Diskrepanzen gab es in denjenigen Ländern, deren Währungen gegenüber dem Dollar am deutlichsten an Wert gewonnen hatten. Zwei gute Beispiele im ersten Halbjahr 2003 waren der Euro und der kanadische Dollar.

Auf Basis der jeweiligen Landeswährungen gewannen die europäischen Aktienmärkte in der ersten Jahreshälfte 2003 2,08 Prozent. Auf Dollar-Basis betrug der Anstieg jedoch ungleich höhere 10,34 Prozent. Noch dramatischere Unterschiede gab es in Ländern wie Frankreich und Deutschland. Der französische Aktienmarkt gewann auf Dollar-Basis 11,73 Prozent, verzeichnete aber auf Euro-Basis einen kleinen Verlust von 0,97 Prozent. Deutschland, die größte Volkswirtschaft Europas, verzeichnete auf Euro-Basis nur einen Gewinn von fünf Prozent, auf Dollar-Basis waren es dagegen 18,5 Prozent. Diese Unterschiede waren das Resultat der starken Wechselkursgewinne des Euros gegenüber dem Dollar. Eine weitere starke Währung im Jahr 2003 war der kanadische Dollar. Folglich gewann der kanadische Aktienmarkt in der ersten Jahreshälfte 2003 auf US-Dollar-Basis 24 Prozent, auf Basis des kanadischen Dollars aber nur sechs Prozent. Wenn man an den Weltmärkten investiert, muss man die Entwicklung der Währungsmärkte berücksichtigen.

Der Goldpreis in ausländischen Währungen gemessen

Wie schon erwähnt, gab es auf Dollar-Basis einen starken Goldpreisanstieg. Ein schwacher Dollar ist hauptsächlich deshalb positiv für den Goldpreis, weil dieser Preis in Dollar festgelegt wird. Wenn man wissen will, ob der Goldpreis weltweit steigt, muss man ihn auf der Basis ausländischer Währungen ermitteln. In den 70er-Jahren, als es die bisher letzte Goldhausse gab, stieg der Goldpreis nicht nur in Dollar, sondern auch in anderen Währungen (siehe Abbildung 11.8)

Das galt auch für die zweite Jahreshälfte 1999, als der Goldpreis ein Tief erreichte und dann zu steigen begann. Es trifft zwar zu, dass ein steigender Goldpreis in der Regel mit steigenden Wechselkursen ausländischer Währungen einhergeht (weil der Dollar schwach tendiert), doch ist es wichtig, dass der Goldpreis schneller steigt als die Auslandswährungen. Das bringt uns zurück zur Quotientenanalyse.

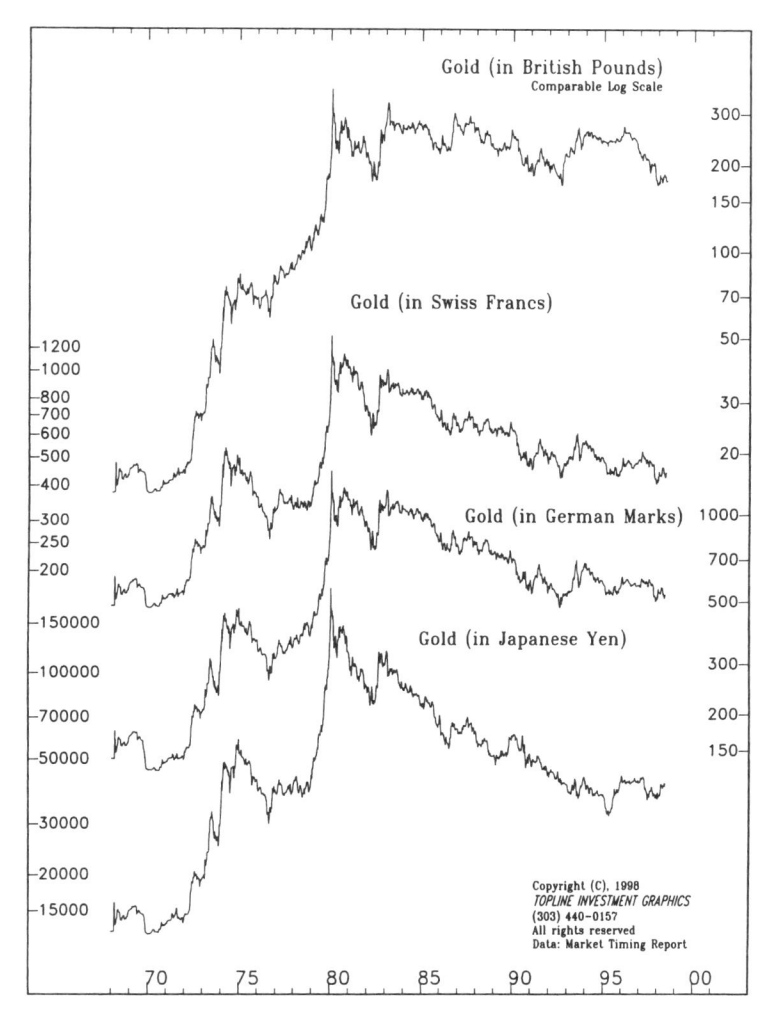

Abbildung 11.8: In den 70er-Jahren stieg der Goldpreis nicht nur in Dollar, sondern auch in anderen Währungen. Das war ein entscheidendes Kennzeichen für eine echte Goldhausse.

Die Gold/Fremdwährungs-Quotienten steigen

Die Abbildungen 11.9 bis 11.11 zeigen den in Dollar ermittelten Goldpreis, dividiert durch die Wechselkurse des britischen Pfunds, des kanadischen Dollars und des japanischen Yens. Die Tatsache, dass alle diese drei Quotienten seit Ende 1999 gestiegen sind, bedeutet: Der

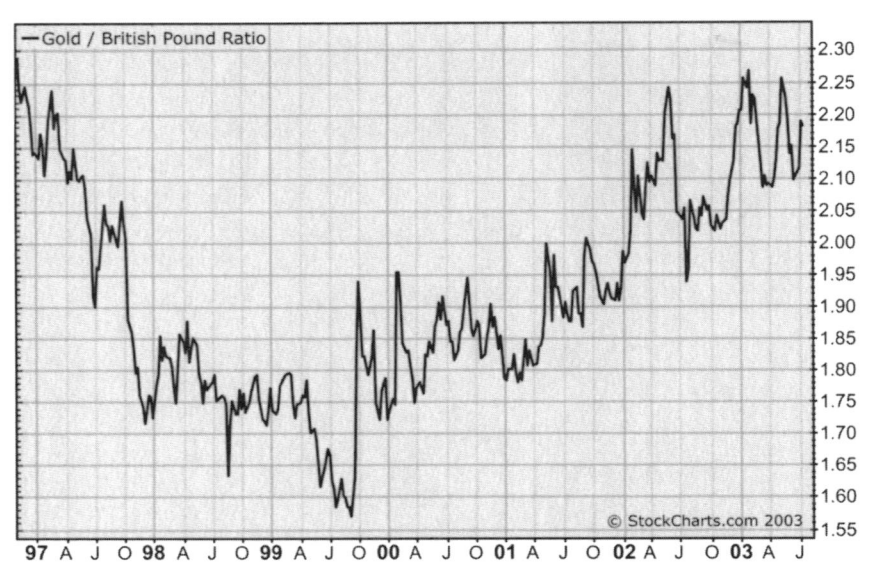

Abbildung 11.9: Der ansteigende Quotient zeigt, dass der Goldpreis seit Ende 1999 schneller gestiegen ist als das britische Pfund.

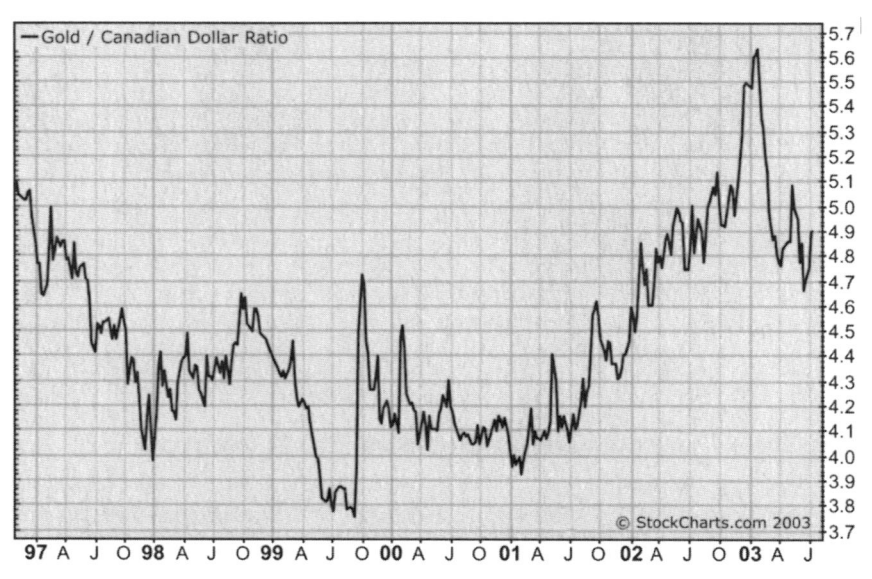

Abbildung 11.10: Der ansteigende Quotient zeigt, dass der Goldpreis seit Ende 1999 schneller gestiegen ist als der kanadische Dollar.

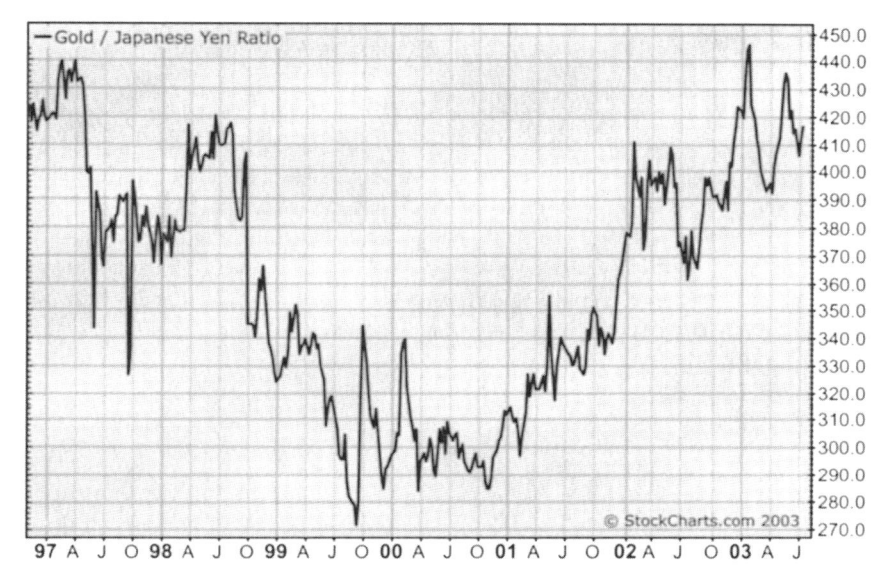

Abbildung 11.11: Der ansteigende Quotient zeigt, dass der Goldpreis seit Ende 1999 schneller gestiegen ist als der japanische Yen.

der Goldpreis ist schneller gestiegen als die Wechselkurse der drei Fremdwährungen gegenüber dem US-Dollar. Und genau das sollte auch geschehen, wenn es sich wirklich um einen weltweiten Goldpreisanstieg handeln soll. Abbildung 11.12 zeigt zudem, dass sich Gold seit Ende 1999 auch besser entwickelt hat als der Euro. Auf der rechten Seite kann man sehen, dass der Goldpreis von Frühjahr 2002 bis Frühjahr 2003 auf Euro-Basis gesunken ist. Der Gesamttrend über diese drei Jahre zeigte jedoch nach oben.

Gold ist stärker als alle wichtigen Auslandswährungen

Abbildung 11.13 vergleicht den Goldpreis in Dollar mit den beiden wichtigsten Auslandswährungen – dem Euro und dem Yen – seit 1999. Alle drei Linien steigen an. Der Euro ist schneller gestiegen als der Yen, Gold hat jedoch beide Währungen hinter sich gelassen. Der Wert des Euros und des Yens ist jeweils relativ zum Goldpreis seit Ende 1999 gesunken. Das trifft insbesondere auf den Zeitraum nach

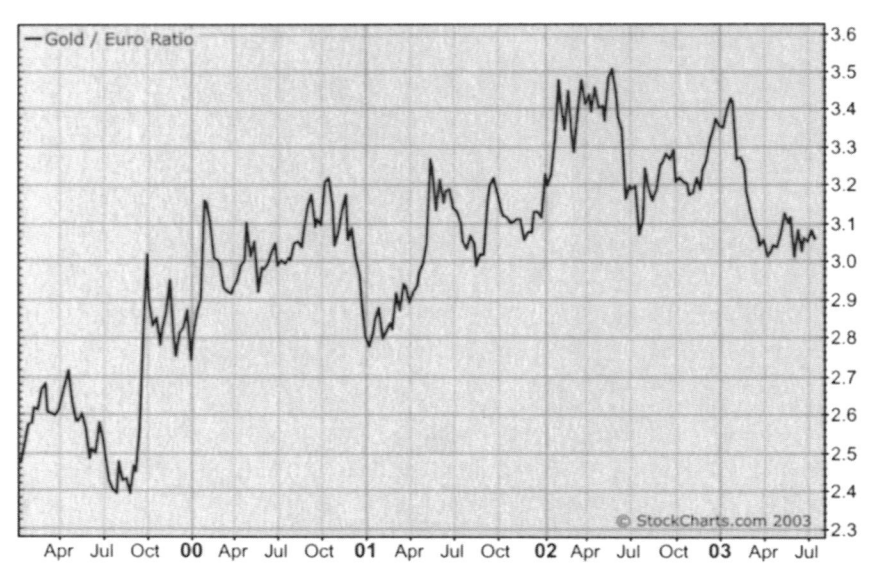

Abbildung 11.12: Der Goldpreis ist seit Mitte 1999 stärker gestiegen als der Euro.

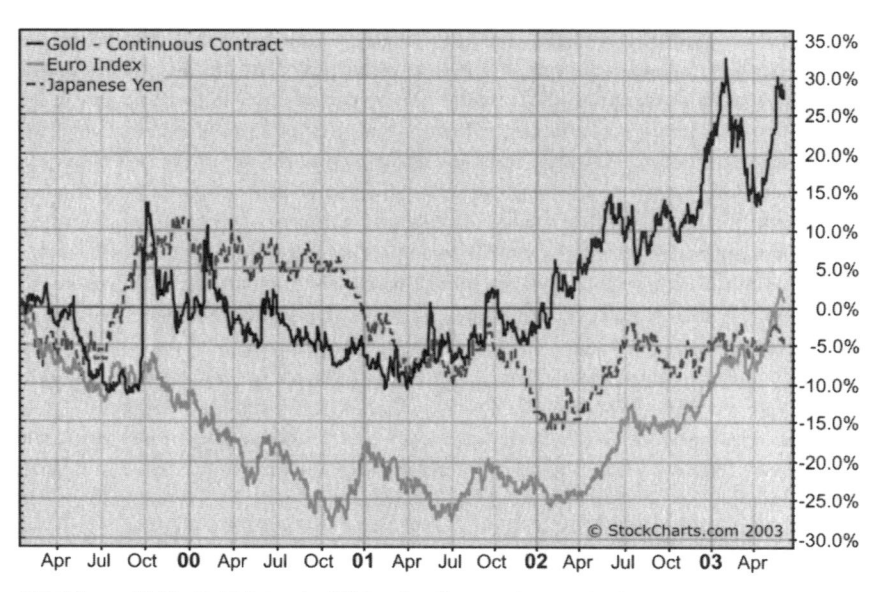

Abbildung 11.13: Gold ist seit 2000 schneller gestiegen als die beiden ausländischen Währungen.

2001 zu, als die Renditen beider Währungen relativ zum Goldpreis auf Dollar-Basis negativ waren. Auch das britische Pfund, der kanadische Dollar und der Schweizer Franken sind relativ zum Goldpreis gesunken.

Zusammenfassung

Wir haben in diesem Kapitel die Quotientenanalyse angewendet, um die Relationen zwischen den Rohstoffen (dem CRB-Index), Anleihen und Aktien besser darstellen zu können. Die Quotientenanalyse ist ein wichtiges technisches Hilfsmittel zur Ermittlung von Trendwenden im gegenseitigen Verhältnis zweier oder mehrerer Märkte. Die Trendlinienanalyse kann direkt auf die Charts der Quotienten selbst angewendet werden (ebenso wie andere technische Indikatoren, zum Beispiel gleitende Durchschnitte.) Ein steigender Anleihen/Aktien-Quotient zeigt, dass Anleihen sich besser entwickeln als Aktien. Diese Entwicklung deutet auf eine schwache konjunkturelle Verfassung hin, während man die gegenteilige Entwicklung mit einer guten Wirtschaftslage assoziiert. Ein steigender CRB/Anleihen-Quotient (oder ein steigender CRB/Aktien-Quotient) bedeutet, dass Rohstoffe bessere Investmentchancen bieten als Anleihen oder Aktien.

Man sollte die im CRB repräsentierten Rohstoffe als eigenständige Asset-Klasse neben Anleihen und Aktien betrachten. Da die Rohstoffmärkte mit dem Bondmarkt in der Regel negativ korreliert sind und nur eine geringe Korrelation mit dem Aktienmarkt aufweisen, kann man ein *ungehebeltes* Rohstoff-Portfolio (zehn Prozent Rohstoff-Futures und 90 Prozent Staatsanleihen) zur Diversifizierung eines aus Anleihen und Aktien bestehenden Depots einsetzen. Die mit dem Rohstoffhandel normalerweise verbundenen Risiken sind das Resultat der niedrigen erforderlichen Margen und einer entsprechend hohen Hebelwirkung. Mit der konservativen (ungehebelten) Vorgehensweise, nur zehn Prozent in Futures, jedoch 90 Prozent in Staatsanleihen zu investieren, werden diese Risiken deutlich reduziert,

Die Futures-Märkte – Rohstoff-, Währungs-, Anleihen- und Aktienindex-Futures – ermöglichen ein eingebautes Modell der Asset Allocation. Da ihre Renditen nur schwach mit denen der Anleihen- und Aktienmärkte korreliert sind, stellen professionell gemanagte Futures-Fonds ein legitimes Diversifikationsinstrument für Depotverwalter dar. Es gibt zwei Methoden der Verwendung von Futures zur Diversifizierung. Die eine hat mit der Nutzung von Managed Futures Accounts zu tun, die in alle vier Sektoren der Futures-Märkte investieren und sowohl Käufe als auch Leerverkäufe tätigen. Auf diese Weise wird das Futures-Portfolio als separate Einheit behandelt. Der Ausdruck *Futures* bezieht sich dabei auf alle Futures-Märkte, nicht nur auf den Rohstoffbereich. Die zweite Methode behandelt den Rohstoffbereich der Futures-Märkte als eigenständige Asset-Klasse und wird angewendet, wenn man eine Vielzahl von Rohstoffen (etwa die im CRB-Index repräsentierten) gleichzeitig handeln will.

Wenn die Rohstoffpreise steigen, sinkt in der Regel der US-Dollar. Ausländische Währungen gewinnen meist im Gleichschritt mit den Rohstoffen an Wert. Einiges spricht also dafür, auch Währungen neben Rohstoffen als eigenständige Asset-Klasse zu betrachten. Weltweit operierende Investoren sollten auch die Auswirkungen von Währungstrends auf die internationalen Anleihen- und Aktienmärkte beachten. Währungs-Hedging kann dabei helfen, die mit Investments an ausländischen Märkten verbundenen Risiken abzufedern. Ein Nebeneffekt eines Dollar-Rückgangs ist ein steigender Goldpreis. Für eine wirklich weltweite Goldhausse ist es aber erforderlich, dass der Goldpreis nicht nur auf Dollar-Basis, sondern auch auf der Basis anderer Währungen ansteigt. Seit dem Tief in der zweiten Jahreshälfte 1999 ist der Goldpreis schneller angestiegen als alle bedeutenden Auslandswährungen. Das ist seit den 70er-Jahren nicht mehr vorgekommen, in denen die bisher letzte wirklich bedeutende Goldhausse zu verzeichnen war.

Kapitel 12

Die Intermarket-Analyse und der Konjunkturzyklus

Der vierjährige Konjunkturzyklus

In den letzten beiden Jahrhunderten hat die amerikanische Wirtschaft immer wieder zyklische Hochs und Tiefs erlebt. Manchmal waren diese Zyklen dramatisch, wie zum Beispiel die große Depression in den 30er-Jahren, die galoppierende Inflation in den 70er-Jahren und der von der Deflationsgefahr ausgelöste Abschwung seit dem Jahr 2000. Manchmal war ihr Einfluss aber auch so gedämpft, dass sie kaum bemerkt wurden. Die meisten Zyklen lagen irgendwo zwischen diesen beiden Extremen und haben eine Spur gut erkennbarer und recht zuverlässiger Konjukturzyklen hinterlassen, die im Durchschnitt vier Jahre dauerten. Das bedeutet, dass die Wirtschaft etwa alle vier Jahre eine Phase der Expansion durchmacht, auf die eine Kontraktion oder eine Abschwächung folgt. Während eines ungewöhnlich langen wirtschaftlichen Aufschwungs, in dem keine Rezession stattfindet, kann die Wirtschaft eine Zeit des »Atemholens« durchleben, bevor sie in die nächste Wachstumsphase eintritt. In diesem Fall kann sich der Zeitraum zwischen echten Rezessionen auf acht Jahre ausdehnen. Die Rezessionen von 1970 und 1974 lagen exakt vier Jahre auseinander. Die nächste, für 1978 erwartete Rezession blieb zunächst aus. Dafür ereigneten sich 1980 und 1982 Rezessionen. Obwohl sich die Rezession von 1980 um zwei Jahre verspätet hatte, trat die von 1982 »pünktlich« ein: acht Jahre nach der Rezession von 1974. Nach 1982 vergingen acht Jahre, ehe sich 1990 die nächste Rezession ereignete. Nach 1990 trat die amerikanische Wirtschaft in die längste je verzeichnete Expansionsphase ein, die mehr als zehn Jahre dauerte und die bisherige Rekordexpansion aus den 60er-Jahren noch übertraf. Wenn keine echten Rezessionen auftreten, ist das Timing von Abschwüngen am Aktienmarkt hilfreich, denn Baissephasen treten meist dann auf, wenn man an der Börse mit einer Konjunkturschwäche rechnet. Ausgehend vom vierjährigen Konjunkturzyklus übersprang die Wirtschaft zum Beispiel die für 1986 und 1994 zu erwartenden Rezessionen. Am Aktienmarkt gab es allerdings 1987 und 1994 ausgeprägte Schwächephasen, die sich zeitlich recht genau an das Konjunkturzyklusmodell hielten.

Seit 1948 gab es in den USA neun Rezessionen. Vor 1990, als die bislang letzte Expansionsphase begann, hatten solche Aufschwungphasen in der Nachkriegszeit durchschnittlich 45 Monate gedauert, die Abschwungphasen dagegen elf Monate. Im Jahr 2000 waren seit der letzten Rezession zehn und seit der letzten Baissephase am Aktienmarkt sechs Jahre vergangen. Eine Rezession und eine Baisse waren längst überfällig. Die Baisse begann im Frühling 2000. Eine Rezession setzte ein Jahr später ein, im Frühling 2001.

Der Konjunkturzyklus erklärt die Intermarket-Rotationen

Der Konjunkturzyklus hat für die Finanzmärkte große Bedeutung. Die Phasen der Expansion und der Kontraktion schaffen ökonomische Rahmenbedingungen, die dabei helfen, die Verbindungen zwischen den Anleihen-, Aktien- und Rohstoffmärkten zu erklären. Außerdem erklärt der Konjunkturzyklus die zeitliche Reihenfolge der Entwicklungen an diesen drei Märkten. Am Ende einer Expansionsphase beginnen die Anleihen in der Regel eher zu sinken als die Aktien und die Rohstoffe. In einer Rezession oder einer Abschwungphase fangen die Anleihen meist früher zu steigen an als Aktien und Rohstoffe. In beiden Fällen sind es die Rohstoffe, die als Letzte die Richtung wechseln. Die Kenntnis dieser zyklischen Zusammenhänge macht die Intermarket-Prozesse verständlich und bestätigt, dass das, was die Charts zeigen, aus der Perspektive der Realwirtschaft sinnvoll ist. Gleichzeitig kann man die Intermarket-Analyse dazu verwenden, die aktuelle Phase im Konjunkturzyklus zu ermitteln. Obwohl dies für uns als Investoren nicht das Hauptanliegen darstellt, kann die Intermarket-Analyse auch bei der Erstellung von Konjunkturprognosen eine Rolle spielen.

Ein gewisses Verständnis des Konjunkturzyklus (in Kombination mit der Intermarket-Analyse von Anleihen, Aktien und Rohstoffen) wirkt sich auf den Prozess der Asset Allocation aus. Die verschiedenen Phasen des Konjunkturzyklus favorisieren verschiedene Asset-Klassen. Am Beginn einer wirtschaftlichen Expansion sind Finanztitel (Anleihen und Aktien) gefragt, an deren Ende dagegen Rohstoffe (oder Instrumente zum Schutz vor Inflation, wie zum Beispiel Gold- und Öl-Aktien). Als Faustregel kann gelten, dass in wirtschaftlich starken Zeiten Aktien die Nase vorn haben, in Schwächephasen dagegen Anleihen.

Wir werden den Konjunkturzyklus in diesem Kapitel dazu heranziehen, die chronologischen Rotationen zu erklären, die in der Regel zwischen Anleihen, Aktien und Rohstoffen stattfinden. Die meisten Rohstoffdaten in diesem Kapitel basieren auf dem Journal of Commerce Index, der sich aus den Preisen verschiedener industrieller Rohstoffe zusammensetzt. Er unterscheidet sich vom CRB-Index insofern, als er keine Agrarprodukte enthält. Dieses Buch präsentiert Forschungsergebnisse über die Brauchbarkeit von Anleihen, Aktien und Rohstoffen für die Prognose konjunktureller Trendwenden. Die Gefahr einer Deflation ist zum ersten Mal seit den 30er-Jahren wieder aufgetaucht. Daher ist es sinnvoll, sich die damals vorherrschenden Intermarket-Relationen einmal genauer anzusehen.

Die chronologische Sequenz von Anleihen, Aktien und Rohstoffen

Abbildung 12.1 (entnommen aus *InterMarket Review*, verfasst von Martin J. Pring) zeigt ein idealisiertes Diagramm der Interaktionen der drei Finanzmärkte während eines typischen Konjunkturzyklus. Die Kurvenlinie entspricht dem Auf und Ab der Konjunktur während der abwechselnden Expansions- und Kontraktionsphasen. Ein Ansteigen der Linie bedeutet Expansion, ein Absinken Kontraktion. Die horizontale Linie repräsentiert das Gleichgewichtsniveau, die positives und negatives Wirtschaftswachstum voneinander trennt. Wenn die Kurvenlinie über der horizontalen Linie liegt, aber absinkt, verlangsamt sich das Wirtschaftswachstum. Fällt sie darunter, dann ist die Wirtschaft in die Rezession abgerutscht. Die Pfeile zeigen die Richtung der drei Finanzmärkte. Dabei steht B für Anleihen (Bonds), S für Aktien (Stocks) und C für Rohstoffe (Commodities).

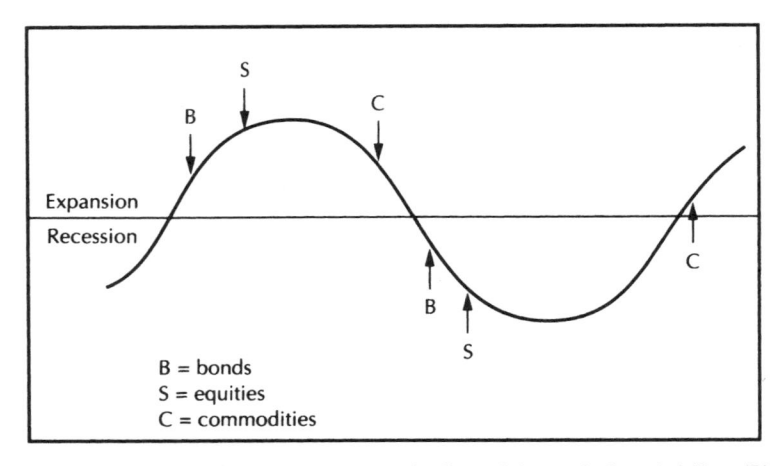

Abbildung 12.1: Ein idealisiertes Diagramm der Interaktion zwischen Anleihen (B), Aktien (S) und Rohstoffen (C) in einem typischen Konjunkturzyklus.
(*InterMarket Review, verfasst von Martin J. Pring, www.pring.com*)

Im Spätstadium der Expansion dreht der Anleihenmarkt als Erster nach unten. Die Gründe sind wachsender Inflationsdruck (der aus steigenden Rohstoffpreisen erwächst) und folglich tendenziell steigende Zinsen. Nach einiger Zeit belasten die gestiegenen Zinsen den Aktienmarkt, der als Zweiter nach unten dreht. Da der Inflationsdruck am Ende einer Expansionsphase am stärksten wird, sinkt der Rohstoffmarkt als Letzter von den dreien. Zu diesem Zeitpunkt hat sich das Wirtschaftswachstum in der Regel schon deutlich abgeschwächt, und eine Rezession beginnt. Diese Wachstumsschwäche reduziert die Rohstoffnachfrage. Der Inflationsdruck beginnt nachzulassen. Die Rohstoffpreise beginnen zu sinken. Zu diesem Zeitpunkt sinken alle drei Finanzmärkte.

Wenn die Wirtschaft schwächer zu werden beginnt, geben auch die Zinsen allmählich nach (meist in der Frühphase einer Rezession). Folglich beginnen die Anleihenkurse zu steigen. Für eine Weile steigen sie, während die Aktienkurse sinken. Nach einer gewissen Zeit (meist in der zweiten Hälfte einer Rezession) beginnt sich auch der Aktienmarkt zu erholen. Nachdem Aktien und Anleihen eine Zeit lang gemeinsam gestiegen sind und die Wirtschaft wieder in eine Expansionsphase eingetreten ist, wird der Inflationsdruck höher, was zu einem Preisanstieg bei Gold und anderen Rohstoffen führt. (Wie schon dargelegt, können die Rohstoffpreise auch in einem deflationären Umfeld steigen, weil die Fed versucht, der schwachen Wirtschaft durch ein moderates Anheizen der Inflation auf die Beine zu helfen.) Nach einer gewissen Zeit der Expansion kann es geschehen, dass alle drei Märkte gemeinsam steigen. Das kann andauern, bis die inflationären Auswirkungen steigender Rohstoffpreise zu einem Rückgang der Anleihenkurse führen. Dann sinken die Anleihenkurse, und der ganze Prozess beginnt wieder von vorn.

Anleihen sind entscheidend

Anleihen scheinen für die Intermarket-Interaktionskette die entscheidende Rolle zu spielen. In der Regel vollziehen sie Trendwenden früher als Aktien und Rohstoffe. Wenn der Anleihenmarkt deutlich schwächer als der Aktienmarkt tendiert, kann man davon ausgehen, dass sich Inflationsdruck aufbaut. Das kann nach einiger Zeit auch den Aktienmarkt beeinträchtigen. Ein im Vergleich zu Aktien ungewöhnlich starker Anleihenmarkt (wie in den Jahren nach 2000) kann das gegenteilige Signal aussenden, nämlich die Anwesenheit deflationärer Kräfte, was ebenfalls zu einer Schwächung des Aktienmarkts führen kann. Bonds erreichen ihr Hoch meist in der Mitte einer Expansions- und ihr Tief in der Mitte einer Kontraktionsphase. Eine Trendwende am Anleihenmarkt während einer Phase wirtschaftlichen Wachstums signalisiert, dass ein Zeitraum mit gesundem, *nichtinflationärem* Wachstum von einem Zeitraum des ungesunden, *inflationären* Wachstums abgelöst worden ist. An diesem Punkt beschleunigen die Rohstoffmärkte meist ihren Aufwärtstrend, und die Hausse am Aktienmarkt steht kurz vor dem Ende. In der ungewöhnlichen Situation einer drohenden Deflation können steigende Rohstoffpreise und ein schwacher Bondmarkt anzeigen, dass die deflationären Kräfte schwächer werden. Das kann ein gutes Zeichen für Aktienmarkt und Wirtschaft sein.

Die sechs Abschnitte des Konjunkturzyklus

Martin Pring unterteilt den Konjunkturzyklus in sechs Abschnitte (siehe Abbildung 12.2). Abschnitt 1 beginnt, wenn die Wirtschaft in eine Rezession abrutscht, und der Zyklus endet mit Abschnitt 6, wenn die Expansionsphase vorbei ist. Jeder Abschnitt ist durch eine Trendwende einer der drei Asset-Klassen – Anleihen, Aktien und Rohstoffe - gekennzeichnet. Die folgende Liste fasst Prings Schlussfolgerungen zusammen.

Abschnitt 1 ... Anleihen steigen (Aktien und Rohstoffe sinken)
Abschnitt 2 ... Aktien steigen (Anleihen steigen, Rohstoffe sinken)
Abschnitt 3 ... Rohstoffe steigen (alle drei Märkte steigen)
Abschnitt 4 ... Anleihen sinken (Aktien und Rohstoffe steigen)
Abschnitt 5 ... Aktien sinken (Anleihen sinken, Rohstoffe steigen)
Abschnitt 6 ... Rohstoffe sinken (alle drei Märkte sinken)

Die Schlussfolgerungen der geschilderten Sequenz für die Asset Allocation liegen klar auf der Hand: Wenn am Beginn einer Abschwächung Inflationsdruck und Zinsen zu sinken beginnen (Abschnitt 1), sind Anleihen (oder zinssensitive Aktien) erste Wahl. Andere Aktien werden attraktiv, nachdem Anleihen ihren Boden gebildet haben und es deutliche Anzeichen für ein Nachlassen der Rezession gibt (Abschnitt 2). Wenn eine neue Expansionsphase beginnt (Abschnitt 3), sollte man Gold und Gold-Aktien als frühzeitigen

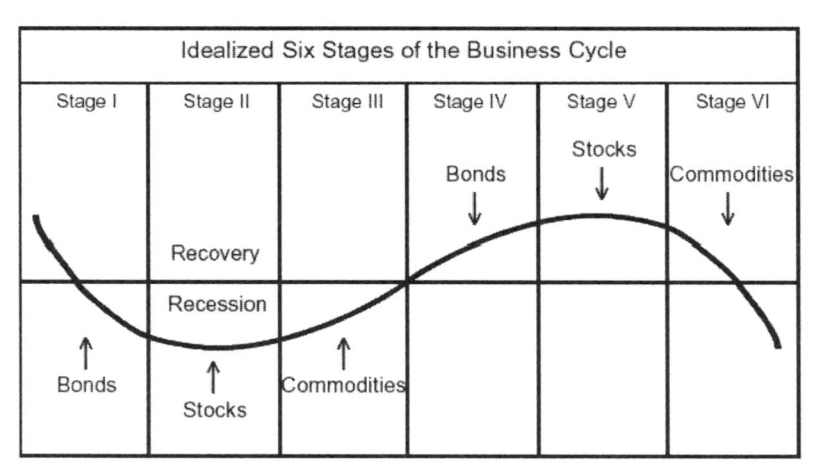

Abbildung 12.2: Die sechs Abschnitte eines typischen Konjunkturzyklus durch Rezession und Erholung. Jeder Abschnitt ist durch eine Trendwende einer der drei Asset-Klassen – Anleihen, Aktien und Rohstoffe – gekennzeichnet.

(*InterMarket Review, verfasst von Martin J. Pring, www.pring. com*)

Inflationsschutz in Erwägung ziehen. Während Inflationsdruck auch die Preise anderer Rohstoffe steigen lässt und die Zinsen wieder anziehen (Abschnitt 4), sollte man den Schwerpunkt auf Rohstoffe oder andere Anlagen legen, die sich als Inflationsschutz eignen. Anleihen und zinssensitive Aktien sind dann eher zu meiden. Wenn sich am Aktienmarkt ein Top abzeichnet (Abschnitt 5), sollte man noch stärker in Rohstoffe und andere Inflationsschutz-Anlagen investieren, zum Beispiel in Gold und Gold-Aktien. Wenn alle drei Märkte fallen, heißt es »Cash is King«.

Die in den vorherigen Abschnitten beschriebene zeitliche Reihenfolge bedeutet allerdings nicht, dass Anleihen, Aktien und Rohstoffe immer exakt diesem Rotationsmuster folgen. Manchmal halten sich die Hochs und Tiefs an bestimmten Märkten nicht an diese Reihenfolge. Prings Diagramm beschreibt die ideale Rotationssequenz, die sich in der Regel an den drei Märkten abspielt, und stellt somit eine brauchbare Orientierungshilfe dar. Wenn sich die Märkte an das Idealmuster halten, weiß der Analyst, was als Nächstes zu erwarten ist. Wenn sie von der normalen Rotation abweichen, ist der Analyst gewarnt, dass etwa Ungewöhnliches im Gang ist und er noch sorgfältiger als sonst vorgehen muss. Obwohl der Intermarket-Analyst nicht immer ganz genau weiß, wie sich die Märkte verhalten, kann das Wissen darüber hilfreich sein, wie sie sich verhalten *sollten*. Die Erfahrungen seit 2000 sind ein gutes Beispiel dafür, dass man besonders wachsam sein muss, wenn etwas Ungewöhnliches geschieht.

Die Lehren aus dem Jahr 2000

Nachdem 2000 die Spekulationsblase am Aktienmarkt geplatzt war, reagierte die Fed mit einer aggressiven Reihe von Zinssenkungen, um den Kursverfall zu bremsen. Bis Ende 2001 hatte die Fed die Leitzinsen elf Mal gesenkt. Diesmal halfen die sinkenden Zinsen dem Aktienmarkt jedoch nicht. Anleihen und Aktien hatten sich vollständig entkoppelt. Etwas Ungewöhnliches war in diesem Konjunkturzyklus im Gang. Der ungewöhnliche Faktor war die Deflationsgefahr, also etwas, das seit den 30er-Jahren keine Rolle mehr gespielt hatte. Die Tatsache, dass keiner aus der heutigen Generation von Investoren (oder Volkswirten) die Deflation der 30er-Jahre bewusst erlebt hatte, erklärt vielleicht, warum so wenige von ihnen die gefährlichen Symptome erkannten.

Anleihen als vorauslaufender Konjunkturindikator

Die Bilanz des Anleihenmarkts als vorauslaufender Konjunkturindikator ist beeindruckend, obwohl die Vorlaufzeit der Hochs und Tiefs manchmal recht lang ist. In *Leading Indicators for the 1990s* (Don Jones-Irwin, 1990) beschreibt Geoffrey Moore (einer der führenden amerikanischen Konjunkturexperten) die Geschichte des Anleihenmarkts als weit vorauslaufenden Indikator für Hochs und Tiefs des Konjunkturzyklus. 1990, als Moore seine Forschungsergebnisse veröffentlichte, hatte die amerikanische Volkswirtschaft seit 1948 acht Konjunkturzyklen durchlaufen. Der Anleihenindex Dow Jones 20 Bond Average hatte alle acht Hochs mit einer Vorlaufzeit von durchschnittlich 27 Monaten angezeigt und alle acht Tiefs mit einer Vorlaufzeit von acht Monaten. Von 1948 bis 1990 gingen Trendwenden am Anleihenmarkt den Wenden im Konjunkturzyklus im Durchschnitt um 17 Monate voraus.

Aktien und Rohstoffe als vorauslaufende Indikatoren

Auch Aktien und Rohstoffe eignen sich als Konjunkturindikatoren, obwohl ihre Vorlaufzeiten viel kürzer sind als die der Anleihen. Die Forschungsergebnisse Moores (in Zusammenarbeit mit Victor Zarnowitz und John P. Cullity) im schon erwähnten Buch *Leading Indicators for the 1990s* zeigen die Vorlaufzeiten (oder die Verzögerungen) aller drei Märkte im Vergleich zu konjunkturellen Trendwenden. Diese Ergebnisse unterstützen den in Abbildung 12.1 beschriebenen Rotationsprozess.

In den acht Zyklen zwischen 1948 und 1990 lief der S&P-500-Index konjunkturellen Trendwenden im Durchschnitt um sieben Monate voraus (Hochs: neun Monate, Tiefs: fünf Monate). Die Rohstoffpreise (repräsentiert durch den Journal of Commerce Index) hatten eine durchschnittliche Vorlaufzeit von sechs Monaten (Hochs: acht Monate, Tiefs: zwei Monate).

Aus diesen Zahlen lassen sich einige Schlussfolgerungen ziehen. Eine davon lautet, dass die technische Analyse von Anleihen, Aktien und Rohstoffen für die Konjunkturanalyse eine Rolle spielen kann. Man kann die technische Analyse auf alle drei Märkte anwenden. Außerdem ist festzustellen, dass die Zahlen das in Abbildung 12.1 gezeigte Rotationsmuster bestätigen. Zunächst kommt die Wende am

Anleihenmarkt (17 Monate Vorlauf), dann am Aktienmarkt (sieben Monate Vorlauf) und zuletzt bei den Rohstoffen (sechs Monate Vorlauf). Die Reihenfolge wird bei Hochs ebenso wie bei Tiefs bestätigt. In allen drei Märkten ist die Vorlaufzeit bei Hochs wesentlich länger als bei Tiefs. Die Vorlaufzeit von Bonds vor Hochs kann extrem lang sein (im Durchschnitt 27 Monate), während die Rohstoffpreise recht kurzfristig vor Tiefs warnen (zwei Monate). Die Vorlaufzeit der Rohstoffe hängt davon ab, welchen Index man heranzieht. Moore verwendete den Journal of Commerce Index, an dessen Konzeption er beteiligt war und der aus industriellen Rohstoffen besteht. Auch Martin Pring bevorzugt industrielle Rohstoffe. Ihre Arbeiten legen entsprechend weniger Wert auf landwirtschaftliche Rohstoffe, die im CRB-Index repräsentiert sind.

Mehr über den JOC-Index

Der Journal of Commerce Index wurde bereits in Kapitel 3 vorgestellt. Sein voller Name lautet: Journal of Commerce (JOC)-Economic Cycle Research Institute (ECRI) Industrial Price Index. Der JOC-Index setzt sich aus 18 industriellen Rohstoffen zusammen, darunter Textilien, Metalle, Erdölprodukte, und einige andere, darunter Sperrholz. Die Metall-Kategorie umfasst Aluminium, Kupfer, Blei, Nickel, Zinn, Stahl und Zink. Moores Pionierarbeit über die Auswirkungen der Finanzmärkte auf den Konjunkturzyklus wird vom in New York City ansässigen Economic Cycle Research Institute weitergeführt. Wir wollen nun Moores Werk von 1990 zur Überprüfung verwenden, ob die Anleihen-, Aktien- und Rohstoffmärkte die Rezession korrekt prognostiziert haben, die im Frühling 2001 begann.

Die Prognose der Rezession von 2001

Am 8. Januar 2001 veröffentlichte ich auf der Website *MurphyMorris* .com einen Artikel mit dem Titel »Die Börsenentwicklung deutet auf eine Rezession hin«. Im Frühling des Vorjahres hatte der Aktienmarkt sein Hoch erreicht, und die Rohstoffpreise hatten zu sinken begonnen. Das Anliegen dieses Artikels bestand darin, anhand der Finanzmärkte den Beginn einer möglichen Rezession zu prognostizieren. Dazu zog ich die Zahlen heran, die Moore für Anleihen, Aktien und Rohstoffe publiziert hatte. Ich schrieb:

Der Anleihenmarkt erreicht sein Hoch durchschnittlich 27 Monate vor dem Höhepunkt des Wirtschaftswachstums. Die Kurse amerikanischer Staatsanleihen erreichten ihr Hoch im Oktober 1998. Die Zahl der seither vergangenen Monate legt nahe, dass im Januar 2001 (also im laufenden Monat) eine Rezession beginnen sollte. ... Der S&P 500 erreicht sein Hoch in der Regel etwa neun Monate vor einer Rezession. Er verzeichnete im März 2000 seinen Höchststand, und der Beginn einer Rezession hätte somit in den Dezember 2000 fallen sollen (also in den eben vergangenen Monat). ... Der Journal of Commerce Index (der Rohstoffindex, den Dr. Moore als Maßstab verwendete) erreicht sein Hoch im Durchschnitt acht Monate früher als die Konjunkturentwicklung. Im letzten Jahr gab es zwei Hochs – im März und im September. Man könnte den Beginn einer Rezession also für den Zeitraum von November 2000 bis Juli 2001 erwarten.

Obwohl das Wirtschaftswachstum schon nachgelassen hatte, als dieser Artikel Anfang 2001 veröffentlicht wurde, lag der offizielle Beginn der Rezession (bestimmt vom National Bureau of Economic Research) erst im März 2001, also zwei Monate später. Die drei Finanzmärkte hatten dennoch nicht nur den Beginn der Rezession 2001 recht gut prognostiziert, sondern sich auch an den von Moore publizierten Zeitplan gehalten. Wenn man die Aktivitäten der Fed als Anzeichen für den Beginn der Kontraktionsphase heranzieht, dann liegt der Beginn der Rezession im Januar 2001, als die Leitzinsen erstmals gesenkt wurden.

Die Tops an den drei Märkten folgten dem Rotationsmuster

Aus der Untersuchung dieses Zeitraums lassen sich zwei Lehren ziehen. Die erste betrifft die einfache Tatsache, dass die Finanzmärkte tatsächlich als vorauslaufende Konjunkturindikatoren taugen und man mit ihrer Hilfe konjunkturelle Trendwenden einigermaßen genau prognostizieren kann. Die zweite lautet, dass alle drei Märkte dem Rotationsmuster gefolgt sind. Zunächst (im Oktober 1998) kam die Wende bei den Bonds, dann (im März 2000) bei den Aktien und schließlich auch bei den Rohstoffen. Hier spielt es aber eine Rolle, welchen Rohstoffindex man heranzieht. Beim JOC-Index gab es zwei Hochs – im März und im September 2000. Wenn man das erste Hoch betrachtet, dann würde das eine gleichzeitige Trendwende bei Aktien und Rohstoffen bedeuten. (Dafür gibt es eine Art Präzedenzfall, wie Sie in Kürze sehen werden, wenn ich die Ereignisse der 20er-Jahre analysiere.) Betrachtet man das zweite Hoch vom September, dann kam die Trendwende bei Rohstoffen sechs Monate später als am Aktienmarkt. Der CRB-Index (der auch landwirtschaftliche Rohstoffe enthält) erreichte sein Hoch im Oktober 2000 – sieben Monate nach dem S&P 500 (siehe Abbildungen 12.3 bis 12.5).

Marktrotationen in den 20er- und 30er-Jahren

So zuverlässig Moores Zahlen bei der Prognose des Rezessionsbeginns 2001 auch waren – die Intermarket-Rotationen seit 2000 haben sich nicht an das normale Rotationsmuster gehalten, das in den meisten Rezessionen seit Ende des Zweiten Weltkriegs zu beobachten war. Die wichtigste Abweichung von der Nachkriegsnorm war die weitgehende Entkoppelung von Anleihen und Aktien. Der Hauptgrund für diese Veränderung der gegenseitigen Beziehungen war,

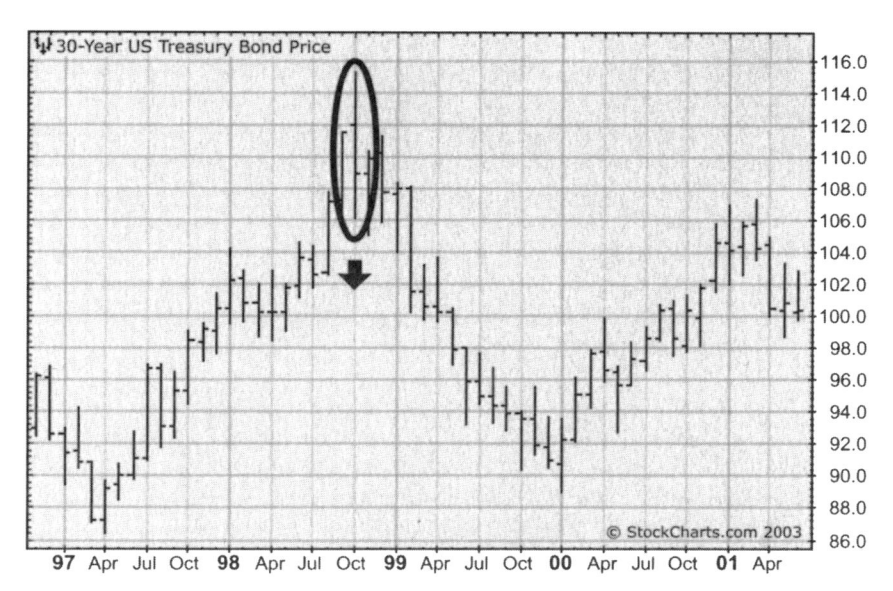

Abbildung 12.3: Die Anleihenkurse erreichten ihr Hoch im Oktober 1998, was auf den Beginn einer Rezession innerhalb von 27 Monaten hindeutete.

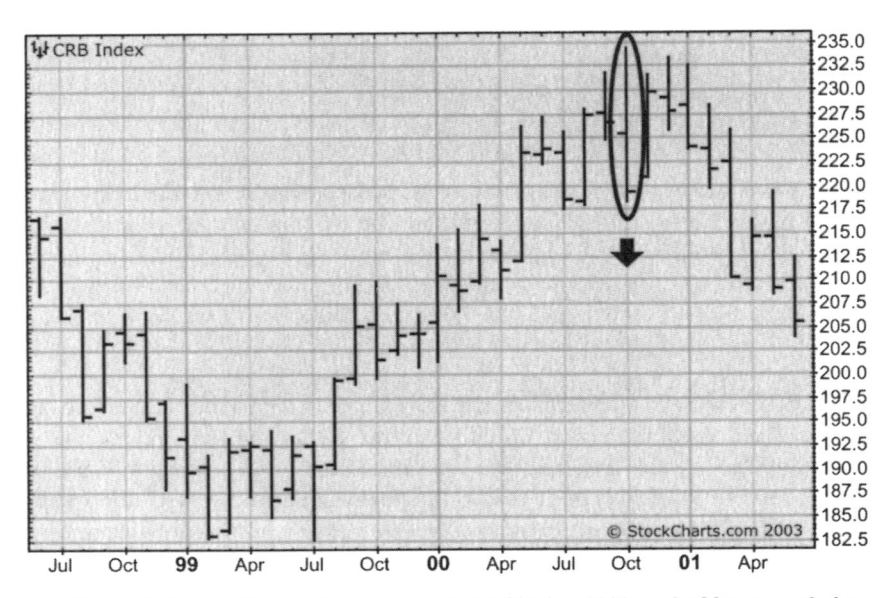

Abbildung 12.4: Der CRB erreichte sein Hoch im Oktober 2000, sechs Monate nach dem Aktien- und zwei Jahre nach dem Bondmarkt.

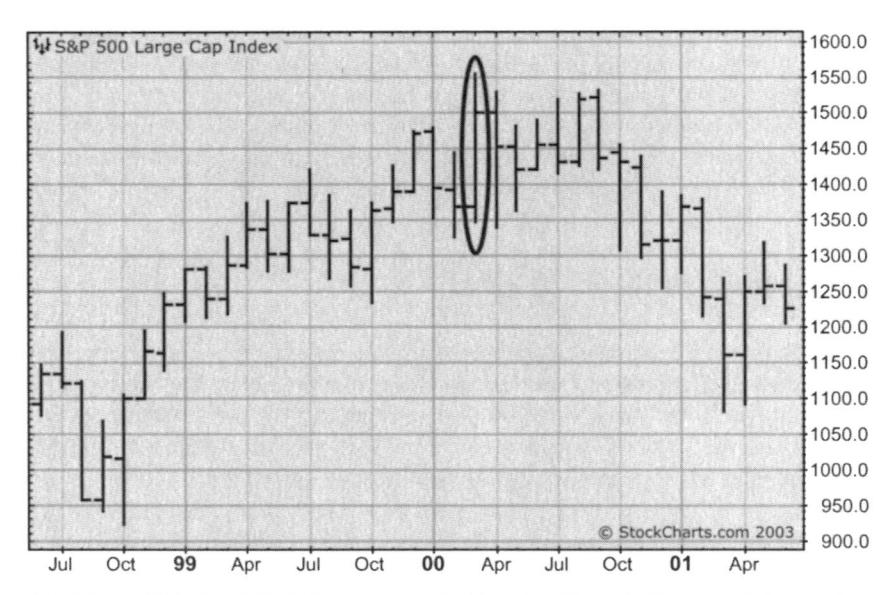

Abbildung 12.5: Der S&P-500 erreichte sein Hoch im März 2000, was auf den Beginn einer Rezession innerhalb von neun Monaten hindeutete.

wie schon erwähnt, das Auftauchen deflationärer Tendenzen, wie man sie seit den 30er-Jahren nicht mehr beobachtet hatte. Da liegt natürlich die Frage nahe, ob sich die drei Märkte damals, also während der Deflation der 30er-Jahre, an ihr normales Rotationsmuster gehalten haben oder nicht. Auch die Tatsache, dass viele Trends in jüngster Zeit erstmals seit den 30er-Jahren wieder aufgetaucht sind, lädt zu einem solchen Vergleich ein. Vielleicht kann man daraus etwas über die gegenwärtige Situation lernen.

Die Rohstoffpreise erreichen 1920 ihr Hoch

Jede Untersuchung der späten 20er-und frühen 30er-Jahre muss mit den Ereignissen des Jahres 1920 beginnen. Die Dekade vor den 20er-Jahren wurde durch den inflationären Einfluss des Ersten Weltkriegs geprägt. In den fünf Jahren vor 1920 waren die Rohstoffpreise gesunken, bei gleichzeitig nachgebenden Anleihen- und Aktienkursen. Anfang 1920 wurde die Situation besser. In diesem Jahr erreichten die Rohstoffpreise ein Hoch und fielen dann deutlich bis 1921. Von 1921 bis 1929 bewegten sie sich recht wenig. Da die Rohstoffe 1920 ihr Hoch erreichten, sollte man am Anleihenmarkt gleichzeitig eine Bodenbildung erwarten – und dazu kam es auch.

Der Anleihenmarkt bildet 1920 einen Boden

Zeitgleich mit dem Hoch der Rohstoffpreise erreichten die Anleihen ein Tief. Das Hoch der Rohstoffpreise bedeutete, dass der durch den Ersten Weltkrieg verursachte Inflationsdruck ein Ende gefunden hatte. Nach dem Tief von 1920 stiegen die Anleihenkurse kontinuierlich bis 1928. Dieser deutliche Anstieg der Anleihen am Beginn der 20er-Jahre sollte eine Bodenbildung am Aktienmarkt signalisieren – und das tat er auch.

Der Aktienmarkt bildet 1921 einen Boden

Im historischen Vergleich waren die Anleihenkurse ein vorauslaufender Indikator für den Aktienmarkt, weil sie früher als Aktien bedeutende Trendwenden vollziehen. Die Vorlaufzeit kann bis zu einem

Jahr betragen. Genau das geschah am Beginn der 20er-Jahre. Die Anleihen bildeten 1920 einen Boden, als die Rohstoffpreise ein Top erreichten. Ein Jahr später vollzog sich auch am Aktienmarkt eine Bodenbildung. Dann begann eine Aktienhausse, die bis 1929 dauerte. Während des größten Teils der 20er Jahre blieben die Rohstoffpreise schwach, während die Kurse von Anleihen und Aktien stiegen. Bis 1928 folgten die Märkte dem normalen, disinflationären Drehbuch. Ab 1928 verschlechterte sich die Situation allerdings. Wie nicht anders zu erwarten, ging die Veränderung vom Anleihenmarkt aus.

1928 sinken die Anleihenkurse

Eines der wichtigsten Intermarket-Prinzipien lautet, dass der Anleihenmarkt bei wichtigen Trendwenden früher nach unten dreht als der Aktienmarkt. In der ersten Jahreshälfte 1928 begannen die Anleihenkurse zu sinken und waren bis Anfang 1929 auf das niedrigste Niveau seit zwei Jahren gefallen. Zum ersten Mal seit dem Beginn der 20er-Jahre sanken die Anleihenkurse, während die Aktienkurse stiegen. Dies führte zu einer negativen Divergenz zwischen Anleihen und Aktien und lieferte ein frühes Warnsignal, dass der Kursanstieg am Aktienmarkt ein gefährliches Stadium erreicht hatte. Wie gefährlich es war, wurde 1929 deutlich, als die Trendwende kam. Ende 1929 begann die schlimmste Aktienbaisse der Börsengeschichte. In den folgenden drei Jahren gab es Verluste von fast 90 Prozent. Aus der Intermarket-Perspektive sind die Entwicklungen an den beiden anderen Märkten – Anleihen und Rohstoffe – sehr lehrreich.

1929 entkoppeln sich der Anleihen- und der Aktienmarkt – die Rohstoffpreise stürzen ab

1928 bis 1929 sanken die Anleihenkurse, während die Aktienkurse stiegen. Nach der Trendwende in der zweiten Jahreshälfte 1929 stürzten die Aktienkurse ab, während die Anleihenkurse stiegen. Diese bedeutende Entkoppelung der beiden Märkte dauerte in beiden folgenden Jahren an. Verursacht wurde sie hauptsächlich durch die Entwicklung der Rohstoffpreise. Ende 1929 begannen die Rohstoffpreise (die sich seit 1920 kaum bewegt hatten) deutlich zu sinken – gleichzeitig mit den enormen Kursverlusten am Aktienmarkt. Dieser Preisverfall der Rohstoffe beendete ein Jahrzehnt relativ angenehmer Disinflation und leitete eine von schädlicher Deflation geprägte Ära ein, die einige Jahre dauerte. In einem deflationären Umfeld sinken Aktienkurse und Rohstoffpreise, während die Anleihenkurse steigen. Bildeten sich die Tops an den drei Märkten von 1928 bis 1929 in der normalen Reihenfolge? Die Antwort ist ein eingeschränktes Ja. Das erste Hoch ereignete sich eindeutig am Bondmarkt, aber Aktien und Rohstoffe erreichten ihre Tops gleichzeitig. Die deflationären Trends an den drei Märkten am Ende der 20er-Jahre weisen deutliche Parallelen zu den Trends am Ende der 90er-Jahre auf.

Aktien und Rohstoffe erreichen in den frühen 30er-Jahren gleichzeitig ihre Tiefs

Wenn Deflation die wichtigste Bedrohung ist, entsteht eine enge Korrelation zwischen Aktien und Rohstoffen. Beide erreichten 1929 ihre Hochs und drei Jahre später ihre Tiefs. Am Aktienmarkt kam es etwa Mitte 1932 zu einer Trendwende, bei den Rohstoffen ein halbes Jahr später. (Interessant ist dabei: Obwohl beide Tiefs zeitlich nahe beieinander lagen, folgten sie dem normalen Muster; der Aktienmarkt erreichte sein Tief zuerst.) Dann stiegen beide einige Jahre lang. In einem deflationären Umfeld, wie es Anfang der 30er-Jahre herrschte, gelten steigende Rohstoffpreise als positiv für den Aktienmarkt und für die Wirtschaft. Ein steigender Aktienmarkt legt nahe, dass die konjunkturellen Trends ebenfalls das Schlimmste hinter sich haben. Die Industrieproduktion, die von 1929 bis 1932 stark gesunken war, erreichte Anfang der 30er-Jahre in etwa zeitgleich mit dem Aktien- und dem Rohstoffmarkt ihren Tiefpunkt. Gleiches galt für die Indizes der Produzenten- und der Konsumentenpreise, die in den Jahren der Deflation gefallen waren.

Die Re-Inflationierung in den 30er-Jahren

Es gibt noch einen Vergleich, den man zwischen den Kämpfen gegen die Deflation in den 30er-Jahren und 2002 ziehen kann. Er hat mit dem Dollar und mit Gold zu tun. In Kapitel 9 haben wir festgestellt, dass der schwache Dollar 2002 den Rohstoffpreisen und insbesondere dem Goldpreis zu deutlichen Anstiegen verholfen hat. Man nahm

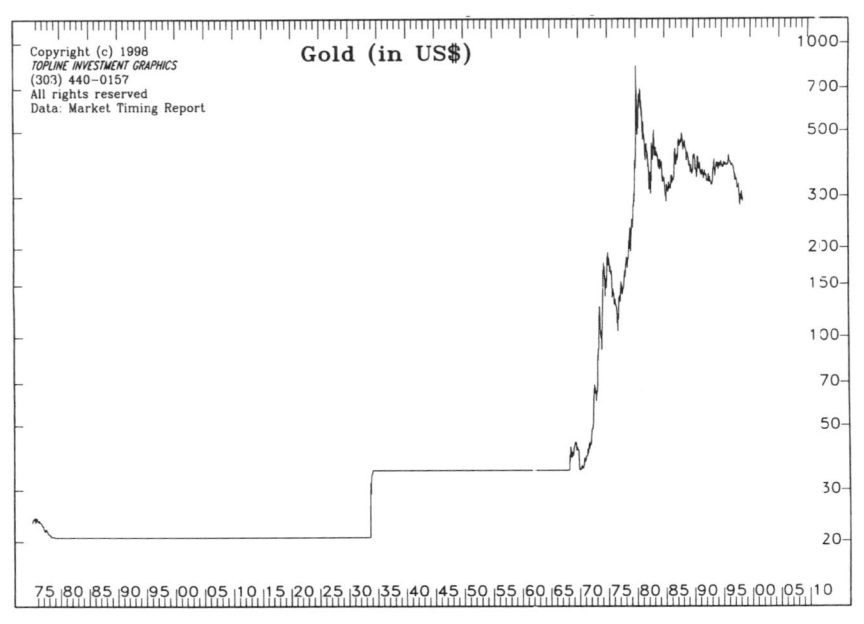

Abbildung 12.6: Anfang der 30er-Jahre wurde der offizielle Goldpreis auf 35 Dollar angehoben, um in einer deflationären Wirtschaft die Inflation anzukurbeln.

an, die Fed verwende den schwachen Dollar dazu, den Goldpreis nach oben zu treiben und so die Inflation ein wenig anzuheizen. Einen ähnlichen Versuch gab es auch in den 30er-Jahren. Vor 1930 gab es einen fixen Umtauschkurs von 20 Dollar je Feinunze Gold. 1933 beendete Präsident Roosevelt die Umtauschbarkeit von Dollars in Gold. Anfang 1934 wurde der offizielle Goldpreis auf 35 Dollar angehoben. Der massive Anstieg des Goldpreises führte zu einer Dollar-Abwertung. Es ist also klar, dass die Idee, den Dollar zu schwächen und den Goldpreis anzuheben, um eine deflationäre Wirtschaft zu reinflationieren, nicht neu ist. Man versuchte das schon in den 30er-Jahren (siehe Abbildung 12.6).

Der vorübergehende Renditeanstieg von 1931

1931 schossen die Anleihenrenditen von zwei auf sechs Prozent nach oben und erreichten ihr höchstes Niveau seit fast sieben Jahren. Der Anstieg erwies sich jedoch als kurzlebig. 1932 sanken die Renditen und erreichten 1934 neue Tiefs. Sie sanken dann noch weitere zehn Jahre lang bis Mitte der 40er-Jahre. Die Anleihenkurse entwickelten sich wie immer genau entgegengesetzt. Nach einem Anstieg von Mitte 1929 bis Mitte 1931 (während die Aktienkurse fielen) gab es bis Ende des Jahres einen scharfen Einbruch. Im zweiten Halbjahr 1931 fielen alle drei Märkte (Anleihen, Aktien und Rohstoffe) gemeinsam. Anfang 1932 drehten aber alle drei nach oben – unter Führung der Anleihen. Diese vollzogen die Wende nach oben Anfang 1932, die Aktien in der Mitte und die Rohstoffe am Ende des Jahres. Auch diesmal folgten sie also dem normalen Rotationsmuster. 1933 erwies sich als recht gutes Aktien- und Rohstoffjahr. Die Anleihen litten in diesem Jahr jedoch unter einer Umschichtung in Aktien, weil steigende Rohstoffpreise anzeigten, dass sich die deflationären Kräfte abschwächten, was Aktien im Vergleich zu Anleihen als das attraktivere Investment erscheinen ließ. Nach 1933 nahmen die Anleihenkurse ihren Aufwärtstrend aber wieder auf und stiegen bis in die 40er-Jahre.

Anfang der 40er-Jahre wird die Bodenbildung bei Aktien und Rohstoffen abgeschlossen

Den Zeitraum von 1932 bis 1942 kann man am treffendsten als Prozess der *Bodenbildung* bei Aktien und Rohstoffen beschreiben. Beide Märkte stiegen bis 1937 und sanken dann bis Anfang der 40er-Jahre. Aktien und Rohstoffe gaben dabei etwa die Hälfte der zuvor erzielten Gewinne wieder ab. 1942, etwa in der Mitte des Zweiten Weltkriegs, stiegen der S&P 500 und die Rohstoffpreise wieder an. Der Aufwärtstrend dauerte bis zum Ende des Jahrzehnts. (Allerdings erreichte der Aktienmarkt erst 1954 wieder das Niveau von 1929.) Um die Deflation in Schach zu halten und die Wirtschaft anzukurbeln, tat die Fed in den 40er-Jahren ihr Bestes, um einen Zinsanstieg zu verhindern. Da die Kurzfristzinsen schon fast bei null lagen, kaufte die Fed von 1942 bis 1951 große Mengen langfristiger Staatsanleihen. 1951 erholte sich die Wirtschaft, und folglich stiegen die langfristigen Zinsen. (Im Frühjahr 2003, als die Kurzfristzinsen wieder nahe null lagen, wurde darüber diskutiert, ob die Fed erneut die Strategie aus den 40er-Jahren anwenden und Staatsanleihen aufkaufen würde, um ein Ansteigen der langfristigen Zinsen zu verhindern, die Deflation zu bekämpfen und die Wirtschaft anzukurbeln. Im Sommer dieses Jahres scheint die Fed diese unkonventionelle Strategie allerdings aufgegeben zu haben.)

Die Rotation zwischen den Asset-Klassen im Lauf der Jahrzehnte

Es ist lehrreich, wenn man untersucht, wie sich Anleihen, Aktien und Rohstoffe während langer Zeiträume in der Führungsrolle abgewechselt haben. In der inflationären Dekade, die den Ersten Weltkrieg einschließt, waren Rohstoffe der stärkste der drei Märkte. In den von Disinflation geprägten 20er-Jahren ging die Führungsrolle auf den Aktienmarkt über. In den deflationären 30er-Jahren brachten Bonds die beste Performance. Nach dem Zweiten Weltkrieg ging die Führungsrolle bis in die 60er-Jahre wieder auf Aktien über. Die Inflationsspirale der 70er-Jahre brachte die Rohstoffe wieder an die Spitze (teilweise infolge des Vietnam-Kriegs). Nach der Trendwende bei den Rohstoffen im Jahr 1980 waren Aktien zwei Jahrzehnte lang nicht zu schlagen (auch Anleihen entwickelten sich gut, aber nicht so gut wie Aktien). Der deflationäre Zyklus, der in den späten 90er-Jahren begann, verlagerte die Führungsrolle von Aktien auf Anleihen. Das war seit 70 Jahren nicht mehr passiert. Geschichte wiederholt sich in gewisser Weise. Manchmal muss man aber weit zurückgehen, um diese Geschichte zu studieren.

Die Lehren aus langfristigen Zyklen

Bei der Untersuchung dieser langfristigen Rotationszyklen zwischen Anleihen, Aktien und Rohstoffen kann man einiges lernen. Am offensichtlichsten ist die Lehre, dass jede Asset-Klasse von Zeit zu Zeit ihren »Tag an der Sonne« erlebt. Solche »Tage« können jahre- oder sogar jahrzehntelang dauern. Untersuchen wir einmal den nicht ganz unkomplizierten Zusammenhang zwischen Aktien und Rohstoffen. Im Frühstadium einer bedeutenden und langfristigen Wachstumsphase (wie es in den 40er-Jahren der Fall war) sind steigende Rohstoffpreise positiv für den Aktienmarkt. Ein *wenig* Inflation ist eine gute Sache. Wenn die Rohstoffpreise allerdings auf ein wesentlich höheres Niveau steigen (wie in den 70er-Jahren), wird die geringe Inflation zu einer *großen* Inflation, was für den Aktienmarkt negativ ist. *Steigende* Rohstoffpreise können dem Aktienmarkt nützen, *extrem steigende* Rohstoffpreise schaden ihm. Auch *sinkende* Rohstoffpreise können positiv für Aktien sein. Die Rohstoffpreise erreichten 1920 und 1980 Hochs, sanken dann deutlich, und in beiden Fällen bewegten sie sich danach für einige Jahre kaum. Sinkende (oder stagnierende) Rohstoffpreise leiteten beide Perioden von fallender Inflation (oder Disinflation) ein, in denen die Aktienkurse massiv stiegen: in den 20er-Jahren und in den beiden Dekaden nach 1980. *Kollabierende* Rohstoffpreise sind für den Aktienmarkt jedoch negativ. 1929 ebenso wie 1998 sorgte ein massiver Einbruch der Rohstoffpreise auf das niedrigste Niveau seit Jahrzehnten dafür, dass Disinflation in Deflation umschlug, was der Wirtschaft und dem Aktienmarkt schadete.

Der Kondratieff-Zyklus

Keine Diskussion langfristiger Wirtschaftszyklen wäre komplett ohne die Erwähnung des Kondratieff-Zyklus. Dieser lange Zyklus der wirtschaftlichen Aktivitäten, der etwa 55 bis 60 Jahre dauert, wurde in den 20er Jahren vom russischen Wirtschaftswissenschaftler Nikolai Kondratieff entdeckt, und er scheint sich deutlich auf die Finanzmärkte auszuwirken. Kondratieff zeichnete die Zyklen seit 1789 auf und zeigte drei bedeutende Trendwenden, von denen sich die letzte 1920 ereignete. Ich beschrieb den Kondratieff-Zyklus in meinem 1986 erschienenen Buch *Technical Analysis of the Futures Markets* mit folgenden Worten: »Der Kondratieff-Zyklus ist in den letzten Jahren zu einem beliebten Diskussionsthema geworden. Vor allem deshalb, weil sich das bislang letzte Top in den 20er-Jahren ereignet hat und das nächste folglich in die 80er-Jahre fallen dürfte.« Ein Jahrzehnt später wurden die Auswirkungen dieses Tops spürbar.

Abbildung 12.7 (mit freundlicher Genehmigung von Topline Investment Graphics) zeigt die Kondratieff-Wellen bis zurück ins Jahr 1789. Man erkennt vier lange Wellen in den vergangenen 200 Jahren. Die vier Trendwenden erfolgten 1816, 1864, 1920 und 1980. Jede dieser vier wirtschaftlichen Expansionsphasen führte zu einem steilen Inflationsanstieg (charakterisiert durch steigende Rohstoffpreise und Zinsen). Interessanterweise fielen diese vier Inflationsphasen alle in etwa mit bedeutenden Kriegen in der amerikanischen Geschichte zusammen: dem Krieg von 1812, dem Bürgerkrieg, dem Ersten Weltkrieg und dem Vietnam-Krieg. Auf jeden Inflationsausbruch folgte ein Hoch der Rohstoffpreise (die beiden letzten ereigneten sich 1920 und 1980). Nach einem solchen Hoch und dem folgenden Rückgang stagnieren die Rohstoffpreise meist für zehn Jahre oder länger. In dieser Phase (die wir Disinflation nennen) entwickeln sich die Aktien-

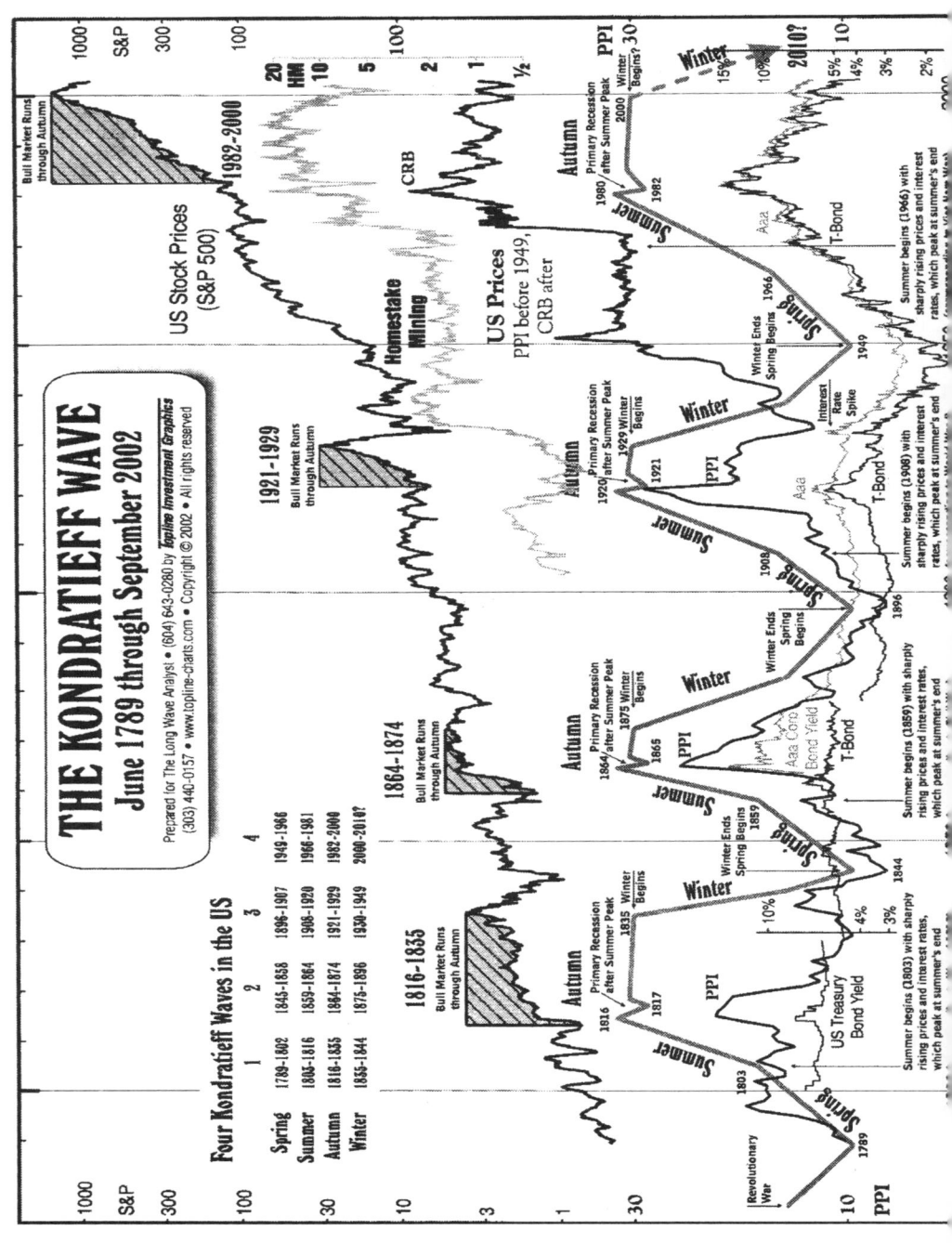

Abbildung 12.7: In den Kondratieff-Wellen seit 1789 erkennt man vier langfristige Zyklen.
(Topline Investment Graphics)

kurse in der Regel besonders gut. So war es in den 20er-Jahren und im Zeitraum von 1980 bis 2000.

Der Gefahrenpunkt im langfristigen Zyklus ist dann erreicht, wenn die Rohstoffpreise ihre Stagnationsphase beenden und wieder zu sinken beginnen. Dann üben deflationäre Kräfte ihre schädlichen Einflüsse auf den Aktienkurs und die Wirtschaft aus (wie es 1929 und 1998 geschah). Der Chart zeigt die bedeutenden langfristigen Trendwenden nach unten an den Aktienmärkten, die 1835, 1874, 1929 und 2000 stattfanden. Zwischen diesen Trendwenden liegen im Durchschnitt 55 Jahre (obwohl der Zeitraum zwischen 1929 und 2000 mit 71 Jahren ungewöhnlich lang ist). Der Chart zeigt auch, dass die Zinsen dem Inflations- oder Deflationstrend folgen. Das Absinken der Anleihenrenditen seit 1980 entspricht einem ähnlichen Rückgang, der sich von 1920 bis 1945 ereignete. Wenn der langfristige Zyklus nach unten dreht (was im Zeitraum um das Jahr 2000 wohl der Fall war), wird der Zinsrückgang zum Symptom wirtschaftlicher Schwäche und bietet dem Aktienmarkt wenig Unterstützung. Eine der Lehren aus dem Studium dieser langfristigen Zyklen lautet, dass die Kontraktionsphase eines Kondratieff-Zyklus lange dauern kann – ein Jahrzehnt oder noch länger. Diese Möglichkeit sollte der Hoffnung auf eine baldige Wiederkehr der »guten alten Tage«, sprich: der Zeit zwischen 1980 und 2000, einen Dämpfer versetzen.

Die »vier Jahreszeiten« eines langfristigen Zyklus

Die Anmerkungen in Abbildung 12.7 sind das Werk von Ian Gordon (Vizepräsident von Canaccord Capital Corp, Vancouver, Canada). Er gibt seit 1998 einen Börsenbrief mit dem Titel *The Long Wave Analyst* heraus. Gordon unterteilt die Langfristzyklen in vier Abschnitte, die er mit den vier Jahreszeiten vergleicht. Jede Jahreszeit umfasst etwa ein Viertel des Gesamtzyklus, also ungefähr 15 Jahre. Dieses Jahreszeitenmodell wird auf das Zyklusmodell in Abbildung 12.7. angewendet. Der Frühling (nach Gordon 1949 bis 1966) ist geprägt durch Wirtschaftswachstum, geringe Inflation und freundliche Aktienmärkte. Der Sommer (1966 bis 1980) ist eine inflationäre Periode, geprägt von steigenden Rohstoff-, Gold- und Immobilienpreisen. Der Herbst (der nach Gordon 1980 begonnen hat) sieht die größte Spekulation bei Anleihen, Aktien und Immobilien sowie einen massiven Anstieg der Verschuldung. Gordon datiert den Beginn des Kondratieff-Winters auf das Jahr 2000. Hauptmerkmale sind ein Zusammenbruch der Rohstoffpreise und Deflation. Verschlimmert wird die Situation durch die Verpflichtung, die im Herbst aufgetürmten Schulden zurückzahlen zu müssen. Aktienkurse und Immobilienpreise fallen im Winter des langfristigen Zyklus. Die beiden besten Verteidigungswaffen sind Bargeld und Gold.

Gordon beschreibt den Kondratieff-Zyklus als *Lebenszeit-Zyklus*, weil er etwa 60 Jahre dauert und die meisten Menschen ihn nur einmal durchleben. Das erklärt, warum jede Generation schlecht auf den Zyklus vorbereitet und mit seinen Folgen nicht vertraut ist. Die Menschen haben solche Ereignisse noch nie gesehen. Weil jede Baisse das Spiegelbild der vorangegangenen Hausse ist, kann der Kater nach einer spekulativen Party sehr lange dauern. Wenn alle Schulden getilgt sind und das Vertrauen allmählich wiederhergestellt ist, beginnt mit dem Frühling ein neuer Langfristzyklus.

Kapitel 13

Der Einfluss des Konjunkturzyklus auf die Marktsektoren

Sektorenrotation innerhalb des Konjunkturzyklus

In Kapitel 12 haben Sie gesehen, dass der Konjunkturzyklus wichtige Auswirkungen auf die Wechselbeziehungen zwischen Anleihen, Aktien und Rohstoffen hat. Sie haben auch erkannt, dass die Stellung dieser drei Märkte etwas über das aktuelle Stadium des Konjunkturzyklus sagen kann. In diesem Kapitel werde ich nun untersuchen, wie sich der Konjunkturzyklus auf die Sektorenrotation am Aktienmarkt auswirkt. Ich verfolge damit zwei Ziele. Erstens möchte ich zeigen, dass sich in den verschiedenen Phasen des Zyklus die einzelnen Sektoren unterschiedlich entwickeln. Indem man den Zyklus beobachtet, kann man also prognostizieren, welche Sektoren zu einem bestimmten Zeitpunkt die besten Gewinnchancen bieten. Zweitens will ich darlegen, dass die Sektorenrotationen einem sich wiederholenden Muster folgen. Geld fließt von einem Sektor in einen anderen, wenn das Wirtschaftswachstum zunimmt, schwächer wird und wieder an Fahrt gewinnt. Wenn man untersucht, welche Sektoren zu einem bestimmten Zeitpunkt am besten abschneiden, kann man besser einschätzen, in welcher Phase sich der Konjunkturzyklus gerade befindet. In diesem Sinne kann das Studium der Sektorenrotation auch bei Konjunkturprognosen eine Rolle spielen.

Die Sektorenrotation im Jahr 2000 deutete auf eine Konjunkturabschwächung hin

Das Thema der Sektorenrotation innerhalb des Konjunkturzyklus habe ich schon in Kapitel 7 eingeführt, in dem es um das Top des

Aktienmarkts im Jahr 2000 ging. Sie haben dort gesehen, wie die Sektorenrotationen in diesem Jahr das Ende der wirtschaftlichen Expansionsphase der 90er-Jahre und den Beginn einer Schwächephase signalisierten. Abbildung 7.10 zeigte den Führungswechsel unter den Marktsektoren während der Dauer eines vollständigen Konjunkturzyklus. Sie haben in Kapitel 7 auch gesehen, dass eine Führungsrolle der Energie-Aktien (wie im Jahr 1999) meist auf das Ende einer Expansionsphase hindeutet und dass die Umschichtung hin zu Konsumtiteln (wie sie im Frühling stattfand). Den Beginn einer Kontraktionsphase einläutet. Sie haben gesehen, dass in den ersten zehn Monaten des Jahres 2000 Energie, Konsum, Stromversorger und Finanztitel die vier Sektoren mit der besten Performance waren. Die Umschichtung vom Energiebereich in die drei genannten defensiven Sektoren, die im Frühling 2000 begann, folgte exakt der typischen Reihenfolge für den Übergang von der wirtschaftlichen Expansion zur Kontraktion. Es dauerte allerdings noch bis zum Frühling des folgenden Jahres, ehe die Volkswirte das merkten.

Eine andere Ansicht des Konjunkturzyklus

Abbildung 13.1 ist eine andere Version des bereits gezeigten Sektorenrotationsdiagramms (und sie basiert ebenfalls auf Sam Stovalls *Standard & Poor's Guide to Sector Investing*). Abbildung 13.1 zeigt in Kreisform einen vollständigen Konjunkturzyklus. Beginnend unten links, bewegt sich die Wirtschaft durch die fünf Phasen von der späten Kontraktion bis zur frühen Kontraktion. Jeder Abschnitt ist durch die Führerschaft von einem bis zwei Aktienmarktsektoren gekennzeichnet.

Unten rechts ist zu erkennen, dass der Übergang von der späten Expansion zur frühen Kontraktion von einer Umschichtung weg von Energie und hin zu Konsum und Stromversorgern charakterisiert ist. Der Übergang zur späten Kontraktionsphase zeigt, dass dann eine Umschichtung in Finanztitel stattfindet. Im Jahr 2000 traten alle diese Rotationen in der erwarteten Reihenfolge auf und prognostizierten zutreffend eine konjunkturelle Abschwächung. Im Mittelpunkt dieses Kapitels steht der mögliche Übergang von der späten Kontraktion zur frühen Expansion im Jahr 2003.

Die Umschichtungen im Jahr 2003 deuten auf eine frühe Expansionsphase hin

Abbildung 13.1 zeigt, dass bei einem Übergang von der späten Kontraktion zur frühen Expansion zyklische Konsumwerte und Technologietitel die am besten abschneidenden Aktienmarktsektoren sind. Das Diagramm teilt Ihnen zwei Dinge mit. Wenn die Konjunktur

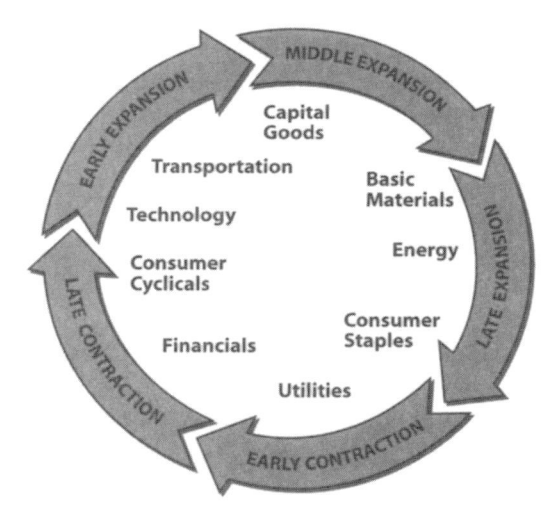

Abbildung 13.1: Die Führungsrolle von Technologie und Transport im Jahr 2003 spricht für eine Frühphase der Expansion.

im Frühling 2003 an Schwung gewonnen hat, dann sollten diese beiden Sektoren die Führerschaft am Aktienmarkt übernehmen. Diese Information sagt den Anlegern, auf welche Branchen sie sich konzentrieren sollten – wenn sie an einen Wirtschaftsaufschwung glauben. Von der anderen Seite her gesehen zeigt Ihnen eine Führungsrolle dieser beiden Sektoren (basierend auf einer Analyse der relativen Stärke), dass die Konjunktur tatsächlich an Fahrt gewinnt. Zum Glück haben wir technische Werkzeuge, die uns bei der Bestimmung der Marktführerschaft helfen können.

Die Führungsrolle geht auf Konsum- und Technologietitel über

Abbildung 13.2 ist ein Balkenchart, der die relative Performance der neun an der AMEX gehandelten Sektoren-SPDRs im ersten Halbjahr 2003 im Vergleich zum S&P 500 zeigt. Die Sektoren über der horizontalen Vergleichslinie haben besser abgeschnitten als der S&P 500. Das ist eine wünschenswerte Kombination: relative Stärke und Marktführerschaft. Nur vier Sektoren haben dies geschafft: Finanzwerte, Stromversorger, Technologie und zyklische Konsumwerte. Wenn man Stovalls Darstellung betrachtet (Abbildung 13.1), dann erkennt man, dass diese vier Sektoren beim Übergang von der späten Kontraktions- zur frühen Expansionsphase am besten abschneiden sollten.

Ein weiteres positives Zeichen: Verbrauchsgüter haben am schlechtesten abgeschitten. In der Regel spricht ein schwaches Abschneiden dieses defensiven Sektors für steigendes Verbrauchervertrauen. In der ersten Jahreshälfte 2000 hatte dieser Sektor am besten von allen abgeschnitten. Das sprach für einen Mangel an Vertrauen

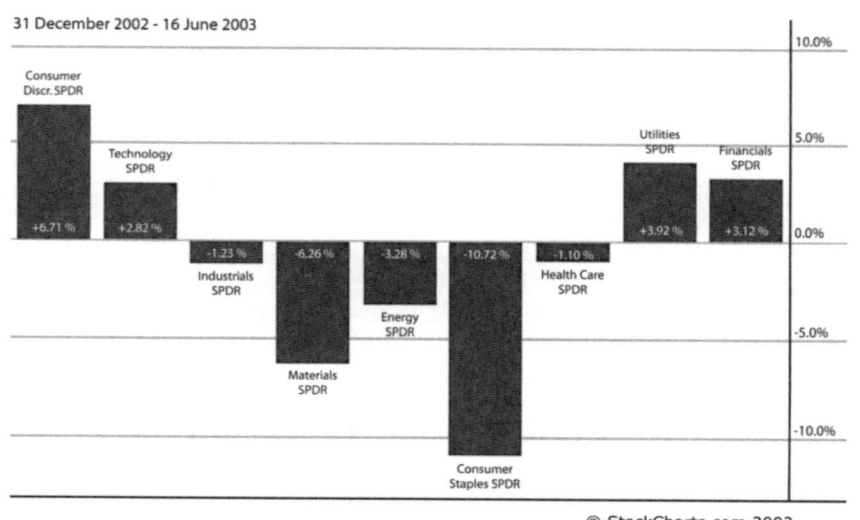

Abbildung 13.2: In der ersten Hälfte des Jahres 2003, beim Übergang zur frühen Expansionsphase des Wirtschaftskreislaufs, schnitten die Sektoren Finanzwerte, Stromversorger, Technologie und zyklische Konsumwerte am besten ab.

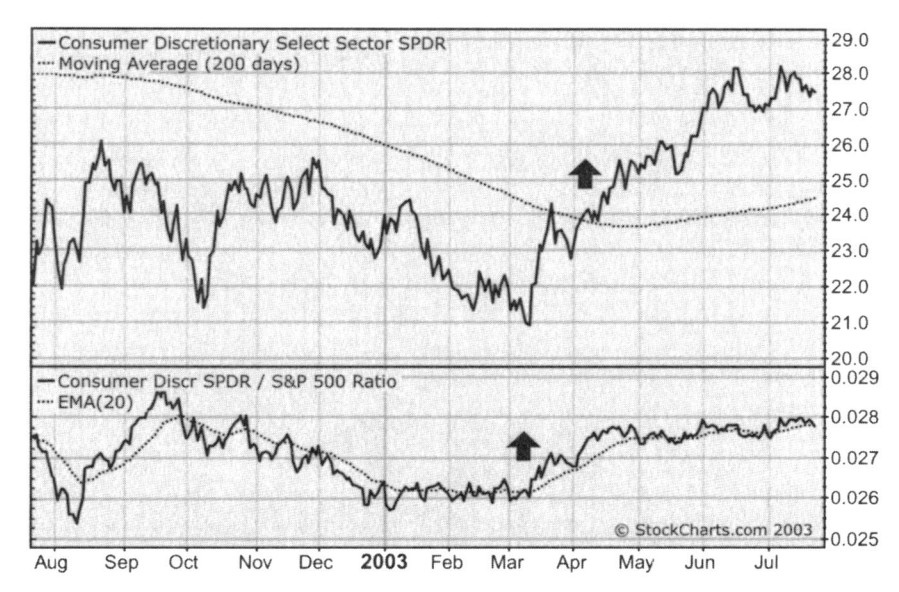

Abbildung 13.3: Dieser Sektor begann im März 2003 zu steigen und schnitt danach deutlich besser ab als der S&P 500

in den Aktienmarkt und die Wirtschaft im Jahr 2000. Die relative Schwäche des Sektors im Jahr 2003 spricht für wachsende Zuversicht. (Ich werde auf dieses Thema später zurückkommen, wenn ich die relative Performance dieses Sektors und der konjunktursensitiven Zykliker im Jahr 2003 miteinander vergleiche.) Ein weiteres Zeichen der Zuversicht ist die Tatsache, dass langlebige, zyklische Konsumgüter in der ersten Jahreshälfte 2003 an der Spitze der Rangliste standen.

Die relative Stärke der zyklischen Konsumgüter

Abbildung 13.3 zeigt, dass die zyklischen Konsumgüter im März 2003 (als auch der ganze Aktienmarkt zu steigen begann) deutlich nach oben tendierten. So beeindruckend diese Rallye im zweiten Quartal 2003 auch sein mag, die im unteren Chart abgebildete Relative-Stärke-Linie ist noch eindrucksvoller. Die ansteigende Linie zeigt, dass der Sektor nach der Bodenbildung im März besser abgeschnitten hat als der S&P 500. Dieser Sektor umfasst die Aktien von

Unternehmen, deren Güter und Dienstleistungen die Kunden nicht unbedingt *brauchen* (im Gegensatz zu Verbrauchsgütern wie etwa Nahrungsmitteln), aber doch *wollen*. Die Tatsache, dass die Kunden Geld für entbehrliche Güter ausgeben, spricht für wachsendes Vertrauen in die Wirtschaft. Die Unternehmen aus diesem Sektoren gehören zu Branchen wie Automobile, Unterhaltung, Haushaltsgeräte, Hausbau, Restaurants und Einzelhandel. Vor allem Einzelhandelstitel spielen hier eine wichtige Rolle; ein Ansteigen ihrer Kurse gilt als Zeichen von Zuversicht.

Die Rolle des Einzelhandels

Abbildung 13.4 zeigt, dass der S&P-Subindex Einzelhandel ab März 2003 deutlich angestiegen ist. Der Chart zeigt auch, dass das Tief vom März 2003 ein erfolgreicher Test des früheren Tiefs vom September 2001 war. Der untere Chart zeigt den Quotienten aus dem Einzelhandelsindex und dem S&P 500. Die Tiefs ereigneten sich im Sep-

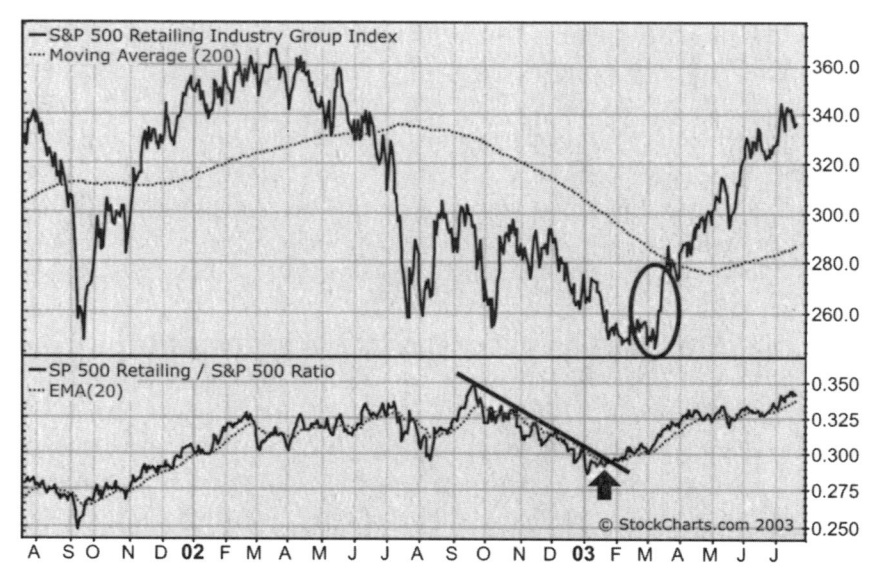

Abbildung 13.4: Dieser Sektor schloss seine Bodenbildung im März 2003 ab, entwickelte sich aber schon seit Januar besser als der S&P 500.

tember 2001 und im Januar 2003. Das bedeutet, dass Einzelhandelstitel schneller gestiegen sind als der Rest des Aktienmarkts – ein weiteres Zeichen dafür, dass das Vertrauen der Konsumenten in den Aktienmarkt und in die Wirtschaft gewachsen ist. Konsumausgaben machen zwei Drittel der Wirtschaftsleistung aus.

Der Hausbau widerstand der Aktienbaisse und dem Konjunkturabschwung nach dem Jahr 2000 mit am besten. Das lag wohl weniger am Vertrauen in die Wirtschaft als am extrem niedrigen Zinsniveau. Im nächsten Kapitel werde ich noch näher auf die Branche eingehen. Nach einer überdurchschnittlich guten Entwicklung der zyklischen Konsumwerte sollte in der Frühphase eines Konjunkturaufschwungs der Technologiesektor als Nächster die Führungsrolle übernehmen.

Die Führerschaft der Technologie-Aktien ist ein gutes Zeichen

Abbildung 13.5 zeigt die prozentualen Gewinne der wichtigsten Aktienindizes vom Oktober 2002 (als der Aktienmarkt sein Tief erreichte) bis zum 16. Juni 2003. Der Hauptgewinner in diesen acht Monaten war der Nasdaq Composite Index, der um 37 Prozent zulegte. Der Nebenwerte-Index Russell 2000 belegte mit einem Gewinn von 24 Prozent Rang zwei (mehr darüber später). Der S&P 500 und der Dow Industrials blieben mit nur 19 und 17 Prozent Zuwachs deutlich zurück. Bezüglich der relativen Stärke war die technologielastige Nasdaq der eindeutige Gewinner. Es ist in der Regel ein gutes Zeichen, wenn die Nasdaq die anderen Aktienmärkte nach oben zieht.

Die Nasdaq führt 2003 die Aktienmärkte nach oben

Abbildung 13.6 zeigt den Quotienten aus dem Nasdaq-Index, dividiert durch den S&P 500. Das Hoch wurde 2000 erreicht, kurz vor dem Platzen der Spekulationsblase an der Nasdaq. Der Chart zeigt einen allmählichen Anstieg ab Oktober 2002 (also ab dem Beginn der oben gezeigten Berechnungsperiode). Die ansteigende Linie demonstriert, dass sich die Nasdaq in den folgenden acht Monaten besser entwickelte als der S&P 500.

Die Nasdaq wird von großen Technologie-Aktien dominiert. Wenn man wissen will, ob ein Anstieg des umfassenden Nasdaq-Composi-

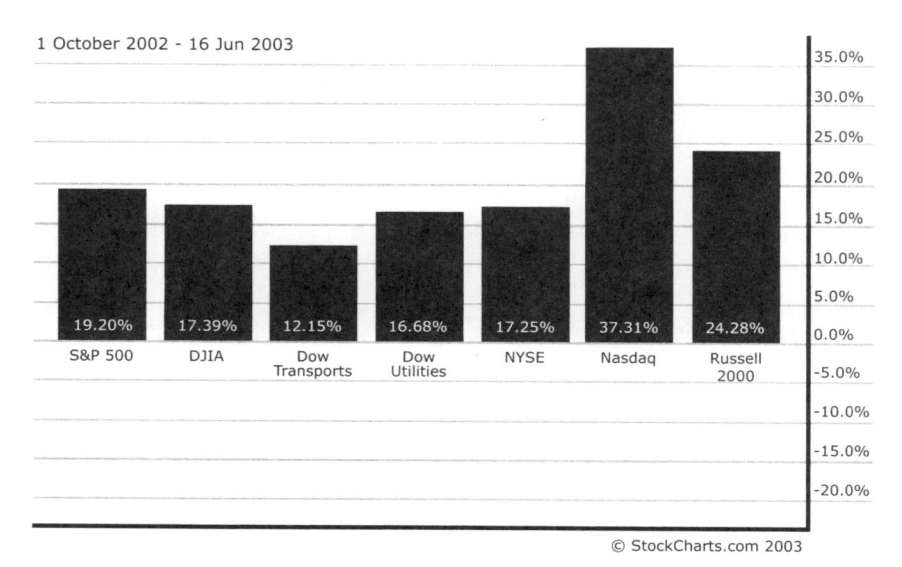

Abbildung 13.5: Von Oktober 2002 bis Juni 2003 waren der Nasdaq-Composite-Index und der Rusell 2000 die Hauptgewinner.

te-Index von den Technologietiteln angeführt wird, sollte man seine Performance mit der des Nasdaq 100 vergleichen, der sich aus den 100 größten Nasdaq-Titeln zusammensetzt, die nicht aus der Finanzbranche stammen. Folglich sind alle großen Technologie-Aktien darin vertreten. Vom Oktober 2002 bis zum Juni 2003 legte der Nasdaq 100 um 42 Prozent zu, also um fünf Prozent mehr als der Nasdaq-Composite-Index. Die stärkere Performance des Nasdaq 100 zeigt, dass hauptsächlich der Technologiesektor für die überdurchschnittliche Entwicklung an der Nasdaq verantwortlich war. Und genau das sollte am Beginn der frühen Expansionsphase des Konjunkturzyklus auch passieren.

Die Führungsrolle der Transportwerte

Weiter oben links in Stovalls Kreisdiagramm des Konjunkturzyklus findet man die Transportwerte. Wenn die Wirtschaft Güter produziert, müssen sie auch transportiert werden. Die Dow-Theorie als äl-

Der Einfluss des Konjunkturzyklus auf die Marktsektoren

Abbildung 13.6: Seit Oktober 2002 schneidet der Nasdaq-Composite-Index besser ab als der S&P 500.

teste technische Börsentheorie besagt, dass in einer echten Hausse (oder einer echten wirtschaftlichen Erholungsphase) der Dow Industrials und der Dow Transport (der Aktien aus der Transportbranche umfasst) gemeinsam steigen müssen. Die Industrieunternehmen produzieren Güter, die Transportunternehmen bringen sie zu den Kunden. Ein Sektor kann ohne den anderen nicht existieren. Ein weiterer Faktor in diesem Zusammenhang hat mit Öl zu tun. Die steigenden Ölpreise im Jahr 1999 wirkten sich auf die Transportwerte besonders negativ aus, die in diesem Jahr massive Kursverluste erlitten. Die steigenden Ölpreise (und die steigenden Kurse der Energie-Aktien) 1999 trugen im Jahr 2000 auch zum Ende der wirtschaftlichen Expansionsphase bei. Nach der konjunkturellen Abschwächung fielen die Ölpreise zurück, und die Energie-Aktien verloren an Boden. So etwas wirkt sich meist sehr positiv auf die Transport-Aktien aus und signalisiert eine allgemeine Verbesserung der Wirtschaftslage.

Abbildung 13.7 zeigt, wie der Dow Jones Transportation Average im zweiten Quartal 2003 die Hochs aus dem vierten Quartal 2002 übersteigt. Gleichzeitig fand im Dow Jones Industrial Average eine

1 October 2002 - 16 Jun 2003

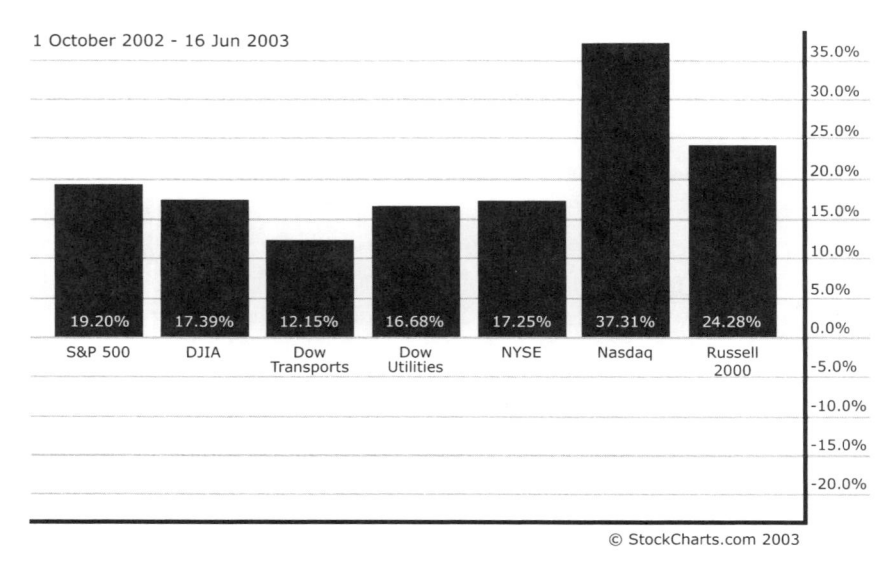

S&P 500	DJIA	Dow Transports	Dow Utilities	NYSE	Nasdaq	Russell 2000
19.20%	17.39%	12.15%	16.68%	17.25%	37.31%	24.28%

© StockCharts.com 2003

Abbildung 13.7: Bis Juli 2003 haben die Transport-Aktien besser abgeschnitten als der Dow Jones Industrial Average.

ähnliche Aufwärtsbewegung statt, was bedeutete, dass im Juni 2003 beide wichtigen Indizes gemeinsam stiegen. Das sollte am Beginn einer wirtschaftlichen Erholungsphase auch so sein. Noch wichtiger: Der unten abgebildete Quotient zeigt, dass der Transportindex nach dem Tief vom März 2003 schneller stieg als der Index der Industrie-Aktien. Wenn diese relative Stärke anhält, so hätte dies zwei positive Folgen: Die steigenden Transport-Aktien, die von Natur aus als zyklisch gelten, würden in der Frühphase eines neuen Wirtschaftsaufschwungs die Führungsrolle übernehmen – genau wie es sein soll. Zudem sind steigende Transport-Aktien mit sinkenden Ölpreisen verbunden. Da der Anstieg der Ölpreise 2000 zur konjunkturellen Abschwächung beigetragen hat, sollten 2003 sinkende Ölpreise dabei helfen, eine wirtschaftliche Erholung in Gang zu bringen.

Die Zykliker schneiden besser ab als die defensiven Sektoren

In Kapitel 4 haben Sie gesehen, dass zyklische, konjunktursensitive Aktien und defensive Branchen wie die Verbrauchsgüterhersteller um das Kapital der Anleger konkurrieren. Außerdem habe ich erörtert, was die Relation zwischen diesen beiden Aktienmarktsektoren über die Einstellung der Konsumenten und die Stärke oder Schwäche der Wirtschaft sagen kann. Wenn die Investoren die Wirtschaftslage optimistisch beurteilen, bevorzugen sie zyklische Aktien. Schon das Wort *zyklisch* impliziert ja, dass es hier eine Verbindung zum Konjunkturzyklus gibt. Folglich schneiden zyklische Aktien in Phasen des konjunkturellen Aufschwungs besser, in Abschwungphasen dagegen schlechter ab. Für die Verbrauchsgüterhersteller gilt das Gegenteil: In Aufschwungphasen bleiben sie zurück, aber wenn es weniger gut aussieht, gelten sie als sicherer Hafen. Das war im Frühling 2000 der Fall, als verschreckte Anleger aggressiv in diese defensiveren Aktienmarktsektoren drängten. Abbildung 13.8 zeigt den Quotienten aus dem Morgan Stanley Cyclical Index und dem S&P Consumer Staples Index. Die Richtung des Charts kann uns etwas über die Richtung der Wirtschaftsentwicklung sagen – oder zumindest etwas darüber, welche Wirtschaftsentwicklung an der Börse erwartet wird.

Der Quotient erreichte sein Hoch gleichzeitig mit dem Aktienmarkt in der ersten Jahreshälfte 2000. Kapital floss aus den konjunktursensitiven, zyklischen Titeln in die konjunkturresistenten Branchen. Das war ein Zeichen dafür, dass die Anleger bereits mit einer konjunkturellen Abschwächung rechneten. Die Situation Mitte 2003 ist das genaue Gegenteil: Der Quotient stieg schon seit Oktober 2002. Zudem hatte er die nach unten gerichtete, bis zum Hoch 2000 zurückreichende Trendlinie durchbrochen und ein Muster von *ansteigenden Hochs* und *ansteigenden Tiefs* ausgebildet. Dieser neue Aufwärtstrend legt nahe, dass zyklische Titel zum ersten Mal seit drei Jahren die Oberhand über die defensiven Branchen gewonnen haben. Diese Art der Sektorenrotation ist ein weiteres Zeichen dafür, dass man an der Börse die weitere Entwicklung des Konjunkturzyklus wieder optimistischer sieht.

Nebenwerte übernehmen bei Markttiefs die Führungsrolle

Ich habe bereits erwähnt, dass von Oktober 2002 bis Juni 2003 der Nebenwerte-Index Russell 2000 (+ 24 Prozent) eine bessere Performance erzielt hat als der S&P 500 (+ 19 Prozent) und der Dow (+ 17

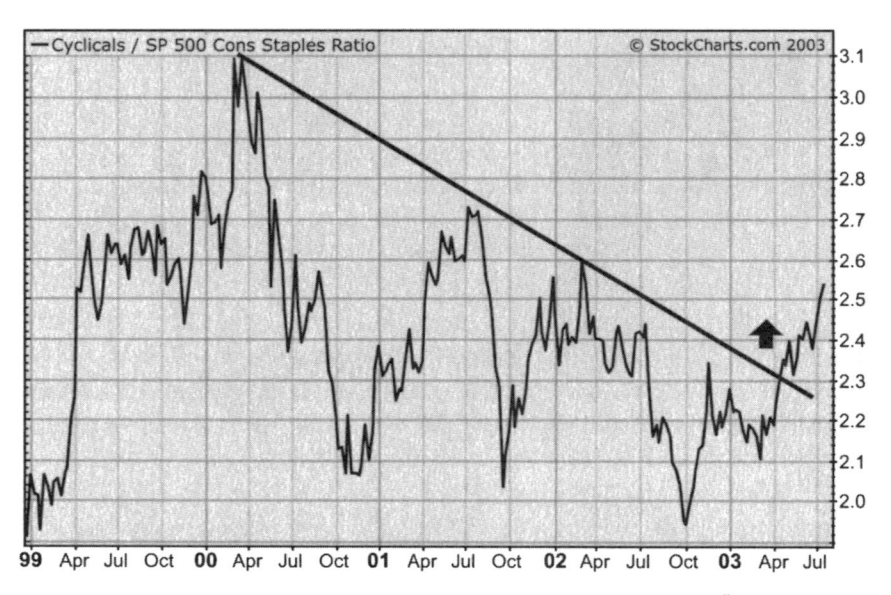

Abbildung 13.8: Der Bruch der Trendlinie im April 2003 signalisierte die Übernahme der Marktführerschaft durch die zyklischen Aktien

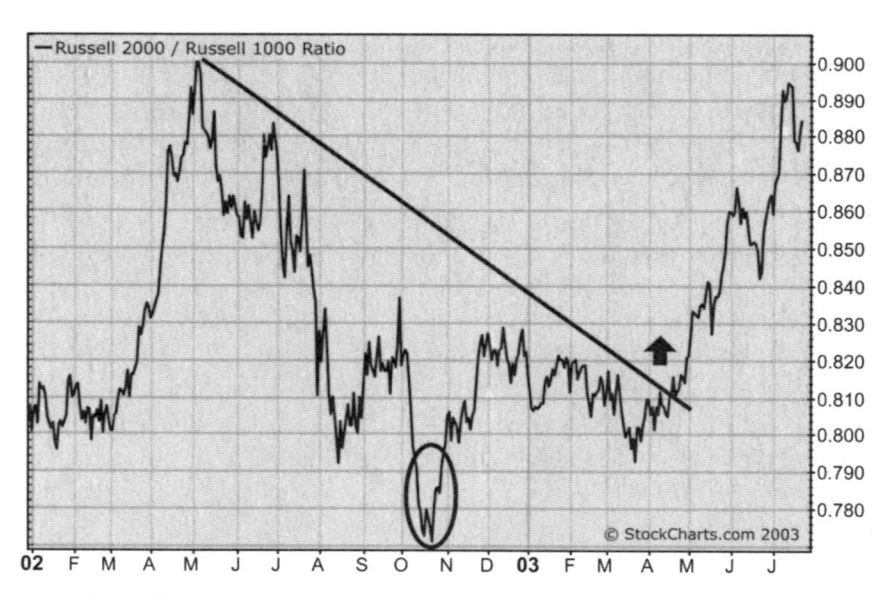

Abbildung 13.9: Der Bruch der Abwärtstrendlinie im April 2003 zeigt die neue Führungsrolle der Nebenwerte.

Prozent). Sollte die überdurchschnittliche Performance der kleinen im Vergleich zu den großen, hoch kapitalisierten Aktien anhalten, so wäre dies ein gutes Zeichen für den Aktienmarkt und die Wirtschaft. Die Nebenwerte führen den Aktienmarkt in aller Regel an, wenn sich die Wirtschaft aus einer Rezession löst. Die historische Bilanz ist eindrucksvoll. Zwischen 1960 und 1991 gab es sechs Rezessionen. Im ersten Jahr nach einer Rezession schnitten Nebenwerte in allen sechs Fällen besser ab als Standardaktien.

Abbildung 13.9 zeigt die relative Stärke des Nebenwerte-Index Russell 2000 im Vergleich zum Standardwerte-Index Russell 1000. Der Chart bildete im Oktober 2002 zeitgleich mit dem gesamten Aktienmarkt einen Boden. Seither sind die Nebenwerte stärker gestiegen als die Blue Chips, wie der ansteigende Chart zeigt. Der Bruch der Abwärtstrendlinie im April 2003 war ein weiteres überzeugendes Chartsignal dafür, dass die Investoren ihre Vorliebe für Nebenwerte wieder entdeckt haben.

Das Sektorenrotationsmodell

Abbildung 13.10 zeigt eine weitere bildliche Darstellung der Sektorenrotationen innerhalb eines Konjunkturzyklus. Auch dieses theoretische Modell basiert auf den Forschungsergebnissen Sam Stovalls. Es enthält dieselben Daten wie Abbildung 13.10, ist aber in Form eines Graphen dargestellt. Beachten Sie, dass der Börsenzyklus, was die Hochs und Tiefs betrifft, dem Konjunkturzyklus vorauseilt – ein weiterer Beleg dafür, dass Trendwenden am Aktienmarkt früher eintreten als in der Realwirtschaft und die Börse daher ein vorauslaufender Konjunkturindikator ist. Das Sektorenrotationsmodell zeigt, dass Energie und Verbrauchsgüter bei einer Abschwächung des Konjunkturzyklus am besten abschneiden. Beim Übergang von der Rezession zur frühen Erholungsphase übernehmen sie die Marktführerschaft von den Zyklikern und den Technologie-Aktien.

Das Sektorenrotationsmodell in Abbildung 13.10 enthält noch weitere Informationen. Sie haben mit den wirtschaftlichen, fundamentalen Faktoren zu tun, die die verschiedenen Abschnitte des Konjunkturzyklus begleiten. Sie sind weniger technischer Natur, helfen aber dabei, die in der Intermarket-Analyse meistens angewendete Art der Chartuntersuchungen abzurunden. Diese Faktoren sind: Konsumentenerwartung, Industrieproduktion, Zinsen und die Entwicklung der

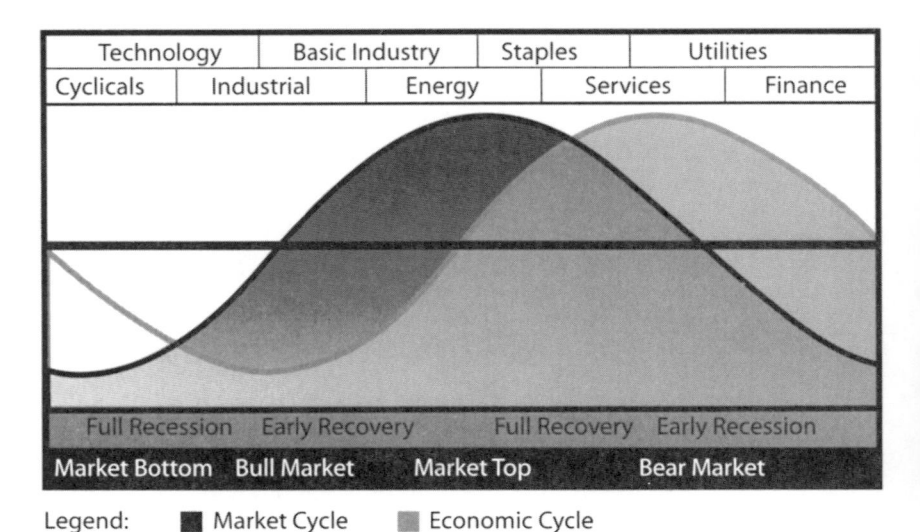

| Technology | Basic Industry | Staples | Utilities |
| Cyclicals | Industrial | Energy | Services | Finance |

| Full Recession | Early Recovery | Full Recovery | Early Recession |
| Market Bottom | Bull Market | Market Top | Bear Market |

Legend: ■ Market Cycle ■ Economic Cycle

Abbildung 13.10: Darstellung der Sektorenrotation während des Konjunkturzyklus.

Renditekurve. Wenn er diese Faktoren beachtet, kann ein Chartist beurteilen, ob sie im Einklang mit den Relative-Stärke-Charts stehen. Bisher wurde die relative Performance der verschiedenen Marktsektoren dazu verwendet, die Position innerhalb des Konjunkturzyklus zu bestimmen. Nun zeige ich Ihnen, was diese vier Faktoren tun sollten, wenn sich die Wirtschaft von der Expansion zur Kontraktion und wieder zurück zur Expansion bewegt.

Die Erwartungen der Konsumenten sind sehr wichtig, weil die Konsumausgaben zwei Drittel der Wirtschaftsleistung ausmachen. Steigende Konsumentenerwartungen in der frühen Erholungsphase des Konjunkturzyklus führen meist zu höheren Konsumausgaben. Wenn die Konsumentenerwartungen in der Frühphase einer Rezession stark sinken, dann sinken auch die Konsumausgaben, was zur Abschwächung der Wirtschaft beiträgt. Die Industrieproduktion ist eines der bedeutendsten Maße der wirtschaftlichen Aktivitäten. Wenn in einer Rezession die Geschäftstätigkeit und die Konsumausgaben nachlassen, fällt auch die Industrieproduktion. Ihr Anstieg ist ein frühes Signal einer konjunkturellen Erholung.

Zyklusphase	Rezession	Frühe Erholung	Erholung	Frühe Rezession
Konsumentenerwartung:	Besserung	Anstieg	Absinken	Starkes Absinken
Industrieproduktion:	Tief	Anstieg	Stagnation	Absinken
Zinsen:	Absinken	Bodenbildung	Anstieg	Top-Bildung
Renditekurve:	Normal	Steil ansteigend	Abflachung	Inversion

Zinstrends

Ich habe schon gezeigt, wie sich die Zinsen in den verschiedenen Phasen des Konjunkturzyklus entwickeln. Grundsätzlich steigen die Zinsen während einer wirtschaftlichen Erholung und sinken während einer Abschwächung. Nach diesem Modell kommt es meist in der Spätphase einer konjunkturellen Erholung zu einem schnellen Zinsanstieg, der meist durch Leitzinserhöhungen der Fed ausgelöst wird und schließlich zur Rezession beiträgt. Im Gegensatz dazu tragen rasch fallende Zinsen während einer Rezession, meist durch Leitzinssenkungen der Fed ausgelöst, zu einer wirtschaftlichen Erholung bei. Ihr Tief erreichen die Zinsen meist während der frühen Erholungsphase. Man kann anhand der Zinsentwicklung also die Stärke oder Schwäche der Wirtschaft einschätzen. Die Renditekurve liefert eine weitere Methode zu diesem Zweck.

Die Renditekurve (Zinsstrukturkurve)

Die *Renditekurve* misst die Neigung (oder die Differenz) zwischen kurzfristigen und langfristigen Zinsen. Im Normalfall sind die langfristigen Zinsen höher als die kurzfristigen. Die Neigung der Renditekurve wird hauptsächlich durch Veränderungen der Kurzfristzinsen verursacht. Diese hängen am direktesten von der Zinspolitik der

Fed ab, die ihre Entwicklung kontrolliert. Die langfristigen Zinsen hängen von Inflations- oder Deflationserwartungen ab. Während einer wirtschaftlichen Erholungsphase tendiert die Renditekurve dazu, flacher zu werden. Das bedeutet, dass die kurzfristigen Zinsen schneller steigen als die langfristigen, wodurch die Differenz zwischen beiden geringer wird. Kritisch wird es, wenn die kurzfristigen Zinsen die langfristigen übersteigen. Diese gefährliche Situation nennt man *inverse Renditekurve* (oder inverse Zinsstrukturkurve); sie ist meist ein frühes Warnsignal, dass eine Konjunkturabschwächung bevorsteht. In Kapitel 7 haben Sie gesehen, dass die inverse Zinsstrukturkurve im Januar 2000 (verursacht durch steigende Ölpreise und Leitzinsanhebungen durch die Fed im Jahr 1999) ein frühes Zeichen dafür war, dass die Aufwärtstrends am Aktienmarkt und im Wirtschaftswachstum sich ihrem Ende näherten.

Während einer Rezession normalisiert sich die Zinsstrukturkurve wieder. Dies geschieht, weil die Fed die Kurzfristzinsen senkt (wie es Anfang 2001 der Fall war). Die Langfristzinsen sinken ebenfalls, allerdings langsamer. Eine steile Renditekurve ist in der Regel eine Voraussetzung für den Beginn einer Erholung. Eine *flacher werdende* Renditekurve ist ein Anzeichen dafür, dass eine Erholung schon im Gang ist. Sie kann auf zweierlei Arten entstehen: Erstens können die kurzfristigen Zinsen schneller steigen als die langfristigen, weil sich die Wirtschaft erholt. Und zweitens können die langfristigen Zinsen schneller fallen als die kurzfristigen.

Die Zinsstrukturkurve wird 2003 flacher

Abbildung 13.11 ist die Darstellung der Renditekurve, wie sie am 17. Juni 2003 aussah. Die schwarze Linie zeigt, dass sie nach oben geneigt und damit positiv (oder normal) ist. (Die Linie beginnt links unten mit den niedrigeren kurzfristigen und bewegt sich nach oben rechts zu den höheren langfristigen Zinsen.) Der »Schatten« über der Linie zeigt an, wo sie sich in den Vorwochen befand. Da die aktuelle Kurve (die schwarze Linie) am unteren Ende des Schattens liegt, kann man sagen, dass die Kurve flacher wird.

Das bedeutet, dass die Differenz (der Spread) zwischen kurz- und langfristigen Zinsen kleiner wird. Die abgeflachte Zinsstrukturkurve im Frühjahr 2003 war hauptsächlich darauf zurückzuführen, dass die langfristigen Zinsen begonnen hatten, schneller zu sinken als die

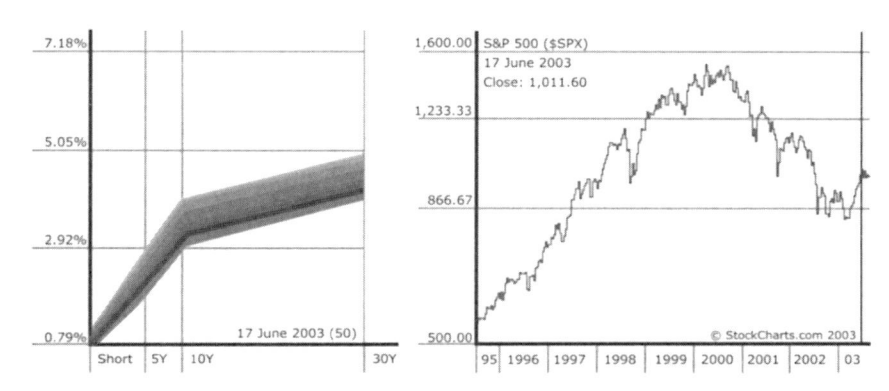

Abbildung 13.11: Die Zinsstrukturkurve am 17. Juni 2003.

kurzfristigen. Die Renditen der drei- und der sechsmonatigen Schatzanweisungen waren unter ein Prozent gefallen. Die zehnjährige Staatsanleihe hatte eine Rendite von 3,3, die 30-jährige von 4,4 Prozent.

Im Mai 2003 kündigte die Fed an, die Zinsen noch weiter zu senken (und sie dann niedrig zu halten), um jegliche Deflationsgefahr in Schach zu halten. Da die kurzfristigen Zinsen nicht viel weiter fallen konnten, spielte sich der größte Teil der Abwärtsbewegung am langen Ende der Renditekurve ab. Die Nachfrage nach langfristigen Anleihen wurde auch durch den Hinweis der Fed angeheizt, sie werde eventuell zehnjährige Papiere aufkaufen, um einen Anstieg der Langfristzinsen zu verhindern. Und da die Kurzfristzinsen nahe null lagen, waren Vermögensverwalter (und Anleger) gezwungen, auf längerfristige Papiere auszuweichen. Die Zinsen waren zwar in allen Laufzeitbereichen niedrig, aber vier Prozent waren immer noch besser als ein Prozent.

Auf der Suche nach attraktiven Renditen in einem Umfeld niedriger Zinsen kauften Anleger zunehmend Unternehmensanleihen von Investmentqualität und auch Junk Bonds, die höhere Renditen boten als Staatsanleihen. Aus dem gleichen Grund floss auch immer mehr Geld in Anleihen aus Schwellenländern (Emerging Markets). Dies zeigt, dass die Investoren zunehmend bereit waren, höhere Risiken einzugehen, was für wachsendes Vertrauen in die Wirtschaftsentwicklung sprach.

Eine andere Ansicht der Renditekurve

Abbildung 13.12 zeigt den Quotienten aus den Renditen dreimonatiger Schatzanweisungen und zehnjähriger Staatsanleihen. Diese Darstellung macht den Zusammenhang zwischen beiden klarer erkennbar. Im Jahr 2000 stieg der Kurzfristzins über den langfristigen (infolge einer Zinsanhebung durch die Fed), was die inverse Zinsstrukturkurve verursachte, die dann zu einer Schwächung der Konjunktur führte. Die kurzfristigen Zinsen begannen Anfang 2001 zu sinken, als die Fed ihre aggressive Zinssenkungspolitik startete. Das dramatische Absinken der kurzfristigen Zinsen im Vergleich zu den langfristigen dauerte das ganze Jahr 2001 über an (als die Fed die Kurzfristzinsen elf Mal senkte). Das Absinken verlangsamte sich 2002. Der Quotient aber erreichte im Sommer 2003 ein neues Tief, weil die Langfristzinsen stark stiegen.

Am 25. Juni 2003 senkte die Fed die Fed Funds Rate um 0,25 auf 1,00 Prozent. Dies war das niedrigste Niveau seit 45 Jahren. Die un-

Abbildung 13.12: Der fallende Quotient zeigt eine abbrechende Zinsstrukturkurve als Anfang 2001. Das war die Folge der 13 Senkungen der Kurzfristzinsen, die die Fed Mitte 2003 beschlossen.

mittelbare Reaktion am Bondmarkt fiel nicht so aus, wie es die Fed erwartet hatte. Innerhalb von sechs Wochen nach der Leitzinssenkung sprang die Rendite der zehnjährigen Staatsanleihen von 3,25 auf 4,50 Prozent. Die Anleihen-Trader hatten auf eine noch aggressivere Zinssenkung um einen halben Prozentpunkt gehofft, der die Entschlossenheit der Fed demonstrieren sollte, die Deflationsgefahr zu bekämpfen. Und nun interpretierten viele von ihnen den weniger aggressiven Zinsschritt als Anzeichen dafür, dass die 13. Zinssenkung seit Januar 2001 die letzte gewesen sein könnte. Das führte zu massiven Verkäufen am Bondmarkt. Der sprunghafte Anstieg der Langfristzinsen war zudem eine Folge der Tatsache, dass man an der Börse glaubte, die Fed habe nicht mehr die Absicht, zehnjährige Staatsanleihen aufzukaufen.

KAPITEL 14

Diversifikation mit Immobilien

Die Lage ist alles

Die drei entscheidenden Wörter im Immobiliengeschäft lauten bekanntlich: Lage, Lage, Lage. Seit dem Beginn der großen Aktienbaisse im Jahr 2000 waren Immobilien eine gute Geldanlage. Das galt sowohl für selbst bewohnte Häuser als auch für alle erdenklichen Aktien aus der Bau- und Immobilienbranche. Dies ist aber nicht unbedingt die Norm. In der Regel gelten Immobilien als Inflationsschutz. Die Immobilienpreise weisen eine enge Korrelation mit dem Inflationszyklus auf. Der Wert von Häusern und anderen Immobilien stieg in Phasen hoher und sank in Phasen niedriger Inflation. Das historische Hoch wurde, zeitgleich mit dem Höchststand der Inflation, um das Jahr 1980 erreicht. Dann folgten die Häuserpreise der Inflationsrate und fielen bis in die 90er-Jahre. Seit einiger Zeit aber haben beide getrennte Wege eingeschlagen. In den vergangenen fünf Jahre sind die Eigenheimpreise um 39 Prozent gestiegen. 2001 und 2002 zogen sie jeweils um 7,5 Prozent an, während die Inflationsrate auf zwei Prozent gefallen war. Ein Grund für das abweichende Verhalten der Immobilienpreise in dieser wirtschaftlichen Abschwungphase ist die Tatsache, dass sich auch die Zinsen ungewöhnlich entwickelt haben und auf das tiefste Niveau seit den 50er-Jahren gefallen sind.

Dieser Zyklus war anders

Es kann kein Zweifel daran bestehen, dass die Abschwungphase dieses Konjunkturzyklus anders war als sämtliche vergleichbaren

Phasen seit dem Zweiten Weltkrieg. Deflationäre Tendenzen, die vor fünf Jahren erstmals sichtbar wurden, haben viele der traditionellen Intermarket-Relationen verändert. Eine der wichtigsten Veränderungen betrifft das Verhältnis zwischen Anleihen und Aktien. In früheren Rezessionen während der Nachkriegszeit fielen Anleihen- und Aktienkurse gemeinsam. Anleihen drehten dann vor den Aktien wieder nach oben, aber nicht ehe der konjunkturelle Abschwung weit fortgeschritten war. Das bedeutete, dass die langfristigen Zinsen immer noch stiegen, wenn sich die Konjunktur bereits abschwächte. Während der Aktienbaisse seit 2000 fand jedoch eine bedeutende Entkoppelung von Anleihen und Aktien statt. Die Anleihenkurse begannen im Frühjahr 2000 zu steigen, als der Aktienmarkt kollabierte. Sie stiegen auch in den drei folgenden Jahren, während die Aktienkurse sanken. Diese ungewöhnliche Entwicklung passt zu einem deflationären Umfeld. Das starke Absinken der Langfristzinsen, das im Frühjahr 2000 begann (gerade als sich der Trend am Aktienmarkt drehte), verlieh den Aktien aus den Branchen Bau und Immobilien einen doppelten Anschub. Beide profitieren von fallenden Zinsen. REITs profitieren zudem, wenn die Aktienkurse fallen – vor allem die der Technologietitel.

Die REITs beginnen zu steigen, als es an der Nasdaq nach unten geht

In Kapitel 7 haben wir über die Umschichtung in Real Estate Investment Trusts (REITs) gesprochen, die im Frühjahr 2000 begann, als die Spekulationsblase an der Nasdaq platzte. (REITs besitzen alle erdenklichen Immobilien, von Wohnungen über Bürogebäude bis zu Einkaufszentren.) Einer der Gründe für die Umschichtung war, dass REITs eine niedrige Korrelation mit dem Rest des Aktienmarkts aufweisen. Das macht REITs zu einem exzellenten Diversifikationsinstrument; vor allem dann, wenn es am Aktienmarkt nach unten geht. Was vielleicht noch wichtiger ist: REITs weisen eine tendenziell *negative* Korrelation mit Technologie-Aktien auf. Das heißt, dass sie normalerweise entgegengesetzt zur Nasdaq tendieren, die von Technologietiteln dominiert wird. Welche bessere Möglichkeit zur Geldanlage kann es also geben, wenn es an der Nasdaq nach unten geht? (REITs weisen auch sehr hohe Dividendenrenditen auf, was sie zu einem exzellenten defensiven Sektor macht; vor allem dann, wenn die Zinsen gemeinsam mit den Aktienkursen fallen.)

Der Rollenwechsel im Jahr 2000

Abbildung 14.1 zeigt die Nasdaq im Vergleich zum Morgan Stanley REIT Index von Anfang 2000 bis Anfang 2003. Die inverse Korrelation ist dramatisch, wenn man sie auf diese Weise betrachtet. Anfang 2000 schossen die Kurse an der Nasdaq in die Höhe, während die Kurse der REITs sanken. Damals traf die Trendwende an der Nasdaq fast exakt mit einer starken Aufwärtsbewegung des REIT-Index zusammen. In den beiden folgenden Jahren stiegen die Kurse der REITs weiter, während es an den Nasdaq nach unten ging. Der Einbruch am Aktienmarkt war jedoch nicht der einzige positive Faktor für die REITs. Auch die Zinsentwicklung spielte eine wichtige Rolle. Abbildung 14.2 vergleicht den REIT-Index mit der Rendite der zehnjährigen Staatsanleihen. Auch hier wird eine deutlich negative Korrelation erkennbar. Die REITs bildeten Anfang 2000 einen Boden, gerade als die Zinsen ein Hoch erreichten. Dann stiegen die Kurse der REITs

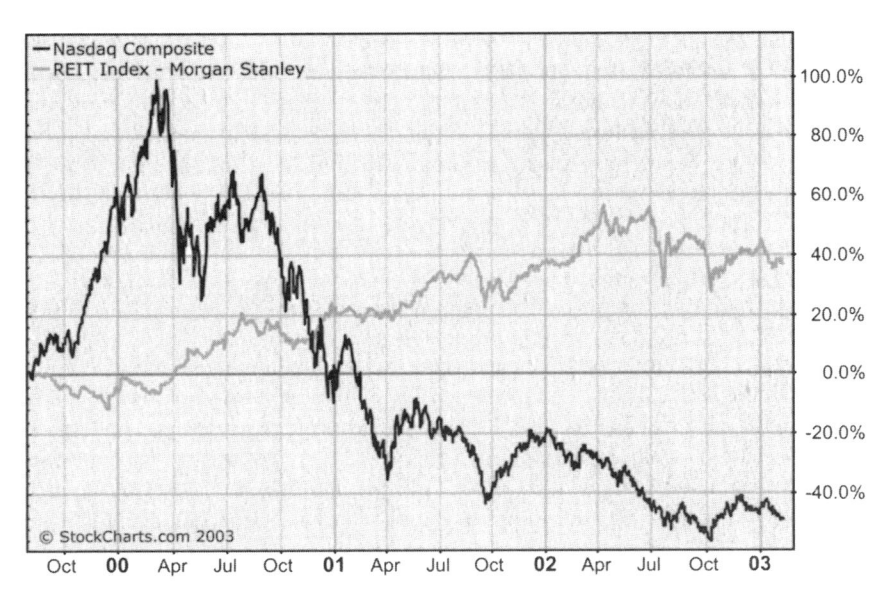

Abbildung 14.1: Die beiden Märkte zeigen im Jahr 2000 eine inverse Korrelation.

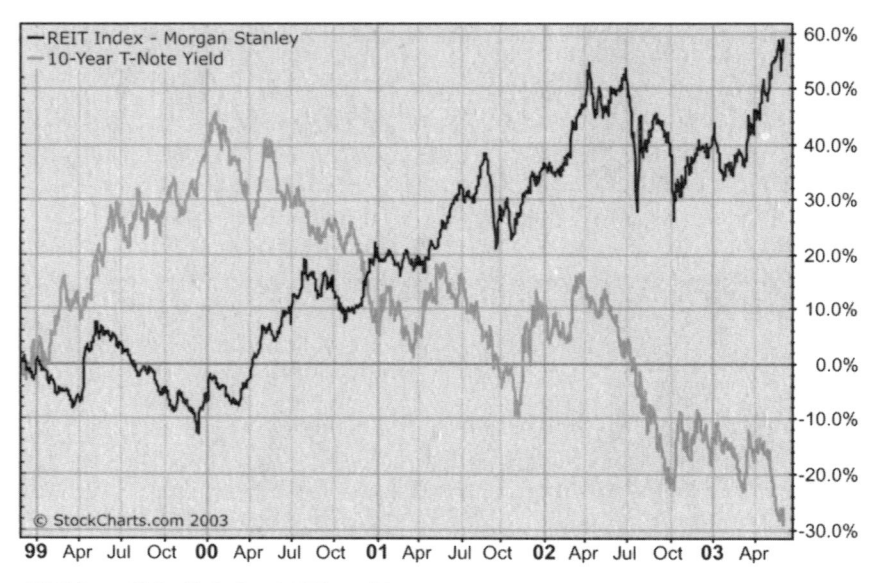

Abbildung 14.2: Zwischen REITs und Zinsen besteht eine deutlich negative Korrelation.

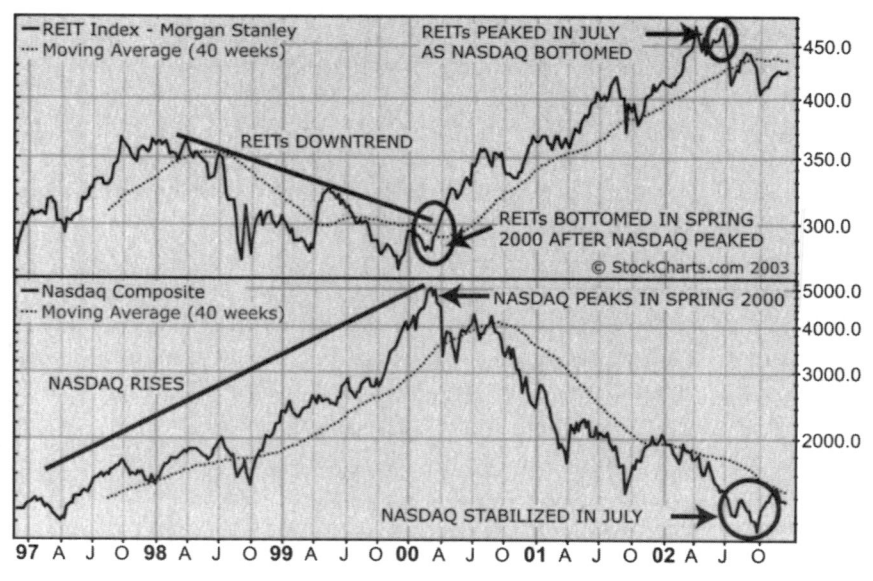

Abbildung 14.3: 2000 beginnen die REITs zu steigen, als an der Nasdaq die Kurse fallen.

weiter, während die Zinsen fielen. Ironischerweise erwies sich die Deflationsgefahr für Immobilien-Aktien tatsächlich als positiv, weil sie die Zinsen auf das niedrigste Niveau seit mehr als 40 Jahren drückten. Aus dem gleichen Grund stiegen auch die Bau-Aktien gemeinsam mit den REITs.

Im Sommer 2002 ändert sich die Situation

Abbildung 14.3 zeigt einen weiteren Vergleich zwischen den beiden konkurrierenden Märkten – Nasdaq und REITs. Sie zeigt, wie der REIT-Index eine nach unten gerichtete Trendlinie durchbricht, als die Trendwende an der Nasdaq beginnt. Ende 2000 war der Nasdaq-Index auf das niedrigste Niveau seit zwei Jahren gefallen, während der REIT-Index ein neues Allzeithoch erreichte. Am rechten Rand beider Charts kann man jedoch erkennen, dass sich eine erneute Trendwende ankündigte. Im Juli 2002 zeigten die REITs Anzeichen einer Top-Bildung, während sich die Lage an der Nasdaq zu stabilisieren begann.

2002: Die REITs erreichen ihr Hoch, als der Aktienmarkt einen Boden bildet

In Abbildung 14.4 sind drei Linien zu sehen: der Dow-Jones-REIT-Index (oben), die Rendite der zehnjährigen Staatsanleihen (Mitte) und der Nasdaq-Composite-Index (unten). Um die Entwicklung der REITs vom Sommer 2002 bis zum Sommer 2003 zu verstehen, muss man alle drei Linien vergleichen. Die Trendumkehr des REIT-Index ereignete sich gleich zu Beginn des Juli 2002. Noch im selben Monat begannen die Nasdaq und der Rest des Aktienmarkts einen Bodenbildungsprozess. Er dauerte bis zum folgenden Frühjahr, als die Aktien zu steigen anfingen. Im Juli 2002 begann also eine Rotation in umgekehrter Richtung. Allmählich floss Kapital aus den REITs und zurück in andere Aktien, vor allem in den Technologiesektor.

Obwohl das Hoch der REITs 2002 in nahem zeitlichem Zusammenhang mit der Bodenbildung an der Nasdaq stand, bewegten sich beide Märkte von Mitte 2002 bis Mitte 2003 nahezu im Gleichschritt. Beide begannen im März 2003 zu steigen und setzten den Anstieg bis Juni fort. Zumindest den letzten Teil des Kursanstiegs der

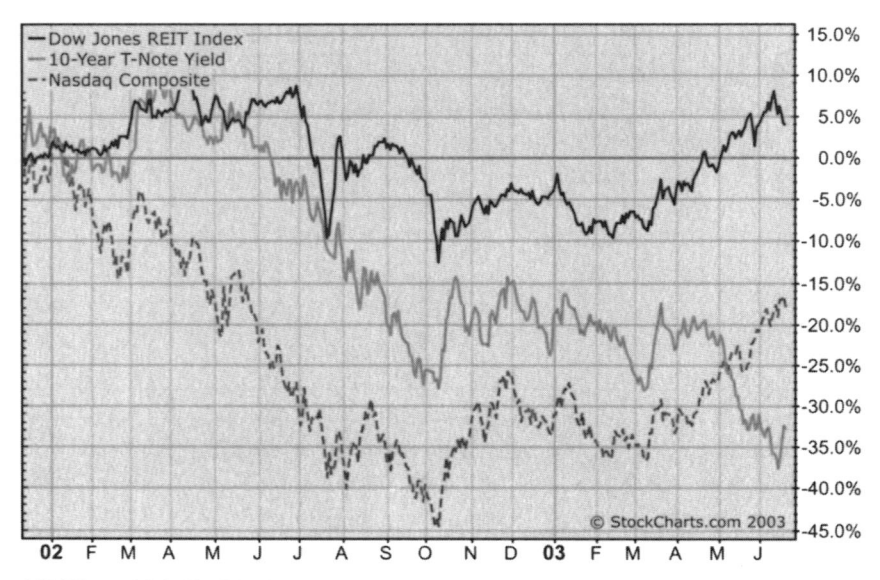

Abbildung 14.4: Ein Vergleich der drei Märkte.

REITs kann man auf den starken Renditerückgang zurückführen, der im Mai stattfand. Dieses plötzliche Absinken der Langfristzinsen wurde durch die Äußerung der Fed vom 6. Mai beschleunigt, sie sei wegen der Gefahr einer Deflation besorgt. Der stärkste Zinsrückgang war im Langfristbereich zu verzeichnen, vor allem bei den zehnjährigen Anleihen, und diese Zinsen wiederum wirken sich am stärksten auf die Bau- und Immobilienbranche aus. Man kann vermuten, dass der Kursanstieg der REITs im Frühjahr 2003 weniger mit dem steigenden Aktienmarkt als mit dem starken Rückgang der Langfristzinsen zu tun hatte.

Nach dem Sommer 2002 ist die Performance der REITs unterdurchschnittlich

Die REIT-Rallye, die im Frühjahr 2003 begann, ließ die Kurse wieder auf die Hochs des Frühjahrs 2002 steigen. Das legte nahe, dass innerhalb des dreijährigen Aufwärtstrends ein entscheidender Punkt erreicht war. Jeder Test eines alten Hochs ist auch ein Test des existierenden Aufwärtstrends. Die meisten Top-Chartmuster beginnen damit, dass es der Kurs nicht schafft, ein altes Hoch zu überwinden.

Abbildung 14.5 zeigt den Dow-Jones-REIT-Index von Anfang 2002 bis Mitte 2003 und die Rallye, die im März 2003 begann. Sie zeigt auch, dass der REIT-Index eine charttechnisch entscheidende Marke erreicht, als er die Hochs des Vorjahrs testet. Außerdem war Mitte 2003 eine unterdurchschnittliche Performance der REITs im Vergleich zum Gesamtmarkt zu verzeichnen – ein weiteres Anzeichen dafür, dass das Interesse der Investoren an diesem Sektor nachzulassen begann. (Im Oktober 2003 schaffte es der Index dann doch, die Hochs des Vorjahrs zu überwinden.)

Bei der Untersuchung der einzelnen Sektoren ist die *relative* Performance fast ebenso wichtig wie die *absolute*. Der untere Chart in Abbildung 14.5 zeigt den Quotienten des Dow-Jones-REIT-Index, dividiert durch den S&P 500. Die Linie beginnt im Oktober 2002 zu sinken (gerade als der Aktienmarkt seinen Boden bildete). Seither ist die Linie nach unten geneigt. Der Kursanstieg der REITs im März 2003 wurde von einer absinkenden Linie begleitet. Die Kurse der REITS stiegen zwar, aber sie stiegen langsamer als der S&P 500. Das ist normalerweise ein Zeichen dafür, dass ein Marktsektor seine Führungsrolle verloren und an Attraktivität eingebüßt hat. Falls dieser Trend anhält, gibt es zwei Möglichkeiten. Die Nachfrage nach den defensi-

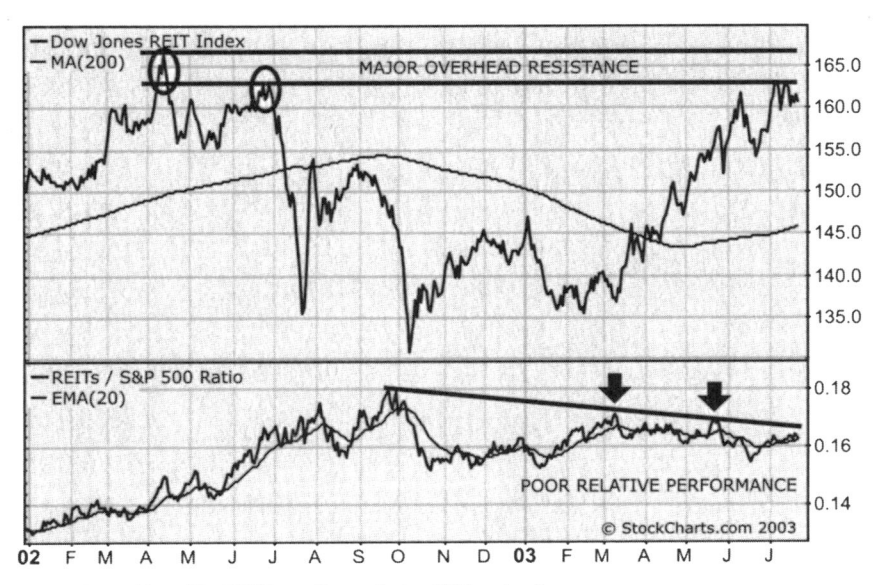

Abbildung 14.5: Die REITs treffen auf eine Widerstandszone.

ven Qualitäten der REITs könnte auf eine Bodenbildung des Aktienmarkts zurückzuführen sein. Die relative Schwäche der REITs könnte aber auch ein Zeichen dafür sein, dass die langfristigen Zinsen allmählich einen Boden bilden. Da fallende Zinsen die treibende Kraft hinter dem Boom der Immobilien- und Baubranche waren, könnte sich jedes Signal eines Zinsanstiegs (und ein stärkerer Aktienmarkt) als negativ für REITs und für Bau-Aktien erweisen.

Bau-Aktien sind zinssensitiv

Immobilien und Bau weisen eine enge Verbindung mit der Zinsentwicklung auf. Das erklärt, warum man den Bau in der Regel als *antizyklische* Branche einschätzt, die sich entgegengesetzt zum normalen Konjunkturzyklus verhält. Die Wohnungsbau-Aktivitäten sind meist am stärksten, wenn die Zinsen sinken, was in der Regel dann der Fall ist, wenn sich die Konjunktur abschwächt. Starkes Wirtschaftswachstum führt dagegen zu steigenden Zinsen, was auf die Baubranche einen dämpfenden Effekt ausübt. Die striktere Geldpolitik in einer Phase starken Wirtschaftswachstums führte in der Vergangenheit zu einem Rückgang der Hypothekendarlehen. Auch bei den Hauskäufen gab es eine ähnliche, gegen den Konjunkturzyklus verlaufende Entwicklung. Ihre Zahl sank in wirtschaftlichen Expansionsphasen (als die Zinsen stiegen) und erhöhte sich in Zeiten der Rezession (als die Zinsen fielen). Das liegt hauptsächlich an der negativen Korrelation zwischen der Baubranche und den Langfristzinsen. Auch die Zahl der Baubeginne (die jeden Monat statistisch erfasst wird) sinkt in wirtschaftlichen Boomzeiten und erholt sich deutlich, wenn die Wirtschaft Schwäche zeigt. Der entscheidende Faktor scheint auch hier die Entwicklung der langfristigen Zinsen zu sein. Das war allerdings nicht immer so.

Die Immobilienpreise folgen nicht immer der Inflation

Immobilien gelten traditionell als Inflationsschutz und als zinssensitiv. Man sagt auch, dass ihre Preise sinken, wenn es am Aktienmarkt nach unten geht. Alle diese Äußerungen sind bekannt und treffen auch zu – allerdings nicht immer. In den Deflationsjahren während der großen Depression in den 30er- Jahren sank der Wert von Häusern und anderen Immobilien massiv. Die Häuserpreise fielen von 1925 bis 1935 und stiegen erst Ende der 40er-Jahre wieder an. Auch der Wert von Grundstücken fiel in den 30er-Jahren massiv – vor allem im Mittleren Westen, weil die Preise für landwirtschaftliche Produkte kollabierten. Sie begannen in den 40er- und 50er-Jahren im Gleichschritt mit der Inflationsrate wieder zu steigen. Das scheint die Ansicht zu stützen, dass Bau und Immobilien inflations- und deflationssensitiv sind. In den von hoher Inflation geprägten 70er-Jahren stiegen die Häuserpreise massiv und erreichten, ebenso wie die Inflation, in den frühen 80er-Jahren ihr Hoch. Der Wert landwirtschaftlicher Flächen fiel nach 1981 deutlich, als die Preise für Agrarprodukte sanken. Auch dies belegt die enge Verbindung mit der Inflationsentwicklung. Aber wie können wir den massiven Anstieg der Immobilienpreise in den vergangenen fünf Jahren erklären, als die Inflation praktisch nicht existierte und Deflation die Hauptbedrohung war? Das ist genau das Gegenteil der Geschehnisse in den 30er-Jahren. Man kann den dramatischen Anstieg der Immobilienpreise in den letzten fünf Jahren nicht auf die Inflationsentwicklung zurückführen.

Die Immobilienpreise folgen nicht immer der Inflationsentwicklung

Die Verbindung zwischen Immobilien und Zinsen erwies sich nicht immer als stabil. Der Zusammenbruch der Immobilienpreise in den 30er-Jahren wurde von sinkenden Langfristzinsen begleitet. Der Immobilienboom der 70er-Jahre ereignete sich, als die Langfristzinsen stiegen. Der positive Einfluss stark ansteigender Inflationsraten scheint damals den schädlichen Einfluss steigender Zinsen überwogen zu haben. In den 80er-Jahren sanken die Immobilienpreise trotz fallender Zinsen. In den 30er-, 70er- und 80er-Jahren wirkte sich die Inflation offenbar wesentlich stärker auf den Immobilienmarkt aus als die Zinsen.

Die Immobilienpreise folgen nicht immer dem Aktienmarkt

Wie sieht es mit der Verbindung zwischen Immobilien und Aktien aus? In den 30er-Jahren verloren beide an Wert und drehten in den

40er-Jahren nach oben. Aktienkurse und Immobilienpreise stiegen gemeinsam bis in die späten 60er-Jahre. In den 70er-Jahren zogen die Immobilienpreise dagegen stark an, während es am Aktienmarkt eine zehnjährige Baisse gab. In den frühen 80er-Jahren schwächte sich der Immobilienmarkt ab, gerade als bei den Aktien die größte Hausse der Börsengeschichte begann. Seit dem Jahr 2000 stiegen die Immobilienpreise deutlich, während sich am Aktienmarkt die schlimmste Baisse seit 70-Jahren abspielte. Die Entwicklungen der jüngeren Vergangenheit sprechen nicht dafür, dass die Immobilienpreise dem Aktienmarkt folgen.

Es sieht also so aus, dass keiner der historischen Faktoren, die immer wieder genannt werden, um die Entwicklung der Immobilienpreise zu erklären – Inflation, Zinsen, Aktienkurse und der Konjunkturzyklus –, das Auf und Ab am Immobilienmarkt und in der Baubranche hinreichend erklären kann. Die Lösung des Rätsels muss demnach anderswo liegen. Und offenbar besteht sie darin, dass der Immobilienmarkt einem anderen Zyklus folgt als alle anderen Finanzmärkte und die Realwirtschaft.

Der Long-Zyklus am Immobilienmarkt

In seinem 1987 erschienenen Buch *The Wall Street Waltz* (Contemporary Books, Inc.) beschreibt Kenneth Fisher (CEO von Fisher Investments in Woodside, Kalifornien) den 18-jährigen Immobilienzyklus, der 1940 von Clarence Long entdeckt und später nach ihm *Long-Zyklus* genannt wurde. Fisher verglich den 18-jährigen Long-Zyklus mit dem 55-jährigen Kondratieff-Zyklus und dem vierjährigen Konjunkturzyklus (der nach seinem Entdecker Joseph Kitchin auch Kitchin-Zyklus genannt wird). (Beide Zyklen wurden in Kapitel 12 beschrieben.)

Vergleich mit anderen Zyklen

Long untersuchte den Immobilienzyklus im Zeitraum von 1870 bis 1940. Da er von Hoch zu Hoch oder von Tief zu Tief 18 Jahre dauert, umfasst ein Kondratieff-Zyklus etwa drei Long-Zyklen. Das heißt auch, das ein 18-jähriger Immobilienzyklus mindestens vier im Durchschnitt vierjährige Konjunkturzyklen umfasst. Fisher legt dar, dass Konjunkturzyklen dann am stärksten ausfallen, wenn sich gleichzeitig der Kondratieff- und der Long-Zyklus im Anstieg befinden, und am schwächsten, wenn diese nach unten tendieren. Daraus ergeben sich einige Ähnlichkeiten der aktuellen Situation mit der Lage in den 30er-Jahren – und einige Unterschiede.

Ähnlichkeiten und Unterschiede: Die aktuelle Situation und die 30er-Jahre

Der 55-jährige Kondratieff-Zyklus und der 18-jährige Long-Zyklus waren in den späten 20er Jahren beide nach unten gerichtet. Als Folge dieser Abwärtskonvergenz zweier bedeutender Wirtschaftszyklen kollabierten der Aktienmarkt und die Immobilienpreise. Die deflationären Auswirkungen ließen auch die Rohstoffpreise sinken und trieben die Zinsen deutlich nach unten. Der Unterschied zur aktuellen Situation liegt darin, dass sich derzeit nur einer dieser wichtigen Zyklen in der Abwärtsbewegung befindet. In Kapitel 12 habe ich gezeigt, dass der Kondratieff-Zyklus 1998 seine Plateauphase beendet und den aktuellen deflationären Zyklus eingeleitet hat. Der Long-Zyklus stieg jedoch weiter an. Da der Wohnungsbau für die Wirtschaft so wichtig ist, scheinen die steigenden Immobilienpreise den konjunkturellen Abschwung seit 2000 abgefedert zu haben. Die entscheidende Frage lautet nun, wie lange der Immobilienzyklus noch anhalten wird. Man kann sie am besten beantworten, wenn man seine Geschichte untersucht.

Die Geschichte des Immobilienzyklus seit 1940

Fisher datiert ein zyklisches Topp der Immobilienbranche auf das Jahr 1945, 18 Jahre nach dem Hoch von 1927. Die beiden nächsten Trendwenden legt er auf die Jahre 1963 und 1981. Er schreibt, dass es 1963 eine schlimme Krise gab und die Preise landwirtschaftlicher Nutzflächen 1981 kollabierten. (Von 1981 bis 1985 verlor Farmland im Mittleren Westen 40 Prozent seines Werts.) Nach dem Tief von 1954 datiert er das folgende auf 1972 – pünktlich zu Beginn des steilen Inflationsanstiegs in den 70er-Jahren. Das nächste Tief sieht er im Zeitraum zwischen 1990 und 1992, was die relative Stärke der Immobilien in den 90er-Jahren erklären würde. Wenn Fishers Berechnungen des 18-jährigen Zyklus korrekt sind, dann bedeutet dies allerdings, dass eine Trendwende nach unten überfällig ist. Der Grund für die außergewöhnlich lange Dauer des aktuellen Zyklus ist wohl das unerwartete Absinken der Langfristzinsen auf das niedrigste Niveau seit einem halben Jahrhundert. Die Fortsetzung des gegenwärtigen Immobilienbooms wird also stark davon abhängen, ob die Zinsen niedrig bleiben.

Sind Bau-Aktien mit anderen Aktien oder mit den Zinsen korreliert?

Manchmal entwickeln sich Bau-Aktien in die gleiche Richtung wie der gesamte Aktienmarkt – manchmal aber auch nicht. Das könnte jedoch mehr mit Anleihen als mit Aktien zu tun haben. Die Bauwerte erlebten, ebenso wie der Gesamtmarkt, 1990 und 1994 Baissephasen. In beiden Fällen sanken aber auch die Anleihenkurse, was die Langfristzinsen steigen ließ. Man könnte also argumentieren, dass die Bau-Aktien auf die steigenden Zinsen reagiert haben. Es ist schwer zu entscheiden, ob die Bautitel auf die Baisse am Aktienmarkt

Abbildung 14.6: Ein Vergleich der drei Märkte.

oder auf den Zinsanstieg reagiert haben. Wahrscheinlich spielten beide Faktoren eine Rolle. Die Untersuchung der Aktienbaisse von 1994 liefert dazu Anschauungsmaterial.

Abbildung 14.6 zeigt den Aktienkurs des Bauunternehmens Centex (unten), die Rendite der zehnjährigen Staatsanleihen (oben links) und den S&P 500 (Mitte links). In diesem schlechten Aktienjahr fiel der Titel von Centex (ebenso wie andere Bauwerte). Die Baubranche schnitt 1994 deutlich schlechter ab als der Gesamtmarkt. Gegen Ende des Jahres drehte Centex dann im Gleichschritt mit dem S&P 500 nach oben. Man kann also sagen, dass sich Centex (und die anderen Bautitel) parallel zum Aktienmarkt entwickelten. Eine nähere Untersuchung von Abbildung 14.6 zeigt jedoch, dass die Kursbewegungen von Centex enger mit der Rendite der zehnjährigen Staatsanleihe korreliert war als mit dem S&P 500. Die Rendite begann am Anfang des Jahres zu steigen und erreichte ihr Hoch im vierten Quartal.

Steigende Zinsen und sinkende Aktienkurse wirkten sich 1994 negativ auf die Bautitel aus. Sinkende Zinsen und steigende Aktienkurse halfen ihnen 1995. Da sich Anleihen und Aktien damals synchron bewegten, spielte es keine große Rolle, welchem der beiden Märkte die Bautitel folgten. Die positive Korrelation mit dem Aktienmarkt hielt bis Anfang 1999 an, als sich die Wege von S&P 500 und Centex trennten.

Die Bau-Aktien koppeln sich 1999 vom Gesamtmarkt ab

Abbildung 14.7 zeigt die parallele Entwicklung von Centex und S&P 500 von 1994 bis Ende 1998. Ab diesem Zeitpunkt tendierten die Bau-Aktie und der Rest des Aktienmarkts in entgegengesetzte Richtungen. 1999 fiel Centex deutlich, ebenso wie die anderen Bautitel, während der S&P-500 stark zulegte. Ein noch dramatischeres Beispiel für die Abkoppelung der Baubranche vom Rest des Aktienmarkts lieferte das Jahr 2000. Abbildung 14.7 zeigt das langfristige Top des S&P 500 und die gleichzeitige Trendwende nach oben bei Centex. In den folgenden drei Jahren hielt der Aufwärtstrend der Bautitel an, während der Aktienmarkt die schlimmste Baisse seit Generationen erlebte.

Die positive Korrelation zwischen der Baubranche und dem Aktienmarkt war gebrochen. Offensichtlich wurde die Baubranche (und der Immobilienbereich allgemein) von etwas anderem als dem

Abbildung 14.7: Nach 1998 endete der Gleichlauf der beiden Trends.

Aktienmarkt beeinflusst. Dieses »andere« war die Entwicklung der langfristigen Zinsen. In den zehn Jahren zuvor hatten sich die Bautitel in Hausse- und Baissephasen parallel zum Aktien- und zum Anleihenmarkt entwickelt. Das geschah jedoch nur, weil beide in die gleiche Richtung tendierten. Nach der Entkoppelung von Aktien und Anleihen in der zweiten Jahreshälfte 1998 wurde klar, welchem von beiden Märkten die Bautitel wirklich folgten – und es waren nicht die Aktien.

Die Verbindung zwischen Bautiteln und Zinsen

Abbildung 14.8 vergleicht die Rendite der zehnjährigen Staatsanleihen und Centex von Anfang 1994 bis 2000. Die inverse Korrelation ist deutlich zu erkennen. Beide Chartlinien verhalten sich fast spiegelbildlich zueinander. Die beiden entscheidenden Trendwenden fanden Ende 1994 und Anfang 1999 statt. Die Wende nach unten bei den langfristigen Zinsen Ende 1994 ereignete sich zeitgleich mit dem Beginn eines Aufwärtstrends bei Centex. In den folgenden vier Jahren stiegen die Bau-Aktien, während die Langfristzinsen sanken. Der Tiefpunkt der Zinsen Anfang 1999 fiel dann zeitlich mit dem Top der Bautitel zusammen. Genau an diesem Punkt fand auch die Entkoppelung der Bau-Aktien vom übrigen Aktienmarkt statt. (Die Entkoppelung von Anleihen und Aktien hatte sich schon in der zweiten Jahreshälfte 1998 vollzogen.) Damals wurde klar, dass die Bautitel stärker mit dem Anleihen- als mit dem Aktienmarkt korreliert waren. Anleihen und Aktien entwickelten sich in entgegengesetzte Richtungen. Die Bautitel mussten sich für eine der beiden Gruppen entscheiden. Sie folgten dem Anleihenmarkt.

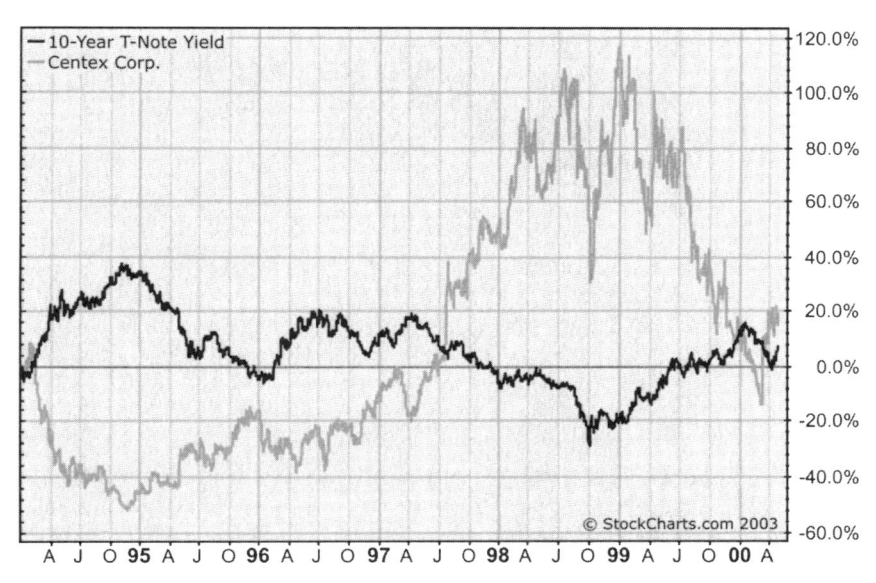

Abbildung 14.8: Seit 1994 hat sich Centex entgegengesetzt zu den Langfristzinsen entwickelt.

Marktrotationen im Jahr 2000

Abbildung 14.9 zeigt die dramatischen Trendwenden bei Centex und den langfristigen Zinsen im Jahr 2000. Im Jahr zuvor war der Kurs der Aktie zeitgleich mit dem Anstieg der Zinsen gesunken. (1999 war das Jahr, in dem der Ölpreis und andere Rohstoffpreise stark anstiegen, was die Fed veranlasste, im Sommer die Kurzfristzinsen anzuheben.) Im ersten Quartal 2000 drehten die Langfristzinsen nach unten – ebenso wie der Aktienmarkt. Ursache war eine massive

Abbildung 14.9: 2000 beginnt Centex zu steigen, die Zinsen beginnen zu sinken.

Umschichtung von Aktien in Anleihen. Der Anstieg der Anleihenkurse brachte ein Absinken der Zinsen mit sich. Als die Zinsen zu sinken begannen, fingen Centex und die anderen Bautitel zu steigen an. Wieder einmal hatte sich gezeigt, dass die Baubranche vom Anleihenmarkt stärker beeinflusst wird als vom Aktienmarkt. Damit erfüllten die Bautitel ihre traditionelle Rolle als antizyklische Asset-Klasse.

Der Abwärtstrend am Aktienmarkt und bei den Zinsen signalisierte eine deutliche Konjunkturabschwächung im weiteren Jahresverlauf. Die Baubranche entwickelte sich entgegengesetzt zum Aktienmarkt, zu den Zinsen und zum Konjunkturzyklus. Genau so sollte sich ein antizyklisches Anlageinstrument verhalten. Und das war auch gut so: Während der dreijährigen Aktienbaisse, begleitet von einem historischen Zinsverfall, war die Stärke des Bausektors so ziemlich der einzige Lichtblick in einer ansonsten trostlosen Konjunkturlandschaft. Es gibt kaum einen Zweifel daran, dass der starke Bausektor eine weitere Verschlechterung der wirtschaftlichen Situation verhindert hat. Als die Zinsen in den drei Folgejahren sanken, versorgten Hypothekenrefinanzierungen auf Rekordniveau die Konsumenten mit zusätzlichem Geld, das sie hauptsächlich für

Autos, Haushaltsgeräte und Einrichtungsgegenstände ausgaben. Der Wertzuwachs der Immobilien glich den größten Teil der Verluste am Aktienmarkt aus. Vom Standpunkt der Asset Allocation aus war die Hausse der Bautitel nach dem Jahr 2000 ein Beleg für die These, dass immer eine Anlageklasse steigt, wenn eine andere fällt.

Die Verbindung zwischen Baubranche und Aktienmarkt wird wieder hergestellt

Obwohl die Bautitel (auf Basis der relativen Stärke) in den drei Jahren nach 2000 weiterhin besser abschnitten als der Gesamtmarkt, begann die Korrelation zwischen beiden Mitte 2001 stärker zu werden. Abbildung 14.10 vergleicht Centex und den S&P 500 von Mitte 2001 bis Herbst 2002. Centex bildete mit dem Gesamtmarkt kurz nach der Tragödie vom 11. September 2001 ein Tief, und beide erlebten im folgenden Frühjahr eine Schwächephase. Obwohl die Baubranche auch in dieser Phase besser abschnitt als der Gesamtmarkt, stieg die Korrelation zwischen beiden an. Abbildung 14.10 zeigt auch, dass die Baubranche im Oktober 2002 ein weiteres Tief erreichte – zeitgleich

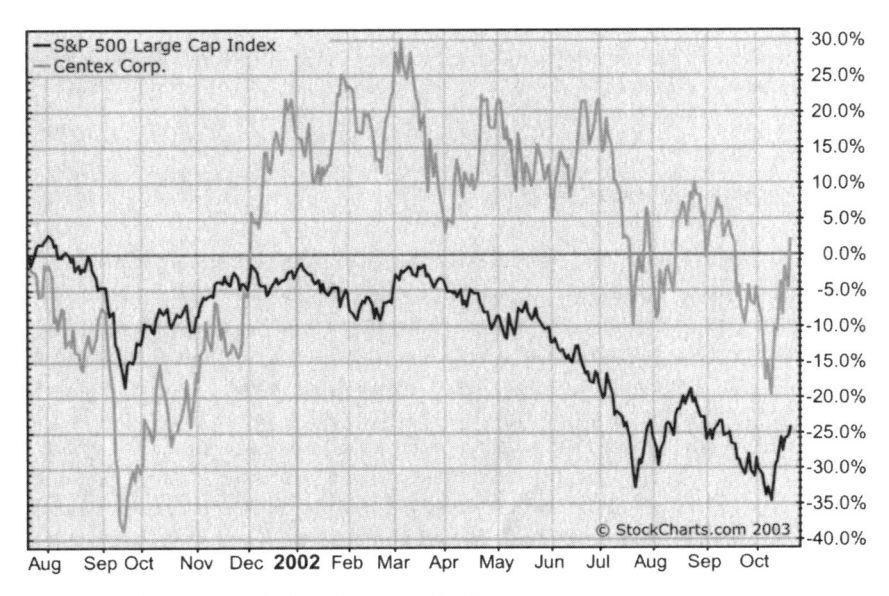

Abbildung 14.10: Parallele Trends im Jahr 2002.

mit dem S&P 500. Obwohl die Bautitel danach viel stärker anstiegen als der restliche Markt, schienen sie doch von der neu gefundenen Marktstabilität zu profitieren. Bis zum Frühling 2003 bewegten sich Zinsen und Aktien seitwärts. Dann geschahen zwei Dinge, die dem Bausektor erneut einen starken Aufwärtsschub verliehen.

Die Bautitel profitieren vom Kampf der Fed gegen die Deflation

Nach dem Tief vom März 2003 begann am Aktienmarkt eine Rallye. Dieses Tief repräsentierte einen erfolgreichen Test des Tiefs vom Oktober des Vorjahrs. Charttechnisch ausgedrückt stiegen damit die Chancen auf eine erfolgreiche Bodenbildung. Innerhalb von zwei Monaten hatten die meisten wichtigen Aktienindizes die Hochs aus der zweiten Hälfte des Vorjahrs überstiegen. Dieser Ausbruch nach oben am Aktienmarkt verlieh den Bautiteln einen Schub nach oben. Ein weiterer positiver Impuls kam von der Zinsentwicklung. Am 6. Mai 2003 gab die Fed ihre Absicht bekannt, die Deflation zu bekämpfen. Kurz danach sanken die Langfristzinsen deutlich. Die Hypothekenzinsen fielen auf das niedrigste je verzeichnete Niveau. Die Kombination aus fallenden Zinsen und steigenden Aktienkursen verursachte bei den Bau-Aktien eine explosive Aufwärtsbewegung, die zu neuen Rekordkursen führte.

Die weiteren Aussichten

Mitte 2003 war die Baubranche noch immer der stärkste Sektor am Aktienmarkt und in der Wirtschaft. Sie profitierte von der Kombination aus niedrigen Zinsen und einem starken Aktienmarkt. Der Nachteil war, dass ein starker Aktienmarkt ein höher werdendes Wirtschaftswachstum signalisierte, was die Wohnungsnachfrage erhöhen würde. Das wäre eigentlich positiv. Das Risiko: Höheres Wirtschaftswachstum würde zu höheren Zinsen führen. Das könnte sich negativ auswirken. Die Dauerhaftigkeit des Booms im Baubereich würde wahrscheinlich davon abhängen, welchem der beiden Märkte – Anleihen oder Aktien – die Baubranche folgen würde. Ein starker Wirtschaftsaufschwung könnte den Anleihen schaden, würde aber den Aktien nützen. Ein schwacher Aufschwung wäre eventuell nicht schlecht für Anleihen, würde aber den Aktien schaden. Das Schlimmste für die Baubranche und den Immobiliensektor wäre eine Kombination aus steigenden Zinsen und einem schwachen Aktienmarkt.

Im Japan kollabierten die Immobilienpreise zwei Jahre nach dem Aktienmarkt

Der japanische Aktienmarkt erreichte im Dezember 1989 seinen historischen Höchststand und begann dann eine 13-jährige Baisse, die schließlich zu einer Deflationsspirale führte. Der Immobilienmarkt stürzte zwei Jahre nach dem Aktienmarkt in die Tiefe. In den USA ist dies bisher nicht geschehen. Der Kampf der Fed gegen die Deflation schafft jedoch einige echte Risiken für den amerikanischen Immobilienmarkt und die Wirtschaft. Der Versuch, durch ein Anheizen der Inflation die Wirtschaft anzukurbeln, hat zur Abschwächung des Dollars und zu steigenden Rohstoffpreisen geführt. Beide Trends drohen einen Anstieg der Langfristzinsen zu begünstigen, die in der Nähe ihrer historischen Tiefs notieren. Ein solcher Zinsanstieg könnte einer Konjunkturerholung aber ein schnelles Ende setzen. Noch bedrohlicher ist die Gefahr, dass steigende Zinsen dem Bausektor schaden könnten, der vom starken Absinken der Zinsen profitiert hat. Da sich Bau und Immobilien entgegengesetzt zum Konjunkturzyklus entwickeln, wäre eine Abschwächung dieses Sektors im Rahmen einer Konjunkturerholung zu erwarten. Die Gefahr besteht darin, dass steigende Langfristzinsen dem Bausektor schon schaden könnten, bevor in den USA ein echter Wirtschaftsaufschwung beginnt. Der Anstieg der Langfristzinsen seit Mitte Juni 2003 hat bei den Bau-Aktien zu einer spürbaren Korrektur geführt, die das ganze dritte Quartal über andauerte. Das könnte ein Warnsignal gewesen sein, dass steigende Zinsen nicht gut für die Baubranche sind.

Kapitel 15

Globales Denken

Alle Märkte sind miteinander verbunden

Als ich vor 13 Jahren mein erstes Buch über technische Intermarket-Analyse schrieb, wollte ich die simple Tatsache demonstrieren, dass alle Märkte miteinander verbunden sind. Als ich diese Behauptung 1990 erstmals aufstellte, schien sie ein wenig weit hergeholt zu sein. Im neuen Jahrtausend aber gelten viele der damals beschriebenen Zusammenhänge schon als selbstverständlich. Die Verbindung zwischen Anleihen und Aktien wird täglich in der Finanzpresse und im Fernsehen analysiert. Intermarket-Themen wie die Auswirkungen eines fallenden Dollars auf den Goldpreis werden regelmäßig auf Bloomberg TV und in CNBC diskutiert. Wirtschaftswissenschaftler debattieren über die Ernsthaftigkeit der Deflationsgefahr und ihre möglichen Auswirkungen auf die Finanzmärkte. Vor kurzem hörte ich einen internationalen Analysten im Fernsehen über globale Chancen in den *Dollar-Block*-Ländern wie Australien und Kanada sprechen, der auf die dortigen höheren Zinsen und stärkeren Währungen hinwies. Ein anderer Analyst diskutierte die Vorteile steigender Rohstoffpreise für die Schwellenländer. Das ist schon ein recht komplexes Thema. Wir alle haben seit 1990 viel über die Auswirkungen jedes einzelnen Marktes in der Welt auf viele andere Märkte gelernt. Und die Trader haben auch gelernt, von diesen Auswirkungen zu profitieren.

Heute scheint die Vorstellung selbstverständlich, dass alle Märkte der Welt auf irgendeine Weise miteinander verbunden sind. Wenn man früh am Morgen Bloomberg-Radio einschaltet, erfährt man die Preise wichtiger Rohstoffe wie Gold und Öl, Wechselkurse ausländischer Währungen sowie die Kurse ausländischer Anleihen und Aktien. Man kann hören, wie amerikanische Aktien an ausländischen Börsen lange vor Börsenbeginn in den USA gehandelt werden. In den meisten Fällen entscheiden diese Preise und Kurse am frühen Morgen darüber, wie der Börsentag in den USA beginnen wird. Wir haben gelernt, auf Trends im Ausland zu achten. Die sofortige Nachrichtenübermittlung hat die Welt scheinbar viel kleiner und unabhängiger gemacht. Einige amerikanische Analysten kümmerten sich vor zehn Jahren noch nicht um ausländische Börsen und um das Geschehen dort. Aus ihrer Sicht hätte Japan auch auf einem anderen Planeten liegen können. Das ist vorbei. Wegen ihrer Deflationsprobleme, die zu einem Problem für die ganze Welt werden könnten, ist die japanische Wirtschaft heute ein wichtiges Thema. Die Fed hat sehr genau untersucht, was man in Japan zur Deflationsbekämpfung unternommen hat.

Computer und Internet ermöglichen es den Tradern, globale Trends und ihre Wechselwirkungen zu beobachten. Finanzdaten von allen Märkten der Welt (einschließlich Aktien, Anleihen und Währungen) erscheinen ohne Verzögerung auf Bildschirmen rund um den Globus. Die Entscheidung einer ausländischen Zentralbank, die Leitzinsen zu senken (oder dies nicht zu tun), kann sich sofort auf den Dollar, den Aktienmarkt und den Goldpreis hier in den USA auswirken. Auf globaler Basis hat sich an den Finanzmärkten während der vergangenen zehn Jahre viel verändert – auch hinsichtlich unserer Möglichkeiten, diese Veränderungen zu beobachten.

Noch vor einigen Jahren waren sich die Trader der Verbindungen zwischen den einzelnen Finanzmärkten nicht sehr bewusst. Jetzt, da Kurse und Charts ohne Verzögerung verfügbar sind, reagieren Trader viel schneller auf veränderte Markttrends in Chicago, New York oder Hongkong. Das Handelsgeschehen in den USA beeinflusst das Geschehen im Ausland und umgekehrt. Die Entwicklung im Ausland nach Handelsschluss in den USA ist ein Hinweis darauf, ob ein in New York entstandener Trend dauerhaft sein wird. Wenn nach einem Kursanstieg an der Wall Street auch die ausländischen Aktienmärkte freundlich tendieren, steigt die Wahrscheinlichkeit für einen freundlichen Handelsbeginn am folgenden Tag. Wenn sich die Aktien über Nacht abschwächen, werden sie das wahrscheinlich auch am nächsten Morgen in New York tun.

Der Welthandel verstärkt den Einfluss der Wechselkurse

In der Rubrik »Commodities Corner« der *Barron's*-Ausgabe vom 14. Juli 2003 wird betont: »Ein immer größerer Teil des weltweiten Rohstoffhandels ist grenzüberschreitend, was die Bedeutung der Wechselkurse erhöht«. Matthew Shane, Spezialist für Makroökonomie im US-Landwirtschaftsministerium, wird mit der Aussage zitiert, dass die Agrarproduktpreise im Inland immer stärker vom Wechselkursverhältnis abhängig sind. Er rechnet vor, dass 45 Prozent der Veränderung des Werts amerikanischer Agrarexporte auf Wechselkursveränderungen zurückzuführen sind. 1985 lag dieser Anteil noch bei 25 Prozent. Das erklärt wahrscheinlich, warum 2002, als der Dollar auf sein tiefstes Niveau seit Jahren zu fallen begann, für landwirtschaftliche Rohstoffe ein so gutes Jahr war. Ein weiteres Zeichen dafür, dass Geschehnisse im Ausland heute bewusster wahrgenommen werden als früher, sind die in den vergangenen Jahren verzeichneten starken Kapitalströme in die Schwellenländer.

Die Schwellenländer (Emerging Markets)

Seit die Zinsen vor drei Jahren zu sinken begannen, haben sich Anleihen aus den Emerging Markets extrem gut entwickelt. Einige der höchsten Gewinne kamen aus Brasilien, Mexiko und Russland. Seit den weltweiten Währungskrisen 1997/98 in Asien und Russland haben Anleihen aus den Emerging Markets um 134 Prozent zugelegt. Seit 2001 betrug die Rendite russischer Anleihen eindrucksvolle 66 Prozent. Amerikanische institutionelle Investoren fanden Anleihen aus den Schwellenländern attraktiv, weil sie höhere Zinsen zu einem Zeitpunkt boten, als die Aktienmärkte abstürzten und die Renditen amerikanischer Bonds auf das niedrigste Niveau seit über 40 Jahren fielen. Mitte 2003 zeichnete sich jedoch weltweit eine Umschichtung von Anleihen in Aktien ab. Auch hier übernahmen die Aktienmärkte der Schwellenländer die Führungsrolle.

In den ersten sechs Monaten 2003 legte der Morgan Stanley Capital International Emerging Markets Global Index um 15,9 Prozent zu. An den Börsen der Industrieländer kam es im gleichen Zeitraum nur zu einem Plus von 11,1 Prozent. Zwei Hauptgründe dafür waren der schwache Dollar und steigende Rohstoffpreise. Der schwache Dollar steigerte für amerikanische Anleger die Profitabilität von Investments im Ausland und trieb auch die Rohstoffpreise nach oben, die auf Dollar-Basis ermittelt werden. Die steigenden Rohstoffpreise erhöhten die Exporterlöse vieler Schwellenländer. Zum Beispiel exportieren Mexiko und Russland Öl und profitieren von steigenden Energiepreisen. Russland exportiert mehr Öl als jedes andere Land, ausgenommen Saudi-Arabien.

Auf Dollar-Basis waren einige der besten Märkte in der ersten Jahreshälfte 2003 Argentinien (+ 65 Prozent), Brasilien (+ 44 Prozent), Indonesien (+ 34 Prozent), Russland (+ 28 Prozent), Neuseeland (+ 20 Prozent) und Taiwan (+ 18 Prozent). Der S&P 500 legte um vergleichsweise bescheidene 13 Prozent zu. Drei der größten Schwellenländer mit hohem Wirtschaftswachstum waren China, Indien und Russland. (In der ersten Jahreshälfte 2003 wuchs das chinesische Bruttoinlandsprodukt um acht Prozent, mit besonders hohen Wachstumsraten in der Industrieproduktion. Wachstum in China ist positiv für die Weltwirtschaft, besonders aber für Asien. China ist inzwischen der größte Importeur produzierter Güter in Asien, einschließlich Japan.) Die Gewinne an den asiatischen Aktienmärkten (wie Südkorea) in der ersten Jahreshälfte 2003 hatten viel mit der Erholung der Technologie-Aktien zu tun, die auch zu einem 30-prozentigen Plus an der Nasdaq führte. Vor 20 Jahren waren amerikanische Anleger gerade dabei, eine wichtige Lektion zu lernen: Ausländische Märkte bieten Gewinnchancen außerhalb der amerikanischen Landesgrenzen. Diese Lektion wurde offenbar gut verinnerlicht, wenn man an die starke Performance der Anleihen und Aktien aus den Schwellenländern und an die massiven Kapitalströme in diese Länder denkt.

Die Sektorenanalyse gewinnt an Bedeutung

Meine Intermarket-Studien und -Veröffentlichungen konzentrierten sich zunächst auf die vier Hauptmärkte – Anleihen, Aktien, Rohstoffe und Währungen – und auf ihre gegenseitigen Beziehungen. Dieses Thema ist immer noch sehr wichtig. Im Lauf der Jahre habe ich den Schwerpunkt jedoch immer mehr auf die Sektorenanalyse verlegt. Seit der Entstehung von Exchange Traded Funds (ETFs) können Investoren den Gesamtmarkt auf eine Weise in kleinere Sektionen unterteilen, die noch vor wenigen Jahren unmöglich war. Die Intermarket-Analyse spielt eine wichtige Rolle bei Umschichtungen zwischen Sektoren und Branchen – und sogar bei der Auswahl einzelner Aktien. Man schätzt, dass der Trend einer Aktie zu 50 Prozent davon abhängt, welchem Sektor (oder welcher Branche) sie angehört. Wenn Sie also eine aussichtsreiche Aktie suchen, sollten Sie zunächst eine aussichtsreiche Branche finden. Dann sollten Sie sich für die stärkste Aktie aus dieser Branche entscheiden. Das Verständnis, welche Marktsektoren in den verschiedenen Phasen des Konjunkturzyklus am besten abschneiden, ist ein weiterer entscheidender Durchbruch bei der Intermarket-Analyse.

Die richtige Asset Allocation hat in den vergangenen fünf Jahren stark an Bedeutung gewonnen. Anleger brauchen geeignete Werkzeuge, um ihre Depots den jeweils herrschenden Marktbedingungen anzupassen. Wer im Jahr 2000 vorausschauend genug war, von Aktien in Anleihen umzuschichten, hat sich vor enormen Verlusten geschützt. Wer Geld in REITs oder Goldfonds umgeschichtet hat, als der Aktienmarkt absackte, hat ebenfalls recht gut abgeschnitten. Die technischen Hilfsmittel, die man in der Intermarket-Analyse anwendet, sind extrem hilfreich, wenn es darum geht, die jeweils erforderlichen Depotumschichtungen vorzunehmen.

Das Intermarket-Modell ist nicht statisch

Eine der wichtigsten Lektionen aus den vergangenen fünf Jahren lautet, dass die in diesem Buch beschriebenen Intermarket-Relationen nicht statisch sind. Manchmal funktionieren sie für eine Weile nicht, später erfüllen sie ihre Aufgaben wieder. Es kann eine gewisse Zeitverzögerung geben, ehe sich eine Trendwende an dem einen Markt auf den anderen auswirkt. Doch früher oder später kehren die Dinge zur Normalität zurück. Entscheidend ist es zu erkennen, wann die Korrelationen zwischen den Märkten funktionieren und sich ausnutzen lassen. Wenn sie einmal nicht funktionieren, sollte man sie so lange weniger beachten, bis die Korrelation wieder greift. Solche Phasen dauern meist nicht lange, aber manchmal kommt es bei den traditionellen Intermarket-Relationen auch zu bedeutenden Veränderungen. Im Verhältnis zwischen Anleihen und Aktien war dies der Fall.

Die Entkoppelung von Anleihen und Aktien

Die wichtigste Veränderung im Bereich der Intermarket-Relationen in den vergangenen fünf Jahren war die markante Entkoppelung von

Anleihen und Aktien, die 1997/98 begann. Heute wissen wir, das sie das Ergebnis von Deflationsdruck war, wie man ihn seit der großen Depression nicht mehr gesehen hatte. Viele Leute brauchten sehr lange, um zu begreifen, dass im Verhältnis von Anleihen zu Aktien eine bedeutende Veränderung stattgefunden hatte. Und sie brauchten noch länger, um die Ursachen zu verstehen. Diese Entkoppelung war nichts völlig Neues. Gleiches geschah, als die Welt zum bisher letzten Mal mit einem Deflationsproblem konfrontiert war. Es war also nicht so, dass eine entscheidende Relation einfach nicht mehr funktionierte. Das Verhältnis zwischen Anleihen und Aktien war zu einem Muster zurückgekehrt, das in ähnlicher Weise schon in den 30er-Jahren existiert hatte. Wer die Deflationsgefahr früh erkannt und verstanden hatte, dass in einem solchen Umfeld Anleihen steigen, während Aktien fallen, war auf die Veränderungen nach dem Jahr 2000 gut vorbereitet.

Warum wir die Börsengeschichte studieren müssen

In meinem ersten Buch über Intermarket-Analyse habe ich die Markttrends nach dem Jahr 1970 untersucht. Die dort beschriebenen Intermarket-Relationen blieben von den 70ern bis zum Ende der 90er-Jahre weitgehend unverändert. Die Ereignisse der vergangenen fünf Jahre haben jedoch gezeigt, dass man viel weiter zurückblicken muss, wenn man die in verschiedenen Abschnitten der Wirtschaftsgeschichte vorherrschenden Intermarket-Relationen wirklich verstehen will. Die Geschichte neigt tatsächlich dazu, sich zu wiederholen. Dieses Buch untersucht einen sehr langen Zeitraum, um die aktuell vorherrschenden Trends historisch besser einordnen zu können. Die Nachrichten sind vielleicht nicht immer gut, aber es beruhigt doch, wenn man weiß, dass all das früher schon einmal passiert ist.

Die Geschichte sagt uns, dass auf einen Boom am Aktienmarkt meist eine lange Zeit der Schwäche folgt. Abbildung 15.1 zeigt, dass die beiden vorhergegangenen großen Haussephasen in den 20er- und in den 60er-Jahren stattgefunden haben. Auf beide Phasen folgten mindestens zehn Jahre mit unterdurchschnittlichen Renditen. Da der letzte Boom erst im Jahr 2000 endete, sagt uns die Börsengeschichte, dass wir in näherer Zukunft keine Entwicklung erwarten dürfen, die den starken Aktienmärkten der 90er-Jahre gleicht. Die Abbildung zeigt den extremen Kursverlust in den 30er-Jahren und den Seit-

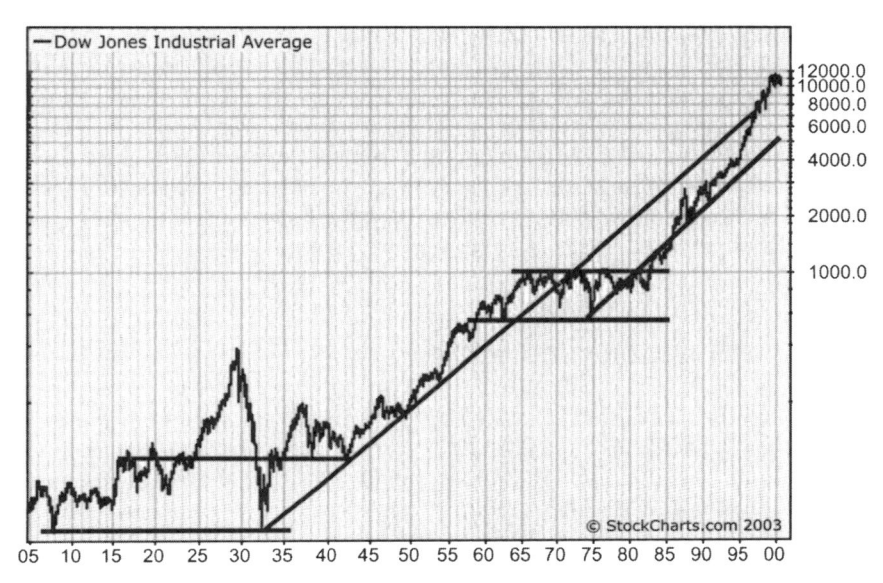

Abbildung 15.1: Die Baissemärkte in den 30er- und den 70er-Jahren

wärtstrend in den 70er-Jahren. Beide schwachen Jahrzehnte folgten auf bedeutende Haussephasen. Da der dritte Boom des vergangenen Jahrhunderts erst vor wenigen Jahren zu Ende gegangen ist, sind die Aussichten für das laufende Jahrzehnt bescheiden.

Die Jahrzehnte nach Börsenbooms sind nicht besonders gut

Es ist immer gefährlich, zwei verschiedene Börsenzeitalter miteinander zu vergleichen, denn sie gleichen sich niemals völlig. Abbildung 15.2 zeigt, was nach dem Ende des starken Wirtschaftswachstums der 60er-Jahre geschah. Der Aktienmarkt erreichte 1966 ein Hoch und tendierte dann in einer breiten Spanne bis 1982 seitwärts. Dieser schwierige Zeitraum umfasste also 16 Jahre. Zu den schlimmsten Verlusten kam es 1973 und 1974, als der S&P 500 die Hälfte seines Werts einbüßte. Zwar wurde das Tief schon 1974 erreicht, aber erst acht Jahre später (1982) begann ein neuer säkularer Aufwärtstrend. Während der großen Depression erreichte der Aktienmarkt 1932 sein Tief. Es dauerte dann noch 22 Jahre (bis 1954), ehe die Hochs des Jahres 1929

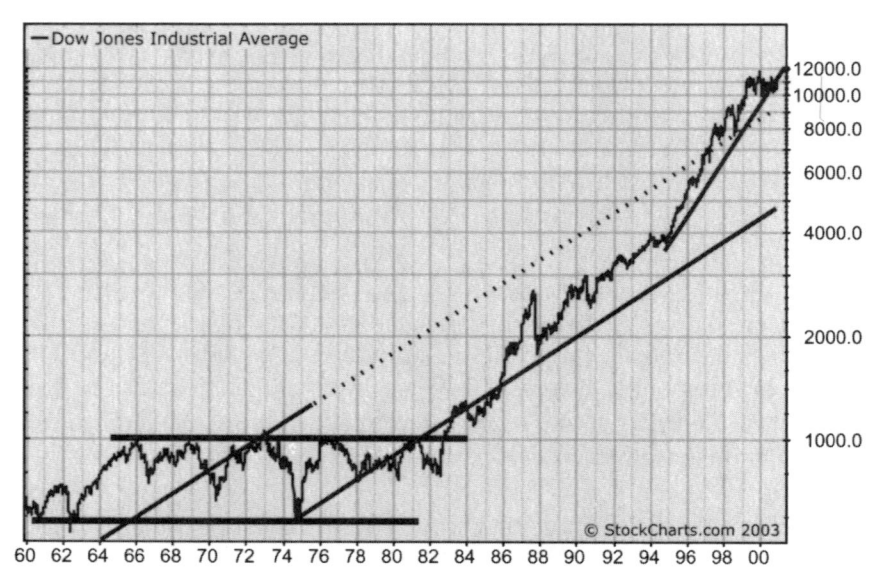

Abbildung 15.2: Eine genauere Betrachtung der 70er-Jahre.

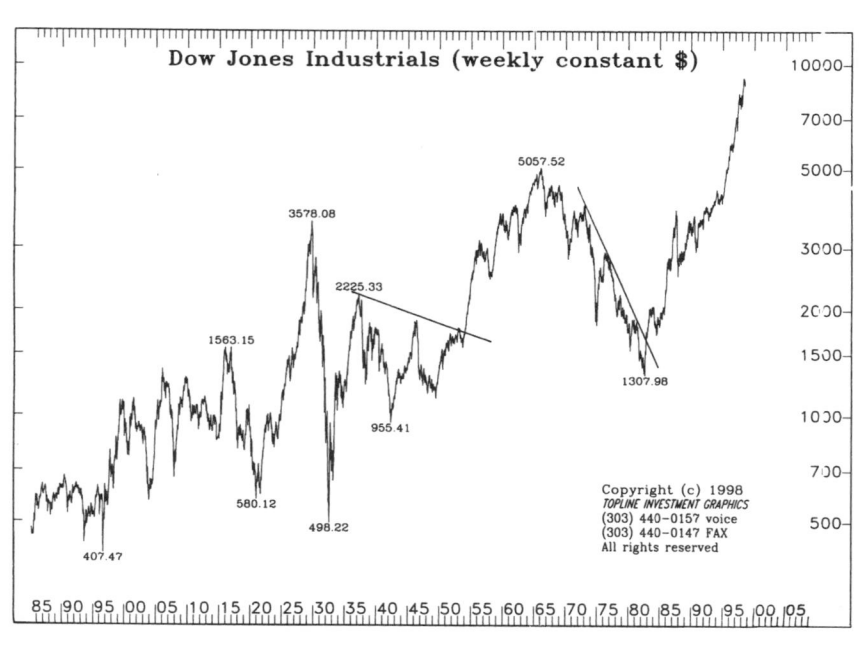

Abbildung 15.3: Inflationsbereinigt sieht der Rückgang des Dow in den 70er-Jahren fast so schlimm aus wie der in den 30er-Jahren.

übertroffen wurden. Inflationsbereinigt war die Zeit von 1966 bis 1982 ebenso schlimm wie die 30er-Jahre.

Abbildung 15.3 zeigt den inflationsbereinigten Dow Jones Industrial Average. Den Zusammenbruch der 30er-Jahre betrifft dies kaum, denn damals war Deflation das Hauptproblem. Wegen der Hyperinflation in den 70er-Jahren sehen die Aktienmarktrenditen in diesem Zeitraum allerdings wesentlich schlechter aus, wenn man sie inflationsbereinigt darstellt. So gesehen war der Rückgang des Dow von 1966 bis 1982 fast ebenso katastrophal wie der in den 30er-Jahren. In mancherlei Hinsicht waren die 70er-Jahre schlimmer als die 30er-Jahre. Während der Depression erreichten die Aktien schon drei Jahre nach dem Hoch von 1929 ihren Boden. In den 70er-Jahren fiel der inflationsbereinigte Dow Jones 16 Jahre lang, ehe er Anfang der 80er-Jahre wieder zu steigen begann. Wenn man die Ereignisse der 30er-Jahre näher untersucht, bemerkt man eine Erholung des Aktienmarkts zwischen 1932 und 1937. Danach verlor der Dow jedoch weitere 16 Jahre lang an Boden. Der inflationsbereinigte Dow erreichte erst 1954 wieder den Wert von 1937 – also 25 Jahre nach dem Ende des Booms 1929.

Wir haben diese beiden früheren Zeiträume untersucht, um zu zeigen, dass die zehn bis 20 Jahre nach dem Ende eines Aktienbooms in der Regel durch eine relativ trendlose Entwicklung gekennzeichnet sind. Das ist kein gutes Vorzeichen für die kommenden Jahre, obwohl es nicht bedeutet, dass man in diesem Zeitraum am Aktienmarkt kein Geld verdienen kann. Man muss aber wissen, dass das kommende Jahrzehnt wahrscheinlich ganz anders aussehen wird als die letzten beiden, und man wird sich diesen neuen Marktbedingungen anpassen müssen. Das wird eine andere Philosophie erfordern, ein anderes Instrumentarium und einen anderen Zeithorizont.

An der Börse kann man immer Geld verdienen. In den kommenden Jahren wird dies aber mehr Arbeit erfordern als früher. Die *Strategie des Kaufens und Haltens*, die 20 Jahre lang so gut funktioniert hat, wird in den kommenden Jahren wahrscheinlich weniger gute Ergebnisse bringen. Investieren wird mehr Aktivität erfordern. Hausse- und Baissephasen werden kürzer sein als früher. Es wird Zeiten zum Kaufen und Zeiten zum Verkaufen geben. Einfaches »Halten« wird nicht funktionieren. Die Wahl des richtigen Zeitpunkts von Kauf und Verkauf wird an Bedeutung gewinnen.

Die Beachtung der einzelnen Sektoren dürfte in den kommenden Jahren noch wichtiger werden, als sie es ohnehin schon ist. Beim allgemeinen Anstieg des Aktienmarkts in den 90er-Jahren spielte die Sektorenanalyse kaum eine Rolle. Damals musste man lediglich einen Indexfonds kaufen, der den Gesamtmarkt abbildete. Auch in den drei Jahren nach 2003, als fast alle Aktien fielen, brachte die Sektorenanalyse wenig. In Zukunft ist aber mit kürzeren Trends zu rechnen, in denen bestimmte Sektoren zweifellos besser abschneiden werden als andere. Das Problem dabei wird sein, die führenden Branchen so schnell wie möglich ausfindig zu machen und schnelle Umschichtungen durchzuführen, wenn sich der Trend dreht. Fast überflüssig zu erwähnen: Die meisten dazu erforderlichen Hilfsmittel entstammen der technischen Analyse. Grundlegende Kenntnisse der technischen Analyse werden daher wichtiger sein denn je.

Intermarket-Implikationen für die technische Analyse

Weil die Intermarket-Analyse die Beobachtung so vieler Märkte erfordert, muss man sie anhand von Charts betreiben. Die Chartanalyse ist die einfachste und effizienteste Möglichkeit, die Beziehungen zwischen verschiedenen Märkten zu studieren. Dadurch wird der Nutzen der technischen Analyse wesentlich erweitert. Das ermöglicht es Analysten wie mir, über Dinge zu sprechen, die früher Aktienanalysten und Wirtschaftswissenschaftlern vorbehalten waren. Ein gewisses Verständnis der Rotationen von Anleihen, Aktien und Rohstoffen innerhalb des Konjunkturzyklus ermöglicht es uns, über den Zustand der Wirtschaft zu sprechen. Sektorenrotationen ermöglichen auch ein Urteil darüber, ob die Wirtschaft wächst oder schrumpft.

Die Finanzmärkte sind vorauslaufende Indikatoren konjunktureller Trends. Es dauerte bis zum Frühjahr 2003, ehe die Fed die Gefahr einer Deflation erkannte. An den Finanzmärkten hatte man diese Bedrohung schon Jahre früher verspürt. Die Ereignisse rund um das Hoch des Aktienmarkts im Jahr 2000 zeigten ebenfalls die Notwendigkeit auf, die Chartanalyse in konjunkturelle und fundamentale Prognosen einfließen zu lassen. An der Wall Street brauchte man sehr lange, um das herauszufinden, was die Chartisten schon im ersten Halbjahr 2000 wussten: Der Aktienmarkt hatte seine Hochs gesehen, und die Wirtschaft stand vor ernsten Problemen. Oft wird gesagt, dass die Chartanalyse nur eine Art Kurzform der Fundamentalanalyse ist. Sie basiert auf der Idee, dass die Kursentwicklung den Fundamentaldaten vorausläuft. Viele Analysten an der Wall Street (und ihre Kunden) lernten, wie gefährlich es war, die Chartsignale zu ignorieren, die die Märkte im Jahr 2000 lieferten. Und sie lernten auch, wie gefährlich es ist, Intermarket-Signale zu ignorieren.

Periphäres Sehen ist wichtig

Der wichtigste Beitrag der Intermarket-Analyse besteht darin, dass sie das periphäre Sehen der Börsenanalysten verbessert. Wer an der Börse tradet, ohne die Intermarket-Relationen zu kennen, gleicht einem Autofahrer, der nie in den Seiten- oder in den Rückspiegel schaut. Mit anderen Worten: Eine solche Vorgehensweise ist sehr gefährlich. Die Intermarket-Analyse lässt sich auf alle Märkte rund um den Globus anwenden. Wenn ein Analyst den Schwerpunkt seiner Aufmerksamkeit nach außen statt nach innen setzt, verhilft die Intermarket-Analyse zu einem rationaleren Verständnis derjenigen Kräfte, die an der Börse vorherrschen. Sie ermöglicht einen klaren Blick auf das weltweite Börsengeschehen. Die Intermarket-Analyse untersucht das Geschehen an einander beeinflussenden Märkten weitgehend so, wie man traditionelle Börsenindikatoren anwendet. Sie kann die traditionelle Analyse nicht ersetzen, aber sie fügt ihr eine wichtige Dimension hinzu.

Die Intermarket-Analyse als evolutionärer Schritt

Die technische Analyse lässt sich auf viele Dinge anwenden, die über die traditionelle Untersuchung einzelner Charts und Indikatoren hinausgehen. Ich denke, dass die Intermarket-Analyse einen wichtigen Schritt in der Weiterentwicklung der Theorie und der Praxis der technischen Analyse darstellt. Dass alle Märkte miteinander verbunden sind – Finanzmärkte und andere Märkte, national wie international –, wird immer mehr zu einer Art von selbstverständlichem Allgemeinwissen. Und die Akteure an den Märkten können diese Zusammenhänge immer mehr in ihre Analysen einbeziehen. Wegen ihrer Flexibilität und ihrer Anwendbarkeit auf alle Märkte ist die technische Vorgehensweise besser als jede andere für die Intermarket-Analyse geeignet.

Die Intermarket-Analyse liefert einen nützlichen Rahmen für das Verständnis der Wechselwirkungen zwischen einzelnen Märkten und Sektoren. Während des größten Teils des 20. Jahrhunderts konzentrierte sich die technische Analyse auf die Untersuchung einzelner

Märkte. Aber schon am Beginn des neuen Jahrhunderts fanden die technischen Prinzipien eine wesentlich breitere Anwendung auf den Gebieten konjunktureller und finanzieller Prognosen. Selbst die Fed hat gelernt, auf die Finanzmärkte zu achten, um Hinweise auf die zukünftige Wirtschaftsentwicklung zu erhalten. Auch sie verwendet zu diesem Zweck Charts. Die in diesem Buch vorgestellten Prinzipien bieten eine wesentlich breiter gefasste Sicht der Zukunft der technischen Analyse. Ich denke, die Zukunft sieht rosig aus. Und außerdem denke ich, dass die Intermarket-Analyse in dieser rosigen Zukunft eine immer wichtigere Rolle spielen wird.

Wer diese gegenseitigen Abhängigkeiten ignoriert, verzichtet auf unbezahlbar wertvolle Informationen. Eine solche Einstellung führt außerdem dazu, dass Marktanalysten die externen Kräfte nicht verstehen, die auf den Markt einwirken, in dem sie tätig sind. Die Zeiten, als man nur einen Markt zu beobachten brauchte, sind lange vorbei. Heute müssen Analysten über das Geschehen an allen Märkten Bescheid wissen, und sie müssen die Auswirkungen von Trends an miteinander verbundenen Märkten rund um den Globus kennen. Man kann die technische Analyse wunderbar von einem Markt auf den anderen transformieren, und sie ist sehr hilfreich, wenn es darum geht, die relative Performance der jeweiligen Märkte zu ermitteln.

Es gibt noch viel zu lernen

Am Ende der Einführung zu meinem ersten Buch über Intermarket-Analyse schrieb ich, das präsentierte Untersuchungsmaterial sei »eher ein Anfang als ein Ende«. Das trifft heute noch mehr zu als damals. Wie ich damals schon schrieb: Es bleibt noch viel Arbeit zu tun, ehe wir vollkommen verstehen werden, wie die gegenseitigen Beeinflussungen der Märkte aussehen. Und gerade dann, wenn wir glauben, wir hätten alles verstanden, ändert sich etwas. Das passierte beim Verhältnis zwischen Anleihen und Aktien. Aber nichts verändert sich im luftleeren Raum; es gibt immer eine Ursache für eine solche Entwicklung. Das veränderte Verhältnis zwischen Anleihen und Aktien signalisierte, dass sich die aktuelle Konjunkturabschwächung von allen anderen Abschwächungen seit Ende des Zweiten Weltkriegs unterschied.

Die Intermarket-Prinzipien, die ich in diesem Buch beschrieben habe, sollten nicht als strikte Regeln, sondern als Richtlinien verstanden werden. Die Fähigkeit zur Anpassung an sich verändernde Marktbedingungen ist entscheidend, wenn man an der Börse überleben und profitieren will.

Das trifft auf die Intermarket-Analyse ebenso zu wie auf jede andere Art der Analyse. Obwohl der Anwendungsbereich der Intermarket-Analyse sehr breit ist und uns dazu zwingt, unsere Vorstellungskraft und unsere Visionen zu erweitern, bin ich, was ihre Zukunftsaussichten betrifft, weiterhin begeistert. Sie bietet einen fruchtbaren Boden für Markt-Research und profitable Trading-Chancen.

ANHANG

Anfang Oktober 2003 war es genau ein Jahr her, dass der Aktienmarkt seinen Tiefpunkt erreicht hatte. Von der ersten Oktoberwoche 2002 bis zur gleichen Woche 2003 stiegen der Dow um 24 und der S&P 500 um 26 Prozent. Die beiden Indizes mit der besten Performance waren jedoch der Nasdaq Composite Index (+ 61 Prozent) und der Nebenwerte-Index Russell 2000 (+ 43 Prozent). Das war ein gutes Zeichen für den Gesamtmarkt, weil eine Führungsrolle der Nebenwerte und der Technologietitel ein Zeichen von Marktstärke ist. Auch die Entwicklung einzelner Sektoren machte Mut. Die Technologietitel belegten mit einem Plus von 58 Prozent den Spitzenplatz. Auf den nächsten Plätzen folgten Finanzen (+ 32 Prozent), Rohstoffe (+ 27,3 Prozent) und zyklische Konsumgüter (+ 27 Prozent).

Die starke Performance der Rohstoffproduzenten reflektierte steigende Preise industrieller Rohstoffe – ein Zeichen für eine starke Wirtschaft. Gleiches gilt für die relative Stärke der zyklischen Konsumgüter. Ihre starke Performance war ein Signal für wachsendes Verbrauchervertrauen, das ein wichtiger Bestandteil einer Konjunkturerholung ist. Die Gewinne im Finanzbereich kamen vor allem von den Brokerhäusern, die mit einem Plus von 78 Prozent zu den allerstärksten Einzelbranchen zählten. Diese Branche gilt als vorauslaufender Indikator für den Rest des Aktienmarkts. Die beiden anderen führenden Branchen waren Internet (+ 120 Prozent) und Halbleiter (+ 92 Prozent). Es ist ein gutes Zeichen für den Technologiebereich, wenn die Halbleiter eine führende Rolle spielen. Im dritten Quartal 2003 legten Edelmetallfonds um 24 Prozent zu und hatten damit im Fondsbereich die Nase vorn. Es folgten Technologiefonds mit zehn und Immobilienfonds mit neun Prozent Plus.

Die globalen Trends von 2003

In den ersten drei Quartalen 2003 war Asien (mit einem Plus von 26 Prozent auf Dollar-Basis) die Region mit der besten Performance. Nordamerika erreichte 15, Europa lediglich 14 Prozent Plus. Die stärkere Performance der asiatischen Märkte war auch im dritten Quartal 2003 zu beobachten. Mit einem Indexgewinn von 21 Prozent belegte Japan Platz eins unter den Aktienmärkten der Welt. Mit einem Zuwachs von 14 Prozent im dritten Quartal behaupteten auch die Emerging Markets ihre führende Position im Jahr 2003. Ein großer Teil der guten Performance in Asien war auf die Stärke der Halbleiterbranche zurückzuführen, die mit einem Plus von 23 Prozent weltweit die beste Branche war. Die asiatischen Märkte sind eng mit den Trends in der Halbleiterbranche korreliert. Platz zwei im dritten Quartal belegten die Produzenten von Nichteisenmetallen – worunter man hauptsächlich Kupfer- und Aluminium-Aktien versteht. Der Anstieg der Käufe in diesem Bereich hatte viel mit dem Wirtschaftsaufschwung in Asien zu tun.

China kauft Rohstoffe aus Lateinamerika

Am 29. September 2003 veröffentlichte das *Wall Street Journal* einen Artikel mit der Überschrift: »Der Erfolg in China verhilft Lateinamerika zu einem unerwarteten Aufschwung«. In dem Artikel wurde geschildert, wie Lateinamerika davon profitiert, dass China eine riesige Bevölkerung ernähren muss und Rohstoffe benötigt, um seine gigantische Industrieproduktion aufrechtzuerhalten. Die Kupfer- und Goldkäufe der Chinesen in Chile und Peru trieben die Preise beider Rohstoffe nach oben und halfen den beiden Staaten. Die chinesischen Käufe von argentinischem Rindfleisch und brasilianischen Sojabohnen hatten auf diese beiden Länder einen ebenso wohltuenden Effekt, und sie erklären auch zum Teil die Preisanstiege dieser beiden landwirtschaftlichen Rohstoffe 2003. In dem Artikel hieß es, Käufe aus China und dem Rest Asiens könnten Lateinamerika in den nächsten Jahren zu einer »exportgetriebenen« Wirtschaftserholung verhelfen.

Dies ist ein Beispiel dafür, dass ein Anstieg der Rohstoffpreise meist mit einer Stärke der Emerging Markets assoziiert wird.

Die Industriemetalle führen 2003 die Rohstoffhausse an

Die Untersuchung der Geschehnisse auf den verschiedenen Rohstoffmärkten in den ersten drei Quartalen 2003 ergibt positive Nachrichten für die Wirtschaft. Das liegt daran, dass die Industriemetalle mit einem Plus von 14 Prozent die beste Performance erzielt haben. Und diese Gruppe weist die engsten Verbindungen zur weltweiten Konjunkturentwicklung auf. Im Jahr 2002 wurde der Preisanstieg der Rohstoffe von Agrargütern, Energie und Edelmetallen angeführt. 2003 übernahmen die konjunktursensitiven Industriemetalle diese Führungsrolle. Ein weiteres gutes Zeichen für die Wirtschaft war die Tatsache, dass die Energiepreise in den ersten neun Monaten 2003 um zwei Prozent nachgaben. Energie war somit die schwächste Branche im Rohstoffbereich.

2003: Die Intermarket-Trends favorisieren Aktien und Rohstoffe

Es ist zudem lehrreich, die relative Performance der vier Märkte zu untersuchen, die die Basis der Intermarket-Analyse bilden. In den zwölf Monaten nach dem Oktober 2002 war der Aktienmarkt (mit einem Plus des S&P 500 von 26 Prozent) der Hauptgewinner. Mit einem Plus des CRB-Index von acht Prozent lagen die Rohstoffe auf Platz zwei. Die gute Entwicklung dieser beiden Märkte war ein Anzeichen dafür, dass sich das konjunkturelle Bild rund um den Globus aufhellte. Sie haben schon erfahren, warum steigende Rohstoffpreise positiv für Aktien sind, wenn sie sich gerade aus einem deflationären Umfeld lösen. Schon in den frühen 30er-Jahren stiegen Aktien und Rohstoffe gemeinsam und deuteten damit an, dass der Deflationsdruck nachließ. Sie taten das auch im Jahr 2003. Anleihen und der Dollar verloren 2003 an Boden. Anleihen büßten in den zwölf Monaten nach dem Tief am Aktienmarkt vom Oktober 2002 vier Prozent ein. Die besseren Konjunkturaussichten trugen 2003 zu einer Umschichtung von Anleihen in Aktien bei. So wurde der seit der Baisse

2000 bis 2002 vorherrschende Trend umgekehrt, als die Investoren Aktien verkauft und Bonds gekauft hatten. Der neue Trend sprach eher für Wirtschaftswachstum. Der Dollar war der schwächste der vier Märkte und verlor in diesen zwölf Monaten zwölf Prozent. Wir haben in diesem Buch schon angedeutet, dass die US-Regierung den Dollar absichtlich schwächte, um deflationäre Tendenzen in der amerikanischen Wirtschaft zu bekämpfen und die Inflation anzukurbeln. Einen großen Teil des Preisanstieg bei den Rohstoffen (und besonders beim Gold) in diesen zwölf Monaten könnte man direkt auf den schwachen Dollar zurückführen. Wenn es noch einen Zweifel gab, dass die amerikanische Regierung einen schwächeren Dollar wollte, dann wurde dieser Zweifel beim G7-Treffen im September 2003 ausgeräumt.

Der Schritt hin zu flexiblen Wechselkursen lässt den Yen steigen

Am 20. und 21. September 2003 veröffentlichen die Finanzminister der G7 ein Statement, das flexible Wechselkurse an den Devisenmärkten befürwortete. Es war klar, dass diese Erklärung auf die asiatischen Länder abzielte, die an den Devisenmärkten interveniert hatten, um eine Aufwertung ihrer Währungen zu verhindern. Noch einen Monat zuvor hatte sich die chinesische Regierung trotz internationalen Drucks geweigert, den Yuan auf ein vernünftigeres Wechselkursniveau steigen zu lassen. Dieser Druck kam aus den USA, wurde aber von Japan unterstützt. Das unmittelbare Ergebnis des G7-Treffens im September 2003 war ein sprunghafter Anstieg des Yens gegenüber dem Dollar auf das höchste Niveau seit drei Jahren. Die Reaktionen der Weltmärkte waren interessant. Am ersten Tag nach der Nachricht kam es an den Aktienmärkten zu starken Verlusten. Der japanische Markt verlor vier Prozent, weil man befürchtete, ein Anstieg des Yens würde den Exporten schaden. Die europäischen Märkte verloren drei Prozent wegen Befürchtungen, ein steigender Euro könnte in Europa dieselben Auswirkungen haben. Am US-Aktienmarkt betrug der Verlust nur etwas mehr als ein Prozent. Der Dollar gab deutlich nach, und der Goldpreis sprang auf ein Siebenjahreshoch. Der steigende Yen sprach für eine Erholung der japanischen Wirtschaft, steigende Zinsen in Japan und starke Kapitalzuflüsse an den asiatischen Aktienmärkten. Die neue Währungspolitik könnte aber ihre Schattenseiten haben.

Die USA wollten einen schwächeren Dollar, um den Export anzukurbeln und Arbeitsplätze in der verarbeitenden Industrie zu schaffen. Ein schwacher Dollar macht amerikanische Güter für Ausländer attraktiver. Er bringt aber auch einige mögliche Probleme mit sich. Im Juli waren die Bestände amerikanischer Staatsanleihen in chinesischem und japanischem Besitz auf ein neues Rekordniveau gestiegen. Im dritten Quartal 2003 war die japanische Zentralbank der größte ausländische Eigentümer amerikanischer Staatsanleihen. Die Japaner hatten Dollars gekauft, um einen Anstieg des Yens zu verhindern. Sie reinvestierten diese Dollars in US-Staatsanleihen. Daher befürchtete man nun, die Japaner könnten in Zukunft weniger Dollars kaufen, was dem Gesamtabsatz der Staatsanleihen schaden würde. Das könnte zu höheren Zinsen führen – eine mögliche Bedrohung der beginnenden Konjunkturerholung in den USA. Wieder einmal hatten Trends an den Währungsmärkten möglicherweise Auswirkungen auf die Richtung der Zinsentwicklung und der Aktienkurse in den USA und in anderen Ländern.

Ein starker September-Arbeitsmarktbericht treibt die Aktien nach oben und den Goldpreis nach unten

Eine weitere Demonstration der Verbindungen zwischen den Märkten ereignete sich am Freitag, den 3. Oktober 2003. Am Morgen dieses Tages gaben die Aktien nach, während Anleihen gefragt waren. Der Dollar testete sein Jahrestief, während der Goldpreis in der Nähe seines Siebenjahreshochs notierte. Um 8.30 Uhr am Vormittag wurde ein überraschend starker Arbeitsmarktbericht veröffentlicht. Die amerikanische Volkswirtschaft hatte zum ersten Mal seit acht Monaten neue Jobs geschaffen. Dies verursachte sofortige (aber vorhersagbare) Reaktionen an den vier Märkten. Die Aktienkurse stiegen deutlich an, während die Anleihenkurse sanken. Der Dollar stieg, und der Goldpreis gab merklich nach. Die längerfristigen Auswirkungen dieses starken Arbeitsmarktberichts oder der Politik der flexiblen Wechselkurse kann man heute noch nicht abschätzen. Aber in beiden Fällen entsprachen die Reaktionen der vier Märkte ihrem normalen Intermarket-Reaktionsmuster. Einige stiegen und einige sanken, aber alle taten genau das, was man erwarten konnte. Die Trends an den einzelnen Märkten können sich ändern, aber die Beziehungen zwischen den Märkten bleiben in der Regel recht konstant. In diesem Buch geht es darum, wie man davon profitieren kann.

Charts vom Oktober 2003

Die folgenden Seiten zeigen Charts der wichtigsten Märkte am Ende des dritten Quartals 2003. Allgemein zeichnen sie ein recht optimistisches Bild der globalen Trends. Aktien sind stärker und Anleihen sind schwächer als im Vorjahr. Der schwache Dollar hat zwar möglicherweise negative Nebenwirkungen, aber er hat den Rohstoffmärkten, wie dem Gold, doch starken Auftrieb verliehen und somit den Deflationsdruck vermindert. Die Deflation scheint der Re-Inflation Platz zu machen. Die Deflationsprobleme in der Welt begannen mit der asiatischen Währungskrise 1997. Da erscheint es passend, dass Asien 2003 die Welt aus der Deflation herausgeführt hat. Die Charts im Anhang sind Momentaufnahmen. Charts werden jedoch obsolet, wenn sich die Trends an den Märkten ändern. Was sich nicht verändert, ist die Tatsache, dass alle diese Märkte miteinander verbunden sind. Das ist die wichtigste Lehre, die man aus der Intermarket-Analyse ziehen kann.

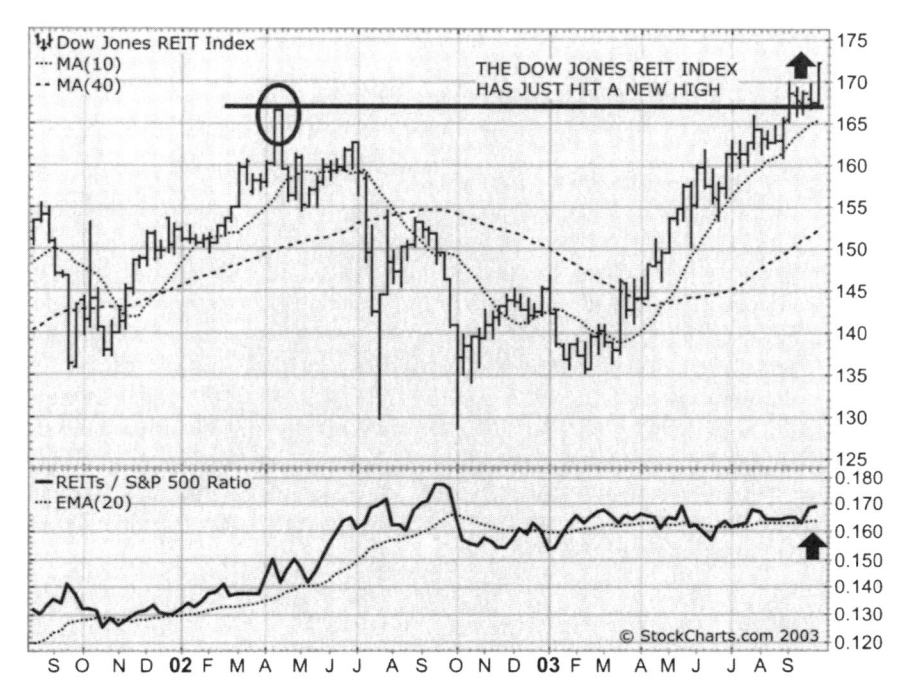

Abbildung A.1: Nach den beiden Hochs vom Frühjahr und vom Sommer 2002 machte der REIT-Sektor eine Korrekturphase durch und schnitt mehr als ein Jahr lang schlechter ab als der S&P 500. Im September 2003 überstieg der Dow-Jones-REIT-Index jedoch sein Hoch von 2002. Der Quotient aus REITs und S&P 500 stieg im dritten Quartal 2003 ebenfalls an, was auf eine erneute Führungsrolle der REITs hindeutet. Der REIT-Index notiert schon seit März oberhalb seines Zehnwochendurchschnitts, was ein weiteres Zeichen von Stärke ist.

Abbildung A.2: Im dritten Quartal 2003 hatte der Nasdaq Composite seit dem Tief vom Oktober 2002 um 70 Prozent zugelegt. Das nächste wichtige Widerstandsniveau ist das Hoch bei etwa 2100 Punkten, das Anfang 2002 erreicht wurde. Der Quotient aus Nasdaq und S&P 500 steigt schon seit einem Jahr. Eine solche relative Stärke der Nasdaq ist in der Regel positiv für den Aktienmarkt. Zur Vorsicht mahnt allerdings die Tatsache, dass die Rallye nun schon ein Jahr andauert. Das ist die normale Zeitspanne zyklischer Haussephasen.

Anhang

Abbildung A.3: Nachdem er Anfang 2003 ein Fünfjahreshoch erreicht hatte, konsolidierte der CRB-Index fünf Monate lang. Im Juli 2003 begann er jedoch wieder zu steigen und erreichte ein Sechsmonatshoch. Das deutete darauf hin, dass die Rohstoffpreise ihren längerfristigen Aufwärtstrend wieder aufgenommen hatten. Eine neue Schwäche des US-Dollars im dritten Quartal 2003 trug zu erhöhter Nachfrage an den Rohstoffmärkten und vor allem bei Edelmetallen bei. Der steigende CRB-Index im Sommer 2003 begünstigte auch den Anstieg der Langfristzinsen.

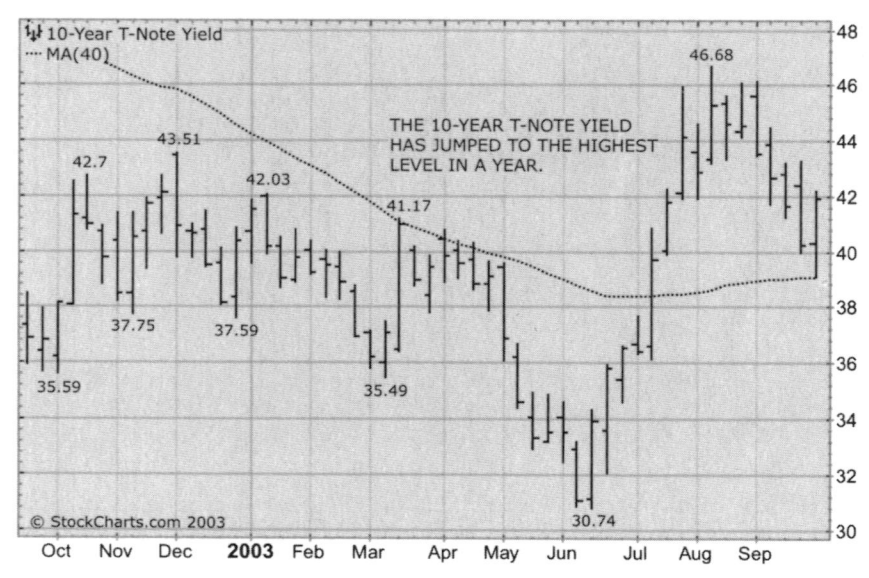

Abbildung A.4: Nachdem sie im Frühjahr 2003 deutlich gefallen war, begann die Rendite der zehnjährigen Anleihen im Juni stark anzusteigen. Im Juli hatte die Langfristrendite ihren gleitenden 40-Wochen-Durchschnitt überstiegen und war auf das höchste Niveau seit einem Jahr geklettert. Der Anstieg der Rohstoffpreise und der Aktienkurse hatte viel mit den steigenden Langfristzinsen zu tun. Steigende Rohstoffpreise wirken potenziell inflationär, und ein Anstieg der Aktienkurse ist ein Zeichen wirtschaftlicher Stärke. Die Anleihenrenditen zogen überall in der Welt an (außer in Japan), da sich die Anzeichen einer globalen Konjunkturerholung verstärkten. Weltweit floss Kapital aus Anleihen in Aktien.

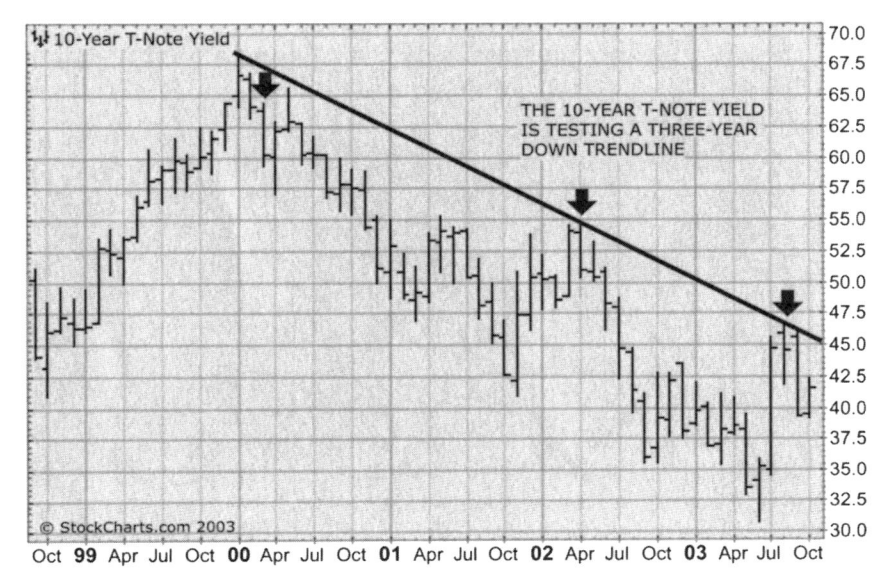

Abbildung A.5: Die Rendite der zehnjährigen Anleihe testet ihre dreijährige Abwärtstrendlinie, die bis Anfang 2000 zurückreicht. Ein Schlusskurs oberhalb dieser Trendlinie würde bestätigen, dass die Langfristzinsen einen Boden gefunden haben. In den vergangenen drei Jahren waren sinkende Bondrenditen ein Barometer globaler Konjunkturschwäche. Ansteigende Renditen sind für die Wirtschaft kurzfristig die bessere Botschaft, auf lange Sicht können sie die Konjunkturerholung aber gefährden. Der Anstieg der Bondrenditen ist auch ein Zeichen dafür, dass der Deflationsdruck nachlässt.

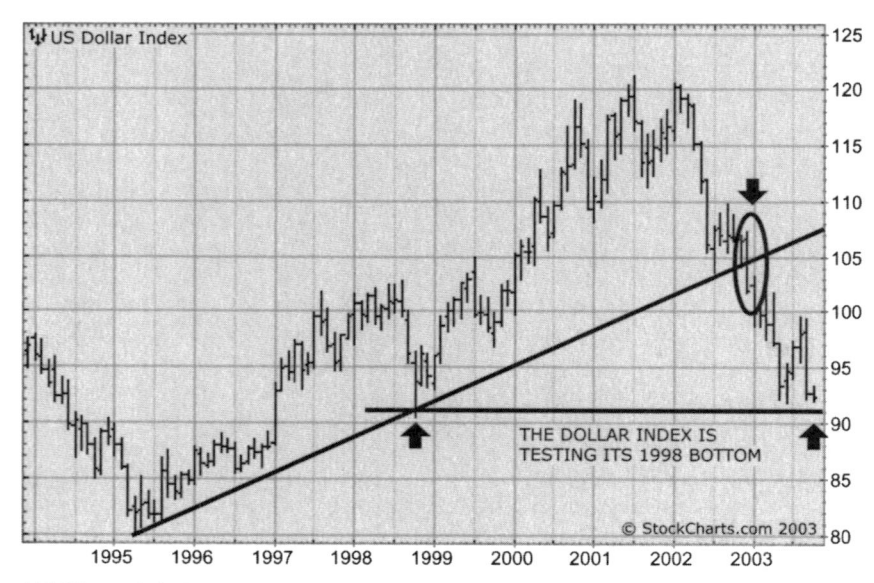

Abbildung A.6: Der Dollar-Index erreichte Anfang 2002 ein Hoch und durchbrach am Ende des Jahres eine siebenjährige Aufwärtstrendlinie. Der schwache Dollar verlieh den Rohstoffen (und besonders dem Goldpreis) starken Auftrieb. Am Beginn des vierten Quartals 2003 droht der Dollar das Tief aus der zweiten Jahreshälfte 1998 zu unterschreiten. In der ersten Oktoberwoche sorgte eine kurze Erholung für Gewinnmitnahmen am Goldmarkt. Der langfristige Dollar-Trend weist aber immer noch nach unten.

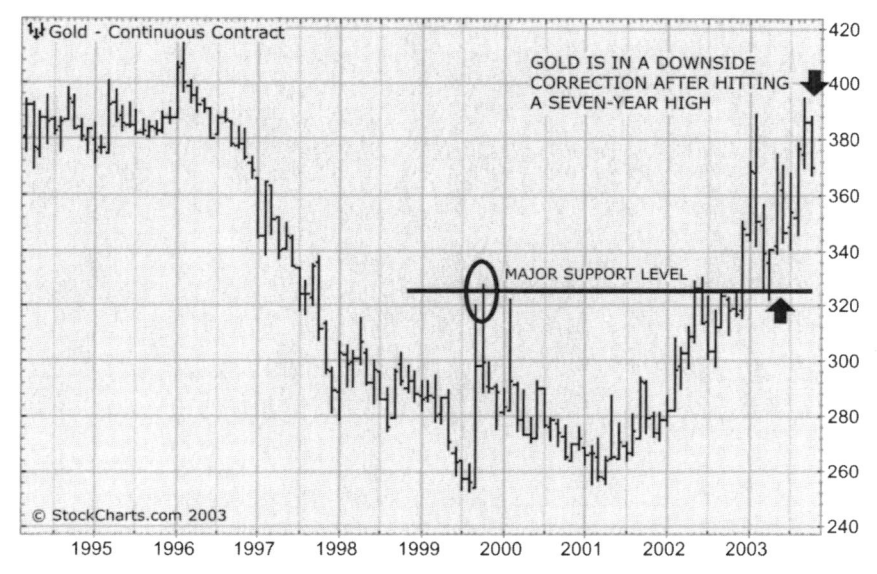

Abbildung A.7: Der Goldpreis durchbrach Ende 2002 das Niveau von 325 Dollar und übertraf damit das frühere Hoch aus dem Jahr 1999. Damit begann ein neuer Aufwärtstrend beim Gold (und bei den Gold-Aktien). Nachdem er kurzzeitig ein Siebenjahreshoch erreicht hatte, begann beim Goldpreis Anfang 2003 eine Korrektur. Ein überraschend starker Arbeitsmarktbericht am 3. Oktober 2003 sorgte für einen Anstieg am Aktienmarkt und beim Dollar. Das führte bei Gold und Gold-Aktien zu Gewinnmitnahmen. Der Preisrückgang Anfang 2003 stoppte am ursprünglichen Ausbruchspunkt bei 325 Dollar, wo nun die neue Unterstützungszone des Goldpreises liegt. Der längerfristige Trend ist immer noch nach oben gerichtet.

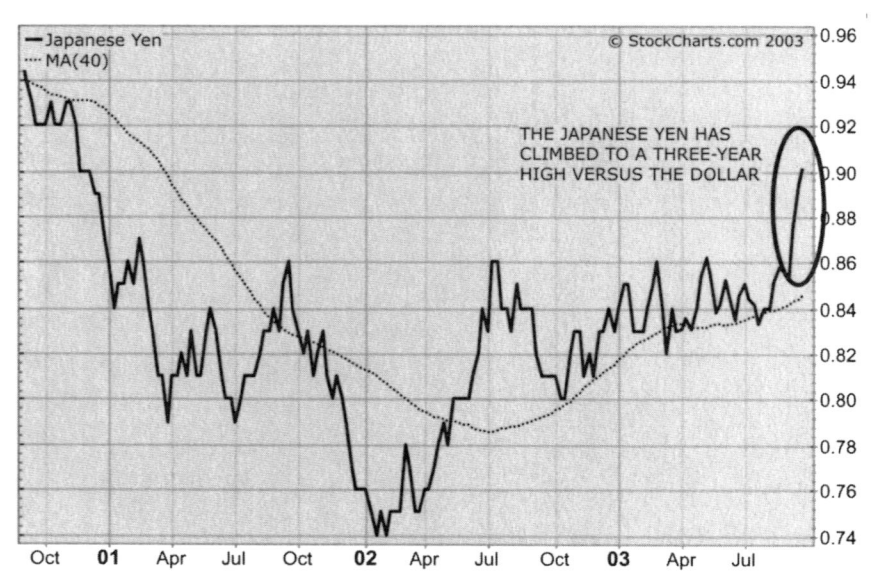

Abbildung A.8: Mitte September 2003 stieg der japanische Yen gegenüber dem Dollar auf ein Dreijahreshoch. Das war das Resultat des Plädoyers der G7 für flexible Wechselkurse. Die unmittelbare Folge war eine explosive Aufwärtsbewegung des Yens. Der Anstieg des Yens war ein Anzeichen dafür, dass die japanische Wirtschaft an Stärke gewann und dass viel Kapital in die asiatischen Märkte floss. Das führte jedoch zu Befürchtungen, Japan könne seine Käufe von US-Staatsanleihen einschränken, was in den USA zu steigenden Langfristzinsen führen würde. Das Statement der G7 ließ wenig Zweifel daran, dass die USA einen schwächeren Dollar wollten.

Anhang

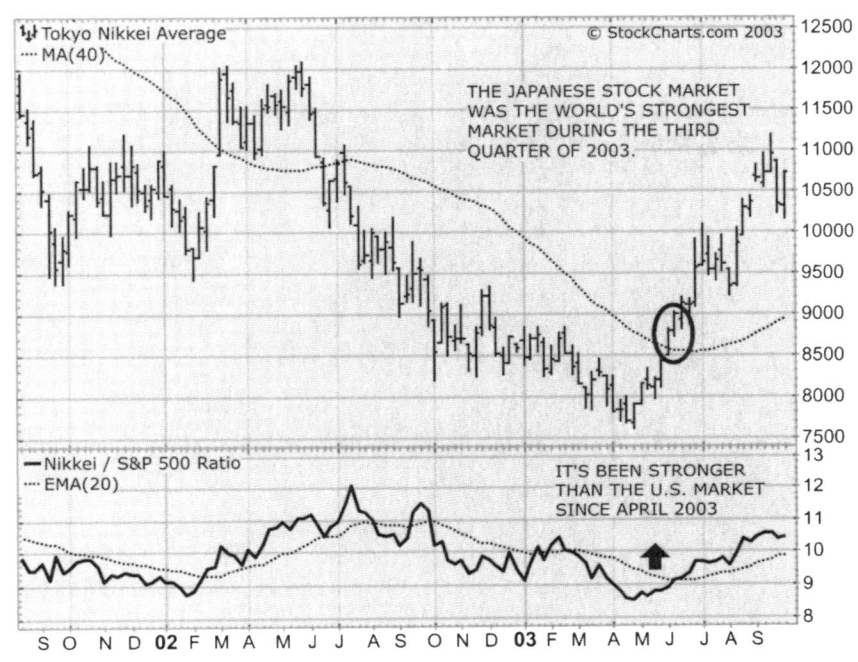

Abbildung A.9: Im September 2003 stieg der Nikkei 225 auf das höchste Niveau seit 14 Monaten. Sein Anstieg über den gleitenden 40-Wochen-Durchschnitt im Juni war ein Chartsignal für eine Trendwende nach oben. Der Quotient aus dem Nikkei und dem S&P 500 begann im April zu steigen, was bedeutete, dass sich der japanische Aktienmarkt besser entwickelte als der amerikanische. Die japanischen Langfristzinsen begannen im Sommer stark zu steigen, was darauf hindeutete, dass in Japan eine Umschichtung von Anleihen in Aktien stattfand. Es war wohl auch ein starkes Signal, dass sich die deflationären Trends in Japan und anderswo abschwächten.

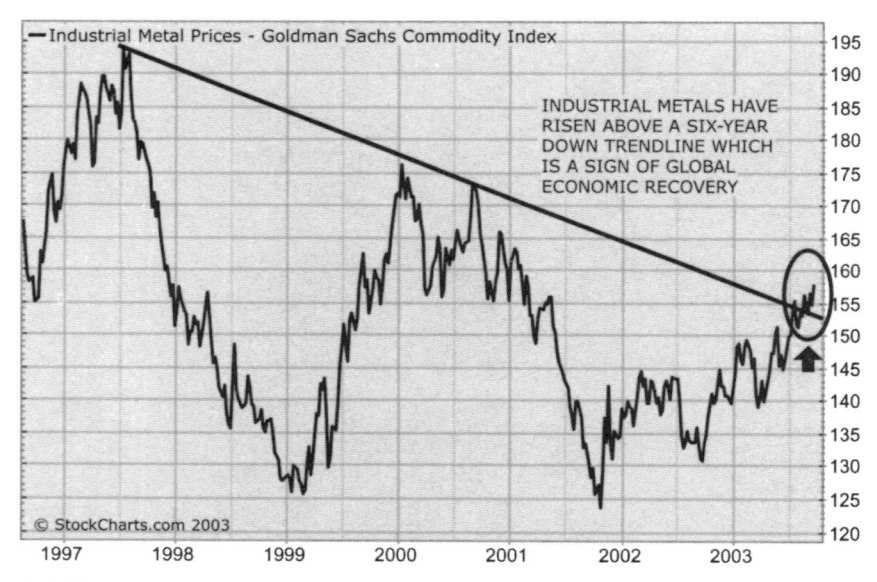

Abbildung A.10: Die Industriemetalle erreichten am Beginn der asiatischen Währungskrise 1997 ein Hoch. Der anschließende Preisverfall signalisierte den Beginn weltweiter Deflationsprobleme und konjunktureller Schwäche. Die Industriemetalle haben 2003 eine sechsjährige Abwärtstrendlinie durchbrochen. Das ist ein gutes Zeichen für die Weltwirtschaft. Für Anleihen ist es allerdings negativ, da steigende Industriemetallpreise meist mit steigenden Langfristzinsen verknüpft sind. Die steigenden Industriemetallpreise legen auch nahe, dass die 1997 entstandenen globalen Deflationsprobleme überwunden sind. Das bedeutet, dass die Deflation der Re-Inflation Platz gemacht hat.

Folgende Bücher sind im Handel erhältlich oder können bestellt werden bei:

FinanzBuch Verlag

Frundsbergstraße 23 I D-80634 München I Telefon: 089 651285-0 I Fax: 089 652096
eMail: bestellung@finanzbuchverlag.de

www.finanzbuchverlag.de

John J. Murphy
Technische Analyse der Finanzmärkte
inkl. Workbook Technische Analyse
650 Seiten, Hardcover, € 49,90 (D); 51,30 (A); SFr. 83,30
ISBN: 3-89879-062-2

Eigentlich muss man zu diesem Buch nicht mehr allzu viele Worte verlieren, gilt es doch auch in Deutschland seit Jahren als das Standardwerk zur Technischen Analyse. Dennoch haben wir uns noch einmal die Mühe gemacht und es überarbeitet. Und das Beste: Obwohl der Preis gleich bleibt, ist nun das bisher separat erhältliche „Workbook Technische Analyse" als Anhang im Buch inkludiert!

Jack D. Schwager
Magier der Märkte
512 Seiten, Hardcover, € 54,90 (D); € 56,50 (A); SFr 93,00
ISBN: 3-89879-081-9

Magier der Märkte, so nennt Jack Schwager jene Superstars der Tradingszene, die es wie Michael Marcus geschafft haben, mit weniger als 30.000 Dollar ein Vermögen von mehr als 80 Millionen Dollar zu erwirtschaften oder wie Ed Seykota, der in 16 Jahren den unglaublichen Gewinnzuwachs von 250.000 Prozent verbuchte. Das Werk geht in einfühlsamen Interviews der Frage nach, was diese Menschen von anderen unterscheidet und welche Erfolgsmethoden sie anwenden. Befragt werden 17 Trader, die in ganz unterschiedlichen Märkten operieren. Darunter befinden sich bereits legendäre Trader wie Michael Steinhardt, David Ryan oder Mark Weinstein. Dabei wird deutlich, dass keiner der hier Befragten am Anfang ihrer Karriere ohne Verluste und Niederlagen ausgekommen ist. Fasst man die Interviews unter einen Nenner zusammen, so wird deutlich, dass Börsenerfolg vor allem das Resultat innerer Kontrolle ist. Die vorliegende Wiederauflage der Magier der Märkte ist das erste Buch einer dreiteiligen Interview-Serie, die Jack Schwager mit amerikanischen Supertradern geführt hat. Seither wird es weltweit von Finanzexperten, Analysten, Bankern und Privatanlegern hochgeschätzt und als unverzichtbarer Bestandteil einer jeden Wirtschaftsbibliothek angesehen.

Roland Leuschel und Klaus Vogt

Das Greenspan-Dossier
Seiten 380, Hardcover, € 34,90 (D); € 35,90 (A);
SFr 58,60; ISBN: 3-89879-101-7

Eine knallharte und schonungslose Abrechnung mit der Geldpolitik des »Herren der Blasen«, des berühmtesten Notenbankers aller Zeiten. Die »dunkle« Seite Greenspans, beleuchten Roland Leuschel und Claus Vogt in ihrem provozierenden Buch. Eine »Gelddruckmaschine riesigen Ausmaßes«, sei die Federal Reserve Bank unter Greenspans Führung geworden, so die Autoren. Greenspan erwarb sich den Ruf als »Magier der Märkte«: Wie von Zauberhand machte er aus Geldmengenwachstum Wohlstand. Doch ein Teufelskreis begann und aus dem Magier Greenspan wurde eine »Zauberlehrling«, dem die Situation mehr und mehr entglitt. Die kommenden zehn Jahre werden schwierig werden. Bereiten Sie sich darauf vor, und setzen Sie Ihren ganz persönlichen Vorsorgezug rechtzeitig auf das richtige Gleis. Die Autoren geben gezielte Hinweise, wie Sie Ihr Vermögen und Ihre Altersvorsorge vor dem Verfall schützen können.

Wenn Sie **Interesse** an **unseren Büchern** für z.B. Ihre Kundenbindungsprojekte als Geschenk haben, fordern Sie unsere attraktiven Sonderkonditionen an.

Weitere Informationen erhalten Sie bei Stefan Schörner unter 089 / 651285-0

oder schreiben Sie uns per e-mail an: sschoerner@finanzbuchverlag.de